Decker · Konrad | Öffentlich-rechtliche Assessorklausuren

Öffentlich-rechtliche Assessorklausuren

mit Erläuterungen

Von

Dr. Andreas Decker

Richter am Bundesverwaltungsgericht
Ehemaliger (bis 2012) Arbeitsgemeinschaftsleiter bei der Regierung von Oberbayern
Lehrbeauftragter an der Universität Augsburg

Christian Konrad

Leitender Regierungsdirektor
Repetitor für Öffentliches Recht

9., neu bearbeitete Auflage 2022

Verlag Franz Vahlen

Zitiervorschlag: *Decker/Konrad* ÖffR Rn.

www.vahlen.de

ISBN 978 3 8006 6730 7

Wilhelmstraße 9, 80801 München
Druck: Himmer GmbH Druckerei & Verlag
Steinerne Furt 95, 86167 Augsburg

Satz: R. John + W. John GbR, Köln
Umschlaggestaltung: Martina Busch, Grafikdesign, Homburg Saar

CO_2 neutral
vahlen.de/nachhaltig

Gedruckt auf säurefreiem, alterungsbeständigem Papier
(hergestellt aus chlorfrei gebleichtem Zellstoff)

Vorwort zur 9. Auflage

Ende 1997 erschien erstmals dieser Klausurenband mit damals noch acht Klausuren. Es war ein Versuch, Referendaren bei der Vorbereitung auf das zweite juristische Staatsexamen mit einer Art Crash-Kurs in Klausurform das öffentliche Recht, soweit es Examensrelevanz besitzt, vertieft zu vermitteln. **25 Jahre später** können wir sagen, dass sich unser Buch zu einem Grundwerk der Vorbereitung auf das zweite juristische Staatsexamen entwickelt hat. Mit einem gewissen Stolz dürfen wir daher auf die nunmehr 9. Auflage unseres Werkes blicken.

Zwischen dem Erscheinen der 8. Auflage (Ende 2019) und der nunmehrigen 9. Auflage liegt ein Zeitraum von etwas mehr als zwei Jahren, in dem sich sowohl in der Gesetzgebung als auch in der Rechtsprechung wieder einiges getan hat. Das machte es erforderlich, das Werk erneut grundlegend zu überarbeiten und es an die veränderten Verhältnisse anzupassen. Dabei haben wir natürlich versucht, den hohen Standard des Buches nicht nur zu halten, sondern weiter zu steigern.

Neue Impulse aus der Rechtsprechung, namentlich des Europäischen Gerichtshofes, des Bundesverfassungsgerichts und des Bundesverwaltungsgerichts machten die Überarbeitung der Sachverhalte und Lösungen bzw. deren Anpassung erforderlich. Soweit sinnvoll, sind auch die Exkurse bei den einzelnen Klausuren erneut erweitert worden, so zB bei Klausur Nr. 6 zur Bestimmtheit des räumlichen Geltungsbereichs einer sicherheitsrechtlichen Verordnung.

Es versteht sich von selbst, dass die vorliegende Neuauflage auch die nach Erscheinen der 8. Auflage ergangene Rechtsprechung der Instanzgerichte und die maßgebliche Literatur berücksichtigt sowie den für die einzelnen Klausurlösungen maßgeblichen Rechtsänderungen Rechnung trägt. Folglich sind auch die Hinweise auf weiterführende Literatur aktualisiert worden. Das Werk befindet sich nunmehr auf dem Rechtsstand **Februar 2022**. Zusätzlich wird, wie bisher auch schon, ein Aktualisierungsservice unter www.andreas-decker.de angeboten, soweit sich durch Rechtsänderungen oder neue Rechtsprechung Änderungen bei den einzelnen Klausurlösungen ergeben. Der Aktualisierungsservice ist **kostenlos**, aber so gestaltet, dass das vorliegende Werk erforderlich ist, um mit den Aktualisierungen arbeiten zu können.

Öffentliches Recht ist zu einem großen Teil auch Landesrecht. Der Umfang eines Klausurenbandes der vorliegenden Art würde dabei aber sicher gesprengt, wenn alle Besonderheiten der 16 Bundesländer berücksichtigt würden; die Lösungen wären kaum mehr nachvollziehbar. Die Autoren haben sich daher dafür entschieden, landesrechtliche Fragen nach bayerischem Recht zu lösen (zT auch mit Hinweisen auf die Rechtslage in anderen Bundesländern). Folglich richtet sich das Werk in erster Linie an Referendare in Bayern. Da aber zahlreiche Klausuren vorwiegend bundesrechtliche Themen behandeln (zB BauGB, BImSchG), ist das Werk sicher auch in den anderen Bundesländern ohne weiteres nutzbar. Die zT erforderlichen Texte des bayerischen Landesrechts können kostenlos unter http:/www.gesetze-bayern.de/ heruntergeladen werden.

Gerne haben wir für die 9. Auflage auch wieder die uns übermittelten Anregungen und Verbesserungsvorschläge geprüft und zum größten Teil in die Klausuren übernommen. Wo Klarstellungen erforderlich waren, sind diese erfolgt. Hier zeigt sich immer wieder, wie wertvoll die Hinweise aus dem Kreis der Referendare für die Fortentwicklung unseres Werkes sind, denn als Autor wird man doch all zu leicht „betriebsblind“.

Man möge uns nachsehen, dass der Klausurenband nicht gegendert ist, sondern einheitlich die männliche Form genutzt wird. Darin liegt keine Missachtung der anderen Geschlechter. Vielmehr soll hierdurch die Lesbarkeit der Texte gewährleistet werden. Wo immer die männliche Form im Werk Verwendung findet, sind damit – soweit nicht auf das Geschlecht des jeweiligen Beteiligten abgestellt wird – gleichberechtigt auch die übrigen Geschlechter angesprochen.

Wir hoffen, dass auch die 9. Auflage unseres Werkes einen ähnlich guten Zuspruch erfährt wie die Vorauflagen und sind für Anregungen, Verbesserungsvorschläge, aber auch für sachliche Kritik (an Herrn Decker gerne auch unter info@richter-decker.de), ohne die ein solches Werk nicht auskommt, stets dankbar.

Andreas Decker — Gilching/Leipzig
Christian Konrad — Bad Tölz

im Februar 2022

Vorwort zur 1. Auflage

Die Bearbeitung öffentlich-rechtlicher Klausuren bereitet oftmals aus den unterschiedlichsten Gründen erhebliche Schwierigkeiten. Mitentscheidend dafür dürfte auch sein, dass der Schwerpunkt der Referendarausbildung im weitesten Sinne im Zivilrecht liegt und dieses daher den Referendaren von Anfang an „näher" ist. Das Öffentliche Recht wird als vermeintlich weniger systematisch eingeschätzt mit der Folge, dass in vielen Fällen ein subjektiv schlechtes Gefühl beim Lösen öffentlich-rechtlicher Sachverhalte gegeben ist.

Der vorliegende Klausurenband will versuchen, dieses „schlechte Gefühl" bei der Bearbeitung öffentlich-rechtlicher Prüfungsarbeiten zu nehmen. Im Vordergrund steht dabei als Ziel die Vermittlung von Methodik und Technik beim Lösen öffentlich-rechtlicher Klausuren. Zu diesem Zweck sollen bisher nicht im Zweiten Juristischen Staatsexamen gestellte, aber nach Auffassung der Autoren insoweit geeignete und eher schwierigere Aufgaben bearbeitet werden. Den Benutzern bleibt es überlassen, ob sie dies unter den zeitlichen und sonstigen Examensbedingungen versuchen, oder ob sie den Klausurenband gleichermaßen zuerst durcharbeiten und das Erarbeitete dann in anderen Fällen anwenden. Zur Überprüfung der eigenen Leistung wird jedenfalls zu jeder Aufgabe ein Lösungsvorschlag angeboten.

Die einzelnen Aufgaben behandeln darüber hinaus bestimmte Themenkomplexe mit immer wiederkehrenden „Standardproblemen" des Öffentlichen Rechts, aber auch aktuelle, in der Diskussion stehende Fragen. Die Behandlung dieser Themenkomplexe bietet die Möglichkeit der Wiederholung und Vertiefung und kann gleichermaßen als **„Crash-Kurs"** durch die wichtigsten Gebiete des allgemeinen und besonderen Verwaltungsrechts zur Vorbereitung auf das Zweite Juristische Staatsexamen genutzt werden. Daher sind die „Musterlösungen" umfangreicher gefasst, als dies an sich in der Klausur oder im Examen erforderlich wäre. Die entsprechenden Textstellen sind entweder als [Exkurs] bezeichnet oder in einer Fußnote kenntlich gemacht. Am Ende jeder Aufgabe werden zudem Hinweise auf weiterführende Literatur gegeben.

Trotz mehrmaliger Überarbeitung wollen die Autoren nicht ausschließen, dass sich in die Klausurangaben oder in die Lösungsvorschläge einzelne Unklarheiten oder Ungenauigkeiten eingeschlichen haben. Für entsprechende Hinweise sowie für Anregungen und für Verbesserungsvorschläge sind wir stets dankbar.

Die Lösung der Aufgaben setzt ein gewisses Grundwissen im Verwaltungsverfahrens- und Verwaltungsprozessrecht voraus. Das gleiche gilt für bestimmte besondere Rechtsgebiete, wie etwa des Baurechts, des Polizei- und Sicherheitsrechts, des Kommunalrechts oder auch des Europarechts, die in regelmäßiger Folge Gegenstand von Examensklausuren sind. Auf keinen Fall soll der vorliegende Klausurenband das Erlernen des Grund- und des prüfungsrelevanten Stoffes ersetzen, sondern den Lernprozess begleiten und die systematische Anwendung dieses Wissens bei der Lösung öffentlich-rechtlicher Klausuren ermöglichen.

Die Aufgaben sind so gewählt, dass nahezu jede Bearbeitersituation, angefangen von der gutachterlichen Prüfung über die Fertigung eines Ausgangsbescheides, eines anwaltschaftlichen Schriftsatzes bis hin zur gerichtlichen Entscheidung im Eil- und Hauptsacheverfahren, zu bewältigen ist. In gleicher Weise ist der zu bearbeitende Sachverhalt gemäß den Anforderungen im Examen teils als Aktenauszug, teils als fortlaufender Text gestellt.

Da die Zweite Juristische Staatsprüfung eine auf die Praxis bezogene Prüfung darstellt, werden die „Musterlösungen" vornehmlich mit der einschlägigen Rechtsprechung belegt. Auf die Darstellung von Theorienstreitigkeiten wird daher weitgehend verzichtet. Den Aufgaben ist der jeweils neueste und aktuelle Gesetzestext zugrunde gelegt. Der Klausurenband richtet sich in erster Linie an Rechtsreferendare, die ihre Prüfung in Bayern oder Baden-Württemberg ablegen, ist aber im Grundsatz – unter Beachtung etwaiger Besonderheiten des jeweiligen Landesrechts – selbstverständlich auch in den übrigen Bundesländern zur Vorbereitung im Öffentlichen Recht ohne weiteres und bestens geeignet.

Die Autoren hoffen, nicht zuletzt aufgrund ihrer langjährigen Erfahrungen als Arbeitsgemeinschaftsleiter für Rechtsreferendare im Öffentlichen Recht, mit diesem Klausurenband eine Hilfe an die Hand geben zu können, die es ermöglicht, auch in öffentlich-rechtlichen Prüfungsaufgaben überdurchschnittlich zu punkten.

Dazu wünschen wir viel Erfolg.

Ganz besonderer Dank gilt unseren Familien für ihr großes Verständnis, da mancher Abend und zahlreiche Wochenenden dem Erstellen dieses Klausurenbandes geopfert wurden.

Gilching – Bad Tölz
im Oktober 1997

Andreas Decker
Christian Konrad

Inhaltsverzeichnis

Vorwort zur 9. Auflage V

Vorwort zur 1. Auflage VII

Abkürzungsverzeichnis XI

Literaturverzeichnis XVII

Einführung 1

1. Klausur: „Die Gaststätte am Jodelhang“ 21
Fertigung einer behördlichen Ausgangsentscheidung

2. Klausur: „Der widerspenstige Bürgermeister“ 41
Fertigen einer kommunalaufsichtsrechtlichen Entscheidung

3. Klausur: „Die Polizei, dein Freund und Helfer“ 71
Anwaltschaftlicher Schriftsatz

4. Klausur: „Wohnungen in Waldesruh“ 97
Entscheidung über einen Rechtsbehelf nach § 123 VwGO

5. Klausur: „Fische mögen keinen Kies“ 121
Gutachtenerstellung

6. Klausur: „Auf den Hund gekommen“ 139
Normenkontroll- und Berufungsentscheidung

7. Klausur: „Keine Grünkompostierungsanlage in Fichtenhausen“ 175
Entscheidung über einen Rechtsbehelf nach §§ 80 V, 80a VwGO

8. Klausur: „Immer Ärger mit den Konkurrenten“ 203
Urteil des Verwaltungsgerichts; Hauptsacheerledigungsbeschluss

9. Klausur: „Im Tal der Schwarzen Laaber“ 229
Anwaltlicher Schriftsatz

Stichwortverzeichnis 243

Bearbeiter der Klausuren:

Einführung, Klausuren Nr. 2, 3, 6, und 8: Andreas Decker
Klausuren Nr. 1, 4, 5, 7 und 9: Christian Konrad

Abkürzungsverzeichnis

aA .... anderer Ansicht
AbfG .... Gesetz zur Vermeidung, Verwertung und Beseitigung von Abfällen
ABl. EG .... Amtsblatt der Europäischen Gemeinschaften
Abs. .... Absatz
aE .... am Ende
AEUV .... Vertrag über die Arbeitsweise der Europäischen Union
AG .... Aktiengesellschaft
AL .... ad legendum (Zeitschrift)
AGVwGO .... Ausführungsgesetz zur VwGO
AllMBl. .... Allgemeines Ministerialblatt der Bayer. Staatsregierung u.a.
Alt. .... Alternative
aM .... anderer Meinung
Anm. .... Anmerkung
AO .... Abgabenordnung
APF .... Zeitschrift für Ausbildung, Fortbildung und Praxis
Art. .... Artikel
AtG .... Gesetz über die friedliche Verwendung der Kernenergie und den Schutz gegen ihre Gefahren (Atomgesetz)
Aufl. .... Auflage
Az. .... Aktenzeichen

BauGB .... Baugesetzbuch
BauGB-MaßnG ...... Maßnahmegesetz zum BauGB
BauNVO .... Verordnung über die bauliche Nutzung der Grundstücke (Baunutzungsverordnung)
BauR .... Baurecht (Zeitschrift)
BauROG .... Bau- und Raumordnungsgesetz v. 18.8.1997, BGBl. I 2081
BayAbfAlG .... Gesetz zur Vermeidung, Verwertung und sonstigen Bewirtschaftung von Abfällen in Bayern (Bayerisches Abfallwirtschafts- und Altlastengesetz)
BayAbgrG .... Bayerisches Abgrabungsgesetz
BayBezO .... Bezirksordnung für den Freistaat Bayern
BayBO .... Bayerische Bauordnung
BayEG .... Bayerisches Gesetz über die entschädigungspflichtige Enteignung
BayFiG .... Fischereigesetz für Bayern
BayGO .... Gemeindeordnung für den Freistaat Bayern
BayGVBl. .... Bayerisches Gesetz- und Verordnungsblatt
BayKG .... Bayerisches Kostengesetz
BayLkrO .... Landkreisordnung für den Freistaat Bayern
BayLPlG .... Bayerisches Landesplanungsgesetz
BayLStVG .... Gesetz über das Landesstrafrecht und das Verordnungsrecht auf dem Gebiet der öffentlichen Sicherheit und Ordnung (Bayerisches Landesstraf- und Verordnungsgesetz)
BayNatSchG .... Gesetz über den Schutz der Natur, die Pflege der Landschaft und die Erholung in der freien Natur (Bayerisches Naturschutzgesetz)
BayObLG .... Bayerisches Oberstes Landesgericht
BayPAG .... Gesetz über die Aufgaben und Befugnisse der Bayerischen Staatlichen Polizei (Polizeiaufgabengesetz)
BayPOG .... Gesetz über die Organisation der Bayerischen Polizei (Polizeiorganisationsgesetz)
BayVBl. .... Bayerische Verwaltungsblätter

BV . . . . Verfassung des Freistaates Bayern
BayVGH . . . . Bayerischer Verwaltungsgerichtshof
BayVwVfG . . . . Bayerisches Verwaltungsverfahrensgesetz
BayVwZVG . . . . Bayerisches Verwaltungszustellungs- und Vollstreckungsgesetz
BayWG . . . . Bayerisches Wassergesetz
BBauG . . . . Bundesbaugesetz
BBG . . . . Bundesbeamtengesetz
Bespr. . . . . Besprechung
BFH . . . . Bundesfinanzhof
BGB . . . . Bürgerliches Gesetzbuch
BGBl. . . . . Bundesgesetzblatt
BHO . . . . Bundeshaushaltsordnung
BImSchG . . . . Gesetz zum Schutz vor schädlichen Umwelteinwirkungen durch Luftverunreinigungen, Geräusche, Erschütterungen und ähnliche Vorgänge (Bundesimmissionsschutzgesetz)
BImSchV . . . . Verordnung zum Bundesimmissionsschutzgesetz
BNatSchG . . . . Gesetz über Naturschutz und Landschaftspflege (Bundesnaturschutzgesetz)
BRRG . . . . Rahmengesetz zur Vereinheitlichung des Beamtenrechts (Beamtenrechtsrahmengesetz)
BRS . . . . Baurechtssammlung
BT-Drs. . . . . Bundestagsdrucksache
Buchst. . . . . Buchstabe
BVerfG . . . . Bundesverfassungsgericht
BVerfGE . . . . Amtl. Entscheidungssammlung des Bundesverfassungsgerichts
BVerwG . . . . Bundesverwaltungsgericht
BVerwGE . . . . Amtl. Entscheidungssammlung des Bundesverwaltungsgerichts
BVwZG . . . . Verwaltungszustellungsgesetz des Bundes
BW . . . . Baden-Württemberg
BWLBO . . . . Landesbauordnung für Baden-Württemberg
BWLGebG . . . . Landesgebührengesetz des Landes Baden-Württemberg
BWLVwVfG . . . . Verwaltungsverfahrensgesetz des Landes Baden-Württemberg

DAR . . . . Deutsches Autorecht (Zeitschrift)
DÖV . . . . Die öffentliche Verwaltung (Zeitschrift)
DVBl. . . . . Deutsches Verwaltungsblatt (Zeitschrift)

Einf. . . . . Einführung
EG . . . . Europäische Gemeinschaft
EGGVG . . . . Einführungsgesetz zum Gerichtsverfassungsgesetz
EGV . . . . Vertrag über die Europäische Gemeinschaft
Entsch. . . . . Entscheidung
Erl. . . . . Erläuterung
EU . . . . Europäische Union
EuGH . . . . Europäischer Gerichtshof
EuGHE . . . . Amtl. Entscheidungssammlung des EuGH
EUV . . . . Vertrag zur Gründung der Europäischen Union
EuZW . . . . Europäische Zeitschrift für Wirtschaftsrecht
e.V. . . . . eingetragener Verein
EWG . . . . Europäische Wirtschaftsgemeinschaft

f., ff. . . . . folgende, fortfolgende
FGG . . . . Gesetz über die freiwillige Gerichtsbarkeit
FGO . . . . Finanzgerichtsordnung
FlNr. . . . . Flurnummer
Fn. . . . . Fußnote

FSt . . . . Die Fundstelle (zitiert nach Jahr und Nr.)
FVGebO . . . . Gebührenordnung zur Fahrzeugverwahrung

GastG . . . . Gaststättengesetz
GBl. . . . . Gesetzblatt
GerSiG . . . . Gerätesicherheitsgesetz
GewArch . . . . Gewerbearchiv (Zeitschrift)
GewO . . . . Gewerbeordnung
GG . . . . Grundgesetz
ggf. . . . . gegebenenfalls
GmbH . . . . Gesellschaft mit beschränkter Haftung
GmbHG . . . . Gesetz betreffend die Gesellschaften mit beschränkter Haftung (GmbH-Gesetz)
GO . . . . Bayerische Gemeindeordnung
GVBl. . . . . Bayerisches Gesetz- und Verordnungsblatt

hM . . . . herrschende Meinung
Hrsg. . . . . Herausgeber
Hs. . . . . Halbsatz
HwO . . . . Gesetz zur Ordnung des Handwerks (Handwerksordnung)

idGd . . . . in der Gestalt des
idR . . . . in der Regel
IfSG . . . . Gesetz zur Verhütung und Bekämpfung von Infektionskrankheiten beim Menschen (Infektionsschutzgesetz)
insbes. . . . . insbesondere
iSd . . . . im Sinne des
iSv . . . . im Sinne von
iVm . . . . in Verbindung mit

JA . . . . Juristische Arbeitsblätter (Zeitschrift)
JURA . . . . Juristische Ausbildung (Zeitschrift)
JuS . . . . Juristische Schulung (Zeitschrift)
JZ . . . . Juristenzeitung

KG . . . . Kostengesetz
Komm. . . . . Kommentar
Kommp BY . . . . KommunalPraxis Bayern (Zeitschrift)
KrW-/AbfG . . . . Gesetz zur Förderung der Kreislaufwirtschaft und Sicherung der umweltverträglichen Beseitigung von Abfällen (Kreislaufwirtschafts- und Abfallgesetz)

Ls. . . . . Leitsatz
LABV . . . . Verordnung über die Landesanwaltschaft Bayern (Ziegler/Tremel Nr. 903)
LHO . . . . Landeshaushaltsordnung
LMBG . . . . Lebensmittel- und Bedarfsgegenständegesetz
LuftVG . . . . Luftverkehrsgesetz
LVwVG . . . . Verwaltungsvollstreckungsgesetz des Landes Baden-Württemberg
LVwZG . . . . Verwaltungszustellungsgesetz des Landes Baden-Württemberg

mAnm . . . . mit Anmerkung(en)
mwN . . . . mit weiteren Nachweisen

Nds . . . . Niedersachsen
NdsVBl. . . . . Niedersächsische Verwaltungsblätter

nF . . . . neue Fassung
NJW . . . . Neue Juristische Wochenschrift
Nr. . . . . Nummer
NRW . . . . Nordrhein-Westfalen
NuR . . . . Zeitschrift für Natur und Recht
NVwZ . . . . Neue Zeitschrift für Verwaltungsrecht
NVwZ-RR . . . . Neue Zeitschrift für Verwaltungsrecht-Rechtsprechungsreport
NZV . . . . Neue Zeitschrift für Verkehrsrecht
NZWehrR . . . . Neue Zeitschrift für Wehrrecht

OVG . . . . Oberverwaltungsgericht
OWiG . . . . Ordnungswidrigkeitengesetz

PI . . . . Polizeiinspektion
PolKV . . . . Bayerische Polizeikostenverordnung

RhPf . . . . Rheinland-Pfalz
Rn. . . . . Randnummer
ROG . . . . Raumordnungsgesetz
RP . . . . Zeitschrift für Rechtspolitik
RPfStud . . . . Rechtspfleger-Studienhefte
Rs. . . . . Rechtssache
Rspr.Dienst . . . . Beilage zu den VBl.BW

s. . . . . siehe
S. . . . . Satz, Seite
s. auch . . . . siehe auch
SGG . . . . Sozialgerichtsgesetz
Slg. . . . . Sammlung
s. oben . . . . siehe oben
sog. . . . . so genannt(e)
Sp. . . . . Spalte
stRspr. . . . . ständige Rechtsprechung
StVG . . . . Straßenverkehrsgesetz
StVO . . . . Straßenverkehrsordnung

TA-Lärm . . . . Technische Anleitung zum Schutz gegen Lärm
TA-Luft . . . . Technische Anleitung zur Reinhaltung der Luft
Thür . . . . Thüringen
Tz. . . . . Teilziffer

UAbs. . . . . Unterabsatz
UmwRG . . . . Gesetz über ergänzende Vorschriften zu Rechtsbehelfen in Umweltangelegenheiten nach der EG-Richtlinie 2003/35/EG (Umwelt-Rechtsbehelfsgesetz)
UPR . . . . Zeitschrift für Umwelt- und Planungsrecht
uU . . . . unter Umständen
UVP . . . . Umweltverträglichkeitsprüfung
UVPG . . . . Gesetz über die Umweltverträglichkeitsprüfung

v. . . . . vom
VA . . . . Verwaltungsakt
VBlBW . . . . Verwaltungsblätter Baden-Württemberg
VerfGH . . . . Verfassungsgerichtshof
VerfGH Bayern . . . . . . Bayerischer Verfassungsgerichtshof
VerfGHE . . . . Entscheidungen des Verfassungsgerichtshofs

VerwArch	Verwaltungsarchiv, Zeitschrift für Verwaltungslehre, Verwaltungsrecht und Verwaltungspolitik
VG	Verwaltungsgericht
VGH	Verwaltungsgerichtshof
VGH nF	amtl. Sammlung der Entscheidungen des BayVGH
vgl.	vergleiche
Vorb.	Vorbemerkung
VR	Verwaltungsrundschau
VwGO	Verwaltungsgerichtsordnung
VwGO-ÄndG	Änderungsgesetz zur VwGO
VwRR-BY	Verwaltungsrechtsreport Bayern
VwVfG	Verwaltungsverfahrensgesetz
VwZVG	Bayerisches Verwaltungszustellungs- und Vollstreckungsgesetz
WHG	Gesetz zur Ordnung des Wasserhaushalts (Wasserhaushaltsgesetz)
zA	zur Anstellung
zB	zum Beispiel
ZfBR	Zeitschrift für Baurecht
ZfW	Zeitschrift für Wasserrecht
Ziff.	Ziffer
zK	zur Kenntnis(nahme)
zT	zum Teil

Literaturverzeichnis

Battis, Ulrich/Krautzberger, Michael/Löhr, Rolf-Peter, BauGB, Kommentar, 14. Aufl. 2018 (zit.: Battis/Krautzberger/Löhr)

Bauer, Martin/Böhle, Thomas/Ecker, Gerhard/Kuhne, Volkmar, Bayer. Kommunalgesetze, Kommentar, Loseblatt, Stand: Juni 2021 (zit.: BBEK BayKommG)

Becker, Ulrich/Heckmann, Dirk/Kempen, Bernhard/Manssen, Gerrit, Öffentliches Recht in Bayern, 8.Aufl. 2022 (zit.: BHKM BayÖffR/Bearbeiter)

Bengl, Karl/Berner, Georg/Emmerig, Ernst, BayLStVG, Loseblatt, Stand: Okt. 2019 (zit.: Bengl/Berner/Emmerig LStVG/Bearbeiter)

Berner, Georg/Köhler, Gerd Michael/Käß, Robert, Polizeiaufgabengesetz, Handkommentar, 20. Aufl. 2010 (zit.: Berner/Köhler/Käß BayPAG)

Bosch, Edgar/Schmidt, Jörg/Vondung, Rolf, Praktische Einführung in das verwaltungsgerichtliche Verfahren, 9. Aufl. 2012 (zit.: Bosch/Schmidt/Vondung Verwaltungsgerichtl. Verfahren)

Busse, Jürgen, Kraus, Stefan, Bayerische Bauordnung, Stand: Sept. 2021 (zit.: Busse/Kraus/Bearbeiter)

Calliess, Christian/Ruffert, Matthias, EUV/AEUV, 5. Aufl. 2016 (zit.: Calliess/Ruffert)

Decker, Andreas, Öffentlich-rechtliche Akte, 2000 (zit.: Decker ÖffR Akte)

Decker, Andreas/Konrad, Christian, Bayerisches Baurecht, 4. Aufl. 2019 (zit.: Decker/Konrad BayBauR) mit Aktualisierungsservice unter www.andreas-decker.de

Elzer, Oliver/Lemmel, Ulrike/Schiller, Gernot/Westphal, Karsten/Zivier, Ezra, Sicher durch das 2. Staatsexamen, 2. Aufl. 2019 (zit.: ELSWWZ 2. Staatsexamen)

Engelhardt, Hanns/App, Michael/Schlatmann, Arne, VwVG/VwZG, Kommentar, 12. Aufl. 2021 (zit.: Engelhardt/App/Schlatmann)

Erichsen, Hans-Uwe/Ehlers, Dirk (Hrsg.), Allgemeines Verwaltungsrecht, 14. Aufl. 2010 (zit.:. Erichsen/Ehlers AllgVerwR)

Ernst, Werner/Zinkahn, Willy/Bielenberg, Walter/Krautzberger, Michael, Baugesetzbuch, Kommentar, Stand: Aug. 2021 (zit.: EZBK/Bearbeiter)

Eyermann, Erich (Begr.), Kommentar zur VwGO, 15. Aufl. 2019 (zit.: Eyermann/Bearbeiter)

Finkelnburg, Klaus/Dombert, Matthias/Külpmann, Christoph, Vorläufiger Rechtsschutz im Verwaltungsstreitverfahren, 7. Aufl. 2017 (zit.: Finkelnburg/Dombert/Külpmann VorlRS)

Geiger, Rudolf/Khan, Daniel-Erasmus/Kotzur, Markus, EUV/AEUV, Kommentar, 5. Aufl. 2010 (zit.: Geiger/Khan/Kotzur)

Happ, Michael/Allesch, Erwin/Geiger, Harald/Metschke, Andreas/Hüttenbrink, Jost, Die Station in der öffentlichen Verwaltung, 7. Aufl. 2012 (zit.: HAGMH ÖffVerw-Station)

Hölzl, Josef/Hien, Eckart/Huber, Thomas, Gemeindeordnung mit Verwaltungsgemeinschaftsordnung, Landkreisordnung und Bezirksordnung für den Freistaat Bayern, Kommentar, Stand: Oktober 2018 (zit.: Hölzl/Hien/Huber BayGemeindeO)

Huber, Peter M./Wollenschläger, Ferdinand, Landesrecht Bayern, 2. Aufl. 2021 (zit.: Huber/Wollenschläger LandesR Bayern)

Hufen, Friedhelm, Verwaltungsprozessrecht, 11. Aufl. 2019 (zit.: Hufen VerwProzR)

Jäde, Henning/Dirnberger, Franz, Kommentar zum BauGB und zur BauNVO, 9. Aufl. 2018 (zit.: Jäde/Dirnberger/Bearbeiter)

Jarass, Hans D., Bundesimmissionsschutzgesetz, Kommentar, 13. Aufl. 2020 (zit.: Jarass BImSchG)

Jarass, Hans D./Pieroth, Bodo, Kommentar zum Grundgesetz, 15. Aufl. 2018 (zit.: Jarass/Pieroth)

Kintz, Roland, Öffentliches Recht im Assessorexamen, 10. Aufl. 2018 (zit.: Kintz ÖffR)

Knack, Hans J./Henneke, Hans-Günter (Hrsg.), VwVfG, Kommentar, 11. Aufl. 2019 (zit.: Knack/Henneke)

Knemeyer, Franz-Ludwig, Bayer. Verwaltungsrecht, Übungs- und Examensklausurenkurs, 4. Aufl. 1995 (zit.: Knemeyer BayVerwR)

König, Helmut, Baurecht Bayern, 5. Aufl. 2015 (zit.: König BauR)

Kopp, Ferdinand O./Ramsauer, Ulrich, Kommentar zum VwVfG, 22. Aufl. 2021 (zit.: Kopp/Ramsauer/Bearbeiter)

Kopp, Ferdinand O./Schenke, Wolf-Rüdiger, Kommentar zur VwGO, 27. Aufl. 2021 (zit.: Kopp/Schenke/Bearbeiter)

Linhart, Helmut, Der Bescheid, 4. Aufl. 2014 (zit.: Linhart Bescheid)

Linhart, Helmut, Schreiben, Bescheide und Vorschriften in der Verwaltung, Loseblatt, Studienschriften öffent. Verwaltung, Stand: Februar 2016 (zit.: Linhart Schreiben)

Lissack, Gernot, Bayer. Kommunalrecht, 4. Aufl. 2019 (zit.: Lissack BayKommunalR)

Maurer, Hartmut/Waldhoff, Christian, Allgemeines Verwaltungsrecht, 19. Aufl. 2017 (zit.: Maurer/Waldhoff AllgVerwR)

Pietzner, Rainer/Ronellenfitsch, Michael, Das Assessorexamen im öffentlichen Recht, 14. Aufl. 2017 (zit.: Pietzner/Ronellenfitsch Assessorexamen)

Posser, Herbert/Wolff, Heinrich Amadeus, Beck'scher Online-Kommentar VwGO, 48. Ed. 1.7.2019 (zit.: BeckOK VwGO/Bearbeiter)

Redeker. Martin/v. Oertzen, Hans-Joachim, Kommentar zur VwGO, 16. Aufl. 2014 (zit.: Redeker/v. Oertzen)

Schmidbauer, Wilhelm/Holzner, Thomas, Bayer. Polizei- und Sicherheitsrecht, 1. Aufl. 2019 (zit.: Schmidbauer/Holzner BayPolR)

Schmidbauer, Wilhelm/Steiner, Udo, Bayerisches Polizeiaufgabengesetz mit POG, 4. Aufl. 2014 (zit.: Schmidbauer/Steiner)

Schmitt Glaeser, Walter/Horn, Hans-Detlef, Verwaltungsprozessrecht, 17. Aufl. 2016 (zit.: Schmitt Glaeser/Horn VerwProzR)

Schoch, Friedrich/Schneider, Jens-Peter, Kommentar zur VwGO, Loseblatt, Stand: Juli 2021 (zit.: Schoch/Schneider/Bearbeiter)

Seidel, Achim/Reimer, Ekkehart/Möstl, Markus, Allgemeines Verwaltungsrecht, 3. Aufl. 2019 (zit.: Seidel/Reimer/Möstl AllgVerwR)

Seidel, Achim/Reimer, Ekkehart/Möstl, Markus, Besonderes Verwaltungsrecht, 3. Aufl. 2009 (zit.: Seidel/Reimer/Möstl BesVerwR)

Sieder, Frank/Zeitler, Herbert/Dahme, Heinz/Knopp, Günther-Michael, Wasserhaushaltsgesetz, Abwasserabgabengesetz: WHG, Stand: Juli 2021 (zit.: SZDK)

Sieder, Frank/Zeitler, Herbert/Dahme, Heinz/Knopp, Günther-Michael, Bayerisches Wassergesetz, Stand: Febr. 2019 (zit.: SZDK BayWHG)

Stelkens, Paul/Bonk, Heinz Joachim/Sachs, Michael, VwVfG, Kommentar, 9. Aufl. 2018 (zit.: Stelkens/Bonk/Sachs/Bearbeiter)

Streinz, Rudolf, Europarecht, 10. Aufl. 2016 (zit.: Streinz EuropaR)

Thomas, Heinz/Putzo, Hans, ZPO, Kommentar, 42. Aufl. 2021 (zit.: Thomas/Putzo/Bearbeiter)

Ule, Carl Hermann/Laubinger, Hans-Werner, Verwaltungsverfahrensrecht, 4. Aufl. 1995 (zit.: Ule/Laubinger VerwVerfR)

Widtmann, Julius/Grasser, Walter/Glaser, Erhard, Bayerische Gemeindeordnung – Kommentar, Stand: Oktober 2018 (zit.: Widtmann/Grasser/Glaser BayGemeindeO)

Wolff, Hans J./Bachof, Otto/Stober, Rolf, Verwaltungsrecht Bd. I, III, 13. Aufl. 2017 (Bd. I) bzw. 5. Aufl. 2004 (Bd. III) (zit.: Wolff/Bachof/Stober VerwR I/III)

Wolff, Heinrich Amadeus/Decker, Andreas, Verwaltungsgerichtsordnung/Verwaltungsverfahrensgesetz, Studienkommentar, 4. Aufl. 2021 mit Aktualisierungsservice unter www.andreas-decker.de (zit.: Wolff/Decker/Bearbeiter)

Zippelius, Reinhold, Juristische Methodenlehre, 11. Aufl. 2012 (zit.: Zippelius Methodenlehre)

Einführung

A. Das Problem

1 Die Bearbeitung von Klausuren aus dem Bereich des öffentlichen Rechts bereitet Rechtsreferendaren oftmals (große) Schwierigkeiten. Das liegt zum einen daran, dass die Referendarausbildung in erster Linie auf eine Tätigkeit im Zivil- oder Strafrecht und weniger auf eine solche in der inneren Verwaltung ausgerichtet ist.[1] Darüber hinaus vergeht aufgrund dieser Ausrichtung der Referendarausbildung idR ein nicht unerheblicher Zeitraum bis die Referendare, nachdem sie in der mündlichen Prüfung des Ersten Juristischen Staatsexamens das letzte Mal mit dem öffentlichen Recht in Berührung gekommen sind, wieder mit diesem Themenbereich konfrontiert werden. Es verwundert daher nicht, wenn die Kenntnisse zu diesem Zeitpunkt eher weniger als mehr geworden sind. Dieses Manko bis zum Examen auszugleichen, gelingt nicht immer.

2 Zum anderen resultieren die Probleme aber auch aus den Klausuren selbst. Neben einem vergleichsweise langen Sachverhalt enthalten Prüfungsaufgaben aus dem öffentlichen Recht häufig eine Fülle von prozessualen, formellen und – natürlich – materiellen Problemen. Darüber hinaus kann sowohl die Form der Darstellung des Aufgabentextes als auch die zu bearbeitende Verfahrenssituation sehr unterschiedlich sein. Es kommt hinzu, dass durch den Bearbeitervermerk die Aufgabenstellung verkompliziert werden kann, etwa dadurch, dass für die Bearbeitung der Aufgabe weitere (einschlägige) Texte angegeben werden (zB eine Übergangsvorschrift), die die amtlichen Sammlungen nicht enthalten, oder ganz konkrete auf den Aufgabentext bezogene Fragen gestellt werden, die eine Bearbeitung in der üblichen Reihenfolge (zB bei einer Klage) nicht zulassen. Letzteres ist insbesondere bei Anwaltsklausuren, also Klausuren, die die Beratung eines Mandanten zur Aufgabe haben, der Fall.

3 Die folgenden Ausführungen können schon aus Platzgründen nur ein Grobraster sein; zur Vertiefung muss auf weiterführende Literatur verwiesen werden.[2] Die „Feinabstimmung“ kann aber ohnehin nur durch jeden Examenskandidaten selbst erfolgen, denn die Art und Weise, wie der Einzelne Klausuren schreibt, ist, ebenso wie die Vorbereitung auf das Examen, logischerweise sehr unterschiedlich.[3] Ein allgemeinverbindliches Patentrezept für die „gute“ Klausur gibt es nicht. Es ist vielmehr wichtig, dass jeder Examenskandidat ein „Verfahren“ entwickelt, das es ihm ermöglicht, mit den ihm zur Verfügung stehenden Mitteln das Optimale aus einer Klausur herauszuholen.[4] Vor diesem Hintergrund verstehen sich die nachfolgenden Erörterungen auch nur als Hilfsmittel, dieses individuelle Prozedere zu finden. Dabei gilt: **Setzen Sie sich realistische Ziele[5] und machen Sie sich nicht verrückt.[6]**

B. Die Bearbeitung öffentlich-rechtlicher Klausuren

I. Die verschiedenen Aufgabenstellungen

4 Der „Einsatzbereich“ des öffentlichen Rechts ist vielgestaltig[7]. Das Spektrum möglicher Tätigkeiten reicht von der bloßen Prüfung, ob ein behördliches Einschreiten überhaupt erforderlich ist, bis hin zur Abfassung einer letztinstanzlichen Entscheidung. Damit korrespon-

1 Decker JA 1997, 969; s. auch Herber/Bomhard BayVBl. 2015, 765 mit wertvollen Hinweisen zur Vorbereitung auf das Zweite Examen und die Zeit danach (S. 767 f.).
2 S. hierzu im Anschluss an diese Einführung.
3 Decker JA 1997, 969.
4 Vgl. auch Forster JuS 1992, 234 (235).
5 Wer für sich illusorische Ziele avisiert, kann eher scheitern; vgl. Herber/Bomhard BayVBl. 2015, 765.
6 So zu Recht Reimer/Reimer-Jaß AL 2014, 255 (256).
7 Zum Umgang mit ungewöhnlichen Aufgabenstellungen im Zweiten Examen siehe etwa Eicker JA 2020, 932.

diert für das Assessorexamen – hierbei handelt es sich um eine praxisorientierte Prüfung – eine entsprechend weitgefächerte Aufgabenpalette, auf die es sich vorzubereiten gilt und die gegebenenfalls im Examen bewältigt werden muss. Im Folgenden soll daher zunächst kurz auf die wesentlichen und typischen Aufgabenstellungen im Assessorexamen im öffentlichen Recht eingegangen werden, bevor die eigentliche Klausurbearbeitung erörtert wird.

1. Sachverhalt

5 Der Sachverhalt kann in der Form eines Aktenauszuges oder auch im Wege einer fortlaufenden Schilderung der Geschehnisse dargestellt sein. Der Aktenauszug entspricht den Anforderungen der Praxis, weshalb in den letzten Jahren der Aufgabentext vermehrt in der Form des Aktenauszuges[8] und nur noch ausnahmsweise bzw. überhaupt nicht mehr als fortlaufende Schilderung gestellt wurde. In Betracht kommt aber auch eine Mischung beider Formen, namentlich bei Anwaltsklausuren.

6 Die sicherlich am einfachsten zu bearbeitende Sachverhaltsdarstellung ist die der chronologischen Sachverhaltsschilderung. Hier bedarf es von Seiten des Bearbeiters keiner „Datensortierung“ mehr. Charakteristisch für diese Darstellungsform ist, dass das für die Fallbearbeitung Wesentliche in kurzer, komprimierter Form zusammengefasst wurde.[9] Der Sachverhalt ist sozusagen „fertig“; die in ihm enthaltenen Angaben sind für die Bearbeitung entscheidend; es findet sich praktisch nichts Überflüssiges. Ähnlich ist das auch bei der „Mischform“, die in der Regel ebenfalls eine gewisse Chronologie, wie bei der Darstellung des Sachverhaltes durch einen fortlaufenden Text, aufweist.

7 Im Unterschied hierzu muss sich bei einem Aktenauszug der Bearbeiter den Sachverhalt erst erarbeiten und müssen die einzelnen Geschehnisse und vorgelegten Dokumente in die richtige zeitliche Reihenfolge gebracht werden. Ferner muss das Wesentliche vom Unwesentlichen getrennt werden;[10] die Sachverhaltsangabe ist von „Ballast“ zu befreien. Hiermit kann zT ein erheblicher Zeit- und Arbeitsaufwand verbunden sein. Häufig werden bei solchen Klausuren auch „versteckte“ Fristprobleme auftreten.

2. Die Prüfungsaufgabe

8 Des Weiteren kann die vom Examenskandidaten zu bearbeitende Prüfungssituation sehr unterschiedlich sein. So kann sich die Fallfrage zB in einem „Wie ist die Rechtslage?“ erschöpfen (sog. **offene Fallfrage**[11]) mit der Folge, dass ausgehend von der vorgegebenen verfahrensrechtlichen oder prozessualen Situation (Verwaltungsverfahren, Klage- oder Eilverfahren, Rechtsmittelverfahren) danach zu fragen ist, was der Rechtsschutzsuchende sinnvollerweise erreichen will (Wer ist daran interessiert, was gegenüber wem zu erreichen?[12]). Es ist aber auch möglich, dass dem Bearbeiter eine ganz konkrete Aufgabe gestellt wird, also etwa:

- Entwurf eines Ausgangsbescheides;
- Fertigen einer Widerspruchsschrift (durch einen Anwalt)[13]
- Entwurf eines Widerspruchsbescheides;
- Fertigen einer Klage (durch einen Anwalt);
- Entwurf eines Urteils oder eines Beschlusses (im Zweiten Staatsexamen auch in der Rechtsmittelinstanz);
- Fertigen einer Rechtsmittelschrift (durch einen Anwalt);

---

8 Vgl. Küpperfahrenberg/Lagardère JA 2008, 286.
9 Kauther VR 1981, 16 (17).
10 Schoch APF 1996, 6 (7).
11 Vgl. Lemke JA 2001, 325.
12 Lemke JA 2001, 325.
13 In einigen Bundesländern (zB Bayern) ist das Widerspruchsverfahren weitgehend abgeschafft worden; nur in eng begrenzten Fällen ist ein sog. „fakultativer Widerspruch“ möglich. Ist das der Fall, kann sich zB in der Bearbeitungssituation die Frage stellen, ob unmittelbar Klage erhoben wird oder ob zuerst ein Widerspruchsverfahren durchgeführt werden soll. Letzteres wird etwa dann in Betracht kommen, wenn auch die Zweckmäßigkeit des Verwaltungsakts überprüft werden soll (eine solche Überprüfung ist im gerichtlichen Verfahren bekanntlich nicht möglich).

- Fertigen eines Beratungsschreibens eines Anwaltes an einen Mandanten;[14]
- Fertigen eines anwaltschaftlichen Schriftsatzes zur Erhebung von Rechtsbehelfen im einstweiligen Rechtsschutzverfahren;
- Gutachterliche Würdigung der Rechtslage zur Vorbereitung einer der vorgenannten Bescheide, Urteile oder Schriftsätze;
- Kombination der vorstehend genannten Themenbereiche, gegebenenfalls auch in der Form eines Gutachtens.

Welche Aufgabe der Kandidat konkret zu erfüllen hat, ergibt sich *ausschließlich* aus dem *Bearbeitervermerk*,[15] wobei regelmäßig auch ein entsprechender *Entscheidungsvorschlag* verlangt wird.[16] 9

II. Die Fallbearbeitung

1. Der Ablauf einer Klausur – von der Angabe zur fertigen Reinschrift

Die Weichen für eine erfolgreiche Klausur werden bereits in der Anfangsphase gestellt, wenn 10
es darum geht, den *Sachverhalt* und den *Bearbeitervermerk* richtig zu erfassen. Daher muss in einem *1. Schritt* der Klausurbearbeitung der Aufgabentext **vollständig** erfasst werden.[17] Aber Achtung: Eine rechtliche Prüfung, welcher Art auch immer, erfolgt hier noch nicht.

Im *2. Schritt* erfolgt die Erfassung des Bearbeitervermerks: Welche Aufgabe ist konkret zur 11
Bearbeitung gestellt? Diesem Schritt kommt ebenfalls ganz erhebliche Bedeutung zu.[18]

An die Beendigung des zweiten Schrittes schließt sich nun die eigentliche rechtliche Prüfung 12
an. Im *3. Schritt* erfolgt daher die **stichwortartige Bearbeitung** der aufgeworfenen Probleme, die in einer Art Kurz-Lösungsskizze festgehalten werden sollten. Am Ende des dritten Schrittes sollte daher eine Groblösung mit entsprechender Gliederung stehen. Für diesen Schritt können durchaus bis zu 1,5 Stunden verwendet werden.

Im *4. Schritt* schließlich erfolgt die Ausformulierung des in den vorherigen Schritten gefunde- 13
nen Ergebnisses, sozusagen die „mechanische Umsetzung". Hierfür steht der Rest der Arbeitszeit (Gesamtarbeitszeit 5 Stunden) zur Verfügung.[19]

2. Die eigentliche Bearbeitung

a) Die Sachverhaltserfassung

Mit der richtigen und vollständigen Erfassung des Sachverhaltes wird der Grundstein für eine 14
erfolgversprechende Klausurlösung gelegt. Die gründliche Kenntnis des Sachverhalts ist das Fundament jeder Fallbearbeitung.[20]

Die Sachverhaltserfassung erfolgt am zweckmäßigsten durch das Lesen des kompletten Textes im Zusammenhang, wobei gegebenenfalls wichtig erscheinende Gesichtspunkte kenntlich gemacht werden sollten (mit Textmarker oder Buntstift). Dabei können und sollen auch spontane Einfälle zu den in der Angabe enthaltenen Problemen am Rand der Angabe als Merkposten notiert (aber noch nicht geprüft) werden.[21] Sodann sollte der Sachverhalt in seinen Einzelheiten erfasst werden. Dazu bietet es sich an, die wichtigsten Eckdaten, chronologisch

14 Allgemein zur öffentlich-rechtlichen Anwaltsklausur Barczak JA 2013, 937; Diercks-Harms JuS 2013, 801; siehe auch Eicker JA 2020, 932 (937).
15 Zu den Einzelheiten → Rn. 17, 18; s. hierzu auch ELSWZ 2. Staatsexamen 181 ff.
16 Rn. 37, 38.
17 S. etwa Fahl JA 2008, 350: „Die Arbeit beginnt mit der Arbeit am Sachverhalt."; s. auch Bock/Hülskötter JURA 2020, 1074 (1076).
18 Vgl. etwa Herber/Bomhard BayVBl. 2015, 765 (769).
19 Einen ähnlichen Ablauf der Klausurbearbeitung schlagen vor: Stortz VBlBW 1980, 35; Kauther VR 1981, 16; Forster JuS 1992, 234; Knemeyer BayVerwR 5; Herber/Bomhard BayVBl. 2015, 765 (771).
20 Kauther VR 1981, 16 (17) mwN; Lemke JA 2001, 325; Küpperfahrenberg/Lagardère JA 2008, 286 (287).
21 S. auch Fahl JA 2008, 350.

geordnet, mit den wichtigsten Argumenten der Verfahrensbeteiligten bzw. der zu überprüfenden Bescheide auf einem gesonderten Blatt (sog. **Datenblatt** oder zeitlicher **Ablaufrenner**)[22] zusammenzufassen. Die Angabe wird sozusagen exzerpiert. Das ist besonders wichtig, wenn es darum geht einen Aktenauszug zu bearbeiten, denn die darin enthaltenen Schriftstücke und Informationen sind zumeist nicht in chronologischer Reihenfolge dargestellt.[23]

15 Allgemein sind dabei die im Sachverhalt gemachten tatsächlichen Angaben als objektiv richtig und vollständig anzusehen. Bearbeiter haben sich daher an die Sachverhaltsangaben zu halten.[24] Sie dürfen keine Umstände der rechtlichen Lösung zugrunde legen, die dem Sachverhalt nicht zu entnehmen sind. Auch kann von einer **Sachverhaltslücke** grundsätzlich nicht ausgegangen werden[25]. Sollte jedoch einmal tatsächlich eine Sachverhaltslücke bestehen, so ist es zulässig, durch eine vernünftige Auslegung des Sachverhaltes aus einer angegebenen Tatsache durch Schlussfolgerungen andere Tatsachen herzuleiten, die sich bei natürlicher Betrachtungsweise oder nach allgemeiner Lebenserfahrung ergeben. **Unzulässig** ist es dagegen, den Sachverhalt abzuändern oder scheinbare oder echte Lücken durch Unterstellungen eigenmächtig zu beseitigen[26], denn durch solche Sachverhaltsergänzungen oder -unterstellungen verschafft sich der Bearbeiter meist erst die nach dem Sachverhalt an sich nicht existierende Möglichkeit, Fragen zu erörtern, die für den ursprünglichen Sachverhalt irrelevant sind, die er aber besonders gut zu beherrschen glaubt.[27] Fehlerhaft wäre es auch, Angaben im Sachverhalt zu ignorieren mit der Folge, dass dann Fragen angesprochen werden, die sich bei richtiger Erfassung des Falles nicht stellen würden.[28]

16 Die fehlerhafte Erfassung des Sachverhalts ist in Klausuren oftmals Ausgangspunkt für eine wenig überzeugende Bearbeitung. Wer hier versucht Zeit zu sparen, der tut dies an der falschen Stelle.[29] Für die Klausurbearbeitung folgt daraus, dass gerade bei der Erfassung des Sachverhaltes sorgfältig gearbeitet und ein Fehler unbedingt verhindert werden muss. Denn eine noch so schöne Argumentation ist nichts wert, wenn sie am Fall vorbei geht.[30]

b) Erfassen des Bearbeitervermerks

17 Welche Aufgabe in der Prüfungssituation konkret zu bewältigen ist, ergibt sich – **ausschließlich** – aus dem Bearbeitervermerk im Zusammenhang mit dem jeweiligen Sachverhalt. Die so gestellte Aufgabe ist zu lösen, gegebenenfalls in der vorgegebenen Reihenfolge. Dem aufmerksamen Lesen und dem Verstehen des Bearbeitervermerks kommt daher für die Bearbeitung von öffentlich-rechtlichen Klausuren – und nicht nur bei diesen – eine *„existentielle“ Bedeutung* zu.[31] Darüber hinaus enthält der Bearbeitervermerk oftmals auch wichtige Hinweise bezüglich der zur Bearbeitung anstehenden Probleme.[32] So wird in öffentlich-rechtlichen Klausuren regelmäßig die Erstellung eines Tatbestandes oder eines Sachberichtes ausgeklammert oder die Bearbeitung von Problemen in eine bestimmte Richtung eingeschränkt, zB durch Formulierungen wie „europarechtliche Probleme bleiben außer Betracht“ oder „das BauGB ist ausschließlich in der seit 1. Januar 2022 geltenden Fassung anzuwenden“.

---

22 Forster JuS 1992, 234 (237); s. auch Küpperfahrenberg/Lagardère JA 2008, 286 (287); ferner Leisner-Egensperger JA 2019, 841 über die Kunst des sinnverstehenden Lesens.
23 S. zur Sachverhaltsstrukturierung etwa Wolf JuS 2016, 309.
24 Schoch APF 1996, 6 (7).
25 Vgl. auch Schneider JURA 2018, 165 (167).
26 ZB Beaucamp JA 2018, 757.
27 Kauther VR 1981, 16 (17) mwN.
28 Lemke JA 2001, 325.
29 Vgl. zB Klein JuS 1963, 480.
30 Ähnlich Schneider JURA 2018, 165 (167).
31 Forster JuS 1992, 234 (236), der davon spricht, dass Fehler beim Verstehen des Bearbeitervermerks meistens nicht reparabel seien; ferner Herber/Bomhard BayVBl. 2015, 765 (769): „Der Bearbeitervermerk ist mit höchster Aufmerksamkeit aufzunehmen und zu verinnerlichen.“; s. auch Leisner-Egensperger JA 2019, 841 (842): „Kardinalfehler jeder juristischen Klausur ist die nur oberflächliche Aufnahme des Bearbeitervermerks.“; ähnlich auch Bühler/Junger/Schmitt BayVBl. 2019, 793 (799); s. auch Bock/Hülskötter JURA 2020, 1074 (1077).
32 Küpperfahrenberg/Lagardère JA 2008, 286 (287).

Wer den Bearbeitervermerk nicht richtig erfasst, läuft daher zum einen Gefahr, etwas anderes zu erarbeiten als von ihm verlangt wird (sozusagen ein **„aliud“**[33]); zum anderen aber auch, Dinge zu bearbeiten, deren Bearbeitung nicht gefordert ist, wie etwa die Abfassung eines Tatbestandes oder, um im obigen Beispiel zu bleiben, auch zu europarechtlichen Fragen Stellung zu nehmen. Während im ersten Fall (Erstellung eines „aliuds“) die Klausur regelmäßig nicht mehr zu „retten“ sein dürfte (Stichwort „Themaverfehlung“), führt die Nichtbeachtung des Bearbeitervermerks im zweiten Fall dazu, dass für unnötige Arbeiten Zeit vergeudet wird, die dann bei der Bearbeitung der eigentlichen Probleme fehlt.[34] Des Weiteren kann die Ausklammerung einzelner Rechtskreise (im Beispiel das Europarecht) durchaus den Sinn haben, die Klausur in der vorgegebenen Zeit lösbar zu machen. Wer daher zB das Europarecht trotzdem prüft, wird wahrscheinlich ernsthafte Probleme mit der Aufgabe bekommen, insbesondere weil im Sachverhalt hierzu – konsequenterweise – keine oder allenfalls spärliche Angaben enthalten sind.[35] Darüber hinaus wird zB die richtige, aber nicht verlangte Abfassung eines Tatbestandes, für die Bewertung der Klausur unbeachtlich sein und darüber hinaus Zeit in Anspruch nehmen, die bei der Bearbeitung der eigentlichen Probleme dann fehlt. Unterlaufen bei einer überflüssigen Prüfung auch noch Fehler, so wirkt sich dies regelmäßig negativ auf die Bewertung aus.[36] **18**

c) Problem- bzw. Lösungsskizze

aa) Ist der Sachverhalt vollständig erfasst und der Bearbeitervermerk verinnerlicht, so kann zur eigentlichen Lösung der Aufgabe, sprich zur Erörterung der durch die Aufgabe aufgeworfenen Probleme, durch die Suche nach den rechtlichen Grundlagen für die Bearbeitung geschritten werden. Vielfach enthält der Sachverhalt bereits mehr oder weniger deutliche Hinweise, etwa durch die Wiedergabe von Meinungen der Beteiligten, darauf, was vom Bearbeiter konkret erörtert werden soll. Alle im Sachverhalt angesprochenen rechtlichen Aspekte sind in der Lösung aufzugreifen.[37] **19**

Eng mit dem Aufsuchen und Ordnen der Probleme ist der Aufbau der Darstellung und damit der Lösung verbunden. Folglich sollte nach der Erfassung des Sachverhalts und des Bearbeitervermerks nicht sofort damit begonnen werden, die Lösung niederzuschreiben. Vielmehr ist der Erstellung der Reinschrift – also das, was der Prüfer letztlich zu Gesicht bekommt – sinnvollerweise noch ein Zwischenschritt vorzulagern: die Erstellung einer **Problem- bzw.** einer **Lösungsskizze.**[38] In dieser wird die Aufgabe stichpunktartig (also noch nicht ausformuliert[39]) sowie im für die spätere Ausformulierung notwendigen Maße gegliedert und unter Erfassung sämtlicher durch die Aufgabe aufgeworfener Probleme gelöst. Je durchdachter und gründlicher die Lösungsskizze ist, umso eher ist gewährleistet, dass die Ausarbeitung in der Reinschrift vernünftig und überzeugend gelingt.[40] Vorüberlegungen zu Aufbau und Ausformulierung (bei Urteil zB Zulässigkeit und Begründetheit) sollten daher am Anfang der Lösungsskizze stehen.[41] **19a**

bb) Die Probleme der Aufgabe werden sich in der Regel im materiellen Teil bewegen, was zu einer entsprechenden Gewichtung in der Bearbeitung führen muss. Für die Bewertung ist es dabei von besonderer Bedeutung, wie gut die Schwerpunktsetzung gelingt.[42] **20**

Bevor jedoch mit der eigentlichen Prüfung begonnen wird, kann es erforderlich sein, dass sich der Bearbeiter das Ziel der Behörde, des Widerspruchsführers, des Klägers, des Man- **21**

33 Decker JA 1997, 969.
34 Forster JuS 1992, 234 (237).
35 Der Aufgabensteller hat sich regelmäßig bei der Abfassung des Bearbeitervermerks bzw. bei der Beschränkung der Prüfung etwas gedacht.
36 Forster JuS 1992, 234 (236).
37 Herber/Bomhard BayVBl. 2015, 765 (770).
38 Forster JuS 1992, 234 (237); Herber/Bomhard BayVBl. 2015, 765 (770); Bock/Hülskötter JURA 2020, 1074 (1077 f.).
39 S. hierzu das Beispiel unter → Rn. 31.
40 Kauther VR 1981, 16 (18).
41 Küpperfahrenberg/Lagardère JA 2008, 286 (287).
42 Herber/Bomhard BayVBl. 2015, 765 (770); Schafranek JA 2016, 765 (769).

danten[43] etc. klar macht: Was will diese(r) erreichen? Das Begehren ist präzise und optimal zu erfassen.[44] Auf dieser Stufe wäre zB die Frage zu klären, ob eine Klage nach § 79 I Nr. 1 VwGO (gegen den Ausgangsbescheid gegebenenfalls idGd Widerspruchsbescheides) erhoben werden soll oder vorliegt oder ob nur eine solche nach § 79 I Nr. 2 oder II VwGO (isoliert gegen den Widerspruchsbescheid) in Betracht kommt. Diese Prüfung kann dabei unter der Rubrik „**Auslegung des Rechtsschutzzieles**" vor der eigentlichen Prüfung der Rechtslage erfolgen. Aber auch hier gilt: nicht schematisch in jeder Klausur diesen Punkt abhandeln, sondern nur dann, wenn hierzu – wirklich – Veranlassung besteht.

22 Auch die Zulässigkeitsprüfung kann – so eine solche veranlasst ist – regelmäßig auf das notwendige Mindestmaß reduziert werden, dh auf die Punkte, die entweder konkret in der Angabe angesprochen (zB eine Fristversäumnis oder ein Antrag auf Wiedereinsetzung in den vorigen Stand) oder die stets zu erörtern sind, wie zB die besonderen Zulässigkeitsvoraussetzungen der einzelnen Klagearten.[45] Zu dem im Ersten Juristischen Staatsexamen gern und ausführlich diskutierten Verwaltungsrechtsweg (§ 40 VwGO) sollte nur dann Stellung genommen werden, wenn hier wirklich ein Problem gegeben ist,[46] wie etwa bei der Überprüfung polizeilicher Maßnahmen in Abgrenzung zu §§ 23 ff. EGGVG, bei Klausuren im Zusammenhang mit der Nutzung öffentlich-rechtlicher Einrichtungen (Stichwort „Zweistufentheorie") oder bei der Geltendmachung von vertraglichen Ansprüchen (Abgrenzung öffentlich-rechtlicher Vertrag/privat-rechtlicher Vertrag). Ansonsten können entsprechende Erörterungen durchaus unterbleiben, schließlich ist das Zweite Juristische Staatsexamen ein praxisorientiertes Examen.[47] Auf keinen Fall sollte hier die Frage erörtert werden, ob es sich beim Verwaltungsrechtsweg um eine Zulässigkeitsvoraussetzung handelt oder nicht,[48] denn in der Praxis[49] interessiert dies wirklich niemanden.[50]

23 Soll die Rechtmäßigkeit eines Rechtsaktes überprüft werden (= Begründetheitsprüfung bei der Vorbereitung oder Entscheidung über einen Rechtsbehelf), so ist grundsätzlich[51] dessen formelle und materielle Rechtmäßigkeit zu untersuchen. Das gilt nicht nur, wenn es um die Überprüfung eines Verwaltungsaktes geht, sondern in gleicher Weise für die Prüfung eines (formellen oder materiellen) Gesetzes oder auch eines Urteils bzw. Beschlusses (bei der Vorbereitung oder Abfassung einer Berufungs- oder Beschwerdeentscheidung). Dabei ist unter der formellen Rechtmäßigkeitsprüfung die Prüfung des zum Erlass des konkreten Rechtsaktes führenden Verfahrens zu verstehen; die Prüfung der materiellen Rechtmäßigkeit umfasst dagegen die Frage, ob der Rechtsakt von der Rechtsordnung gedeckt ist. Gerade die Unterscheidung von formeller und materieller Rechtmäßigkeit ist ein besonderes Charakteristikum des öffentlichen Rechts im Allgemeinen und öffentlich-rechtlicher Klausuren im Besonderen. Wer sich das klar macht und in der Klausur entsprechend umsetzt, hat eigentlich schon die Weichen in Richtung auf eine ordentliche Klausurbearbeitung gestellt.

---

43 S. etwa Barczak JA 2013, 937 (938) zur öffentlich-rechtlichen Anwaltsklausur: Skizzierung des Mandantenbegehrens.

44 Klamser JA 2013, 206 (207); s. auch Eicker JA 2020, 932 (935).

45 Vgl. Wolff/Decker/Wolff VwGO § 42 Rn. 2, 57, 58, § 43 Rn. 4, Anhang zu § 43 Rn. 6 oder zu § 47 Rn. 6; s. zum System der Klagearten im Verwaltungsprozess auch Hufen AL 2017, 96.

46 Ebenso Herber/Bomhard BayVBl. 2015, 765 (770).

47 Wer ein „ungutes" Gefühl hat, in einer Klausur Ausführungen zum Verwaltungsrechtsweg zu unterlassen, der sollte sich im Normalfall auf folgenden Satz beschränken: „Der Verwaltungsrechtsweg nach § 40 I VwGO ist gegeben, da Normen des öffentlichen Rechts (… Zitat, zB BayLStVG, BayGO, BayBO, BauGB etc. …) zur Anwendung kommen und keine Anhaltspunkte für eine abdrängende Sonderzuweisung gegeben sind.".

48 S. hierzu etwa Heidebach JURA 2009, 172.

49 Da das Assessorexamen ein praxisorientiertes Examen ist, hat auch die Bearbeitung der Klausuren möglichst praxisgerecht zu erfolgen.

50 S. im Übrigen zu diesem Thema überzeugend Fischer JURA 2003, 748; s. auch → Rn. 41.

51 Im Falle einer Verpflichtungsklage auf Erlass eines gebundenen VA prüft die ganz herrschende Rechtsprechung (vgl. zB BVerwG Buchholz 401.47 Nr. 4) grundsätzlich nicht die ablehnenden Bescheide nach, sondern beschränkt sich auf die Prüfung der Voraussetzungen der materiellen Anspruchsgrundlagen für die vom Kläger begehrte Leistung; zu den Einzelheiten s. in Wolff/Decker/Wolff VwGO § 113 Rn. 131 ff.

Handelt es sich um einen Verwaltungsakt, der im nichtförmlichen Verfahren ergeht, kann sich die Erörterung der formellen Rechtmäßigkeit in der Regel auf die Zuständigkeit[52] und die Anhörung (Art. 28 BayVwVfG, § 28 VwVfG) beschränken. Bei der Überprüfung von „förmlichen“ Verwaltungsakten, wie zB einem Planfeststellungsbeschluss, einer immissionsschutzrechtlichen Genehmigung, einem Widerspruchsbescheid etc., muss dagegen auch die formellrechtliche Seite ausführlicher diskutiert werden, weil hier häufig Fehler auftreten können. Eine Ausnahme besteht selbstverständlich dann, wenn der Sachverhalt hierzu keine näheren Angaben enthält oder – laut Bearbeitervermerk – zu unterstellen ist, dass das Verfahren ordnungsgemäß durchgeführt wurde. 24

Die materielle Prüfung schließlich ist regelmäßig das „Herz“ der Klausur. Insoweit besteht vor allem das Problem, die materielle Rechtslage dogmatisch und systematisch zutreffend darzustellen und eine – zumindest – vertretbare Lösung zu präsentieren.[53] Auch wenn das trivial klingen mag: Maßgebend für diese Bearbeitung – wie im Übrigen auch – **ist das jeweils einschlägige Gesetz**, sind die einschlägigen Befugnis- oder Ermächtigungs**normen**. Diese sind der jeweiligen Bearbeitung zugrunde zu legen und zunächst einmal *so genau wie möglich zu zitieren.*[54] Schlamperei in der Zitierweise wirkt sich zwangsläufig negativ auf die Bewertung aus, zumal ein nennenswerter Zeitverlust mit einem konsequenten Zitieren der anzuwendenden Normen erfahrungsgemäß nicht verbunden ist. Beispielhaft sei hier nur der Fall eines Außenbereichsvorhabens genannt. Wer dieses anhand von a) „35“ oder b) „§ 35“ oder c) „§ 35 BauGB“ beurteilt, wird sich fragen lassen müssen, ob im Fall a) überhaupt ein Gesetz und im Fall b) welches Gesetz angewendet wird. Im Fall c) trifft den Bearbeiter der Vorwurf, nicht zwischen privilegierten und sonstigen Vorhaben unterscheiden zu können. Auch die vielfach zu verzeichnende Unsitte, zu Beginn der Klausur in einer Fußnote darauf hinzuweisen, dass „§§-Angaben ohne Gesetz Vorschriften“ zB „der VwGO betreffen“, sollte tunlichst unterlassen werden. Zum einen bringt etwa das Weglassen der Bezeichnung „VwGO“ (um im Beispiel zu bleiben) keinerlei nennenswerten Zeitgewinn. Zum anderen wird im Eifer des Gefechts leicht einmal die Bezeichnung eines anderen Gesetzes (zB BauGB) vergessen, womit die Norm dann – kraft Fußnotenverweis – zu einer solchen der VwGO wird. Schließlich wird ein solcher Fußnotenverweis aus den dargestellten Gründen beim Prüfer regelmäßig auf Unverständnis stoßen. 25

Neben dem genauen Zitat der anzuwenden Vorschrift lautet die weitere grundlegende Prämisse bei der Bearbeitung: 26

Norm lesen, Inhalt ermitteln und dann subsumieren,

denn die Lösung von Rechtsfragen ist in erster Linie Gesetzesanwendung, weshalb der Gesetzestext selbst Ausgangspunkt jeder Überlegung sein muss.[55] Dieser ist daher genauestens zu erfassen (also Norm vollständig lesen[56]) und der Regelungsgehalt der einschlägigen Norm ist zu ermitteln.[57] Wird der exakte Bezug zum Gesetz nicht hergestellt, besteht die Gefahr, die Gedankengänge ungeordnet darzustellen. Wird das Gesetz dagegen Schritt für Schritt abgearbeitet, besteht diese Gefahr nicht und es wird zudem der Fehler vermieden, Unerhebliches (breit) zu erörtern.[58]

Auch die Technik der **Gesetzesauslegung** erlangt in diesem Zusammenhang eine gewichtige Rolle, weshalb der Kandidat sich rechtzeitig vor dem Examen mit den Grundzügen der Methodenlehre durch die Lektüre einschlägiger Literatur vertraut machen sollte.[59] Grundlegend sind dabei die auf *Savigny*[60] zurückgehenden Auslegungsmethoden nach Wortlaut (= grammatikalische Auslegung), Systematik (= systematische Auslegung), Sinn und Zweck (= teleologische Auslegung) und Entstehungsgeschichte der Norm (= genetische Auslegung) sowie 26a

52 Ebenso vertretbar ist es, die Zuständigkeit erst in der materiellen Rechtmäßigkeit zu prüfen.
53 Herber/Bomhard BayVBl. 2015, 765 (770).
54 Schoch APF 1996, 6 (9); Beaucamp JA 2018, 758 (759).
55 Dühn JA 2000, 765.
56 S. auch Leisner-Egensperger JA 2019, 841 (842, 843): genaue Lektüre des Gesetzes.
57 Bialluch/Wernert JuS 2018, 326.
58 Lemke JA 2001, 325 (327).
59 So völlig zu Recht Dühn JA 2000, 765; Beaucamp JA 2018, 757 (758).
60 Savigny, System des heutigen römischen Rechts, Bd. 1, 1840.

der Vergleich mit früheren Fassungen der Vorschrift (historische Auslegung).[61] Darüber hinaus sind im Rahmen der Auslegung aber auch die übergeordneten Rechtssätze zu beachten; das führt dann zur „verfassungskonformen"[62] und zur unionsrechts- bzw. richtlinienkonformen[63] Auslegung.[64] Erfreulicherweise hat in der jüngeren Vergangenheit die Zahl der wissenschaftlichen Abhandlungen zum Thema der Gesetzesauslegung erheblich zugenommen. Hier kann sich der Kandidat relativ schnell einen entsprechenden Überblick verschaffen und etwaige Lücken schließen.[65]

26b Ist der maßgebliche Gesetzestext (richtig) erfasst (aufbereitet), erfolgt die **Subsumtion**, die für eine gelungene Klausur – das gilt im Übrigen für jedes juristische Arbeiten – von zentraler Bedeutung ist.[66] Subsumieren bedeutet dabei, dass der Gesetzes- bzw. Verordnungstatbestand mit dem Sachverhalt der Angabe verglichen und daraus eine Rechtsfolge abgeleitet wird.[67] In der Subsumtion muss der Bearbeiter aufzeigen, dass der Sachverhalt ein Fall des Tatbestandes desjenigen Rechtssatzes ist, dessen Rechtsfolge bereits im Obersatz frageweise (Gutachtenstil) oder als Ergebnis (Urteilsstil) zitiert wurde.[68] Die Subsumtion unter einen abstrakt-generellen Rechtssatz dient somit der Feststellung, ob in einem durch eine Vielzahl von Merkmalen gekennzeichneten Einzelfall gerade diejenigen Merkmale vorliegen, die dieser abstrakt-generelle Rechtssatz zur Bedingung/zum Tatbestand seiner Konsequenz/seiner Rechtsfolge macht.[69]

27 Gegen diese Grundsätze wird leider viel zu oft verstoßen, weil sie nicht ernst genug genommen werden.[70] Dazu tragen nicht zuletzt die im Zweiten Staatsexamen zugelassenen **Hilfsmittel**, respektive Kommentare, bei. Viele Kandidaten greifen bei der Bearbeitung gar nicht mehr auf das Gesetz zurück, obwohl dieses die Grundlage allen juristischen Handelns ist,[71] sondern versuchen die Aufgabe unmittelbar mit dem Kommentar zu lösen. Das wirft jedoch verschiedene Probleme auf, die in gleicher Weise auch in der Zulässigkeitsprüfung und in der Prüfung der formellen Rechtmäßigkeit auftreten können:

- Der Gesetzgeber ist regelmäßig „schneller" als der Verfasser des Kommentars, dh, bis Gesetzesänderungen in einem Kommentar berücksichtigt werden können, dauert dies einige Zeit. Das gilt vor allem bei gebundenen Werken (zB *Kopp/Schenke* VwGO oder *Kopp/Ramsauer* VwVfG). Hieraus resultiert die Gefahr, dass mit veralteten Texten gearbeitet wird. Im Unterschied zu den Kommentaren sind die Gesetzessammlungen (weil idR Loseblattwerke) regelmäßig innerhalb kürzester Zeit auf dem aktuellen Gesetzesstand.
- Bei der Arbeit mit dem Kommentar wird häufig das eine oder andere Tatbestandsmerkmal der Norm übersehen (die Darstellung in Kommentaren ist zu komplex); die Prüfung ist dann unvollständig.
- Kommentare geben zumeist die eigene Meinung des Bearbeiters wieder und weisen eher beiläufig (oder gar nicht) auf andere Auffassungen, insbesondere die Rechtsprechung, hin;[72]

61 S. zu den Methoden der Gesetzesauslegung in der Rechtsprechung des BVerfG sehr instruktiv Bleckmann JuS 2002, 942; allg. zur Methodik der Gesetzesauslegung auch Deckert JA 1994, 412; Christensen/Pötters JA 2010, 566; Metz JA 2018, 47; zwar nicht unmittelbar examensrelevant, gleichwohl lesenswert: Tiedemann JA 2012, 8, zur Philosophie in der juristischen Praxis; ferner Rüthers AL 2020, 217 zur Entwicklung der juristischen Methodenlehre nach dem 2. Weltkrieg; zu den verfassungsrechtlichen Vorgaben für die Wahl der Rechtsanwendungsmethode Höpfner/Schneck AL 2020, 201.

62 S. hierzu etwa Sachs JuS 2015, 472.

63 Hierzu zB Kühling JuS 2014, 481; ausführlich Tonikidis JA 2013, 598.

64 Bialluch/Wernert JuS 2018, 326 (329); ferner Forck JuS 2020, 931.

65 S. hierzu die Übersicht am Ende dieses Abschnitts.

66 Bialluch/Wernert JuS 2018, 326 (327).

67 Schoch APF 1996, 6 (9); allgemein zum Thema Subsumieren: Linhart APF 1996, 226; Petersen JURA 2002, 105; s. auch Fahl JA 2008, 350: „Subsumtion bedeutet, den mitgeteilten Sachverhalt so „aufzubereiten", dass er mit dem bekannten Gesetzestext in Übereinstimmung gebracht werden kann"; ferner Beyerbach JA 2014, 813 (815); Bäcker JuS 2019, 321.

68 Bialluch/Wernert JuS 2018, 326 (327).

69 Bäcker JuS 2019, 321 (324).

70 Die Erfahrung zeigt, dass Bearbeiter schon beim ersten Lesen des Sachverhaltes auf die zur Verfügung stehenden Kommentare zugreifen und in diesen blättern; damit wird wertvolle Zeit vergeudet, weil diese Tätigkeit idR ohne jeden Nutzen für die spätere Lösung ist; vgl. Linhart APF 1996, 226 (230).

71 Dühn JA 2000, 765.

72 Zutreffend daher Bohnen JA 2013, 450 (452): „Der Kommentar hat nicht immer Recht.".

damit besteht die Gefahr, dass die Lösung zu theoretisch und wenig praxisorientiert wird. Folglich sollte Kommentaren prinzipiell mit einem gewissen Misstrauen begegnet werden.

Dem Referendar muss zudem bewusst sein, dass allein die Tatsache, zukünftig Klausuren unter Beiziehung eines Kommentars lösen zu dürfen, nicht dazu führt, sich kein weiteres Wissen mehr aneignen zu müssen oder vorhandenes Wissen wieder vergessen zu können.[73] Ohne ein solides Grundwissen hilft auch ein Kommentar nicht weiter. Dieser kann zudem weder eigenes Denken noch eine ordentliche Subsumtion noch eine Argumentation am Fall ersetzen.[74] Darüber hinaus will das Arbeiten mit Kommentaren gelernt sein.[75] Es ist daher unerlässlich, schon von Beginn des Referendariats an mit der für die Prüfung zugelassenen Kommentarliteratur zu arbeiten.[76] Kommentare sind schließlich auch kein Medium, um sich im Examen vertieft in eine komplexe Thematik einzulesen. Dafür besteht schon gar keine Zeit. Kommentare sollten folglich nur zu einer konkreten Fragestellung konsultiert werden. **27a**

cc) Neben einem dogmatisch und systematisch richtigen Aufbau ist von entscheidender Bedeutung für eine gute Klausur, die jeweilige *argumentative Bewältigung der zur Bearbeitung gestellten Probleme*, mit anderen Worten, die für eine gefundene Lösung gegebene **Begründung**.[77] Sie ist insbesondere Gradmesser für die Qualität der Klausur.[78] Dabei ist wiederum zu beachten, dass eine eigene Begründung angeführt und nicht etwa nur „der Kommentar abgeschrieben“[79] oder (noch schlimmer) zur Begründung auf eine Fundstelle im Kommentar verwiesen wird.[80] *Es zählen die Argumente des Verfassers.* Das gilt umso mehr, als gerade im öffentlichen Recht praktisch jede mit brauchbarer Begründung versehene und in sich konsequente Lösung positiv bewertet wird, denn es geht in Klausuren nicht primär um das „richtige Ergebnis“, sondern um die Art und Weise der Entscheidungsfindung und der Entscheidungsdarstellung (also Aufbau und Begründung).[81] Zudem ist die Klausurbewertung anfechtbar, wenn in Fachfragen eine vertretbare und mit gewichtigen Argumenten folgerichtig begründete Lösung als falsch oder unvertretbar bewertet worden ist.[82] Folglich sollten bereits in der Lösungsskizze die tragenden Argumente für die eigene Lösung stichpunktartig festgehalten werden. **28**

Soweit in der Klausur zu einem **Problem** Stellung genommen werden muss, das in Rechtsprechung und Schrifttum **umstritten** ist, ist hierauf besonderes Augenmerk zu legen. Unzureichend wäre zwar einerseits, das Problem anzudeuten und sich dann ohne nähere Begründung, möglicherweise unter Berufung auf eine (vermeintlich) herrschende Meinung,[83] der einen oder anderen Auffassung anzuschließen.[84] Andererseits steht die Reproduktion diffiziler Streit- und Meinungsstände im Zweiten Examen nicht mehr im Fokus, sondern vielmehr die Lö- **29**

73 Bohnen JA 2013, 450 (451).
74 So zu Recht Bühler/Junger/Schmitt BayVBl. 2019, 793 (798)
75 Ausführlich zur Kommentarnutzung im Assessorexamen Bohnen JA 2013, 450.
76 Herber/Bomhard BayVBl. 2015, 765 (773); Bühler/Junger/Schmitt BayVBl. 2019, 793 (797).
77 S. auch Bäcker JuS 2019, 321 (327).
78 Treffend daher Beaucamp JA 2018, 757 (758): „Deshalb zeichnen sich gute Klausuren durch eine gute Begründung aus.“.
79 Über den Kommentar verfügt auch der Prüfer; dieser kann daher unschwer feststellen, ob es sich um eine vom Bearbeiter erarbeitete oder aus dem Kommentar übernommene Begründung handelt.
80 Bohnen JA 2013, 450 (451).
81 Stortz VBlBW 1980, 35; Knödler JuS 1996, L 65; Schneider JURA 2018, 165 (166); Beck JURA 2018, 330 (335); s. auch BVerwG DÖV 1995, 79 (Ls.); BVerwG DÖV 1995, 79 (Ls.); BVerwGE 109, 211 = NJW 2000, 1055; ferner Bühler/Junger/Schmitt BayVBl. 2019, 793 (796), die zutreffend darauf hinweisen, dass im Assessorexamen vertretbare Lösungen – entgegen einer weit verbreiteten Meinung unter Referendaren – honoriert oder sogar sehr gut bewertet würden, sofern auf der Basis des Gesetzestextes mit stringenter Argumentation gearbeitet wurde.
82 BVerwGE 91, 262 (266) = BeckRS 9998, 170298; s. auch VG Bremen Urt. v. 26.10.2015 – 1 K 507/13 – juris Rn. 34, BeckRS 2015, 54016.
83 S. hierzu etwa Pilniok JuS 2009, 394.
84 Lemke JA 2001, 325 (328); vgl. auch Dühn JA 2000, 765 (768), der treffend formuliert: **„Autoritäten ersetzen keine Argumente.“**; Küpperfahrenberg/Lagardère JA 2008, 286 (288); Schneider JURA 2018, 163 (166): **„Der Hinweis auf die h.M. ist kein Sachargument.“**; ebenso Schafranek JA 2016, 765 (769); Beaucamp JA 2018, 757 (758); Kuhn JURA 2018, 1069; Forck JuS 2020, 931: „Der Hinweis auf eine h.M. ist ebenso wenig überzeugend wie die wahllose Aufzählung von auswendig gelernten Ansichten und (Schein-) Argumenten.“

sungsorientierung der Bearbeitung.[85] Üblicherweise[86] wird daher für eine überzeugende Arbeit vorgeschlagen, zunächst die verschiedenen Auffassungen – in aller Kürze – mit ihren tragenden Argumenten darzustellen, wobei die abzulehnende(n) als erstes genannt werden sollte(n). Sodann soll zu diesem Meinungsstreit Stellung genommen und begründet werden, warum dieser und nicht einer anderen Auffassung gefolgt wird. Dazu sollten noch ein oder zwei eigene Argumente angeführt werden.[87]

29a Dieses Argumentationsmuster wird allerdings immer wieder infrage gestellt.[88] Zum einen werde hierdurch der Eindruck beim Korrektor erzeugt, auswendig gelerntes Wissen werde ohne konkretes Problembewusstsein nur „abgespult". Zum anderen käme bei dieser Argumentationsart auch die Auseinandersetzung mit den für und wider die einzelnen Auslegungsalternativen sprechenden Argumenten zu kurz. An dieser Kritik sicher richtig ist der Einwand, dass eine Argumentation, die die Argumente für die letztlich abgelehnte Auslegungsalternative nicht abhandelt (widerlegt), aus sich heraus nicht überzeugend wirken kann. Sofern sich eine Bearbeitung aber in nachvollziehbarer Weise mit den Gegenargumenten auseinandersetzt (und diese widerlegt), spricht wohl nichts dagegen, wie oben beschrieben zu verfahren[89].

29b Unabhängig hiervon ist aber natürlich auch jedes andere zielführende und die maßgeblichen Probleme abhandelnden Argumentationsmuster zulässig. Souverän wirkt zB eine Bearbeitung, die zunächst das zu lösende Problem abstrakt umschreibt und sich anschließend, ausgehend vom Wortlaut der insofern maßgeblichen Norm, unter Heranziehung der oben genannten Auslegungsgrundsätze um deren argumentative Beantwortung bemüht. Steht die Lösung der Rechtsfrage danach fest, erfolgt die Subsumtion.[90]

30 **dd)** Zusammenfassend ergeben sich daher für die rechtliche Würdigung des zur Bearbeitung gestellten Sachverhaltes folgende Konsequenzen:

Maßgeblich ist zunächst der jeweilige Gesetzestext, anhand dessen (regelmäßig) Zulässigkeit und Begründetheit eines (vorzubereitenden, einzulegenden oder eingelegten) Rechtsbehelfs, unter Rückgriff auf das eigene, erlernte Wissen, zu prüfen ist. Gelangt der Bearbeiter bei dieser Prüfung an einen Punkt, an dem er sich nicht sicher ist, wie er ein Problem zu lösen hat, kann auf den einschlägigen Kommentar zurückgegriffen werden, um sich Anregungen und Lösungsvorschläge zu holen. Anschließend sollte das Problem erörtert und mit einer eigenen Begründung (knapp, aber erschöpfend) gelöst werden.

31 **ee)** Beispiel für eine Problem- bzw. Lösungsskizze:

Fall: B erhält die Baugenehmigung zur Errichtung eines Einfamilienhauses. Auf die Klage des N hebt das Verwaltungsgericht die Baugenehmigung auf mit der Begründung, das Vorhaben füge sich nicht ein. B erhebt nun gegen das Urteil des VG das statthafte Rechtsmittel mit dem Ziel, seine Baugenehmigung wieder zu erhalten. Erfolgsaussichten des Rechtsmittels:

Lösungsskizze:

I. Auslegung des Rechtsschutzzieles des B
Wiedererlangung der Baugenehmigung durch Rechtsmittel gegen das Urteil des Verwaltungsgerichts gem. §§ 124 ff. VwGO. Wenn – wie regelmäßig – die Berufung vom Verwaltungsgericht nicht zugelassen worden ist, ist das statthafte Rechtsmittel der Antrag auf Zulassung der Berufung nach § 124a IV VwGO.

---

85 Reimer/Reimer-Jaß AL 2014, 255 (257).
86 Knödler JuS 1996, L 65, L 67; Forster JuS 1992, 234 (239); zur Handhabung von Meinungsstreits in der Klausur etwa Fahl JA 2008, 350 (352–354); zur Theorie der juristischen Argumentation etwa Schwintowski JA 1992, 201.
87 S. aber auch Herber/Bomhard BayVBl. 2015, 765 (771), die zutreffend darauf hinweisen, dass Examensklausuren nicht der richtige Ort sind „für heldenhaften Widerstand gegen die eine oder andere dogmatische Ungenauigkeit in der höchstrichterlichen Rechtsprechung".
88 Wieduwilt JuS 2010, 288 (291); Christensen/Pötters JA 2010, 566 (567).
89 Einen wie hier vorgeschlagenen Aufbau bevorzugen auch Bialluch/Wernert JuS 2018, 326 (329).
90 Vgl. etwa Christensen/Pötters JA 2010, 566.

II. Zulässigkeit des Zulassungsantrags
1. Keine Prüfung des Verwaltungsrechtsweges (wegen § 17a V GVG)
2. Statthaftigkeit des Zulassungsantrages, insbesondere eine mit der Berufung anfechtbare Entscheidung (§ 124 I VwGO) und (noch) keine Zulassung der Berufung im Urteil durch das Verwaltungsgericht (§ 124a I VwGO).
3. Zulassungsantrag beim Verwaltungsgericht (§ 124a IV 2 VwGO).
4. Form: schriftlich (§ 125 I iVm §§ 81, 82 VwGO)
   a) für den Zulassungsantrag als solches: Formalien gem. § 124a IV 3 VwGO.
   b) für die Begründung des Zulassungsantrages: Darlegung der Berufungszulassungsgründe (§ 124a IV 4 VwGO).
5. Frist:
   a) für die Stellung des Zulassungsantrages: 1 Monat nach Zustellung des vollständigen Urteils beim VG (§ 124a IV 1 VwGO).
   b) für die Begründung des Zulassungsantrages: 2 Monate nach Zustellung des vollständigen Urteils (§ 124a IV 4 VwGO) beim OVG/VGH, soweit Begründung nicht bereits mit dem Antrag vorgelegt worden ist (§ 124a IV 5 VwGO).
6. Beteiligten- und Prozessfähigkeit (§§ 61, 62 VwGO)
7. Anwaltszwang und Postulationsfähigkeit (§ 67 IV VwGO)
8. Rechtsmittelberechtigung
9. Beschwer
10. Keine Rücknahme, kein Verzicht, kein Vergleich
11. Rechtsschutzbedürfnis

III. Begründetheit des Zulassungsantrages

Der Zulassungsantrag ist begründet, wenn einer der in § 124 II VwGO genannte Zulassungsgründe dargelegt und gegeben ist, wobei hier problematisch ist, ob N durch die Baugenehmigung in ihn schützenden Vorschriften verletzt wird.

d) Reinschrift

aa) Allgemeines

Bisher ist die Lösung des Falles vorbereitet und erarbeitet worden. Nunmehr wird das Ergebnis[91] in der Reinschrift umgesetzt.[92] Die Reinschrift ist es schließlich, die der Korrektor zu Gesicht und zur Bewertung erhält. An ihr misst er die Leistung des Kandidaten. Entscheidend ist daher, wie Kauther[93] es zutreffend formuliert, dass in der Reinschrift die Umsetzung der Lösungsskizze in ein logisch und zweckmäßig aufgebautes, sprachlich klares, stilistisch einwandfreies, alle Fallprobleme erfassendes Gutachten, Urteil, Beschluss, Mandantenschreiben etc., gelingt, das unter strikter Beschränkung auf problemlösungsnotwendige Ausführungen jedes Problem entsprechend seiner Bedeutung erörtert und mit überzeugender Argumentation einer richtigen und vertretbaren Lösung zuführt. Falsch wäre es daher, lange Ausführungen zu Dingen zu machen, die für die zu lösende Rechtsfrage unerheblich sind[94] (also Beschränkung auf das Entscheidungserhebliche; das gilt namentlich bei der Fertigung von gerichtlichen Entscheidungen).[95] Soweit infolge der Beschränkung der Ausführungen auf das Entscheidungserhebliche einzelne Probleme ausgeklammert bleiben müssen, fallen diese nicht „unter den Tisch". Zu ihnen ist vielmehr in einem sog. **Hilfsgutachten**[96] Stellung zu nehmen. 32

In diesem Zusammenhang ist aber noch auf Folgendes hinzuweisen: Ist nach dem Bearbeitervermerk ein Gutachten, das auf alle aufgeworfenen Rechtsfragen eingeht, verlangt, stellt es 32a

91 Dieses muss folglich feststehen bevor mit der Reinschrift begonnen wird, vgl. Bühler/Junger/Schmitt BayVBl. 2019, 793 (799).
92 Küpperfahrenberg/Lagardère JA 2008, 286 (289); Bock/Hülskötter JURA 2020, 1074 (1078).
93 VR 1981, 16 (18).
94 Schoch APF 1996, 6 (8); Strotz VBlBW 1980, 35.
95 Danger JA 2005, 523 (524); s. auch VG München BeckRS 2005, 38405.
96 Vgl. hierzu etwa Schoch APF 1996, 6 (9, 10); Schwabe JURA 1996, 533; Beyerbach JA 2014, 813 (818 f.): „Ein Hilfsgutachten ist erforderlich, wenn im Sachverhalt ersichtlich auf Probleme abgestellt wird, die nach der eigenen Lösung nicht relevant werden.".

einen Mangel dar, wenn der Kandidat auf ausdrücklich im Sachverhalt angesprochene Rechtsfragen nicht eingeht. Das gilt auch dann, wenn es nach der Lösung des Kandidaten auf einzelne Fragen nicht entscheidungserheblich ankommt. Diese sind dann zumindest im Hilfsgutachten zu lösen.[97]

33 In der Phase der Reinschrift sollte das gefundene Ergebnis grundsätzlich nicht mehr infrage gestellt werden, es sei denn, es fällt auf, dass dieses völlig falsch ist, zB weil etwas Entscheidungserhebliches übersehen wurde.[98] Dabei ist allerdings zweierlei zu beachten: Zum Zeitpunkt der Reinschrift ist regelmäßig schon ein ganz erheblicher Teil der Bearbeitungszeit vergangen. Die Konzentration lässt nach. Das gilt insbesondere für die Schlussphase der Klausur. Vermeintlich großartige Einfälle zu diesem Zeitpunkt entpuppen sich später nicht selten als völlige Verkennung der Sach- oder Rechtslage oder als Grundlagenfehler. Schon unter diesem Gesichtspunkt ist daher in Bezug auf nachträgliche Korrekturen Vorsicht geboten. Für eine neue Reinschrift wird regelmäßig keine Zeit mehr sein. Folglich müssen die bisher gemachten Ausführungen geändert werden. Das geschieht regelmäßig durch die Einfügung oder Streichung von „verneinenden" Formulierungen (etwa nicht, kein etc.). Damit besteht zum anderen aber die Gefahr der Widersprüchlichkeit der einzelnen Ausführungen, denn allzu leicht wird ein tragender Entscheidungssatz bei dieser Prozedur einmal übersehen und nicht geändert. Darüber hinaus ist zu bedenken, dass die Begründung eines Ergebnisses in ihrer Umkehrung noch lange nicht das Gegenteil (überzeugend) begründet. Es ist daher ratsam, wenn schon geändert wird, dann auch eine neue Begründung zu geben.

bb) Die Bewältigung von Formalien

34 In Klausuren wird nur relativ selten die Wiedergabe von Formalien, respektive bei Urteilen/Beschlüssen des Rubrums (vgl. hierzu etwa § 117 II VwGO), verlangt. In der Regel werden sich hierbei ernsthafte Probleme nicht stellen. Das kann allerdings dann anders sein, wenn im Verfahren ein Parteiwechsel stattgefunden hat, Beiladungen erfolgten und wieder aufgehoben wurden oder auch dann, wenn es um die Frage geht, wer welche Parteistellung im Verfahren nach § 80 VII VwGO innehat.[99] Zum Teil stehen in den Examina auch entsprechende Formularsammlungen[100] zur Verfügung, sodass nur das entsprechende Formular gesucht und dann auf den konkret zu bearbeitenden Fall übertragen werden muss. Zwar unterlaufen den Bearbeitern auch hierbei immer wieder Fehler (etwa weil das Formular im Eifer des Gefechtes in der Gänze abgeschrieben wird, ohne dass die Daten des konkreten Falles eingetragen worden sind). Dies dürfte jedoch auf die Bewertung keinen nennenswerten Einfluss haben, es sei denn, die Arbeit steht auf der Kippe.

cc) Das Anfertigen eines Tatbestandes oder eines Sachberichtes

35 Auch die Abfassung eines Tatbestandes oder die Erstellung eines Sachberichtes wird regelmäßig nicht verlangt. Sinnvoll erscheint dies ohnehin nur bei Klausuren, in denen der Sachverhalt als Aktenauszug dargestellt ist. Oberster Grundsatz muss dabei, ebenso wie bei der rechtlichen Begründung sein, dass nur Dinge in den Sachbericht aufgenommen werden, die für das zu fertigende Gutachten, Urteil etc. wesentlich sind. Dementsprechend kann der Tatbestand erst dann abgefasst werden, wenn die Lösung feststeht.

35a Die Abfassung des Tatbestandes ist dabei denkbar einfach. Die Geschehnisse sind in chronologischer Reihenfolge im Zusammenhang zu schildern. Die Schilderung erfolgt in der ersten Vergangenheit, aktiv (also zB „beantragte", „tat", „untersuchte", etc.). Die Passivform (zB „wurde beantragt", „ist untersucht worden" etc.) sollte vermieden werden. Rechtsausführungen der Beteiligten werden – nach Verfahrensstadium, in dem sie vorgebracht werden – zu-

97 VG München Urt. v. 7.6.2005 – M 27 K 04.708.

98 Decker JA 1997, 969; Bühler/Junger/Schmitt BayVBl. 2019, 793 (800).

99 S. hierzu BVerwG Beschl. v. 7.1.2016 – 4 VR 3/15, 4 VR 3/15, NVwZ-RR 2016, 357: „Maßgeblich für die Stellung der Beteiligten in einem Änderungsverfahren nach § 80 Abs. 7 Satz 2 VwGO ist die Interessenlage in diesem Verfahren, nicht die Beteiligtenstellung im vorausgegangenen Aussetzungsverfahren nach § 80 Abs. 5 VwGO."; aA VGH München Beschl. v. 19.1.2017 – 1 CS 16.2051 – juris Rn. 5, BeckRS 2017, 102842.

100 In Bayern etwa Kroiß/Neurauter, Formularsammlung für Rechtspflege und Verwaltung, 28. Aufl. 2021.

sammengefasst und in indirekter Rede wiedergegeben („X führte zur Begründung im Wesentlichen aus, es sei schon der Verwaltungsrechtsweg nicht gegeben. Darüber hinaus habe er einen entsprechenden Antrag gestellt ..."). Die zur Entscheidung gestellten Anträge der Beteiligten (zB Kläger und Beklagter) sollten ebenfalls zusammengefasst dargestellt sein. Das geschieht am besten dadurch, dass zunächst die Rechtsausführungen des Klägers wiedergegeben werden, dann – **abgesetzt** – sein Antrag, sodann – ebenfalls abgesetzt – der Antrag des Beklagten, und schließlich dessen Rechtsausführungen. Treten im Verfahren weitere Beteiligte auf, so sind deren Ausführungen und gegebenenfalls Anträge[101] nach den Rechtsausführungen des Beklagten zusammenfassend darzustellen.

Zum Abschluss des Tatbestandes ist auf etwaige prozessuale Besonderheiten, etwa die Übertragung auf den Einzelrichter, ein widerrufener Vergleich, eine Beweisaufnahme etc. hinzuweisen. Abgeschlossen wird der Tatbestand mit der allgemeinen Bezugnahme auf die Gerichtsakte, die vorgelegten Akten, die Sitzungsniederschrift und die gewechselten Schriftsätze (§ 117 III 2 VwGO). Letzteres ist zwar nicht zwingend erforderlich, aber allgemein üblich.

Diese Grundsätze gelten in gleicher Weise, wenn statt eines Tatbestandes ein Sachbericht verlangt wird. **36**

dd) Unterbreitung eines Entscheidungsvorschlages (Tenorierung)

Im Zweiten Juristischen Staatsexamen als einer praxisbezogenen Prüfung wird vom Kandidaten regelmäßig die Unterbreitung eines Entscheidungsvorschlages erwartet (verlangt), sei es, dass ein Bescheid, ein Urteil oder ein Beschluss, sei es, dass ein Widerspruch, eine Klage oder ein Rechtsmittel zu fertigen sind. Die zutreffende Tenorierung ist dabei von herausragender Bedeutung, weil sie das Gesamtergebnis der Prüfung enthält.[102] Dabei ergibt sich zum einen das Problem, dass solche Entscheidungsvorschläge erst unterbreitet werden können, wenn das Ergebnis feststeht, also frühestens nach Fertigstellung der Problem- bzw. Lösungsskizze (→ Rn. 19 ff.). Zumeist wird der Entscheidungsvorschlag aber das Letzte sein, was der Kandidat fertigt. In beiden Fällen – im letzteren ganz besonders – hat die Konzentration aufgrund der vergangenen Arbeitszeit aber bereits gelitten, was die Gefahr von Flüchtigkeitsfehlern erhöht. Dabei kann es nur all zu leicht passieren, dass der Entscheidungsvorschlag mit den Gründen nicht übereinstimmt: ein schlimmer Konsequenzfehler! Zum anderen ist (in der Regel) der Entscheidungsvorschlag (= der „Tenor" der Entscheidung) das Erste, was der Korrektor zu Gesicht bekommt. Unterlaufen hier Fehler, wirft dies bereits zu Beginn der Korrektur ein schlechtes Licht auf die Klausur. (Fehlerhafte) Formulierungen wie „Der Klage wird stattgegeben"[103] werden den Korrektor daher kaum positiv auf die weiteren Ausführungen einstimmen. **37**

Dieses Dilemma kann der Kandidat nur dadurch entschärfen, dass er bereits frühzeitig die Tenorierung von Verwaltungsentscheidungen, insbesondere verwaltungsgerichtlicher Entscheidungen, übt[104], damit ihm diese in „Fleisch und Blut" übergehen und er sein Ergebnis auch am Ende einer (langen) Klausur noch in einen richtigen Entscheidungssatz fassen kann. **38**

3. Klausurtaktische Überlegungen[105]

a) In Klausuren gibt es immer wieder Situationen, in welchen Bearbeiter nicht mehr weiter wissen. Beide Lösungen eines Problems erscheinen gleich überzeugend oder der Bearbeiter hat gar keine Idee, wie er das Problem behandeln soll. Hier besteht die große Gefahr, durch überlanges Nachdenken erheblich an Zeit zu verlieren, die später dann fehlt. In einer solchen **39**

101 Wegen § 154 III VwGO, § 162 III VwGO.
102 Herber/Bomhard BayVBl. 2015, 765 (771).
103 Richtig wäre bei der Anfechtungsklage der Entscheidungssatz: „Der Bescheid des ... vom ... [gegebenenfalls und der Widerspruchsbescheid des ... vom ... werden] wird aufgehoben.". Bei der Verpflichtungsklage käme dann noch der Ausspruch hinzu: „Der Beklagte wird verpflichtet, dem Kläger die am ... beantragte Baugenehmigung zu erteilen.".
104 Vgl. hierzu die Literaturhinweise am Ende dieses Kapitels.
105 S. hierzu auch Bühler/Junger/Schmitt BayVBl. 2019, 793 (800).

Situation heißt es zunächst Ruhe zu bewahren. Zu überlegen ist, bei welcher Lösung die Klausur „weiterläuft" oder welche – sinnvolle – Lösung überhaupt in Betracht kommt. Führt eine Lösung dazu, dass sämtliche anderen Probleme nur mehr im Hilfsgutachten zu erörtern sind, so ist dies ein **gewisses Indiz** (aber auch nicht mehr)[106] dafür, dass dies die Lösung nicht sein kann. Denn es ist davon auszugehen, dass die Angabe *in der Regel* so konzipiert ist, dass ein Großteil der Sachverhaltsangaben für die Lösung von Bedeutung ist.[107] Aus klausurtaktischen Gründen kann es auch angezeigt sein, die eigene Meinung zurückzustellen und der hM in der Rechtsprechung zu folgen,[108] denn diese wird den die Klausur begutachtenden Praktikern regelmäßig am nächsten liegen.[109] Führen klausurtaktische Überlegungen nicht weiter, sollte ein Zeitlimit von maximal **fünf Minuten** gesetzt werden, um die Frage so oder so zu entscheiden. Entsprechend dieser Entscheidung ist die Klausur dann konsequent durchzulösen, auch wenn bei der Abfassung erneut Bedenken gegen die gewählte Lösung entstehen.[110] Da Gegenstand juristischer Prüfungen auch die Fähigkeit des Kandidaten ist, sich zu entscheiden, sind **alternative Lösungen in jedem Fall unzulässig.**[111] Überzeugend wäre allerdings, die – abgelehnte – Variante im Hilfsgutachten zu erörtern, sofern hierfür noch Zeit bleibt.

40 **b)** Klausuren im öffentlichen Recht sind zumeist sehr umfangreich. Daher ist es angezeigt, sich auf die Hauptpunkte zu konzentrieren und sich nicht mit Nebensächlichkeiten aufzuhalten (zB dem Verwaltungsrechtsweg). Ansonsten besteht die Gefahr des Vorwurfs, die Problemschwerpunkte nicht erkannt zu haben. Folglich kommt auch dem **Zeitmanagement** bei der Klausurbearbeitung eine entscheidende Rolle zu.[112] Sinnvoll erscheint für die Einarbeitung und die Erarbeitung der Lösung 2/5, für die Reinschrift 3/5 der vorgegebenen Zeit zu verwenden.[113] Ein sinnvolles Zeitmanagement setzt des Weiteren voraus, dass sich der Bearbeiter darüber bewusst ist, wie er allgemein an eine Klausur herangeht.[114]

C. Allgemeine Anforderungen an Examensklausuren

I. Aufbau

41 Die Klarheit der Gliederung und des Aufbaus der Lösung werden bei der Bewertung berücksichtigt.[115] Die Lösung ist an den Anspruchsnormen zu messen.[116] Wesentlich für eine gute Klausurlösung ist daher die Nachvollziehbarkeit der Ausführungen, was einen entsprechenden Aufbau (unterstützt durch entsprechend korrekte und vollständige Obersätze[117]) erfordert. Dabei müssen Aufbau und Gliederung der Klausur für sich selbst sprechen, sodass der Weg der Bearbeitung nicht zusätzlich begründet zu werden braucht.[118] **Im Gegenteil**: Den gewählten Aufbau zu begründen ist der Qualität der Klausur eher abträglich.[119]

---

106 Es gibt durchaus Klausuren, in denen die Mehrzahl der Probleme bei konsequenter und richtiger Lösung (soweit es eine solche überhaupt gibt) im Hilfsgutachten erörtert werden müssen.
107 Lemke JA 2001, 325 (326).
108 Herber/Bomhard BayVBl. 2015, 765 (771).
109 Reimer/Reimer-Jaß AL 2014, 255 (258).
110 Das wird zwangsläufig der Fall sein, weil ja schon Probleme bestanden, sich für diese Lösung unter Vernachlässigung der anderen Alternative zu entscheiden.
111 Dühn JA 2000, 765 (767).
112 Erfolgreiches **Zeit- und Krisenmanagement** sind Fähigkeiten, die nicht nur im Examen (und in der Vorbereitung hierauf), sondern auch im späteren Berufsleben überragende Bedeutung besitzen; vgl. Dühn JA 2000, 765 (768).
113 Ebenso Küpperfahrenberg/Lagardère JA 2008, 286 (289).
114 Forster JuS 1992, 234 (235).
115 S. auch Reimer/Reimer-Jaß AL 2014, 255 (258).
116 Schoch APF 1996, 6 (8).
117 Schafranek JA 2016, 765 (768).
118 Kauther VR 1981, 16 (21).
119 Beaucamp JA 2018, 757 (759) mwN.

Ohne einen systematischen und dogmatisch nachvollziehbaren Aufbau werden sich die Probleme der zur Bearbeitung gestellten Aufgabe zudem kaum überzeugend lösen lassen. Vielmehr entsteht bei einer unsystematischen Prüfung der Eindruck, der Bearbeiter wisse gar nicht, was er prüft, die Probleme seien nur aneinandergereiht; „Treffer“ seien nur zufällig. Die Konsequenz ist eine wenig befriedigende Bewertung. 42

Ein allgemein gültiges Aufbauschema für öffentlich-rechtliche Klausuren gibt es natürlich nicht. Dafür sind die denkbaren Fallgestaltungen zu unterschiedlich. Jeder Fall folgt seinen **eigenen *Gesetz*mäßigkeiten**. Allgemein lässt sich aber sagen, dass der Aufbau logisch und in sich schlüssig sein muss (roter Faden[120]). Die Klausur muss so aufgebaut sein, dass niemals auf später folgende Ausführungen verwiesen werden muss und Doppelarbeit vermieden wird. Kein Problem darf zweimal erörtert werden.[121] 43

Die im Folgenden zur Bearbeitung und zur Vertiefung gestellten Klausuren geben hierüber einen entsprechenden Überblick. Die dort verwendeten Prüfungsschemata lassen sich problemlos auf vergleichbare Fälle übertragen.[122] Sie zeichnen sich vor allem durch eine klare Subsumtion des Gesetzestextes aus. 44

II. Konsequenz

Klausurlösungen müssen in sich konsequent sein. Konsequenzfehler wiegen schwer. Es ist daher insbesondere darauf zu achten, dass Tenor und Entscheidungsgründe (→ Rn. 37) sowie Ergebnis und Begründung übereinstimmen. 45

III. Lesbarkeit, Stil, Sprache[123]

1. Lesbarkeit

Die äußere Form schriftlicher juristischer Arbeiten verkörpert die „Visitenkarte“, die ein Prüfling abgibt. Sie ist der erste Eindruck, den der Prüfer von der Arbeit des Kandidaten gewinnt und der die Überprüfung der Arbeit begleitet.[124] Wer sich bereits hinsichtlich der äußeren Form der Arbeit Mühe gibt, wird im Zweifel erst recht den Inhalt nicht vernachlässigen. Die erforderliche Form kann zwar eine inhaltslose Arbeit nicht „retten“; umgekehrt erleidet aber eine inhaltlich ansprechende Bearbeitung bei Vernachlässigung der Formerfordernisse nicht unerhebliche Einbußen in der Bewertung.[125] 46

Folglich ist zunächst zu versuchen, die Klausur so „leserlich“ wie möglich abzufassen sowie Grammatik und Interpunktionsfehler so weit wie möglich zu vermeiden. Dazu trägt nicht nur eine saubere Schrift, sondern auch eine entsprechende Gliederung mit entsprechenden Unterpunkten sowie die Bildung von Absätzen bei. Insofern kann auch die Verwendung von Obersätzen oder die Wiedergabe von Zwischenergebnissen sinnvoll sein. Von einem fortlaufenden Text ohne Untergliederung ist daher dringend abzuraten.[126]

Vermieden werden sollten auch Durchstreichungen. Bei einzelnen Wörtern, die verschrieben sind, bietet es sich an, den Fehler mit Tippex flüssig oder ähnlichem zu korrigieren. Werden größere Passagen gestrichen, sollte die entsprechende Seite neu geschrieben werden. Das Beschreiben der Rückseite sollte tunlichst vermieden werden. Nachträgliche Ergänzungen sollten nicht in die fertige Seite „hineingestopft“ werden. Besser ist es hier, entweder die Einfügung an den Rand zu schreiben oder eine Zusatzseite einzufügen und hierauf zu verweisen.

120 Vgl. Schafranek JA 2016, 765 (767, 768).
121 Forster JuS 1992, 234 (238).
122 S. aber auch Rosenkranz JuS 2016, 294.
123 S. hierzu allgemein etwa Schafranek JA 2016, 765.
124 Knödler JuS 1996, L 65.
125 Lemke JuS 1991, L 17, L 18; Knödler JuS 1996, L 65; VGH Mannheim NJW 1988, 2633.
126 Allerdings sollte auch eine zu starke Untergliederung vermieden werden. Manche Kandidaten gliedern sich geradezu „zu Tode“.

Aber: Zu viele Verweisungen führen ebenfalls zur „Unleserlichkeit" der Klausur, weshalb diese auf ein Minimum zu beschränken, am besten ganz zu unterlassen sind.

Um die Übersichtlichkeit der Ausarbeitung zu verbessern, empfiehlt es sich, nicht mit Papier und Platz zu sparen sowie vermehrt Absätze zu bilden.[127]

2. Stil

47 Hinsichtlich der Abfassung als solches sind der Urteils- und der Gutachtenstil zu unterscheiden.[128] Beim **Urteilsstil**[129] wird das Ergebnis vorweg gestellt und anschließend materiellrechtlich oder verfahrensrechtlich begründet. Dabei ist ausschließlich darzulegen, dass die in der Urteilsformel getroffene Feststellung in der Anwendung der Gesetze auf die festgestellten Tatsachen begründet ist.[130] Das setzt voraus, dass sich der Bearbeiter bei der Abfassung bereits über das Ergebnis im Klaren ist. Der Urteilsstil denkt also von der Entscheidungsformel, dh von der Lösung aus, und begründet das, was zu dieser benötigt wird.[131] Beim **Gutachtenstil**[132] wird zunächst eine Hypothese aufgestellt (üblich sind Formulierungen wie: „... könnte einen Anspruch haben ..." etc.), die dann untersucht und schließlich bestätigt oder widerlegt wird.

47a Im Zweiten Juristischen Staatsexamen wird regelmäßig mit dem Urteilsstil zu arbeiten sein. Soweit nach der Aufgabenstellung ein Gutachten zu fertigen ist, kann dieses auch im Gutachtenstil abgefasst werden. Besser erscheint jedoch auch hier der Urteilsstil.

3. Sprache

48 Die Sprache ist das Handwerkszeug des Juristen,[133] gefordert ist eine juristische Fachsprache. Diese ist nüchtern, sachlich und exakt. [134] Zu vermeiden ist daher einerseits „Bürokratendeutsch", anderseits ein umgangssprachlicher Ton. Bei der Abfassung der Klausur sollte versucht werden, möglichst einfach zu formulieren: kurze prägnante Sätze bilden, statt langer Schachtel- oder Bandwurmsätze; je kürzer der Satz, desto größer der Gewinn für Lesbarkeit, Verständlichkeit und Überzeugungskraft.[135] Auf Fremdwörter – zudem solche, deren Bedeutung dem Verfasser nicht oder nicht genau bekannt ist – sollte zwar soweit wie möglich verzichtet werden[136]; auf die richtige Terminologie ist aber stets zu achten.[137] Schmückende, kraftvolle Ausdrücke oder „Evidenzapelle" (zB offensichtlich, zweifelsohne, selbstverständlich)[138] sind ebenso zu unterlassen wie die Verwendung von Superlativen.[139] Achten Sie auch auf Rechtschreibung und Zeichensetzung.

D. Zusammenfassung und Empfehlung

49 Die Lösung öffentlich-rechtlicher Klausuren ist kein „Hexenwerk", sondern die konsequente Anwendung von Gesetzen unter Beachtung allgemeiner verfassungs- und verwaltungsrechtlicher Grundsätze.[140] Gefragt sind ein übersichtlicher Aufbau, eine saubere Subsumtion unter

127 Knödler JuS 1996, L 65, L 66.
128 Allgemein zu Gutachtens- und Urteilsstil Fahl JA 2008, 350 (351, 352); Beyerbach JA 2014, 813; s. auch Bock/Hülskötter JURA 2020, 1074 (1078 f.).
129 Zum Urteilsstil allgemein Fahl JuS 1996, 280; Danger JA 2005, 523.
130 Forster JuS 1996, 234 (238).
131 Beyerbach JA 2014, 813 (814).
132 Zum Gutachtenstil allgemein Wolf JuS 1996, 30; Forster JuS 1996, 234 (238); Jansen AL 2009, 223; s. auch Wieduwilt JuS 2010, 288; Bialluch/Wernert JuS 2018, 326.
133 Großfeld JZ 1984, 1; Müller JuS 1996, L 49; Dühn JA 2000, 765; Beyerbach JA 2014, 813 (817).
134 Schafranek JA 2016, 765 (766); Bühler/Junger/Schmitt BayVBl. 2019, 793 (801).
135 Knödler JuS 1996, L 73, L 74; Schneider JURA 2018, 165 (167).
136 Schneider JURA 2018, 165 (167).
137 Vgl. Bühler/Junger/Schmitt BayVBl. 2019, 793 (795)
138 Vgl. Schneider JURA 2018, 165 (167).
139 Schoch APF 1996, 26 (27); Kauther VR 1981, 16 (19); s. allgemein zur „Sprache des Gutachtens" Wieduwilt JuS 2010, 288.
140 Decker JA 1997, 969.

die Obersätze gegebenenfalls auch unbekannter Normen sowie Problembewusstsein und richtige Schwerpunktsetzung[141] und nicht die Wiedergabe von Einzelentscheidungen, von denen erwartet wird, der Referendar habe sie gelernt. Es macht daher auch keinen Sinn, wenn Klausuren oder Entscheidungen auswendig gelernt werden in der Annahme, diese könnten im Examen abgefragt werden. Juristen im Allgemeinen und Referendare im speziellen sind keine „wandelnden Datenbanken"; das Wichtigste für die Prüfung sind solide Grundlagen.[142] Aus Klausuren und Entscheidungen wird dann der größte Nutzen gezogen, wenn diese so weit abstrahiert werden, dass ein verallgemeinerungsfähiger Kern verbleibt, den es sich zu merken lohnt. Alles andere kann als überflüssiges Beiwerk, als auf den konkreten Einzelfall bezogen, getrost vergessen werden. Die Wahrscheinlichkeit, dass gerade die identische Entscheidung/Klausur und deren spezifische Probleme genauso im Examen gestellt wird, wie sie gelernt worden ist, ist so hoch, wie ein Sechser im Lotto mit Superzahl. Das heißt aber nicht, dass nicht eine bekannte Entscheidung Gegenstand einer Klausur sein kann.[143] Wenn sie es ist, dann aber sicher in abgewandelter Form, denn dann kann geprüft werden, ob die Kandidaten nur „blind" ihr Wissen abspulen oder tatsächlich den zur Bearbeitung gestellten Fall lösen. Das gilt insbesondere dann, wenn – was immer wieder vorkommt – der Sachverhalt die Anwendung einer bestimmten Entscheidung (bewusst) suggeriert, tatsächlich diese Entscheidung aber für die Lösung gar keine Rolle spielt. Wer hier blind Wissen abspult, läuft Gefahr, ein „aliud" (s. hierzu → Rn. 18) zu produzieren.

Auch im öffentlichen Recht gilt: *„Es ist noch kein Meister vom Himmel gefallen."*[144] Nutzen 50
sie daher die vielfältigen Angebote, sei es in Arbeitsgemeinschaften, in Ausbildungszeitschriften und Klausurenbüchern (wie dem Vorliegenden) oder auch bei Repetitorien, so viele Klausuren zu schreiben wie nur möglich.[145] Kandidaten sollten nicht nur wissen, was sie schreiben möchten, sondern auch, wie dies am besten bewältigt wird.[146] Daher formuliert *Schneider*[147] treffend, wenn er ausführt, dass die Mühen, die das Erlernen des umfangreichen Prüfungsstoffes machten, sich gleichwohl nicht auszahlten, wenn das Handwerkszeug fehle, das Erlernte in überzeugender Form zu Papier zu bringen. Schaffen sie dabei so gut es geht Examensbedingungen (also Bearbeitungszeit idR 5 Stunden, keine Unterbrechungen, keine unerlaubten Hilfsmittel, keine „Chats" mit Kollegen, möglichst zur gleichen Tageszeit, zu welcher im Examen die Klausuren geschrieben werden etc.).[148] Nur so erreichen sie, dass sich gewisse Arbeitsabläufe automatisieren und sie ihre Taktik finden, wie sie am schnellsten, vor allem aber am erfolgreichsten eine Klausur bearbeiten, sowie ihre – ganz natürliche – Nervosität im Griff behalten.[149] Um ein Gefühl für eine sachgerechte Argumentation sowie den Aufbau von Entscheidungen zu bekommen, empfiehlt es sich zudem, veröffentlichte Entscheidungen des BVerfG, des BVerwG und der Instanzgerichte zu lesen.[150] Und schließlich: Vernachlässigen Sie auch ihre körperliche Fitness nicht (Stichwort: „Couch-Potato"). Intensive Geistestätigkeit, wie sie im Zweiten Examen verlangt wird, setzt gesundheitliche Fitness voraus, getreu dem Grundsatz „mens sana in corpore sano"[151].

141 Vgl. Barczak JA 2013, 937 (944).
142 Vgl. Reimer/Reimer-Jaß AL 2014, 255 (256).
143 Zur Analyse höchstrichterlicher Entscheidungen s. etwa Büdenbender JA 2013, 161 (lesenswert!).
144 S. etwa den amüsanten Beitrag von Schöbel BayVBl. 2015, 509; ferner den Hinweis von Schneider JURA 2018, 165 (168): „Keine Angst vor schweren Fällen.".
145 Bühler/Junger/Schmitt BayVBl. 2019, 793 (794, 799); s. aber auch Herber/Bomhard BayVBl. 2015, 765 (768, 769), die raten, mit dem Heranrücken des Termins des schriftlichen Examens, die Frequenz der Schreibens vom Übungsklausuren zu senken.
146 Beaucamp JA 2018, 757 (759).
147 Schneider JURA 2018, 165.
148 Ebenso Reimer/Reimer-Jaß AL 2014, 255 (259); Bühler/Junger/Schmitt BayVBl. 2019, 793 (795).
149 S. zu Letzterem etwa Möhle AL 2019, 85.
150 Knödler/Loos JA 2003, 974 (980); zur Vorbereitung auf das Zweite Staatsexamen s. auch Küpperfahrenberg/Lagardère JA 2008, 286 (290); Bühler/Junger/Schmitt BayVBl. 2019, 793 (796).
151 So zu Recht Herber/Bomhard BayVBl. 2015, 765 (766); ferner Möhle AL 2019, 85 (87, 88) und Bühler/Junger/Schmitt BayVBl. 2019, 793 (801); s. auch Bock/Hülskötter JURA 2020, 1074 (1081).

Weiterführende Literatur:

1. Diercks-Harms, Die Anforderungen der Prüfer – Das zweite juristische Staatsexamen in der anwaltlichen Prüfung, JA 2007, 285
2. Küpperfahrenberg/Lagardère, Bearbeitungshinweise für die Assessorklausur, JA 2008, 286
3. Christensen/Pötters, Methodische Fehler in juristischen Prüfungen, JA 2010, 566
4. Wieduwilt, Die Sprache des Gutachtens, JuS 2010, 288
5. Klamser, Warum haben die Klausuren im Zweiten nicht geklappt?, JA 2013, 206
6. Bohnen, Die Kommentarnutzung im Assessorexamen – Fluch oder Segen?, JA 2013, 450
7. Barczak, Die öffentlich-rechtliche Anwaltsklausur im Assessorexamen, JA 2013, 937
8. Beyerbach, Gutachten, Hilfsgutachten und Gutachtenstil – Bemerkungen zur juristischen Fallbearbeitung, JA 2014, 813
9. Reimer/Reimer-Jaß, Die größten Fehler, die ein Referendar machen kann, und wie man sie vermeidet, AL 2014, 255
10. Herber/Bomhard, Mit dem besten Erfolg zum Zweiten Juristischen Staatsexamen und mit frischem Elan in den Beruf, BayVBl. 2015, 765
11. Neupert, Was macht Rechtsauffassungen vertretbar?, JuS 2016, 489
12. Schafranek, Zweite juristische Staatsprüfung: Was macht eine gute Klausur aus?, JA 2016, 765
13. Schneider, Ratschläge für eine gelungene Klausurbearbeitung oder: Ein Plädoyer für mehr Überzeugungsarbeit, JURA 2018, 165
14. Beaucamp, Typische Fehler in Klausuren, wie sie entstehen und wie man sie vermeidet, JA 2018, 757
15. Möhle, Die Vorbereitung auf die Examensklausuren und der Umgang mit der Nervosität, AL 2019, 85
16. Bäcker, Juristisches Begründen – Subsumtion und Ponderation der Juristischen Methodenlehre, JuS 2019, 321
17. Leisner-Egensperger, Die Kunst des sinnverstehenden Lesens – Zu fünf vermeidbaren Fehlern einer verwaltungsrechtlichen Klausur, JA 2019, 841
18. Bühler/Junger/Schmitt, Die Vorbereitung auf das schriftliche (bayerische) Assessorexamen – Lerntaktiken, BayVBl. 2019, 793 (796)
19. Forck, Maßstabsbildung und Sachverhaltsauswertung – Formulierungsbeispiele für die öffentlich-rechtliche Klausur, JuS 2020, 931
20. In den BayVBl., den VBlBW, den SächsVBl., den ThürVBl., den NWVBl. und den NdsVBl. werden regelmäßig alte Examensklausuren mit Text und unverbindlichen Lösungshinweisen abgedruckt

Literatur speziell zur Technik der Gesetzesauslegung:

1. Muthorst, Auslegung: Eine Einführung, JA 2013, 721
2. Tonikidis, Grundzüge der richtlinienkonformen Auslegung und Rechtsfortbildung, JA 2013, 598
3. Beaucamp, Allgemeine Rechtsgrundsätze als methodisches Problem, DÖV 2013, 41
4. Gräfin von Schlieffen, Recht rhetorisch gesehen, JA 2013, 1
5. Kühling, Die richtlinienkonforme und die verfassungskonforme Auslegung im öffentlichen Recht, JuS 2014, 481
6. Schäfers, Einführung in die Methodik der Gesetzesauslegung, JuS 2015, 875
7. Sachs, Grenzen verfassungskonformer Auslegung, JuS 2015, 472
8. Meier/Jocham, Wie man Argumente gewinnt, JuS 2015, 490
9. Würdinger, Das Ziel der Gesetzesauslegung – ein juristischer Klassiker und Kernstreit der Methodenlehre, JuS 2016, 1
10. Bialluch/Wernert, Grundlagenwissen: Gesetzesbezogene Fallbearbeitung, JuS 2018, 326
11. Beck, Gesetzesauslegung aus methodentheoretischer Sicht, JURA 2018, 330
12. Metz, Die Auslegung von Gesetzen an einem Beispiel aus dem Waffenrecht, JA 2018, 47

Literatur speziell zur Tenorierung von Verwaltungs- und verwaltungsgerichtlichen Entscheidungen:

1. Horn, Aufbau, Gestaltung und Tenorierung verwaltungsgerichtlicher Entscheidungen, VBlBW 1997, 74
2. Geiger, Die Tenorierung verwaltungsgerichtlicher Entscheidungen, JuS 1998, 343
3. Schäfer, Die nichtstreitige Erledigung des Verwaltungsprozesses, JA 2001, 330

4. Schmidt, Die Tenorierung verwaltungsgerichtlicher Entscheidungen im Hauptsacheverfahren erster Instanz, JA 2002, 804
5. Schmidt, Die Tenorierung verwaltungsgerichtlicher Entscheidungen im einstweiligen Rechtsschutz, JA 2002, 885
6. Schmidt, Die Tenorierung verwaltungsgerichtlicher Entscheidungen in Sonderfällen, JA 2002, 972
7. Schmidt, Die Tenorierung verwaltungsgerichtlicher Entscheidungen im Rechtsmittel- und Wiederaufnahmeverfahren, JA 2003, 67
8. Kment, Grundfälle zur Tenorierung im verwaltungsgerichtlichen Verfahren, JuS 2005, 420 ff., JuS 2005, 517 ff., JuS 2005, 608 ff.
9. Weber, Zur Abhilfe nach § 72 VwGO einschließlich Kostenentscheidung und deren Tenorierung, KommJur 2006, 175
10. Finger, Aufbau und Tenorierung verwaltungsgerichtlicher Entscheidungen, JA 2008, 635
11. Jansen/Wesseling, Das Urteil im Verwaltungsprozess, JuS 2009, 32
12. Jansen/Wesseling, Der Beschluss nach § 80 Abs. 5 VwGO, JuS 2009, 322
13. Pioch, Die Tenorierung der außergerichtlichen Kosten des beigeladenen Bauherrn, JuS 2015, 226
14. Wagner, Die Tenorierung der vorläufigen Vollstreckbarkeit im Fall übereinstimmender Teilerledigungserklärungen sowie einseitiger Teilklagerücknahme nach ZPO und VwGO in der Assessorklausur, JA 2019, 217

1. Klausur: „Die Gaststätte am Jodelhang"

Themenbereiche: Bauaufsichtliches Einschreiten; baurechtliche Zulässigkeit eines Vorhabens (Gaststätte) im Außenbereich; Ermessensausübung; Störermehrheit; Sofortvollzug; Verwaltungsvollstreckung; Fertigung einer Ausgangsentscheidung

Sachverhalt

Alois und Anton Schwarz sind Eigentümer des Grundstückes FlNr. 100, Gemarkung Holzscheid in der Gemeinde Berghausen. Das Grundstück, am Fuße des Jodelhanges gelegen, ist etwa 4 km vom bebauten Ortsbereich von Berghausen und etwa 2,5 km vom Weiler Holzscheid entfernt.

Die Gegend wird vornehmlich landwirtschaftlich genutzt. Der Flächennutzungsplan der Gemeinde Berghausen aus dem Jahr 1980 stellt für diesen Bereich, in dem auch das Grundstück FlNr. 100 liegt, Fläche für Landwirtschaft dar.

Der Jodelhang ist in den Wintermonaten ein beliebtes Ziel für Wintersportler. Seit 1965 befinden sich dort auch zwei Sessellifte, die die Wintersportler bis zu der 1.300 m hoch gelegenen Bergspitze bringen.

Zusammen mit den Sesselliften wurde dem damaligen Betreiber und Eigentümer, Franz Schwarz, dem Vater von Alois und Anton Schwarz, im Jahre 1965 ein erdgeschossiges Gebäude mit einer Grundfläche von 60 qm auf dem Grundstück FlNr. 100 genehmigt. Dieses Gebäude diente der Unterbringung des Wartungsgeräts für die Skilifte und einer Verkaufsstelle für Skiliftkarten.

Am 3.5.2004 war dem im Januar 2005 verstorbenen Franz Schwarz vom zuständigen Landratsamt Berg antragsgemäß die Genehmigung zum Abriss des bestehenden Liftgebäudes und zur Neuerrichtung eines Gebäudes auf dem Grundstück FlNr. 100 erteilt worden. Die Genehmigung umfasste im Einzelnen die Errichtung und den Betrieb einer Gaststätte mit einem Gastraum für 40 Gäste, die Errichtung einer Betriebsleiterwohnung mit max. 80qm Wohnfläche, sowie die Errichtung eines Lagerraumes für das Wartungsgerät der Skilifte.

Die Baugenehmigung enthielt unter anderem folgende Nebenbestimmungen:

1. Der Betrieb der Gaststätte ist nur während der Wintermonate, in denen die Skilifte in Betrieb sind, längstens vom 1.11. eines Jahres bis zum 31.3. des nächsten Jahres zulässig.

   Für den Fall, dass der Skiliftbetrieb am Jodelhang endgültig eingestellt wird, bleibt der Widerruf der Baugenehmigung vom 3.5.2004 vorbehalten.

2. Die Aufnahme des Gaststättenbetriebes und die Wohnnutzung sind erst dann zulässig, wenn zuvor nachweislich der Anschluss an die zentrale Wasserversorgung in der Gemeinde Berghausen hergestellt worden ist.

Die Baugenehmigungsbehörde begründete diese Nebenbestimmungen insbesondere damit, dass nur so die Genehmigungsvoraussetzungen, insbesondere für den Gaststättenbetrieb, überhaupt herbeigeführt werden könnten. Ein nicht privilegiertes Vorhaben, wie eine Gaststätte, könne allenfalls in Verbindung mit einem im Außenbereich begünstigten Vorhaben, wie es Skilifte regelmäßig seien, zugelassen werden. Von daher müsse der Gaststättenbetrieb vom Betrieb der Skilifte abhängig gemacht werden.

Die Forderung, an die zentrale Wasserversorgung in Berghausen anzuschließen, sei notwendig, um die Versorgung mit einwandfreiem Trinkwasser zu gewährleisten. Einer entsprechenden Versorgung über den sich in Holzscheid befindlichen Brunnen des dortigen Wasserbeschaffungsverbands könne nicht zugestimmt werden, da mehrfach und wiederholt Verunreinigungen festgestellt worden seien und derzeit geprüft werde, den Wasserbeschaffungsverband aufzulösen.

Franz Schwarz, der überrascht war, überhaupt eine Baugenehmigung zu erhalten, ließ diese insgesamt bestandskräftig werden.

Am 17.5.2006 erschien in der örtlichen Tageszeitung eine ganzseitige Anzeige, die auf die Eröffnung des „Jodelstadls" zum 1.6.2006 hinwies. Gleichzeitig wurde auf die täglichen Öffnungszeiten (9–24 Uhr) der Gaststätte ab 2.6.2006 hingewiesen.

Mit Schreiben vom 23.5.2006 wandte sich die Bauaufsichtsbehörde an Anton und Alois Schwarz und wies auf die Baugenehmigung vom 3.5.2004 und insbesondere darauf hin, dass ein Gaststättenbetrieb entsprechend der Befristung nur im Winter und in Abhängigkeit vom Betrieb der Skilifte zulässig sei. Die Aufnahme des Gaststättenbetriebs im Sommer verstoße auf jeden Fall gegen die Genehmigung vom 3.5.2004.

Noch am 23.5.2006 wurde vom Landratsamt eine Baukontrolle durchgeführt. Dabei ergab sich, dass das am 3.5.2004 genehmigte Gebäude vollkommen fertig gestellt und die Gaststätte eingerichtet war. Zudem wurde festgestellt, dass das Gebäude an die Wasserversorgungsanlage des Wasserbeschaffungsverbands Holzscheid angeschlossen war.

Mit Schreiben vom 24.5.2006 teilte das Landratsamt den Eigentümern Anton und Alois Schwarz mit, dass der festgestellte Wasseranschluss weder genehmigungsfähig sei, noch geduldet werden könne und kündigte für den Fall, dass der Gaststättenbetrieb zum 1.6.2006 aufgenommen werde, die notwendigen behördlichen Schritte an.

Mit Schriftsatz vom 26.5.2006, der am selben Tag im Landratsamt einging, zeigte Rechtsanwalt Karl Grübler aus Unterberg, Edelweißweg 6, die Vertretung von Anton und Alois Schwarz unter Vorlage einer entsprechenden Vollmacht an.

Zur Sache führte er Folgendes aus:

Er könne sich nicht vorstellen, dass ein wohl bauaufsichtliches Einschreiten bei einer genehmigten Nutzung möglich sei. Seine Mandantschaft würde nichts anderes tun, als was erlaubt worden sei, nämlich eine Gaststätte zu betreiben. Er weise jetzt schon darauf hin, dass der Gaststättenbetrieb auf alle Fälle aufgenommen werde. Dies entspreche auch dem ausdrücklichen Willen seiner Mandanten, die sich davon nicht abhalten lassen und erforderlichenfalls die Angelegenheit bis zur letzten gerichtlichen Instanz durchstreiten wollten.

Es möge zwar zutreffen, dass sich die unmittelbar bevorstehende Gaststättennutzung nicht völlig mit der Baugenehmigung decke. Allein dies könne aber wohl ein behördliches Einschreiten nicht rechtfertigen, zumal auch über eine Legalisierung der geringfügigen Abweichungen nachgedacht werden müsse.

Angesichts des Bedarfs an einer Ausflugsgaststätte auch im Sommer wäre es schlichtweg unverhältnismäßig, die Nutzung nicht zuzulassen. Im Übrigen werde seine Mandantschaft die notwendigen Änderungsanträge unverzüglich stellen.

Am 30.5.2006 reichten Anton und Alois Schwarz bei der kreisangehörigen Gemeinde Berghausen den Antrag auf Änderung der Baugenehmigung vom 3.5.2004 ein.

Beantragt wurde der ganzjährige, vom Betrieb der Skilifte unabhängige, Betrieb der Gaststätte „Jodelstadl" sowie der Anschluss an die Wasserversorgungsanlage des Wasserbeschaffungsverbands Holzscheid.

Der Gemeinderat von Berghausen stimmte in seiner Sitzung am 8.6.2006 den Änderungen zu und leitete die Unterlagen weiter an das zuständige Landratsamt.

Die Bauaufsichtsbehörde holte zur Frage der Wasserversorgung durch den Wasserbeschaffungsverband Holzscheid die Stellungnahme des Wasserwirtschaftsamts und des Gesundheitsamts ein.

Mit Schreiben vom 14.6.2006 teilte das Wasserwirtschaftsamt mit, dass bei einem Anschluss an den Brunnen des Wasserbeschaffungsverbands nicht von einer gesicherten Wasserversorgung ausgegangen werden könne, weil für die Erschließung des Grundwassers aufgrund der gegebenen hydrogeologischen Verhältnisse kein wirksames Schutzgebiet eingerichtet werden könne. Darüber hinaus wies das Wasserwirtschaftsamt darauf hin, dass im Falle der Zulassung eines ganzjährigen Gaststättenbetriebes jedenfalls zusätzliche Anforderungen an die Abwasserbeseitigung zu stellen seien. Dann wäre ein Anschluss des Betriebes an das Abwasserkanalnetz der Gemeinde Berghausen unabdingbar. Dieser Anschluss könne technisch jederzeit hergestellt werden. Der derzeitigen Abwasserbeseitigung über eine Grube mit regelmäßiger Entleerung habe man seinerzeit nur zugestimmt, weil die Betriebszeit der Gaststätte auf maximal 5 Monate beschränkt worden sei.

Mit Schreiben vom 16.6.2006 wies das staatliche Gesundheitsamt im Landratsamt darauf hin, dass es dem Anschluss an die Wasserversorgungsanlage des Wasserbeschaffungsverbands nicht zustimmen könne. Das von diesem bereitgestellte Wasser unterliege vielfältigen Verunreinigungsmöglichkeiten, die nie vollständig ausgeschlossen werden könnten. Daran ändere auch eine ständige bakteriologische Aufbereitung und Überwachung der Wasserqualität nichts. Zudem werde auf die im Juni 2002, im Mai und Oktober 2003 erlassenen Abkochanordnungen hingewiesen, die notwendig wurden, als jeweils im Wasser Bakterien festgestellt worden seien, die deutlich über den von der Trinkwasserverordnung festgelegten Grenzwerten lagen. Aus wasserhygienischer Sicht sei nur der Anschluss an die zentrale Wasserversorgung in Berghausen denkbar, um die Versorgung mit „sauberem" Wasser zu gewährleisten.

Gesundheitsbeeinträchtigungen seien in Zukunft nicht ausschließbar. Von daher müsse schnellstens etwas unternommen werden. Auch an eine Zwangsauflösung des Wasserbeschaffungsverbands müsse gedacht werden.

Eine am 2.6. und 13.6.2006 durchgeführte Baukontrolle hatte ergeben, dass die Gaststätte „Jodelstadl" in Betrieb war. Zudem wurde von Josefa Schwarz am 13.6.2006 dem Baukontrolleur gegenüber erklärt, dass die Gaststätte seit 2.6.2006 täglich von 9–24 Uhr geöffnet hatte und dies auch weiterhin beabsichtigt sei. Auf Frage des Baukontrolleurs erklärte Josefa Schwarz, sie sei die Tochter des Alois Schwarz und habe den Gaststättenbetrieb seit 1.6.2006 gepachtet. Ein entsprechender Pachtvertrag wurde zwecks Einsicht zur Verfügung gestellt. Der Kontrollbericht des Baukontrolleurs wurde den Akten beigefügt.

Am 19.6.2006 wurde den Eigentümern und der Betreiberin der Gaststätte „Jodelstadl" vom Landratsamt mitgeteilt, dass die Änderung der Baugenehmigung vom 3.5.2000 abgelehnt werde, weil jedenfalls eine ganzjährig betriebene Gaststätte nur im Ortsbereich in Betracht käme und einem Anschluss an die Wasserversorgung des Wasserbeschaffungsverbands wasserhygienische Gründe entgegenstünden.

Gleichzeitig forderte das Landratsamt auf, unverzüglich, bis spätestens 1.7.2006 den Gaststättenbetrieb einzustellen, da andernfalls die notwendigen Schritte für eine sofortige und wirksam durchsetzbare Unterbindung der Nutzung eingeleitet werden würden. Zudem wies das Landratsamt darauf hin, dass wirtschaftliche Gesichtspunkte in diesem Zusammenhang grundsätzlich allein in den Risikobereich des Unternehmers fallen würden.

Mit Schriftsatz vom 21.6.2006 nahm Rechtsanwalt Grübler, unter Vorlage einer Vollmacht auch für die anwaltliche Vertretung von Frau Josefa Schwarz, hierzu wie folgt Stellung:

Er könne die Argumente der Fachbehörden zur Wasserversorgung durch den Wasserbeschaffungsverband nicht nachvollziehen. Insgesamt würden seit Jahren etwa 35 Wohngebäude und landwirtschaftliche Anwesen mit diesem Wasser versorgt, ohne dass es seinem Kenntnisstand nach zu nachhaltigeren Gesundheitsbeeinträchtigungen gekommen wäre. Ob die in diesem Gebiet wiederholt aufgetretenen Durchfallerkrankungen vom Gebrauch dieses Wassers herrührten, sei bisher nicht zweifelsfrei nachgewiesen worden.

Im Übrigen könne es wohl nicht ins Gewicht fallen, wenn noch zusätzlich ein weiteres Anwesen mit diesem Wasser versorgt werde. Eine ständige Kontrolle des Wassers durch den

Wasserbeschaffungsverband, den er ebenfalls vertrete, könne auch für die Zukunft zugesagt werden.

Gerade wegen dieser ständigen Kontrollen sei es im Übrigen möglich gewesen, die Verunreinigungen in den Jahren 2002 und 2003 festzustellen und rechtzeitig die notwendigen Maßnahmen zu veranlassen. Solche Verunreinigungen könnten überall einmal auftreten und dürften daher nicht überbewertet werden. Zudem dürfe nicht übersehen werden, dass ein Anschluss an die zentrale Wasserversorgung in Berghausen seiner Mandantschaft um ein vielfaches teurer käme als der Anschluss an den Brunnen des Wasserbeschaffungsverbands. Geldmittel in dieser Höhe stünden seinen Mandanten aufgrund des Neubaus derzeit auch gar nicht mehr zur Verfügung.

Der Betrieb der Gaststätte solle deshalb auf das ganze Jahr ausgedehnt werden, weil ein entsprechender Bedarf bestehe. Es gebe – und dies könne auch die Gemeinde bestätigen – eine mehr als nur geringe Nachfrage nach Ausflugslokalen in der Fremdenverkehrsgemeinde Berghausen, die vor allem an Wochenenden auch eine hohe Anzahl an Ausflugsverkehr verzeichne. Bereits zwei weitere Gaststättenbetreiber aus Berghausen hätten Interesse an der Errichtung eines ganzjährig betriebenen Ausfluglokales im Bereich des Wandergebietes „Hocheck" gezeigt und bei der Gemeinde angefragt.

Wo anders als im Außenbereich könne eine Ausflugsgaststätte ihren Zweck am besten erfüllen. Zwar wäre die Errichtung ohne Weiteres auch im Ortsbereich möglich, allerdings dränge sich das Grundstück FlNr. 100 dafür geradezu auf, da der Betrieb dort sowohl im Winter, wie auch in den übrigen Jahreszeiten gut laufen und damit auch dem Fremdenverkehr dienen würde.

Zudem habe er nun auch den 1. Bürgermeister davon überzeugt, wenigstens – ein größeres Gebiet wolle die Gemeinde wegen der Wasserversorgungsproblematik in diesem Bereich nicht überplanen – für das Grundstück seiner Mandanten einen Bebauungsplan aufzustellen, um so jedenfalls alle bauplanungsrechtlichen Hindernisse, soweit man solche überhaupt sehe, auszuräumen und die Gaststätte am dortigen Standort genehmigungsfähig zu machen.

Was das angekündigte bauaufsichtliche Tätigwerden angehe, verweise er vollinhaltlich auf seinen Schriftsatz vom 26.5.2006.

Ergänzend sei darauf hinzuweisen, dass ein Einschreiten – nachdem alle für das Vorhaben seien – schon wegen entgegenstehender Allgemeinwohlinteressen nicht in Betracht kommen könne. Zudem müsse berücksichtigt werden, dass in der Vergangenheit der Anschluss anderer Anwesen an die Wasserversorgung des Wasserbeschaffungsverbands gestattet worden sei und sich die Gaststätte wirtschaftlich nur lohnen würde, wenn deren Betrieb das ganze Jahr über möglich wäre, insbesondere auch wegen der vorgenommenen Investitionen in Höhe von 1,2 Mio. EUR. Ein sofortiges Unterbinden der Nutzung würde zum unvermeidlichen Ruin seiner Mandantschaft führen, da die Verpächter mit dem monatlich vereinbarten Pachtzins in Höhe von 5.000 EUR bereits für die nächsten Jahre kalkuliert hätten und der von der Pächterin im Monat durchschnittlich erwartete Gewinn von 3.500 EUR deren Existenzgrundlage darstelle.

Insgesamt könnten daher die angekündigten Maßnahmen unter keinem rechtlichen Aspekt rechtmäßig sein.

Mit Schreiben des Landratsamts vom 23.6.2006 wurde Rechtsanwalt Grübler mitgeteilt, dass auch unter Berücksichtigung seiner Stellungnahme vom 21.6.2006 keine anderen als die angekündigten Entscheidungen in Betracht kämen. Die planungsrechtliche Unzulässigkeit des Gaststättenbetriebs stehe fest. Was die Wasserversorgung angehe, lägen unmissverständliche Stellungnahmen der Fachbehörden vor. Insbesondere dürfe in diesem Zusammenhang nicht das Gefährdungspotenzial übersehen werden, das von einem Gaststättenbetrieb mit 50 Sitzplätzen ausgehe. Nur mit Hilfe der angekündigten Maßnahmen könnten im Übrigen rechtmäßige Zustände wieder hergestellt und der Gefahr von Bezugsfällen vorgebeugt werden. Auch seien seit Bekanntwerden der Probleme mit der Wasserversorgung in Holzscheid im Jahr 1995 keine Bauvorhaben mehr mit einem Anschluss an die Wasserversorgungsanlage des

Wasserbeschaffungsverbands genehmigt worden. Verlangt worden sei seither immer der Anschluss an die zentrale Wasserversorgung in Berghausen.

Bearbeitervermerk:

Die Entscheidung des Landratsamts ist zu entwerfen.

Welche notwendigen Maßnahmen wird das Landratsamt bescheidsmäßig treffen?

Rechtsfragen, auf die in der Entscheidung nicht notwendigerweise einzugehen ist, sind in einem Hilfsgutachten zu behandeln.

Die Sachverhaltsdarstellung und die Rechtsbehelfsbelehrung sind erlassen.

Lösung

A. Vorüberlegung

1 Bevor mit der Ausarbeitung der Lösung im Einzelnen begonnen wird, ist festzustellen, welche Entscheidungen durch das Landratsamt überhaupt in Betracht kommen und veranlasst sind.

Vorliegend geht es in der Hauptsache um zwei voneinander verschiedene Regelungsbereiche. Zum einen sollen die auf Änderung der ursprünglichen Baugenehmigung gerichteten Anträge abgelehnt, zum anderen soll die Gaststättennutzung gegenüber allen Störern untersagt werden. Mit letzterem, also einer Nutzungsuntersagung – nur eine solche ist vorliegend das richtige bauaufsichtliche Mittel –, zu verbinden ist (entsprechend der Aufgabenstellung) die Anordnung des Sofortvollzugs sowie die Androhung eines Zwangsmittels. Daneben sind jeweils noch Kostenentscheidungen erforderlich.

Soweit es um die „Änderungsanträge“ geht, ist nochmals zu unterscheiden. Es liegen zwei Anträge vor. Beantragt ist einmal ein ganzjähriger Gaststättenbetrieb, zudem ein anderer als der genehmigte Wasseranschluss.

Steht fest, welche Entscheidungen vom Landratsamt zu treffen sind, ist die Frage zu beantworten, in welcher Form diese Entscheidungen ergehen.

Im vorliegenden Fall wird ein (gemeinsamer) Bescheid als Ausgangs- bzw. Erstbescheid erlassen werden, der aus mehreren Verwaltungsakten sowie einer Annexentscheidung besteht.

Hinweis: Der Begriff des Bescheids ist ein verwaltungstechnischer Begriff und in den Verwaltungsverfahrensgesetzen nicht legal definiert. Damit ist im Regelfall eine verbindliche, behördliche Entscheidung im Sinne eines Verwaltungsakts oder mehrerer Verwaltungsakte gem. Art. 35 BayVwVfG gemeint, mit Haupt- und Nebenentscheidungen. Ein Bescheid muss bestimmte Bestandteile enthalten und gewisse Formalien erfüllen.

Entsprechend der Aufgabenstellung ist die Entscheidung des Landratsamts mit Ausnahme der Sachverhaltsdarstellung und der Rechtsbehelfsbelehrung zu entwerfen. Damit hat der Bescheid ansonsten alle Elemente zu enthalten, die für dessen Wirksamkeit erforderlich sind.

Ein Bescheid besteht regelmäßig aus
- Tenor (vgl. § 41 IV 1 VwVfG)
- Gründen (§ 39 VwVfG)
- Rechtsbehelfsbelehrung.

Als Formalien sind notwendig
- Bescheidskopf
- Unterschrift (§ 37 III VwVfG).

Besonders zu achten ist bei der Erstellung eines Bescheids darauf, dass die rechtlichen Ausführungen in den Gründen mit dem Entscheidungssatz übereinstimmen, und, soweit es die Aufgabenstellung verlangt, die Sachverhaltsdarstellung zur rechtlichen Begründung passt.[1]

B. Bescheid des Landratsamts

2 Landratsamt Berg 3.7.2006
– Bauaufsichtsbehörde –

1 Vgl. Hamann, Bescheidstechnik, 2. Aufl. 1991; Linhart Bescheid; Linhart Schreiben; Bücher/Jörgen/Trockels, Übungen zum Verwaltungsrecht und zur Bescheidstechnik, 5. Aufl. 2010; Volkert, Die Verwaltungsentscheidung, 5. Aufl. 2010.

Az.:

Gegen Empfangsbekenntnis

Herrn Rechtsanwalt Karl Grübler
Edelweißweg 6
Unterberg

Betreff: Baugenehmigung vom 3.5.2004 für die Errichtung und den Betrieb einer Gaststätte sowie die Errichtung einer Betriebsleiterwohnung auf dem Grundstück FlNr. 100, Gemarkung Holzscheid, Gemeinde Berghausen;

Ablehnung der Änderungsanträge von Alois und Anton Schwarz sowie Untersagung des Betriebes der Gaststätte „Jodelstadl" gegenüber den Eigentümern und der Pächterin

Das Landratsamt Berg erlässt folgenden

Bescheid

1. Die Anträge von Herrn Alois und Herrn Anton Schwarz auf Genehmigung

a) eines ganzjährigen, vom Betrieb der Skilifte unabhängigen, Betriebes der Gaststätte „Jodelstadl" und

b) des Anschlusses der Gaststätte „Jodelstadl" an die Wasserversorgungsanlage des Wasserbeschaffungsverbands Holzscheid

werden abgelehnt.

2. Frau Josefa Schwarz wird als Pächterin der Betrieb der Gaststätte „Jodelstadl" mit Zustellung dieses Bescheids sofort, für den Fall eines erfolgreichen Eilantrages, mit Bestandskraft des Bescheids, untersagt.

Herrn Alois und Herrn Anton Schwarz wird als gemeinsamen Eigentümern des Grundstücks FlNr. 100, Gemarkung Holzscheid, Gemeinde Berghausen die Nutzung der Gaststätte „Jodelstadl" mit Zustellung dieses Bescheids sofort, für den Fall eines erfolgreichen Eilantrages, mit Bestandskraft des Bescheids, untersagt.

Die Nutzungsuntersagung gilt auch für die Zeit vom 1.11.2006 bis 31.3.2007 und den gleichen Zeitraum der folgenden Jahre, es sei denn, dass nachweislich der Anschluss an die zentrale Wasserversorgung der Gemeinde Berghausen hergestellt wird.

3. Für die Nutzungsuntersagung in Ziff. 2 dieses Bescheids wird die sofortige Vollziehung angeordnet.

4. Bei Nichtbeachtung der Nutzungsuntersagung

a) durch die Pächterin wird ein Zwangsgeld in Höhe von 3.500 EUR.

b) durch die Eigentümer ein Zwangsgeld in Höhe von je 2.500 EUR fällig.

5. Die Kosten für die Ablehnung der Anträge tragen Herr Alois und Herr Anton Schwarz als Gesamtschuldner.

6. Die Kosten des bauaufsichtlichen Einschreitens tragen die Eigentümer des Grundstückes, Herr Alois und Herr Anton Schwarz, sowie Frau Josefa Schwarz als Pächterin der Gaststätte als Gesamtschuldner.

7. Für die Entscheidung über die Ablehnung der Anträge wird eine Gebühr in Höhe von 200 EUR festgesetzt.

Für die Entscheidung über die Nutzungsuntersagung wird eine Gebühr in Höhe von 300 EUR festgesetzt.

Als Auslagen werden ... erhoben.

Gründe

I. Sachverhaltsdarstellung: (erlassen)

II. Rechtliche Würdigung

1. Anträge auf Änderung der Baugenehmigung vom 3.5.2005

3 a) Das Landratsamt Berg ist als untere Bauaufsichtsbehörde nach Art. 53 I 2, 1 BayBO[2] für die Entscheidung über die Anträge auf Änderung der Baugenehmigung vom 3.5.2004 zuständig.

Die beantragte Änderung und Nutzungsänderung sind gem. Art. 55 I BayBO[3] genehmigungspflichtig. Ausnahmen von der Genehmigungspflicht nach Art. 57 BayBO[4] oder eine Genehmigungsfreistellung iSv Art. 58 BayBO[5] liegen jeweils nicht vor.

4 Beim Antrag auf Zulassung eines ganzjährigen Gaststättenbetriebs ohne Bindung an den Betrieb der Skilifte handelt es sich um eine genehmigungspflichtige Nutzungsänderung.

Eine Nutzungsänderung gem. Art. 55 I BayBO[6] liegt immer dann vor, wenn einer baulichen Anlage wenigstens teilweise eine neue Zweckbestimmung gegeben wird.[7] Eine die Anwendung des Art. 55 I BayBO auslösende Änderung der Zweckbestimmung einer baulichen Anlage setzt allerdings voraus, dass die Änderung (im weitesten Sinne) baurechtlich relevant ist und infolgedessen die Möglichkeit besteht, dass sie baurechtliche oder sonstige öffentlich-rechtliche Vorschriften iSv Art. 68 I BayBO[8] berühren kann. Wenn danach eine Nutzungsänderung gegeben ist, also abstrakt feststeht, dass die Änderung der Zweckbestimmung baurechtliche Relevanz besitzt, ist zu prüfen, ob diese Nutzungsänderung genehmigungspflichtig ist, weil für die neue Nutzung konkret andere öffentlich-rechtliche Anforderungen als für die bisherige Nutzung in Betracht kommen.[9]

Vorliegend soll die Betriebszeit der Gaststätte geändert werden. Statt bisher genehmigter max. fünf Monate ist ein Gaststättenbetrieb für das ganze Jahr, ohne Bindung an den Betrieb der Skilifte, beantragt. Darin liegt, indem ein „Mehr" an Nutzung erlangt werden soll, eine baurechtlich relevante Nutzungsänderung, da dadurch, „abstrakt" gesehen, zumindest andere Vorschriften des Bauplanungsrechts betroffen werden können.

Vorliegend[10] ist für die Nutzungsänderung eine Genehmigung einzuholen. Für den beantragten Ganzjahresbetrieb gelten gem. Art. 57 IV Nr. 1 BayBO konkret andere öffentlich-rechtliche Anforderungen gelten als für den bisherigen Betrieb.[11]

Ob sich dies schon daraus ergibt, dass für ein ganzjährig geöffnetes Ausflugslokal im Außenbereich die öffentlichen Belange des § 35 III BauGB ein ganz anderes Gewicht besitzen als für einen zeitlich befristeten und von einem privilegierten Vorhaben abhängigen Gaststättenbetrieb – wofür vieles spricht –, muss an dieser Stelle nicht abschließend entschieden werden. Jedenfalls gelten für einen Ganzjahresbetrieb schon aus abwasserwirtschaftlicher Sicht – entsprechend der Stellungnahme des Wasserwirtschaftsamts – vollkommen andere Anforderungen. Die beantragte Nutzung macht den Anschluss an das gemeindliche Abwasserkanalnetz erforderlich.

---

2 Vgl. §§ 48 I, 46 I BWLBO.
3 Vgl. §§ 49, 50 II BWLBO.
4 Vgl. § 50 BWLBO.
5 S. insoweit: § 51 BWLBO = sog. Kenntnisgabeverfahren.
6 Vgl. §§ 2 XIII, 49, 50 II BWLBO.
7 BVerwG BRS 39 Nr. 86; VGH München BayVBl. 2003, 626; 1983, 656.
8 Vgl. § 58 I BWLBO.
9 Instruktiv: VGH München BayVBl. 1986, 275; s. auch Decker/Konrad BayBauR 76 f. und BVerwG NVwZ 2000, 678.
10 Vgl. auch § 50 II BWLBO.
11 Vgl. § 50 II Nr. 1 BWLBO.

Auch die beantragte Änderung in der Art der Wasserversorgung ist als Änderung iSv Art. 55 I BayBO genehmigungspflichtig. Dabei geht es um eine Änderung des bestehenden Vorhabens selbst, bei der bauordnungsrechtlich relevante Belange unter dem Gesichtspunkt der Gefahrenabwehr betroffen sind.[12] 5

Beide Änderungsbegehren richten sich folglich auf etwas „neues", als „aliud" gegenüber der ursprünglich erteilten Genehmigung. Durch die Bezeichnung als „Änderung" ergibt sich nichts anderes. Es geht vorliegend um wesentliche Abweichungen von der ursprünglichen Genehmigung und damit letztlich um eine neue Baugenehmigung.[13] 6

b) Die Anträge waren nach Art. 68 I 1, 59 BayBO[14] abzulehnen, weil die Änderung und die Nutzungsänderung den im bauaufsichtlichen Genehmigungsverfahren zu prüfenden öffentlich-rechtlichen Vorschriften widersprechen. 7

aa) Ganzjähriger Betrieb der Gaststätte „Jodelstadl" 8

Die insoweit beantragte Nutzungsänderung ist aus bauplanungsrechtlichen Gründen unzulässig. 9

Es handelt sich um eine planungsrechtlich relevante Nutzungsänderung iSv § 29 I BauGB, da ihr bodenrechtlich eine neue Qualität zukommt, sodass der Anwendungsbereich der §§ 30–37 BauGB eröffnet ist.

Die Gaststätte „Jodelstadl" liegt im bauplanungsrechtlichen Außenbereich gem. § 35 BauGB. 10

(1) Ein ganzjähriger Betrieb dieser Gaststätte, ohne Bindung an den Betrieb der Skilifte, ist nicht gem. § 35 I BauGB privilegiert. 11

Weder handelt es sich um einen ortsgebundenen Betrieb iSv § 35 I Nr. 3 BauGB noch soll die Gaststätte wegen ihrer besonderen Zweckbestimmung als Ausflugslokal gem. § 35 I Nr. 4 BauGB im Außenbereich ganzjährig betrieben werden.

Ortsgebunden ist ein Betrieb iSv § 35 I Nr. 3 BauGB nur dann, wenn er seinem Wesen und seinem Zweck nach gerade auf die geographischen oder geologischen Eigenheiten einer Stelle angewiesen ist. Gründe der Rentabilität oder Zweckmäßigkeit rechtfertigen eine Privilegierung nicht.[15] 12

Diese Art von „Angewiesensein" auf einen bestimmten Standort ist bei einer Ausflugsgaststätte nicht gegeben.

Wegen seiner besonderen Zweckbestimmung ist ein Vorhaben im Außenbereich nach § 35 I Nr. 4 BauGB zulässig, wenn es eine dem Zweck des Außenbereichs entsprechende, und damit vor allem eine der Erholung der Allgemeinheit dienende Nutzung zum Gegenstand hat. 13

Exkurs zu § 35 I Nr. 4 BauGB: 14

Der Tatbestand des § 35 I Nr. 4 BauGB ist in zweifacher Hinsicht eingeschränkt. Zum einen scheiden von vorneherein („nur") solche Vorhaben aus, die ohne Weiteres auch im Geltungsbereich eines Bebauungsplans oder innerhalb eines im Zusammenhang bebauten Ortsteils verwirklicht werden könnten. Abzustellen ist dabei nicht abstrakt darauf, ob ein Vorhaben „im allgemeinen" im Innenbereich untergebracht werden kann. Abzustellen ist auf die Beschaffenheit des Innenbereichs „hier und so", wie er sich für die jeweilige Gemeinde darstellt.[16] Dies hat allerdings nicht zur Folge, dass zwangsläufig jedes Vorhaben mangels geeigneter Grundstücke im Innenbereich einer Gemeinde in deren

12 Jäde/Dirnberger/Bauer/Weiß, Die neue Bayerische Bauordnung, Stand: Okt. 2010, Art. 3 Rn. 26 ff.

13 S. auch VGH München BayVBl. 1991, 88.

14 Vgl. § 58 I 1 BWLBO.

15 BVerwG BayVBl. 2004, 279; NVwZ 1988, 54; VGH München NuR 1993, 326 jeweils zum Kiesabbau; BVerwG NVwZ 1991, 161 zum Gipsabbau; NVwZ 1984, 303 zum Steinbruch; Schlichter/Stich/Driehaus/Paetow, Berliner Kommentar zum BauGB, Stand: Jan. 2022, BauGB § 35 Rn. 35.

16 BVerwG ZfBR 2019, 67 Rn. 14; BVerwG BayVBl. 1977, 21; BRS 40 Nr. 74; VGH Mannheim UPR 1995, 115.

Außenbereich zulässig wäre. Eine Einschränkung erfolgt insoweit zum anderen durch das Tatbestandsmerkmal des „Sollens". Dieses erfordert eine (auf den Einzelfall zugeschnittene) Wertung, ob das Vorhaben in einer Weise billigenswert ist, die es auch unter Berücksichtigung der städtebaulichen Funktion des Außenbereichs rechtfertigt, es dort zuzulassen.[17] Danach sind in erster Linie solche Vorhaben unzulässig, die lediglich einem begrenzten Personenkreis für deren Freizeit- oder Sportinteressen dienen sollen.[18]

15 Ausgehend von einem Erholungszweck für die Allgemeinheit könnte man auf den ersten Blick durchaus meinen, dass die Ausflugsgaststätte eine derartige „öffentliche" Funktion erfüllt. Betrachtet man allerdings die Beschaffenheit des Innenbereichs der Gemeinde Berghausen, kann eine dem Fremdenverkehr dienende Gaststätte ohne Weiteres dort untergebracht werden. Ein „Angewiesensein" auf den Außenbereich iSv § 35 I Nr. 4 BauGB ist danach nicht gegeben.

Dies ergibt sich im Übrigen auch aus dem Tatbestandsmerkmal des „Sollens". Die aufgrund des Gesetzeswortlautes notwendige wertende Betrachtung ergibt, dass (ganzjährig betriebene) Ausflugsgaststätten im Außenbereich keine Vorhaben sind, die wegen ihrer besonderen Zweckbestimmung dort bevorrechtigt zulässig sind.[19] Hinzu kommt, dass einer Privilegierung nach § 35 I Nr. 4 BauGB entgegensteht, dass der Gaststättenbetrieb allein der privaten Gewinnerzielung dient.[20]

16 (2) Bei der beantragten Nutzungsänderung der Gaststätte „Jodelstadl" handelt es sich um ein sonstiges Vorhaben iSv § 35 II BauGB.

Als sonstiges, nichtprivilegiertes Vorhaben ist die Nutzungsänderung (planungsrechtlich) unzulässig, weil öffentliche Belange nach § 35 III BauGB beeinträchtigt werden.

17 **Exkurs:**

Im Gegensatz zu den privilegierten Vorhaben, die dem Außenbereich „planartig" zugewiesen sind, sind die sonstigen Vorhaben dort nur ausnahmsweise zulässig. Nach dem, dem § 35 BauGB zugrunde liegenden, gesetzgeberischen Willen ist der Außenbereich vor wesensfremder Bebauung und Nutzung zu schützen. Daher haben privilegierte im Gegensatz zu sonstigen Vorhaben eine größere Durchsetzungskraft gegenüber betroffenen öffentlichen Belangen iSv § 35 III BauGB.[21] Sonstige Vorhaben sind unzulässig, wenn auch nur ein öffentlicher Belang betroffen ist.[22]

18 Der ganzjährige Betrieb der Gaststätte „Jodelstadl", ohne Bindung an den Betrieb der Skilifte, widerspricht den Darstellungen des Flächennutzungsplans der Gemeinde Berghausen, § 35 III 1 Nr. 1 BauGB.

Der Flächennutzungsplan stellt für den betroffenen Bereich „Fläche für Land- und Forstwirtschaft" dar. Bei sonstigen Vorhaben ist grundsätzlich ein „einfacher" Widerspruch zu den Darstellungen des Flächennutzungsplans ausreichend, um die Unzulässigkeit des Vorhabens

17 Vgl. BVerwG NVwZ 2000, 678; 1984, 169 zu einem Hühnermastbetrieb; OVG Greifswald NuR 2001, 92.
18 BVerwG NVwZ 1992, 91 – Golfplatz; NVwZ 1991, 878; OVG Lüneburg NVwZ-RR 1994, 12 – Tennisplatz; BVerwG DÖV 1979, 213 – FKK-Anlage; NVwZ 1988, 144; OVG Bremenen NVwZ 1995, 96 – Wochenendhaus; VGH München BayVBl. 1994, 1008; 2010, 565 zu einem Wildpark.
19 BVerwG ZfBR 2000, 133 = NVwZ 2000, 678; VGH Mannheim BRS 29 Nr. 61; OVG Münster BRS 20 Nr. 47.
20 BVerwGE 48, 109; Hoppenberg/de Witt, Handbuch des öffentlichen Baurechts, Stand: Juli 2021, Kap. A Rn. 577.
21 Vgl. etwa BVerwG DÖV 1979, 905.
22 Vgl. VGH München BayVBl. 1996, 87, zu einem sonstigen Vorhaben und einer „allgemeinen Grünfläche"; VGH Kassel BauR 1984, 275.

herbeizuführen.[23] Eine Ausnahme gilt nur dann, wenn die Darstellungen infolge der tatsächlichen Entwicklung überholt wären.[24]

Eine solche Ausnahme greift vorliegend nicht, da der fragliche Bereich nach wie vor durch landwirtschaftliche Nutzung geprägt wird, woran auch der am 3.5.2004 in Abhängigkeit von den Skiliften und zeitlich befristet genehmigte Gaststättenbetrieb nichts ändert.

Exkurs: 19

Es wäre überflüssig und daher unrichtig, an dieser Stelle zu prüfen, ob der am 3.5.2000 zeitlich befristet genehmigte Gaststättenbetrieb bereits gegen die Darstellungen des Flächennutzungsplans verstoßen hat. Diese Baugenehmigung ist bestandskräftig und daher einer Prüfung nicht mehr offen. Anhaltspunkte für eine Aufhebung durch die Behörde nach Art. 48, 49 BayVwVfG liegen nicht vor. Gegenstand der Prüfung ist allein die planungsrechtliche Zulässigkeit des beantragten ganzjährigen Gaststättenbetriebs.
Selbst die Rechtswidrigkeit der Baugenehmigung aus dem Jahr 2004 angenommen, weil schon der damalig befristete Gaststättenbetrieb als sonstiges Vorhaben gegen die Darstellungen des Flächennutzungsplans verstoßen haben könnte,[25] würde jedenfalls nicht zur Folge haben, dass ein jetzt ganzjähriger Betrieb unter Verstoß gegen öffentliche Belange gem. § 35 III BauGB zugelassen werden müsste. Das gleiche gilt für den im Folgenden zu behandelnden Belang der Splittersiedlung.

Darüber hinaus wäre durch die Zulassung der beantragten Nutzung auch die Gefahr der Entstehung einer Splittersiedlung iSv § 35 III 1 Nr. 7 BauGB zu befürchten. 20

Die Entstehung einer Splittersiedlung ist schon bei der erstmaligen Zulassung eines Vorhabens zu befürchten, wenn durch seine (negative) Vorbildwirkung mit entsprechenden Bezugsfällen gerechnet werden muss.[26]

Vorliegend haben bereits andere Gastwirte aus Berghausen ihr konkretes Interesse an ganzjährig betriebenen Ausflugslokalen im Wandergebiet „Hocheck" bekundet, sodass auch dieser öffentliche Belang beeinträchtigt wird und das Vorhaben planungsrechtlich unzulässig macht.

Daraus, dass der Gemeinderat von Berghausen in seiner Sitzung vom 8.6.2006 dem ganzjährigen Gaststättenbetrieb zugestimmt hat, ergibt sich keine Verpflichtung des Landratsamts, die beantragte Genehmigung zu erteilen. Die Baugenehmigungsbehörde ist an eine insoweit positive Entscheidung der Gemeinde nicht gebunden.[27] 21

Damit stehen einer Genehmigung der Nutzungsänderung Regelungen des Bauplanungsrechts entgegen.

bb) Anschluss an die Wasserversorgungsanlage des Wasserbeschaffungsverbands Holzscheid[28] 22

Der Anschluss an die Wasserversorgungsanlage des Wasserbeschaffungsverbands Holzscheid ist unzulässig.[29] 23

Durch den Anschluss an die Wasserversorgungsanlage des Wasserbeschaffungsverbands Holzscheid stünde kein „sauberes" Trinkwasser zur Verfügung. Das vom Verband bereitge-

23 S. Schiwy (Hrsg.), BauGB, Stand: April 2019, BauGB § 35 IV 2a und Fn. 13; VGH München BayVBl. 1996, 87; VG Gießen NuR 2000, 537.
24 BVerwG BauR 1997, 616; NuR 2000, 486; VG Wiesbaden NuR 2001, 418; DVBl. 1968, 51.
25 OVG Münster BRS 30 Nr. 62, wonach die Privilegierung eines Skilifts jedenfalls dann nicht gegeben ist, soweit er mit einer gaststättenähnlich genutzten „Wärmestube" betrieben wird.
26 BVerwG BauR 2000, 1173; NVwZ-RR 1999, 295; NVwZ 1985, 747; BRS 40 Nr. 93; BauR 1977, 399; OVG Lüneburg BRS 47 Nr. 79.
27 BVerwG DÖV 1970, 349; NVwZ 1986, 556, Konrad JA 2001, 588.
28 Vgl. zum Wasserbeschaffungsverband: – Gesetz über Wasser- und Bodenverbände v. 12.2.1991, BGBl. 1991 I 405; – Bay. Gesetz zur Ausführung des Wasserverbandsgesetzes v. 10.8.1994, GVBl. Nr. 20; s. auch Rapsch, Wasserverbandsrecht, 2. Aufl. 2019.
29 S. auch § 33 I, II BWLBO.

stellte Wasser entspricht nicht den hygienischen Anforderungen.[30] Dies wird vom Gesundheitsamt als Fachbehörde iSv Art. 65 BayBO[31] bestätigt. Nach dessen Stellungnahme sind wiederholt die Grenzwerte der Trinkwasserverordnung[32] überschritten worden.

Infolge der festgestellten Bakterien waren mehrmals Abkochanordnungen erforderlich, und auch für die Zukunft sind Verunreinigungen und dadurch bedingte Gesundheitsbeeinträchtigungen nicht ausschließbar.

Diese Einschätzung wird auch vom Wasserwirtschaftsamt geteilt, nach dessen Aussage auch kein wirksamer Schutzbereich für die Erschließung des Grundwassers eingerichtet werden kann.

Damit ist die Betriebssicherheit der Anlage[33] nicht gewährleistet und eine Versorgung mit einwandfreiem Trinkwasser nicht möglich. Dies gilt selbst für den Fall einer ständigen bakteriologischen Aufbereitung und Überwachung des Wassers.[34] Folglich fehlt es insoweit an einer ausreichenden Erschließung iSv § 35 BauGB.

24 **2. Nutzungsuntersagung des Gaststättenbetriebs**

25 **a)** Das Landratsamt Berg ist auch für die Untersagung der Nutzung der Gaststätte „Jodelstadl" nach Art. 53 I 2, 1 BayBO[35] zuständig.

26 **b)** Gemäß Art. 76 S. 2 BayBO[36] kann das Landratsamt die Benutzung von Anlagen untersagen, die im Widerspruch zu öffentlich-rechtlichen Vorschriften genutzt werden.

27 **aa)** Die tatbestandlichen Voraussetzungen des Art. 76 S. 2 BayBO für die Untersagung der Gaststättennutzung sind gegeben.

Die Gaststätte „Jodelstadl" wird in Widerspruch zu öffentlich-rechtlichen Vorschriften betrieben.

Ein solcher Widerspruch liegt immer schon dann vor, wenn die Nutzung „formell illegal" ist, mithin nicht von einer Baugenehmigung gedeckt wird. Dies trifft vorliegend zu, da die derzeit ausgeübte Nutzung nicht mit der bestandskräftigen Baugenehmigung vom 3.5.2004 übereinstimmt. Nach dieser Genehmigung darf ein Gaststättenbetrieb zum einen nur dann erfolgen, wenn gleichzeitig die Skilifte in Betrieb sind und höchstens vom 1.11. des einen Jahres bis zum 31.3. des nächsten Jahres, zum anderen nur dann, wenn die Gaststätte zuvor nachweislich an die zentrale Wasserversorgungsanlage der Gemeinde Berghausen angeschlossen worden ist.

Beide Vorgaben werden nicht erfüllt.

Der Betrieb der Gaststätte wurde während des Sommers aufgenommen und soll auch täglich aufrechterhalten werden. Dies ergibt sich aus der Eröffnungsanzeige in der örtlichen Presse vom 17.5.2006, den Aussagen der Pächterin vom 13.6.2006 und aufgrund der durchgeführten Baukontrollen. Daraus ergab sich auch, dass die Gaststätte das Wasser über den Wasserbeschaffungsverband und nicht von der Gemeinde bezieht.

28 **Exkurs:**

Eine Nutzungsuntersagung kann bereits dann erfolgen, wenn die Nutzung zwar noch nicht aufgenommen worden ist, aber die Nutzungsaufnahme unmittelbar bevorsteht.[37]

30 VGH München BayVBl. 1977, 212.
31 Vgl. insoweit § 53 IV BWLBO.
32 Trinkwasserverordnung v. 8.1.2018, BGBl. 2018 I 99.
33 Vgl. § 33 II BWLBO.
34 Busse/Kraus/Wolf BayBO Art. 4 Rn. 41.
35 Vgl. §§ 48 I, 46 I BWLBO.
36 Vgl. § 65 S. 2 BWLBO.
37 VGH München BayVBl. 1976, 402; Konrad JA 1998, 691.

Dies kann sich etwa darin zeigen, dass für die künftige Nutzung in der Presse oder auf sonstige Weise Werbung gemacht wird.

Die aufgenommene Gaststättennutzung ist nicht nur formell baurechtswidrig, sondern verstößt auch gegen materielle Vorschriften des Bauplanungsrechts und ist damit „materiell illegal". 29

Exkurs: 30

Streit besteht darüber, ob eine Nutzungsuntersagung auch auf Dauer ausgesprochen werden kann, wenn die Nutzung lediglich formell illegal ist. Schließt man sich der Auffassung an, dass insoweit schon die formelle Baurechtswidrigkeit ausreicht,[38] ist jedenfalls im Rahmen der Ermessensausübung darauf einzugehen, ob die Nutzung genehmigungsfähig ist, also mit materiellem Recht in Einklang steht.[39]
Andernfalls ist die materielle Illegalität bereits im Tatbestand des Art. 76 S. 2 BayBO[40] zu prüfen.[41]
Vom Prüfungsumfang her, insbesondere für Klausurarbeiten, ergibt sich dadurch aber kein Unterschied.

Durch den Anschluss an die Wasserversorgungsanlage des Wasserbeschaffungsverbands Holzscheid fehlt es insoweit an einer ausreichenden Erschließung nach § 35 II BauGB, da die Versorgung mit einwandfreiem Trinkwasser nicht gewährleistet ist.[42] 31

Die Gaststättennutzung über die in der Baugenehmigung vom 3.5.2004 festgelegte Bindung und den dort gleichfalls festgelegten Zeitraum hinaus ist auch aus anderen Gründen planungsrechtlich unzulässig. Eine ohne Bindung an den Betrieb der Skilifte betriebene Gaststätte ist jedenfalls als sonstiges Vorhaben iSv § 35 II BauGB zu beurteilen, das öffentliche Belange nach § 35 III BauGB beeinträchtigt, weil es den Darstellungen des Flächennutzungsplans der Gemeinde Berghausen widerspricht und die Gefahr der Entstehung einer Splittersiedlung befürchten lässt. 32

Exkurs: 33

Wäre nicht bereits infolge der gestellten Änderungsanträge die Problematik der Wasserversorgung sowie die planungsrechtliche Zulässigkeit einer ganzjährig betriebenen Gaststätte im Außenbereich (s. oben Ziff. II. 1. b) behandelt worden, wäre an dieser Stelle, spätestens im Rahmen der Ermessensausübung, darauf einzugehen. Aufgrund der gegebenen Bearbeitersituation ist es ausreichend, entweder auf diese Ausführungen Bezug zu nehmen oder, nochmals aber nur in aller Kürze, diese Problemkreise anzusprechen.

bb) Der Erlass der Nutzungsuntersagung steht im pflichtgemäßen Ermessen der Bauaufsichtsbehörde. Regelmäßig entspricht es diesem pflichtgemäßen Ermessen, wenn eine rechtswidrige Nutzung untersagt wird.[43] 34

38 VGH München BayVBl. 2011, 86; 2005, 117; 1982, 51; OVG Saarlouisouis NVwZ 1985, 122; VGH Kassel NVwZ 1995, 922; OVG Bremen BRS 56 Nr. 211; OVG Berlin GewArch 1997, 301; OVG Koblenz BauR 1997, 101; OVG Magdeburg NuR 1999, 230.

39 VGH München BayVBl. 2005, 117; 1982, 51; OVG Saarlouis NVwZ 1985, 122; VGH Kassel NVwZ 1995, 922; OVG Bremen BRS 56 Nr. 211; OVG Berlin GewArch 1997, 301; OVG Koblenz BauR 1997, 101; OVG Magdeburg NuR 1999, 230; Decker/Konrad BayBauR 138, 139.

40 Vgl. § 65 S. 2 BWLBO.

41 VGH Mannheim VBlBW 1996, 300; NVwZ 1990, 480.

42 S. auch § 33 I, II BWLBO.

43 BVerwG BRS 36 Nr. 93; VGH München BayVBl. 1977, 601; OVG Weimar BRS 59 Nr. 213; Busse/Kraus/Decker BayBO Art. 76 Rn. 301; Decker/Konrad BayBauR 139.

35 **Exkurs:**

Beim Entwerfen von Ermessensentscheidungen ist darauf zu achten, dass aus der Behördenentscheidung deutlich wird, dass das der Verwaltung eingeräumte Ermessen von dieser erkannt wurde und davon entsprechend Gebrauch gemacht worden ist.
Regelmäßig werden sich bei derartigen Aufgabenstellungen aus dem Sachverhalt der Klausur Gesichtspunkte ergeben, auf die im Rahmen der Ermessensausübung einzugehen ist. Allein eine Formulierung wie etwa „aufgrund der Ausübung pflichtgemäßen Ermessens ergibt sich diese Entscheidung" reicht in keiner Weise für eine ordnungsgemäße Bearbeitung insoweit aus. Vielmehr wird erwartet, dass die für eine sachgerechte Ermessensbetätigung maßgeblichen Umstände herausgearbeitet, entsprechend gewichtet werden und dies alles auch im Bescheid lesbar ist.
Darauf ist ganz besonders zu achten, da die Erfahrung zeigt, dass Prüfungsaufgaben vor allem immer dann nicht unerhebliche Schwierigkeiten bereiten, wenn eine Auseinandersetzung mit Problemen einer ordnungsgemäßen Ermessensbetätigung zu erfolgen hat, sei es im Wege einer gerichtlichen Überprüfung,[44] sei es bei der Fertigung einer behördlichen Ausgangsentscheidung.[45]
Im Zusammenhang mit Fragen des bauaufsichtlichen Einschreitens lassen sich im Hinblick auf eine ordnungsgemäße Ermessensausübung immer wiederkehrende „typische" Problemkreise erkennen. Regelmäßig wird darauf zu achten sein, dass die behördlichen Entscheidungen vor allem den Grundsätzen der Gleichbehandlung und der Verhältnismäßigkeit entsprechen.[46]

36 Die Nutzungsuntersagung erfolgt – soweit die zeitliche Bindung an den Betrieb der Skilifte bzw. der max. Nutzungszeitraum eingehalten werden – nicht auf Dauer, sondern nur solange, bis der Anschluss an die zentrale Wasserversorgung der Gemeinde Berghausen nachweislich erfolgt ist. Im Übrigen können rechtmäßige Zustände nur durch die ausgesprochene Nutzungsuntersagung erreicht werden, insbesondere was die dauernde Nutzungsuntersagung über den bestandskräftig festgelegten Zeitraum hinaus angeht, da eine solche Nutzung jedenfalls in Widerspruch zu Bauplanungsrecht steht. Andere wirksame und weniger belastende Mittel stehen insoweit nicht zur Verfügung.

Die Nutzungsuntersagung widerspricht nicht Grundsätzen der Gleichbehandlung. Seit Bekanntwerden der Probleme mit der Wasserversorgung des Wasserbeschaffungsverbands sind in dem betroffenen Bereich nur noch Baugenehmigungen erteilt worden, die den Anschluss an die zentrale Wasserversorgung in Berghausen verlangten. Insoweit ist keine unterschiedliche Behandlung gegeben.

Auf Vorhaben, die vor dem Jahr 1995, dem Zeitpunkt, in dem die Wasserversorgungsproblematik aufkam, mit einer Anschlussmöglichkeit an die Anlage des Wasserbeschaffungsverbands genehmigt worden sind, können sich die Verpflichteten nicht berufen. Insoweit besteht, jedenfalls seit Kenntnis von diesen Gefahren, eine sachliche Rechtfertigung für eine unterschiedliche Behandlung.[47] Für diese Vorhaben wird unabhängig von diesem in einem gesonderten Verfahren zu prüfen sein, welches die geeigneten Mittel sind, um auch insoweit Gesundheitsgefährdungen auszuschließen.

Zudem wäre auch keine Vergleichbarkeit der bisher genehmigten Wohngebäude und landwirtschaftlichen Anwesen mit Anschlussmöglichkeit an den Brunnen des Wasserbeschaffungsverbands mit der in Rede stehenden Gaststätte gegeben, da der Gaststättenbetrieb mit 50 Sitzplätzen ein ungleich größeres Gefährdungspotenzial besitzt.

---

44 S. insoweit HAGMH ÖffVerw-Station 11 f.
45 Zum Ermessen allgemein Maurer/Waldhoff AllgVerwR § 7 Rn. 7 ff.; Weides, Verwaltungsverfahren und Widerspruchsverfahren, 3. Aufl. 1993, 171 ff.
46 VGH München BayVBl. 1983, 243 und OVG Lüneburg NVwZ-RR 1994, 243 jeweils zum Gleichheitssatz; OVG Koblenz BRS 56 Nr. 220 zum Verhältnismäßigkeitsgrundsatz; s. auch VerfGH Bayern BayVBl. 1997, 45 zur Vereinbarkeit einer Beseitigungsverfügung mit dem Grundrecht auf Eigentum; Konrad JA 1998, 691.
47 Zur sog. Bezugsfallproblematik vgl. schon: BVerwG DÖV 1977, 830; s. auch BVerwG BRS 17 Nr. 251; VGH Mannheim BauR 1972, 43.

Die Nutzungsuntersagung ist auch aus Gründen der Gefahrenabwehr erforderlich.

Entsprechend der Stellungnahme des Gesundheitsamts lassen sich Gesundheitsbeeinträchtigungen durch das vom Wasserbeschaffungsverband bereitgestellte Wasser für die Zukunft nicht ausschließen und machen ein sofortiges Handeln notwendig.

Mit Hilfe der verfügten Nutzungsuntersagung kann einer derartigen Gesundheitsgefahr wirksam vorgebeugt und entgegengetreten werden.

Insbesondere unter dem Gesichtspunkt des Gesundheitsschutzes konnte das sofortige Unterlassen[48] der Gaststättennutzung auch mit Wirksamwerden, also mit Zustellung dieses Bescheids, verlangt werden. Einer zusätzlichen Fristsetzung insoweit bedurfte es nicht, da nur ein schlichtes Unterlassen, kein Handeln, verlangt wird, das jederzeit ohne weitergehende Verpflichtungen erfüllbar ist.[49]

Exkurs: 37

Da der Tenor entsprechend gefasst ist, muss wegen des Verhältnismäßigkeitsgrundsatzes auch im Rahmen der Ermessensausübung zur Nutzungsuntersagung auf die Entbehrlichkeit einer Fristsetzung für das Unterlassen der Gaststättennutzung eingegangen werden. Darauf wird überdies noch im Zusammenhang mit der Verwaltungsvollstreckung einzugehen sein.[50]

Auch die vorgebrachten wirtschaftlichen Gesichtspunkte hindern nicht am Untersagen der 38
Gaststättennutzung. Das wirtschaftliche Risiko ihres Handelns tragen die Verpflichteten. Wären die vorgenommenen Investitionen oder die wirtschaftlichen Folgen ein maßgebliches Kriterium für die Entscheidung über den Erlass einer Nutzungsuntersagung, wäre es nahezu unmöglich, wirksam gegen ungenehmigte Vorhaben bzw. Nutzungen einzuschreiten. Zudem würde es dann gerade dazu verleiten, kostspielige Maßnahmen dafür durchzuführen.[51]

Der Nutzungsuntersagung stehen auch nicht überwiegende Gründe des Allgemeinwohls entgegen, die zumindest zu einer Duldung der Gaststättennutzung führen könnten, zumal die Nutzung in erster Linie der Gewinnerzielung Privater dient.

Soweit für derartige Ausflugsgaststätten aus dem Gesichtspunkt des Fremdenverkehrs ein ganzjähriger Bedarf besteht, stehen der Gemeinde als Trägerin der Planungshoheit die entsprechenden planerischen Möglichkeiten zur Seite, um über die Bauleitplanung auch die Voraussetzungen für eine solche Gaststättennutzung zu schaffen, indem ein entsprechend großes Gebiet und unter Zugrundelegung eines planerischen Konzepts, etwa als Sondergebiet für Fremdenverkehr, ausgewiesen wird.

Ein derartiges Gebiet ist nach dem Willen der Gemeinde aber nicht geplant. Soweit ausschließlich das Grundstück FlNr. 100 überplant werden soll, um so zur Legalisierung der Gaststättennutzung zu kommen, hindert dies die Nutzungsuntersagung nicht. Abgesehen davon, dass eine solche Planung in materiell-rechtlicher Hinsicht als reine Gefälligkeitsplanung jeder planerischen Konzeption entbehrt, fehlt es derzeit jedenfalls an einer materiell-rechtlichen Bindungswirkung. Diese Bindungswirkung wird nicht durch eine Aussage des 1. Bürgermeisters hergestellt, zumal für die Aufstellung von Bebauungsplänen grundsätzlich der Gemeinderat zuständig ist. Darüber hinaus müsste auch ein Bebauungsplan die Lösung der Wasserversorgungsproblematik, anders als durch einen Anschluss an den Brunnen des Wasserbeschaffungsverbands Holzscheid, bewältigen.

48 Die Einschränkung im Tenor „für den Fall, ..." sollte gemacht werden, weil bei Erfolg im vorläufigen Rechtsschutzverfahren und Einlegung eines Rechtsbehelfs ansonsten nicht vollstreckt werden könnte.

49 Linhart Schreiben § 18 Rn. 185a.

50 Vgl. VGH München BayVBl. 1976, 86: Eine Beseitigungsanordnung muss nicht notwendigerweise mit einer Fristsetzung verbunden sein; die Fristsetzung ist jedoch im Regelfall für die Vollstreckung bedeutsam.

51 VGH München BayVBl. 1981, 89; OVG Münster BauR 1994, 749.

39 c) Als Adressaten der Nutzungsuntersagung konnten (zweckmäßigerweise) sowohl die Grundstückseigentümer als sog. Zustandsstörer, wie auch die Pächterin und Betreiberin der Gaststätte als sog. Handlungsstörerin herangezogen werden. Im Hinblick auf die Störerauswahl bei bauaufsichtlichem Einschreiten kann auf die allgemeinen sicherheitsrechtlichen Grundsätze zurückgegriffen werden, insbesondere steht der Behörde ein entsprechendes Auswahlermessen zu.[52]

Eine Inanspruchnahme der Pächterin und Betreiberin der Gaststätte allein genügt vorliegend nicht, um dem Nutzungsverbot umfassend Geltung zu verschaffen.

40 **Exkurs:**

Die alleinige Inanspruchnahme eines Pächters kann uU dann ausreichend sein, wenn es lediglich um das schlichte Unterlassen einer Nutzung geht und der Verpächter den Pächter zivilrechtlich ohnehin nicht daran hindern kann, die behördliche Anordnung zu befolgen.[53]

41 Dadurch wäre eine Nutzung durch die Grundstückseigentümer selbst, die den Gaststättenbetrieb auf alle Fälle aufrechterhalten wollen, oder eine Überlassung an (weitere) Dritte nicht ausgeschlossen. Daher ist die Nutzungsuntersagung gleichzeitig gegenüber den Grundstückseigentümern und der Pächterin auszusprechen.

42 **Exkurs:**

Um ein umfassendes Verbot durchsetzen zu können, wäre gegenüber der Pächterin auch eine sog. Duldungsanordnung auf Grundlage des Art. 76 BayBO[54] in Betracht gekommen.[55]
Im Übrigen ist beim bauaufsichtlichen Einschreiten gegen mehrere dinglich und/oder obligatorisch Berechtigte folgendes zu beachten:
Zwar ist es grundsätzlich zulässig, von vorneherein von mehreren Störern im Hinblick auf eine Beseitigungsanordnung nur einen von ihnen zur Pflichterfüllung heranzuziehen. Dies stellt die Rechtmäßigkeit der jeweiligen Anordnung nicht in Frage.[56]
Soweit allerdings der Adressat der Anordnung nicht allein verfügungsberechtigt ist, läge ein (auch nachträglich ausräumbares) Vollstreckungshindernis vor. Um dies auszuschließen, ist auch gegenüber den sonstigen Verfügungsberechtigten, um eine Handlungsverpflichtung durchzusetzen, entweder ebenfalls mit einer Beseitigungsverfügung, zumindest aber mit einer sog. Duldungsanordnung vorzugehen.[57] Im Falle von Unterlassungspflichten, wie bei einer Nutzungsuntersagung, sollte jedem der Störer die Nutzung untersagt werden, damit das Verbot umfassend gilt.
Ermächtigungsgrundlage für eine Duldungsanordnung ist entweder die Vorschrift, die zum Erlass der Nutzungsuntersagung (bzw. der Beseitigungsanordnung) selbst berechtigt in entsprechender Anwendung,[58] oder die bauaufsichtliche Generalklausel.[59]

52 VGH München BayVBl. 1984, 278; BRS 49 Nr. 227; Decker/Konrad BayBauR 140, 141.
53 VGH München BayVBl. 1991, 596; 1986, 569.
54 Vgl. § 65 BWLBO.
55 Vgl. VGH Kassel BRS 40 Nr. 229.
56 VGH München BayVBl. 1991, 245; 1978, 340.
57 VGH Mannheim BRS 40 Nr. 491; Rinke NVwZ 1989, 639 jeweils bei einer Nutzungsuntersagung auch gegenüber Mieter; BVerwG VwRR-BY 1999, 21; BauR 1994, 740; 1972, 32; VGH München BayVBl. 1981, 89; VGH Mannheim NVwZ-RR 1995, 120; OVG Saarlouisouis BRS 55 Nr. 237; VGH Kassel BRS 56 Nr. 200 jeweils zu einer Duldungsanordnung.
58 VGH München BayVBl. 1993, 147; 1981, 89; 1969, 101.
59 VGH Mannheim BRS 38 Nr. 206.

3. Sofortvollzug 43

Grundlage für die Anordnung der sofortigen Vollziehung der Nutzungsuntersagung ist § 80 II Nr. 4 VwGO. Das besondere öffentliche Vollzugsinteresse im Sinne dieser Vorschrift liegt vor. 44

Exkurs: 45

Bei einem nach § 80 II Nr. 4 VwGO durch eine Behörde angeordneten Sofortvollzug ist vor allem zweierlei zu beachten.
Zum einen muss das besondere Vollzugsinteresse entsprechend § 80 III VwGO schriftlich begründet werden. Zum anderen darf diese Begründung nicht formelhaft gefasst sein oder einfach nur den Gesetzeswortlaut wiederholen.[60]
Notwendig ist, dass im Rahmen der Sofortvollzugsbegründung die Umstände dargelegt werden, aus denen sich ergibt, dass die zugrunde liegenden Erwägungen auf einer hinreichenden Auseinandersetzung mit den Verhältnissen des konkreten Einzelfalles beruhen.
Beim bauaufsichtlichen Einschreiten ist insoweit zwischen der Nutzungsuntersagung (und der Baueinstellung) einerseits und der Beseitigungsanordnung andererseits zu unterscheiden. Die Nutzungsuntersagung ist – ähnlich der Baueinstellung – auf die Verhinderung vollendeter Tatsachen durch eine formell illegale Tätigkeit oder Maßnahme gerichtet. Deshalb sind in diesen Fällen die Anforderungen an die Begründung des Sofortvollzugs nicht so hoch wie bei einer sofort vollziehbaren Beseitigungsanordnung.
Die Nutzungsuntersagung (und die Baueinstellung) kann daher im Regelfall für sofort vollziehbar erklärt werden,[61] während bei einer Beseitigungsanordnung dagegen eindeutig zum Ausdruck gebracht werden muss, weshalb ein Zuwarten bis zu einer Entscheidung in der Hauptsache nicht zumutbar ist.[62]

An der Beachtung des formellen Baurechts und der vorherigen Genehmigung vor Aufnahme einer Nutzung besteht ein gewichtiges öffentliches Interesse. Diesem Interesse kann regelmäßig nur durch die sofortige Vollziehung des Nutzungsverbots Geltung verschafft werden. Die Hinnahme einer ungenehmigten Nutzung bis zu einer unanfechtbaren Entscheidung über ihre Rechtmäßigkeit, uU über einen Zeitraum von mehreren Jahren, würde das Baugenehmigungsverfahren und die mit ihm verbundene präventive Kontrolle unterlaufen. 46

Ein solches Verhalten würde zur Nachahmung verleiten, wenn uU über Jahre hinweg Früchte aus einer rechtswidrigen Nutzung gezogen werden könnten.

Darüber hinaus besteht aus Gründen des Gesundheitsschutzes ein überwiegendes öffentliches Interesse, die Gaststättennutzung sofort zu unterbinden.

Das Argument wirtschaftlicher Einbußen, gegebenenfalls sogar der wirtschaftliche Ruin der Adressaten, wiegt dagegen die für den Sofortvollzug sprechenden Umstände vorliegend nicht auf. Den Verpflichteten war von Anfang an bekannt, dass ein Gaststättenbetrieb, so wie er von ihnen aufgenommen wurde, unzulässig ist. Es fällt in den Risiko- und Verantwortungsbereich der Verpflichteten, wenn sie dennoch eine Nutzung aufnehmen, die nicht genehmigungsfähig ist und auf diese Art und Weise vollendete Tatsachen schaffen (wollen).

4. Zwangsgeldandrohung

Die Androhung des Zwangsgelds stützt sich auf Art. 36 BayVwZVG.[63] 47–48

60 OVG Schleswig NVwZ 1992, 68; VGH München BayVBl. 2005, 565; 1999, 465; 1989, 117; 1975, 21; VGH Mannheim NJW 1977, 257; Pietzner/Ronellenfitsch Assessorexamen 572; Kaltenborn DVBl. 1999, 828.
61 VGH München GewArch 1997, 36; BayVBl. 1988, 439; VGH Kassel NVwZ 1990, 583; OVG Lüneburg NVwZ 1989, 170.
62 VGH München BRS 42 Nr. 487.
63 Vgl. §§ 18, 19, 20, 23 BWLVwVG.

49 **Exkurs:**

Bei der Androhung von Zwangsmitteln ist auf Folgendes zu achten:
Da die (isolierte) Androhung eines Zwangsmittels bereits eine Maßnahme der Verwaltungsvollstreckung ist, haben bei dieser grundsätzlich bereits zum Zeitpunkt der Androhung alle, auch die allgemeinen, Vollstreckungsvoraussetzungen vorzuliegen. Das gilt jedenfalls uneingeschränkt bei einer Anordnung, der sofort nachzukommen ist.[64]
Die allgemeinen Vollstreckungsvoraussetzungen ergeben sich aus Art. 18 I, 19 I BayVwZVG.[65] Insbesondere muss die Vollstreckbarkeit des zugrunde liegenden Verwaltungsakts gegeben sein, Art. 19 I BayVwZVG. Diese liegt dann vor, wenn die Grundverfügung entweder bereits bestandskräftig oder die aufschiebende Wirkung eines Rechtsbehelfs (von Gesetzes wegen oder wegen der Anordnung des Sofortvollzugs) ausgeschlossen ist. Gleiches gilt im Hinblick auf eine gegebenenfalls notwendige Duldungsanordnung bei mehreren Verfügungsberechtigten. Diese allgemeine Vollstreckungsvoraussetzung gilt uneingeschränkt für die isolierte Androhung eines Zwangsmittels.[66]
Nach Art. 36 II BayVwVZG[67] ist davon eine (praktisch bedeutsame) Ausnahme möglich. Danach kann die Androhung eines Zwangsmittels mit der Grundverfügung, die ein Handeln, Dulden oder Unterlassen beinhaltet (nicht: Forderung von Geldleistungen), verbunden werden.
Nur in diesen Fällen wird die Vollstreckbarkeit der durchzusetzenden Anordnung nicht vorausgesetzt.[68]
Bedeutung hat dies für sich gesehen nur dann, wenn die Grundverfügung nicht schon sofort vollziehbar ist.

50 Zu beachten ist in diesem Zusammenhang noch, dass nach Art. 36 I 2 BayVwVZG[69] grundsätzlich eine angemessene Frist für die Pflichterfüllung zu setzen ist. Die Fristsetzung gilt jedoch nur für Handlungspflichten, bei Unterlassungs- und Duldungspflichten entfällt sie.[70] Wird die auf eine Handlung gerichtete Grundverfügung mit der Androhung eines Zwangsmittels verbunden und nicht für sofort vollziehbar erklärt, ist die dann erforderliche Fristsetzung im Hinblick auf die Pflichterfüllung zweckmäßigerweise von der Bestandskraft bzw. Unanfechtbarkeit der Grundverfügung abhängig zu machen. Liefe in diesen Fällen die Androhungsfrist ab, obwohl noch Rechtsmittel eingelegt werden könnten, wäre die Fristsetzung und damit die Androhung rechtswidrig bzw. gegenstandslos.[71] Die entsprechende Formulierung in einem Bescheid könnte etwa folgendermaßen lauten:
„Für den Fall, dass nicht innerhalb von vier Wochen nach Unanfechtbarkeit dieses Bescheids der Vornahme einer bestimmten Handlung nachgekommen wird, wird ein Zwangsgeld in Höhe von EUR … fällig."

51 Die Androhung eines Zwangsmittels selbst ist im Übrigen (schon) ein VA (was sich ohne Weiteres aus Art. 21a BayVwZVG ableiten lässt).[72]

52 Zu beachten ist ferner, dass die Androhung eines Zwangsmittels nach Art. 36 VII 1 BayVwZVG[73] förmlich zuzustellen ist. Infolge der Pflicht zur förmlichen Zustellung (gem. Art. 2 ff. VwZVG) insoweit ist beim Verbinden von Grundverfügung und Zwangsmittelandrohung zweckmäßigerweise der

64 Engelhardt/App/Schlatmann/Troidl VwVG § 13 Rn. 2; Linhart Schreiben § 18 Rn. 188; s. auch VGH München FSt 2002, Rn. 9, nachdem die Vollstreckungsvoraussetzungen im Falle einer zumutbaren Erfüllungsfrist bei deren Beginn vorliegen müssen.
65 Vgl. §§ 1, 2 BWLVwVG; s. auch VGH München BayVBl. 2001, 752.
66 Engelhardt/App/Schlatmann/Troidl VwVG § 13 Rn. 2.
67 Vgl. § 20 III BWLVwVG.
68 Schnellenbach JA 1994, 25; Henneke JURA 1989, 9 (14); VGH München BayVBl. 1978, 54; OVG Lüneburg BRS 46 Nr. 204; Engelhardt/App/Schlatmann/Troidl VwVG § 13 Rn. 2; aA Rasch DVBl. 1980, 1017.
69 Vgl. § 20 I 2 BWLVwVG.
70 VGH München BayVBl. 1986, 178; Giehl/Adolph/Käs, Verwaltungsverfahrensrecht in Bayern, Stand: Mai 2021, VwZVG Art. 36 V 1; Engelhardt/App/Schlatmann/Troidl VwVG § 13 Rn. 3 (aE); s. ausdrücklich: § 20 I 2 Hs. 2 BWLVwVG.
71 VGH München BeckRS 2009, 40892; BeckRS 2010, 50963; BayVBl. 1979, 541; 1976, 86; Engelhardt/App/Schlatmann/Troidl VwVG § 13 Rn. 3; Linhart Schreiben § 18 Rn. 186; aA Rasch DVBl. 1980, 1017; Kalkbrenner BayVBl. 1976, 87, wonach die Frist in derartigen Fällen automatisch gegenstandslos werden soll.
72 S. etwa BVerwG NVwZ 1990, 69; DVBl. 1989, 362.
73 Im BWLVwVG fehlt eine vergleichbare Regelung.

gesamte Bescheid zuzustellen.[74] (Im Übrigen sollte in Fällen wie dem vorliegenden allein schon aus Gründen der Beweisführung von der Behörde nach Art. 1 II BayVwZVG[75] das förmliche Zustellungsverfahren gewählt werden. Bei Ablehnung eines Bauantrags – wie hier – wird zudem teilweise die Auffassung vertreten, dass diese in der gleichen Form zu erfolgen hat wie deren Erteilung. Sieht die jeweilige Landesbauordnung die Zustellung der Baugenehmigung vor, vgl. Art. 68 III 3 BayBO,[76] hat die Ablehnung in der gleichen Weise zu erfolgen.[77]

Vorliegend reichte als Zustellungsart die Zustellung mittels Empfangsbekenntnis aus, da die Verpflichteten allesamt einen Rechtsanwalt bevollmächtigt hatten, Art. 5, 8 BayVwZVG.[78]

Die Zwangsmittelandrohung muss nicht für sofort vollziehbar erklärt werden, da nach Art. 21a BayVwZVG[79] Rechtsbehelfe gegen Maßnahmen in der Verwaltungsvollstreckung keine aufschiebende Wirkung haben. 53

Die Höhe des Zwangsgeldes orientiert sich am wirtschaftlichen Interesse, das die Adressaten am Unterbleiben der Nutzungsuntersagung haben. Da nach deren eigenen Aussagen die Gaststätte „sehr gut läuft", die monatliche Pacht 5.000 EUR beträgt und der monatliche Gewinn bis zu 3.500 EUR ausmachen soll, wird das wirtschaftliche Interesse entsprechend diesen Vorgaben auf 3.500 EUR für die Pächterin und auf 5.000 EUR insgesamt für die Grundstückseigentümer und Verpächter (und daher für jeden auf 2.500 EUR) geschätzt. 54

Exkurs: 55

Werden mehrere Pflichtige von derselben Maßnahme betroffen, ist es in der Regel angezeigt, das Zwangsgeld gegen die einzelnen Pflichtigen unterschiedlich hoch festzusetzen, wenn sich dies personenbezogen aus dem zugrunde liegenden Sachverhalt ermitteln lässt.[80]

Da die Androhung einen Leistungsbescheid iSv Art. 23 I BayVwZVG[81] enthält, kann das Zwangsgeld beigetrieben werden, sobald die Zwangsgeldforderung fällig ist, ohne dass es eines neuen VA bedarf. 56

Exkurs: 57

Der Hinweis auf die Beitreibung des Zwangsgelds, ohne dass es dafür eines zusätzlichen VA bedarf, ist immer dann erforderlich, wenn der Androhung des Zwangsgelds entsprechend der jeweiligen landesrechtlichen Regelung, vgl. VwZVG, BWLVwVG, die Anwendung ohne gesonderte Festsetzung folgt.[82]
In diesen Fällen ist dem Pflichtigen dies lediglich mitzuteilen und eine Kostenrechnung zu übersenden. Die Fälligkeitsmitteilung ist kein VA und kann daher auch nicht angefochten werden. Gegebenenfalls ist mittels einer Feststellungsklage zu klären, ob die für die Fälligkeit notwendige Voraussetzung (= Nichterfüllung der Pflicht) eingetreten ist.[83]

74 Nach Linhart § 18 Rn. 189, bezieht sich die Pflicht zur Zustellung nur auf die Zwangsmittelandrohung und erfasst nicht den Grund-VA; nach Engelhardt/App/Schlatmann/Troidl VwVG § 13 Rn. 9 und Sadler, VwVG, 3. Aufl. 1996, VwVG § 13 Rn. 86 zwingt dies zur Formstrenge für den gesamten Bescheid, sodass er insgesamt zugestellt werden muss.
75 Vgl. § 1 II BWLVwZG.
76 Vgl. § 58 I 6 BWLBO.
77 S. Busse/Kraus/Decker BayBO Art. 68 Rn. 542.
78 Vgl. §§ 5, 8 BWLVwZG.
79 Vgl. § 12 BWLVwVG.
80 S. etwa Engelhardt/App/Schlatmann/Troidl VwVG § 13 Rn. 5.
81 §§ 13, 14 BWLVwVG.
82 Vgl. Linhart Bescheid 15.
83 VGH München BayVBl. 1986, 176.

58 **5. Kostenentscheidung**

59 Die Kostenentscheidung beruht auf Art. 1, 2 KG.[84]

Die Festsetzung der Gebühr für die Ablehnung der Änderungsanträge beruht auf Art. 6, 7, 8 KG iVm dem Kostenverzeichnis zum Kostengesetz Tarif-Nr. 2 I/1.25 und 1.26.[85] Entsprechend Art. 8 I 1 KG[86] konnte die Gebühr für die Ablehnung der Anträge auf 200 EUR ermäßigt werden.

Die Festsetzung der Gebühr für die Nutzungsuntersagung beruht auf Art. 6, 7 KG iVm dem Kostenverzeichnis zum Kostengesetz Tarif-Nr. 2 I/145 iVm 1 I/8/1.[87, 88]

Die Erhebung der Auslagen beruht auf Art. 10 KG.

Rechtsbehelfsbelehrung: (erlassen)

I.A.

Schlau Oberregierungsrat

Weiterführende Literatur:

1. App, Die Verwaltungsvollstreckung im Baurecht, JA 1991, 415
2. Bleckmann, Begründung und Anwendung des Verhältnismäßigkeitsprinzips, JuS 1994, 177
3. Bullinger, Das Ermessen der öffentlichen Verwaltung, JZ 1984, 1001
4. Burgi/Ellenrieder, Abbruchverfügung und Nebenberechtigung, BWVPR 1989, 33
5. Erichsen/Rauschenberg, Verwaltungsvollstreckung, JURA 1998, 31
6. Glasen/Weißenburger, Die bauordnungsrechtlichen Eingriffsbefugnisse nach der Novellierung der Bayerischen Bauordnung, BayVBl. 2008, 460
7. Gröpl, Die Konkurrenz der Befugnisnormen im bayerischen Bauordnungsrecht, BayVBl. 1995, 292
8. Jacob, Die sofortige Vollziehung von Maßnahmen in der Verwaltungsvollstreckung, VBlBW 1991, 361
9. Konrad, Baueinstellung, Beseitigungsanordnung und Nutzungsuntersagung – Klassische Instrumente bauaufsichtlichen Einschreitens, JA 1998, 691
10. Mampel, Formelle und materielle Illegalität? – Zu den Voraussetzungen von Abbruchsverfügungen, BauR 1996, 13
11. Petzke, Fehlerquellen beim Erlass baurechtlicher Beseitigungsanordnungen, BayVBl. 1978, 225
12. Sarnighausen, Zur Nutzungsänderung als Neubauvorhaben, DÖV 1995, 225
13. Stettner, Der Gleichheitssatz, BayVBl. 1988, 545
14. v. Kalm, Die Duldungsverfügung im Rahmen der Verwaltungsvollstreckung, DÖV 1996, 463
15. v. Mutius, Unbestimmter Rechtsbegriff und Ermessen im Verwaltungsrecht, JURA 1987

84 Vgl. §§ 1, 2 BWLGebG.

85 Kostenverzeichnis v. 12.10.2001, GVBl. S. 766, in der Fassung v. 13.4.2019, GVBl. S. 179; vgl. §§ 7, 11, 12 BWLGebG.

86 Vgl. § 11 I 1 BWLGebG.

87 Nach Tarif-Nr. 1 I 8/1 werden für eine Zwangsmittelandrohung nur dann Gebühren erhoben, wenn sie nicht mit der Grundverfügung verbunden ist.

88 Vgl. §§ 2, 7 BWLGebG.

2. Klausur: „Der widerspenstige Bürgermeister"

Themenbereiche: Kommunalrecht; Befugnisse des Bürgermeisters; Einberufung einer Sondersitzung des Gemeinderates; Geschäftsgang im Gemeinderat; Kommunalaufsichtsrechtliche Verfügung durch Landratsamt; Sofortvollzugsanordnung; gemeindliches Selbstverwaltungsrecht; Organzuständigkeit

Sachverhalt

Auszug aus den Akten des Landratsamtes Starnberg, Az.: 211- GH - 34/22

Rechtsanwältin Rosalinde Rauhbein, Hauptstraße 5, 82317 Starnberg

Landratsamt Starnberg
Kommunalaufsicht
Strandbadstraße 2
82317 Starnberg

Landratsamt Starnberg Eingang: 18.2.2022

Starnberg, den 15.2.2022

Antrag auf Durchführung eines kommunalaufsichtsrechtlichen Verfahrens gegen den 1. Bürgermeister der Gemeinde Berg, Herrn Bernd Blocker

Sehr geehrte Damen und Herren,

in obiger Angelegenheit zeige ich an, dass ich die Fraktion „Freie Bürger Berg – FBB –", bestehend aus den Gemeinderäten Antonia Adelshauser, Franz-Josef Findeisen, Johann-Jakob Juskowiak, Hannelore Hauser, Roswitha Rosenbusch und Xaver Xylo, anwaltschaftlich vertrete.

Namens und im Auftrag meiner Mandanten **beantrage** ich die Durchführung eines kommunalaufsichtsrechtlichen Verfahrens gegen den 1. Bürgermeister der Gemeinde Berg, Herrn Bernd Blocker, wegen Nichteinberufung einer Gemeinderatssitzung.

Meine Mandanten haben mit dem am 17.1.2022 im Bürgermeisterbüro eingegangenen Schreiben vom gleichen Tag die Einberufung einer Sondersitzung gemäß Gemeindeordnung beantragt. In dieser sollten folgende Punkte einer Klärung durch den Gemeinderat zugeführt werden:

1. Änderung der örtlichen Bauvorschrift über Werbeanlagen: Beschluss über die Aufnahme einer Regelung über das Verbot der Tabakwerbung auf örtlichen Werbetafeln.
2. Änderung der Gebührensatzung für das gemeindliche Hallenbad: Beschluss zur Aufhebung der Unterscheidung beim Eintrittspreis nach Gemeindeeinwohnern und anderen Personen.
3. Feuerwehrwesen: Beschluss über die Anschaffung eines Rettungsspreizers[1] für die örtliche Feuerwehr.
4. Bürgerbegehren zum Erlass einer Badeverbotsverordnung für den örtlichen Baggersee: Beschluss über die Zulassung des Bürgerbegehrens.
5. Änderung der Geschäftsordnung, § 24 über Form und Frist der Einladung: Ermöglichung der Ladung mittels E-Mail.
6. Personalangelegenheiten; Beschluss: Der Beamte Dieter Daubmeier wird nicht entlassen.

---

1 Ein Rettungsspreizer dient zum Auseinanderspreizen, beispielsweise von verklemmten oder deformierten Autotüren oder zum Wegdrücken von Wrackteilen, zur Rettung eingeklemmter Unfallopfer.

Der Antrag war erforderlich geworden, weil sich Herr Blocker in der Gemeinderatssitzung vom 13.1.2022 geweigert hatte, vorstehende Punkte, die meine Mandanten noch unter dem Punkt „Sonstiges“ beraten und entscheiden lassen wollten, zur Beratung und Abstimmung zu stellen. Der Grund hierfür lag wohl darin, dass bereits zwei Gemeinderatsmitglieder aus der Fraktion Blockers (Gemeinderätin Charlotte Cramer-Chevalier befindet sich im Ausland und nahm ebenfalls nicht an der Sitzung teil) die Sitzung verlassen hatten und der Bürgermeister daher fürchtete, von den noch anwesenden Gemeinderatsmitgliedern überstimmt zu werden. Seine eher saloppe Anfrage bei den übrigen Gemeinderäten, ob jemand so kurz nach Mitternacht noch Lust habe, über das „Zeug“ der FBB zu beraten und zu beschließen, was natürlich mehrheitlich abgelehnt wurde, kann dafür nicht ausreichen. Auch hierin sehen meine Mandanten ein pflichtwidriges Verhalten des Bürgermeisters und beantragen hiergegen kommunalaufsichtsrechtlich vorzugehen.

Der Bürgermeister berief die Sondersitzung allerdings bis heute nicht ein. Dieses Verhalten verstößt in eklatanter Weise gegen die Gemeindeordnung und die Geschäftsordnung der Gemeinde Berg. Da Herr Blocker bisher keine Anstalten macht, die Sondersitzung einzuberufen, meine Mandanten hierauf aber einen Rechtsanspruch haben, beantragen sie hiermit zudem, den Bürgermeister im Wege des Kommunalaufsichtsrechts zur Einberufung zu zwingen.

Sollte das Landratsamt nicht gegen Herrn Blocker einschreiten, wird um einen rechtsmittelfähigen Bescheid gebeten.

Mit freundlichen Grüßen

Rosalinde Rauhbein, Rechtsanwältin

Anlage 1: Antrag vom 17.1.2022

Fraktion „Freie Bürger Berg“, Almrößchenweg 12a, 82335 Berg am Starnberger See

<u>Persönliche Übergabe</u>

Herrn
Bürgermeister Bernd Blocker
Gemeinde Berg,
Rathausstraße,
82335 Berg

Berg, den 17.1.2022

Einberufung einer Sondersitzung

Sehr geehrter Herr Bürgermeister,

nachdem Sie sich am 13.1.2022 geweigert haben, nachfolgende Punkte in der Gemeinderatssitzung zur Beratung und Abstimmung zu stellen, obwohl wir das noch unmittelbar vor der Sitzung beantragt hatten, beantragen wir nunmehr die Einberufung einer Sondersitzung des Gemeinderates mit folgender Tagesordnung:

[es folgen die Punkte 1–5 aus dem Schriftsatz der Rechtsanwältin Rauhbein vom 15.2.2022]

Zur Begründung:

1) Seit Jahren nehmen die Werbeanlagen in der Gemeinde zu und werden immer häufiger für Zigarettenwerbung missbraucht. Die Gesundheitsgefahren durch Rauchen sind bekannt. Daher sollte sich die Gemeinde nicht zum Handlanger der Tabakindustrie machen. In unsere örtliche Werbeanlagensatzung muss folglich eine Regelung aufgenommen werden, wonach Werbung für Tabakerzeugnisse jeglicher Art unzulässig ist.

2) Die Eintrittspreise für das gemeindliche Hallenbad unterscheiden zwischen Gemeindeeinwohnern und anderen Personen. Letztere zahlen einen um 50% erhöhten Eintrittspreis. Die Differenzierung wurde vor zwei Jahren eingeführt, um die leeren gemeindlichen Kassen zu füllen. Das erwies sich allerdings als Trugschluss, wie die massiv zurückgegangenen Besucherzahlen im Hallenbad seit Einführung der Eintrittspreis-Staffelung zeigen. Als Fremdenverkehrsort am Starnberger See können wir uns eine solche Differenzierung nicht erlauben; das

Hallenbad soll auch Feriengäste anlocken. Die Gebührensatzung für das Hallenbad ist daher zu ändern und es sind wieder – wie vor zwei Jahren – einheitliche Preise zu verlangen.

3) Für Kreisbrandrat und Mitglied des FBB, Franz-Josef Findeisen, hat sich die Möglichkeit eröffnet, den Erwerb eines sog. Rettungsspreizers zu organisieren. Der Preis liegt etwa 30% unter dem Neupreis von 54.000 EUR. Angesichts der zahlreichen, auch schweren Unfälle auf der Kreisstraße 7, die (auch) durch das Gemeindegebiet führt, erscheint uns die Anschaffung für die örtliche Feuerwehr lohnend. Diese einmalige Chance zur Lebensrettung darf sich die Gemeinde nicht entgehen lassen.

4) Wie sie wissen, ist der örtliche Baggersee wegen seiner Strömungen nicht ungefährlich. Es kommt immer wieder zu heiklen Situationen. Gott sei Dank ist noch niemand zu Tode gekommen. Damit das auch so bleibt, will das Bürgerbegehren „Save our Kids" eine Badeverbotsverordnung für den Baggersee erzwingen, weil sich sonst die Leute vom Baden in dem See nicht abbringen lassen. Der zuständige Finanz- und Personalausschuss hat leider keinen Beschluss in der Sache gefasst, obwohl das Thema bereits wiederholt auf der Tagesordnung stand. So kann das nicht weitergehen. Der Antrag liegt immerhin schon seit Oktober 2021 in der Gemeinde. Das muss jetzt der Gemeinderat in die Hand nehmen. Das Bürgerbegehren muss nun endlich zugelassen werden, zumal das nach Art. 18a VI GO erforderliche Quorum erreicht ist.

5) Die Gemeinde sollte endlich etwas für den Klima- und Ressourcenschutz tun. Zu jeder Sitzung werden Unmengen an Papier gedruckt und versandt (Ladung mit Tagesordnung und Anlagen). Das muss nicht sein. Hier gilt es die Möglichkeiten des Internets zu nutzen. So könnten Ladung, Tagesordnung und sonstige Unterlagen elektronisch übermittelt werden und der „Papierkram" würde entfallen. Viele Gemeinderäte – unter anderem alle der FBB – verfügen über einen Internetanschluss und eine E-Mail-Adresse; die Gemeinderäte der FBB sind zudem alle mit Tabletts ausgestattet, sodass sie elektronische Dokumente jederzeit verfügbar haben, auch wenn sie nicht in Papierform vorliegen. Daher sollte die Geschäftsordnung die Möglichkeit vorsehen, dass mit Einverständnis des Gemeinderatsmitglieds die Ladung mit Tagesordnung und Anlagen auch elektronisch übermittelt werden darf. Das wäre zudem ein Schritt in Richtung Verwaltungsvereinfachung. Das gilt umso mehr, als die Gemeindeordnung nun in Art. 47a sogar die Möglichkeit der Sitzungsteilnahme durch Ton-Bild-Übertragung vorsieht.

Da die nächste ordentliche Sitzung des Gemeinderates erst wieder Ende April 2022 stattfindet und ein Ferienausschuss nicht existiert, müssen vorgenannte Punkte nunmehr in einer Sondersitzung behandelt werden.

Mit freundlichen Grüßen
für die Fraktion FBB
Antonia Adelshauser
Fraktionsvorsitzende

Anlage 2: Antrag vom 17.1.2022 – Ergänzung

Fraktion „Freie Bürger Berg", Almrößchenweg 12a, 82335 Berg am Starnberger See

<u>Per E-Mail</u>

Herrn
Bürgermeister Bernd Blocker
Gemeinde Berg,
Rathausstraße,
82335 Berg

Berg, den 24.1.2022

Einberufung einer Sondersitzung

Sehr geehrter Herr Bürgermeister,

wir gehen davon aus, dass die von uns beantragte Sondersitzung in Kürze anberaumt wird (Warum ist das noch nicht geschehen?). Wie wir erfahren haben, soll der Beamte Dieter

Daubmeier entlassen werden. Damit sind wir nicht einverstanden. Daubmeier mag nicht der Hellste sein; dafür wird er auch nur in A6 besoldet. Auch ist er ständig betrunken und pöbelt herum. Der Mann braucht Hilfe und keine Entlassung. Wir beantragen daher, auch diesen Punkt auf die Tagesordnung der Sondersitzung zu setzen.

Mit freundlichen Grüßen
für die Fraktion FBB
Antonia Adelshauser
Fraktionsvorsitzende

Mit Schreiben vom 22.2.2022 leitete das Landratsamt Starnberg durch Abteilungsleiter Regierungsdirektor Dr. Klaue das Schreiben der Rechtsanwältin Rauhbein an die Gemeinde Berg weiter und wies gleichzeitig darauf hin, dass – aufgrund des Vorbringens der Rechtsanwältin – ein kommunalaufsichtliches Verfahren gegen die Gemeinde Berg eingeleitet worden sei und dass die Gemeinde hiermit Gelegenheit erhalte, sich zu einer förmlichen Maßnahme (wird im Einzelnen konkretisiert) durch das Landratsamt innerhalb einer Frist von 2 Wochen nach Zugang dieses Schreibens zu äußern.

Gemeinde Berg — Der Bürgermeister

Landratsamt Starnberg
Kommunalaufsicht
Strandbadstraße 2
82317 Starnberg

Landratsamt Starnberg
Eingang: 25.2.2022

Berg, den 24.2.2022

Einleitung eines kommunalaufsichtsrechtlichen Verfahrens

Sehr geehrte Damen und Herren,

mit einiger Verwunderung haben wir die Einleitung eines kommunalaufsichtlichen Verfahrens wegen der Nichtaufnahme verschiedener Tagesordnungspunkte in der Sitzung vom 13.1.2022 und die Nichteinberufung einer „Sondersitzung“ zur Kenntnis genommen. Das Landratsamt will sich doch wohl nicht in die eigenen Angelegenheiten der Gemeinde einmischen? Außerdem ist Berg kein „Kuhdorf“; wir haben immerhin bereits 5217 Einwohner, Tendenz steigend. Mit den sechs FBB-lern werden wir schon allein fertig, wie die Sitzung vom 13.1.2022 zeigt.

Unabhängig davon erlaube ich mir den Hinweis, dass ich nach der Gemeindeordnung als Bürgermeister das Recht habe zu prüfen, welche Gegenstände auf die Tagesordnung einer Gemeinderatssitzung zu nehmen sind und welche nicht und ob es einer Sondersitzung des Gemeinderats bedarf oder nicht. Die von der FBB genannten Tagesordnungspunkte sind entweder im zuständigen Finanz- und Personalausschusses ausdiskutiert (Baggersee) oder beschlussmäßig abgearbeitet (Eintrittspreis Hallenbad: Beschluss vom 12.1.2022). Das Verlangen nach nochmaliger Behandlung ist daher rechtsmissbräuchlich. Im Übrigen halte ich das Bürgerbegehren auch für unzulässig, weil in dessen Begründung darauf verwiesen wird, dass schon Kinder in dem Baggersee ertrunken seien, was definitiv nicht der Wahrheit entspricht. Bei den übrigen Beratungsgegenständen fehlt es an der Organkompetenz des Gemeinderates. Die FBB beachtet nicht hinreichend, dass auch Bürgermeister und Ausschüsse gewisse Zuständigkeiten besitzen. Teilweise ist die Gemeinde gar nicht zuständig. Eine Ladung mittels E-Mail sieht die Gemeindeordnung nicht vor; solche Ladungen wären damit fehlerhaft und führten zur Angreifbarkeit der in der entsprechenden Sitzung gefassten Beschlüsse. Letztlich ist der Punkt „Daubmeier“ nur per E-Mail beantragt worden; das ist jedoch nicht ausreichend (vgl. unsere Geschäftsordnung). Schließlich habe ich nach § 23 I 3 der Geschäftsordnung drei Monate Zeit, die beantragten Punkte auf eine Tagesordnung zu setzen. Diese Zeit ist noch nicht abgelaufen.

Sicherheitshalber lege ich Ihnen auszugsweise unsere Geschäftsordnung bei. Hieraus erhellt sich, dass ich absolut rechtmäßig gehandelt habe. Eine Sondersitzung werde ich nicht einberufen.

Mit freundlichen Grüßen

Bernd Blocker, Bürgermeister

Anlage: Auszug aus der Geschäftsordnung der Gemeinde Berg

Der Gemeinderat Berg gibt sich aufgrund des Art. 45 I der Gemeindeordnung (GO) für den Freistaat Bayern folgende

Geschäftsordnung:

A. Die Gemeindeorgane und ihre Aufgaben

I. Der Gemeinderat

§ 1 Zuständigkeit im Allgemeinen

(1) Der Gemeinderat beschließt über alle Angelegenheiten des eigenen und des übertragenen Wirkungskreises, soweit sie nicht ausdrücklich beschließenden Ausschüssen übertragen sind oder aufgrund Gesetzes bzw. Übertragung durch den Gemeinderat in die Zuständigkeit des ersten Bürgermeisters fallen.

(2) [1]Der Gemeinderat überträgt die in § 8 genannten Angelegenheiten vorberatenden Ausschüssen zur Vorbereitung der Gemeinderatsentscheidungen und die in § 9 genannten Angelegenheiten beschließenden Ausschüssen zur selbstständigen Erledigung. [2]Er kann sich die Behandlung und Entscheidung im Einzelfall vorbehalten, wenn das die Bedeutung der Angelegenheit erfordert.

§ 2 Aufgabenbereich des Gemeinderats

Der Gemeinderat ist insbesondere für folgende Angelegenheiten zuständig:

1. die Beschlussfassung zu Bestands- oder Gebietsänderungen der Gemeinde und zu Änderungen des Namens der Gemeinde oder eines Gemeindeteils (Art. 2 und 11 GO),
2. die Bildung und die Zusammensetzung der Ausschüsse sowie die Zuteilung der Aufgaben an diese (Art. 32, 33 GO),
3. die Aufstellung von Richtlinien für lfd. Angelegenheiten nach Art. 37 I 2 GO,
4. die Verteilung der Geschäfte unter die Gemeinderatsmitglieder (Art. 46 I 2 GO),
5. die Wahlen (Art. 51 III und IV GO),
6. Angelegenheiten der örtlichen Feuerwehr und des örtlichen Feuerwehrwesens,
7. die Beschlussfassung über Angelegenheiten, zu deren Erledigung die Gemeinde der Genehmigung bedarf,
8. den Erlass, die Änderung und die Aufhebung von Satzungen und Verordnungen; ausgenommen alle Bebauungspläne ab dem Zeitpunkt nach dem Aufstellungsbeschluss durch den Gemeinderat und alle sonstigen Satzungen nach den Vorschriften des Ersten Kapitels des Baugesetzbuchs sowie alle örtlichen Bauvorschriften im Sinn des Art. 81 BayBO, auch in den Fällen des Art. 81 II BayBO,
9. die Beschlussfassung über die allgemeine Regelung der Bezüge der Gemeindebediensteten und über beamten-, besoldungs-, versorgungs- und disziplinarrechtliche Angelegenheiten der Bürgermeister und der berufsmäßigen Gemeinderatsmitglieder, soweit nicht das Gesetz über kommunale Wahlbeamte oder das Bayerische Disziplinargesetz etwas anderes bestimmen,

10. die Beschlussfassung über die Haushaltssatzung und über die Nachtragshaushaltssatzungen (Art. 65 und 68 GO),
11. die Beschlussfassung über den Finanzplan (Art. 70 GO),
12. die Bestellung und die Abberufung des Rechnungsprüfungsausschusses,

...

17. die Entscheidung über die Zulässigkeit eines Bürgerbegehrens (Art. 18a VIII GO) und die Durchführung eines Bürgerentscheids (Art. 18a II, X GO),
18. die allgemeine Festsetzung von Gebühren, Tarifen und Entgelten,
19. die Entscheidung über Ernennung, Beförderung, Abordnung, Versetzung, Zuweisung an eine Einrichtung, Ruhestandsversetzung und Entlassung der Beamten ab Besoldungsgruppe A 9, soweit diese Befugnisse nicht auf einen Ausschuss übertragen sind,
20. die Entscheidung über Einstellung, Höhergruppierung, Abordnung, Versetzung, Zuweisung an einen Dritten, Beschäftigung mittels Personalgestellung und Entlassung der Arbeitnehmer ab Entgeltgruppe 10 TVöD oder ab einem entsprechenden Entgelt, soweit diese Befugnisse nicht auf einen Ausschuss übertragen sind,
21. die grundsätzlichen Angelegenheiten gemeindlicher Planungen, zB der Flächennutzungsplanung, der Ortsplanung, der Landschaftsplanung und der Landesplanung, der Gewässerplanung und gemeindeübergreifender Planungen und Projekte, ausgenommen die ausdrücklich auf Ausschüsse übertragenen Angelegenheiten,

...

II. Die Gemeinderatsmitglieder

§ 3 Rechtsstellung der ehrenamtlichen Gemeinderatsmitglieder, Befugnisse

(1) Gemeinderatsmitglieder üben ihre Tätigkeit nach ihrer freien, nur durch die Rücksicht auf das öffentliche Wohl bestimmten Überzeugung aus und sind an Aufträge nicht gebunden.

...

§ 5 Fraktionen, Ausschussgemeinschaften

(1) [1]Gemeinderatsmitglieder können sich zur Erreichung gemeinsamer Ziele zu Fraktionen zusammenschließen. [2]Eine Fraktion muss mindestens zwei Mitglieder haben. [3]Die Bildung und Bezeichnung der Fraktionen sowie deren Vorsitzende und ihre Stellvertreter sind dem ersten Bürgermeister mitzuteilen; dieser unterrichtet den Gemeinderat.

...

III. Die Ausschüsse

1. Allgemeines

§ 7 Bildung, Vorsitz, Auflösung

(1) [1]In den Ausschüssen nach § 2 der Satzung zur Regelung von Fragen des örtlichen Gemeindeverfassungsrechts sind die den Gemeinderat bildenden Fraktionen und Gruppen unter Berücksichtigung von Ausschussgemeinschaften gemäß ihren Vorschlägen nach dem Verhältnis ihrer Stärke vertreten (Art. 33 I GO).

...

(4) Der Gemeinderat kann Ausschüsse jederzeit auflösen (Art. 32 V GO); das gilt nicht für Ausschüsse, die gesetzlich vorgeschrieben sind.

2. Aufgaben der Ausschüsse

§ 9 Beschließende Ausschüsse

(1) Beschließende Ausschüsse erledigen die ihnen übertragenen Angelegenheiten selbstständig anstelle des Gemeinderats.

(2) [1]Die Entscheidungen beschließender Ausschüsse stehen unbeschadet Art. 88 GO unter dem Vorbehalt der Nachprüfung durch den Gemeinderat. [2]Eine Nachprüfung muss nach Art. 32 III GO erfolgen, wenn der erste Bürgermeister oder sein Stellvertreter im Ausschuss, ein Drittel der stimmberechtigten Ausschussmitglieder oder ein Viertel der Gemeinderatsmitglieder die Nachprüfung durch den Gemeinderat beantragt. [3]Der Antrag muss schriftlich, spätestens am siebten Tag nach der Ausschusssitzung beim ersten Bürgermeister eingehen. [4]Soweit Beschlüsse die Rechte Dritter berühren, werden sie erst nach Ablauf einer Frist von einer Woche wirksam.

(3) Die beschließenden Ausschüsse haben im Einzelnen folgende Aufgabenbereiche:

1. Finanz- und Personalausschuss:

a) …
b) Personalangelegenheiten der gemeindlichen Beamten ab Besoldungsgruppe A 9 (3. Qualifikationsebene) und Arbeitnehmer ab Entgeltgruppe 10 TVöD mit Ausnahme der Bürgermeister und der berufsmäßigen Gemeinderatsmitglieder; die Befugnisse nach Art. 43 I 1 GO werden insoweit hiermit vom Gemeinderat übertragen (Art. 43 I 2 GO)
c) Personalentscheidungen, zu denen die Gemeinde in sonstiger Weise berufen ist, zB Bestätigung des Feuerwehrkommandanten, Vorschlag von Schöffen usw.
d) Angelegenheiten der öffentlichen Sicherheit und Ordnung
e) Angelegenheiten in Bezug auf die öffentlichen Einrichtungen
…

soweit nicht der erste Bürgermeister selbstständig entscheidet.

2. Haupt- und Bauausschuss:

a) Erlass, Änderung und Aufhebung von Bebauungsplänen und sonstigen Satzungen nach den Vorschriften des Baugesetzbuchs und der Bayerischen Bauordnung
b) Erteilung des gemeindlichen Einvernehmens, sonstige Zustimmungen zu Bauvorhaben
c) Entscheidungen bei Bauleistungen mit finanziellen Auswirkungen für die Gemeinde, insbesondere der Abschluss von Verträgen und sonstiger Rechtsgeschäfte sowie die Wahrnehmung von Rechten und Pflichten der Gemeinde, bis zu einer Wertgrenze von 400.000 EUR
d) Wahrnehmung der Beteiligtenrechte in Raumordnungs- und Planfeststellungsverfahren sowie in der Bauleitplanung anderer Gemeinden
e) Ausübung von Vorkaufsrechten
f) Umlegungsverfahren, Grenzregelungsverfahren
g) Abschluss von städtebaulichen Verträgen und Erschließungsverträgen
h) Entscheidungen über Widmungen, Einziehungen und Umstufungen nach Straßen- und Wegegesetz

soweit nicht der erste Bürgermeister selbstständig entscheidet.

3. Umwelt-, Energie- und Verkehrsausschuss

…

4. Bildungs-, Kultur-, Sozial-, Jugend-, Senioren- und Sportausschuss

…

(4) Ein Ferienausschuss wird nicht eingerichtet, eine Ferienzeit ist nicht vorgesehen (Art. 32 IV GO).

IV. Der erste Bürgermeister

1. Aufgaben

§ 11 Vorsitz im Gemeinderat

(1) [1]Der erste Bürgermeister führt den Vorsitz im Gemeinderat (Art. 36 GO). [2]Er bereitet die Beratungsgegenstände vor und beruft die Sitzungen ein (Art. 46 II GO). [3]In den Sitzungen leitet er die Beratung und die Abstimmung, handhabt die Ordnung und übt das Hausrecht aus (Art. 53 I GO).

(2) [1]Hält der erste Bürgermeister Entscheidungen des Gemeinderats oder eines beschließenden Ausschusses für rechtswidrig, verständigt er den Gemeinderat oder den Ausschuss von seiner Auffassung und setzt den Vollzug vorläufig aus. [2]Wird die Entscheidung aufrechterhalten, führt er die Entscheidung der Rechtsaufsichtsbehörde herbei (Art. 59 II GO).

§ 12 Leitung der Gemeindeverwaltung, Allgemeines

(1) [1]Der erste Bürgermeister leitet und verteilt im Rahmen der Geschäftsordnung die Geschäfte (Art. 46 I GO). …

(2) [1]Der erste Bürgermeister vollzieht die Beschlüsse des Gemeinderats und seiner Ausschüsse (Art. 36 GO). [2]Über Hinderungsgründe unterrichtet er den Gemeinderat oder den Ausschuss unverzüglich.

(3) Der erste Bürgermeister führt die Dienstaufsicht über die Beamten und Beschäftigten der Gemeinde und übt die Befugnisse des Dienstvorgesetzten gegenüber den Gemeindebeamten aus (Art. 37 IV, Art. 43 III GO).

(4) …

§ 13 Einzelne Aufgaben

(1) Der erste Bürgermeister erledigt in eigener Zuständigkeit

1. die laufenden Angelegenheiten, die für die Gemeinde keine grundsätzliche Bedeutung haben und keine erheblichen Verpflichtungen erwarten lassen (Art. 37 I 1 Nr. 1 GO),
2. die den Gemeinden durch ein Bundesgesetz oder aufgrund eines Bundesgesetzes übertragenen hoheitlichen Aufgaben in Angelegenheiten der Verteidigung einschließlich des Wehrersatzwesens und des Schutzes der Zivilbevölkerung, soweit nicht für haushalts- oder personalrechtliche Entscheidungen der Gemeinderat zuständig ist (Art. 37 I 1 Nr. 2 GO),
3. die Angelegenheiten, die im Interesse der Sicherheit der Bundesrepublik oder eines ihrer Länder geheim zu halten sind (Art. 37 I 1 Nr. 3 GO),
4. die ihm vom Gemeinderat nach Art. 37 II 1 GO übertragenen Angelegenheiten,
5. die Entscheidungen über die Ernennung, Beförderung, Abordnung, Versetzung, Zuweisung an eine Einrichtung, Ruhestandsversetzung und Entlassung von Beamten bis zur Besoldungsgruppe A 8,
6. die Entscheidung über die Einstellung, Höhergruppierung, Abordnung, Versetzung, Zuweisung an einen Dritten, Beschäftigung mittels Personalgestellung und Entlassung von Arbeitnehmern bis zur EntGr. 9 TVöD,
7. dringliche Anordnungen und unaufschiebbare Geschäfte (Art. 37 III GO),
8. die Aufgaben als Vorsitzender des Verwaltungsrats selbstständiger Kommunalunternehmen des öffentlichen Rechts (Art. 90 III 2 GO),
9. die Vertretung der Gemeinde in Unternehmen in Privatrechtsform (Art. 93 I GO).

(2) Zu den Aufgaben des ersten Bürgermeisters gehören insbesondere auch:

1. in Personalangelegenheiten:

a) der Vollzug zwingender gesetzlicher oder tarifrechtlicher Vorschriften,
b) die Genehmigung von Nebentätigkeiten.

…

(4) Soweit die Aufgaben nach den Absätzen 1 und 2 nicht unter Art. 37 I 1 GO fallen, werden sie hiermit dem ersten Bürgermeister gem. Art. 37 II, Art. 43 II GO zur selbstständigen Erledigung übertragen.

B. Der Geschäftsgang

I. Allgemeines

§ 18 Verantwortung für den Geschäftsgang

(1) [1]Gemeinderat und erster Bürgermeister sorgen für den ordnungsgemäßen Gang der Geschäfte, insbesondere für den Vollzug der gesetzlichen Vorschriften im eigenen und im übertragenen Wirkungskreis und für die Durchführung der gesetzmäßigen Anordnungen und Weisungen der Staatsbehörden. [2]Sie schaffen die dazu erforderlichen Einrichtungen (Art. 56 II, Art. 59 I GO).

(2) [1]Eingaben und Beschwerden der Gemeindeeinwohner an den Gemeinderat (Art. 56 III GO) werden durch die Verwaltung vorbehandelt und sodann dem Gemeinderat oder dem zuständigen beschließenden Ausschuss vorgelegt. [2]Eingaben, die in den Zuständigkeitsbereich des ersten Bürgermeisters fallen, erledigt dieser in eigener Zuständigkeit; in bedeutenden Angelegenheiten unterrichtet er den Gemeinderat.

§ 19 Sitzungen, Beschlussfähigkeit

(1) [1]Der Gemeinderat beschließt in Sitzungen (Art. 47 I GO). [2]Eine Beschlussfassung durch mündliche Befragung außerhalb der Sitzungen oder im Umlaufverfahren ist ausgeschlossen.

(2) Der Gemeinderat ist beschlussfähig, wenn sämtliche Mitglieder ordnungsgemäß geladen sind und die Mehrheit der Mitglieder anwesend und stimmberechtigt ist (Art. 47 II GO).

…

§ 20 Öffentliche Sitzungen

(1) Die Sitzungen des Gemeinderats sind öffentlich, soweit nicht Rücksichten auf das Wohl der Allgemeinheit oder auf berechtigte Ansprüche Einzelner entgegenstehen (Art. 52 II GO).

(2) [1]Die öffentlichen Sitzungen des Gemeinderats sind allgemein zugänglich, soweit der für Zuhörer bestimmte Raum ausreicht. …

§ 21 Nichtöffentliche Sitzungen

(1) [1]In nichtöffentlicher Sitzung werden in der Regel behandelt:

1. Personalangelegenheiten in Einzelfällen,
2. Rechtsgeschäfte in Grundstücksangelegenheiten,
3. Angelegenheiten, die dem Sozial- oder Steuergeheimnis unterliegen.

[2]Außerdem werden in nichtöffentlicher Sitzung behandelt:

1. Angelegenheiten des übertragenen Wirkungskreises, deren nichtöffentliche Behandlung im Einzelfall von der Aufsichtsbehörde verfügt ist,
2. sonstige Angelegenheiten, deren Geheimhaltung durch Gesetz vorgeschrieben oder nach der Natur der Sache erforderlich ist.

(2) Die in nichtöffentlicher Sitzung gefassten Beschlüsse gibt der erste Bürgermeister der Öffentlichkeit bekannt, sobald die Gründe für die Geheimhaltung weggefallen sind (Art. 52 III GO).

II. Vorbereitung der Sitzungen

§ 22 Einberufung

(1) [1]Der erste Bürgermeister beruft die Gemeinderatssitzungen ein, wenn die Geschäftslage es erfordert oder wenn ein Viertel der Gemeinderatsmitglieder es schriftlich unter Bezeichnung

des Beratungsgegenstandes beantragt. [2]Nach Beginn der Wahlzeit oder wenn ein Viertel der Gemeinderatsmitglieder es schriftlich beantragt beruft er die Gemeinderatssitzung so rechtzeitig ein, dass die Sitzung spätestens am 14. Tag nach Beginn der Wahlzeit oder nach Eingang des Verlangens bei ihm stattfinden kann.

(2) [1]Die Sitzungen finden im Sitzungssaal des Rathauses Berg statt; sie beginnen regelmäßig um 19.00 Uhr. Sitzungstag für die Gemeinderatssitzungen ist in der Regel der Donnerstag. [2]In der Einladung (§ 24) kann im Einzelfall etwas anderes bestimmt werden.

§ 23 Tagesordnung

(1) [1]Der erste Bürgermeister setzt die Tagesordnung fest. [2]Rechtzeitig eingegangene Anträge von Gemeinderatsmitgliedern setzt der erste Bürgermeister möglichst auf die Tagesordnung der nächsten Sitzung. [3]Ist das nicht möglich, sind die Anträge in jedem Fall innerhalb von 3 Monaten auf die Tagesordnung einer Gemeinderatssitzung zu setzen.

(2) [1]In der Tagesordnung sind die Beratungsgegenstände einzeln und inhaltlich konkretisiert zu benennen, damit es den Gemeinderatsmitgliedern ermöglicht wird, sich auf die Behandlung der jeweiligen Gegenstände vorzubereiten. [2]Das gilt sowohl für öffentliche als auch für nichtöffentliche Gemeinderatssitzungen.

(3) [1]Die Tagesordnung für öffentliche Sitzungen ist jeweils unter Angabe von Ort und Zeit der Sitzung spätestens am 3. Tag vor der Sitzung ortsüblich bekannt zu machen (Art. 52 I GO). [2]Die Tagesordnung nichtöffentlicher Sitzungen wird nicht bekannt gemacht.

§ 24 Form und Frist für die Einladung

(1) [1]Die Gemeinderatsmitglieder werden schriftlich unter Beifügung der Tagesordnung zu den Sitzungen eingeladen. [2]Die Tagesordnung kann bis spätestens zum Ablauf des 3. Tages vor der Sitzung ergänzt werden. [3]Der Tagesordnung sollen weitere Unterlagen, insbesondere Beschlussvorlagen, beigefügt werden, wenn und soweit das sachdienlich ist.

(2) [1]Die Ladungsfrist beträgt sechs Tage; sie kann in dringenden Fällen auf 3 Tage verkürzt werden. [2]Der Sitzungstag und der Tag des Zugangs der Ladung werden bei der Berechnung der Frist nicht mitgerechnet.

§ 25 Anträge

(1) [1]Anträge, die in einer Sitzung behandelt werden sollen, sind schriftlich zu stellen und ausreichend zu begründen. [2]Eine elektronische Übermittlung per E-Mail ist nicht zulässig. [3]Anträge sollen spätestens bis zum 14. Tag vor der Sitzung beim ersten Bürgermeister eingereicht werden.

(2) Verspätet eingehende oder erst unmittelbar vor oder während der Sitzung gestellte Anträge können nachträglich in die Tagesordnung aufgenommen werden, wenn

1. die Angelegenheit dringlich ist und der Gemeinderat der Behandlung mehrheitlich zustimmt oder
2. sämtliche Mitglieder des Gemeinderats anwesend sind und kein Mitglied der Behandlung widerspricht.

(3) Anträge zur Geschäftsordnung oder einfache Sachanträge, zB Nichtbefassungsanträge, Zurückziehung eines Antrags, Änderungsanträge uÄ, können auch während der Sitzung und ohne Beachtung der Form gestellt werden.

…

C. Schlussbestimmungen

§ 39 Inkrafttreten

Diese Geschäftsordnung tritt mit Wirkung vom 30. Juli 2020 in Kraft.

Berg, den 30. Juli 2020

Bernd Blocker
1. Bürgermeister

Bearbeitervermerk:

Die Entscheidung(en) des Landratsamtes Starnberg ist/sind zu entwerfen. Die Sachdarstellung und die Rechtsmittelbelehrung sind erlassen.

Zustellungen, Vollmachten und sonstige Formalien sind in Ordnung, soweit sich aus dem Text nichts anderes ergibt. Wenn das Ergebnis der bisherigen Ermittlungen nach Ansicht des Bearbeiters zu einer Entscheidung nicht ausreicht, ist zu unterstellen, dass trotz Wahrnehmung des Amtsermittlungsgrundsatzes keine weitere Sachaufklärung zu erzielen war.

Soweit in den Gründen ein Eingehen auf alle berührten Rechtsfragen nicht erforderlich erscheint, sind diese in einem Hilfsgutachten zu erörtern.

Auf europarechtliche Probleme ist nicht einzugehen; etwaiges Sekundärrecht ist nicht anzuwenden. Auf § 19[2], § 20[3] und § 20a[4] Tabakerzeugnisgesetz – TabakerzG – wird hingewiesen. Andere Normen des TabakerzG sind nicht anzuwenden.

Bei der Gemeinde Berg handelt es sich um eine kreisangehörige Gemeinde.

---

2 **Die Norm lautet wie folgt:** „§ 19 Verbot der Hörfunkwerbung, der Werbung in Druckerzeugnissen und in Diensten der Informationsgesellschaft, Verbot des Sponsorings
(1) Es ist verboten, für Tabakerzeugnisse, elektronische Zigaretten oder Nachfüllbehälter im Hörfunk zu werben.
(2) Es ist verboten, für Tabakerzeugnisse, elektronische Zigaretten oder Nachfüllbehälter in der Presse oder in einer anderen gedruckten Veröffentlichung zu werben. Abweichend von Satz 1 darf in einer gedruckten Veröffentlichung geworben werden,
1. die ausschließlich für im Handel mit Tabakerzeugnissen oder elektronischen Zigaretten oder Nachfüllbehältern tätige Personen bestimmt ist,
2. die in einem Staat, der kein Mitgliedstaat der Europäischen Union ist, gedruckt und herausgegeben wird, sofern diese Veröffentlichung nicht hauptsächlich für den Markt in der Europäischen Union bestimmt ist.
(3) Absatz 2 gilt für die Werbung in Diensten der Informationsgesellschaft entsprechend.
(4) Es ist verboten, Hörfunkprogramme zur Förderung des Verkaufs von Tabakerzeugnissen, elektronischen Zigaretten oder Nachfüllbehältern zu sponsern.
(5) Es ist verboten, eine Veranstaltung oder Aktivität mit dem Ziel oder der direkten oder indirekten Wirkung zu sponsern, den Verkauf von Tabakerzeugnissen, elektronischen Zigaretten oder Nachfüllbehältern zu fördern, wenn
1. an der Veranstaltung oder Aktivität mehrere Mitgliedstaaten der Europäischen Union beteiligt sind,
2. die Veranstaltung oder Aktivität in mehreren Mitgliedstaaten der Europäischen Union stattfindet oder
3. die Veranstaltung oder Aktivität eine sonstige grenzüberschreitende Wirkung hat."

3 **Die Norm lautet wie folgt:** „§ 20 Verbot der audiovisuellen kommerziellen Kommunikation
Es ist verboten, audiovisuelle kommerzielle Kommunikation (scil = Fernsehen und audiovisuelle Abrufmedien) im Sinne des Artikels 1 Absatz 1 Buchstabe h der Richtlinie 2010/13/EU des Europäischen Parlaments und des Rates vom 10. März 2010 zur Koordinierung bestimmter Rechts- und Verwaltungsvorschriften der Mitgliedstaaten über die Bereitstellung audiovisueller Mediendienste (Richtlinie über audiovisuelle Mediendienste) (ABl. L 95 vom 15.4.2010, S. 1), die durch die Richtlinie (EU) 2018/1808 (ABl. L 303 vom 28.11.2018, S. 69) geändert worden ist, für Tabakerzeugnisse, elektronische Zigaretten oder Nachfüllbehälter oder zugunsten von Unternehmen, deren Haupttätigkeit die Herstellung oder der Verkauf dieser Erzeugnisse ist, zu betreiben.."

4 **Die Norm lautet wie folgt:** „§ 20a Verbot der Außenwerbung
Es ist verboten, Außenwerbung für Tabakerzeugnisse, elektronische Zigaretten oder Nachfüllbehälter zu betreiben. Satz 1 gilt nicht für Werbung an Außenflächen einschließlich dazugehöriger Fensterflächen von Geschäftsräumen des Fachhandels."

Lösungsvorschlag

I. Vorüberlegungen

1 Im vorliegenden Fall verlangt die Rechtsanwältin Rauhbein ein kommunalaufsichtsrechtliches Einschreiten unter zwei Gesichtspunkten:

1. Nichtbehandlung der Tagesordnungspunkte 1 bis 5 in der Sitzung vom 13.1.2022;
2. Nichteinberufung einer Sondersitzung durch den 1. Bürgermeister mit den Tagesordnungspunkten 1 bis 5 sowie dem per E- Mail „nachgemeldeten“ Punkt 6.

Ferner wünscht sie einen rechtsmittelfähigen Bescheid, wenn das Landratsamt von einem Einschreiten absehen sollte.

2 Zu klären ist damit zunächst, ob Bürgermeister Blocker verpflichtet war, die Tagesordnungspunkte 1–5 am 13.1.2022 noch zur Beratung und Abstimmung zu stellen bzw. aufgrund des Antrages der „Freien Bürger Berg“ (FBB) eine Sondersitzung des Gemeinderates einzuberufen. Blocker hatte das abgelehnt und in seiner Stellungnahme vom 24.2.2022 darauf verwiesen, dass er nach der Gemeindeordnung als Bürgermeister das Recht habe, zu prüfen, welche Gegenstände auf die Tagesordnung einer Gemeinderatssitzung zu nehmen sind und ob es einer Sondersitzung bedarf. Er ist also der Meinung, ein formelles und materielles Vorprüfungsrecht zu besitzen. Irrt er mit dieser Annahme, dann ist ein kommunalaufsichtsrechtliches Einschreiten veranlasst, andernfalls nur dann, wenn er mit seiner rechtlichen Wertung falsch liegt.

3 Das Recht des ersten Bürgermeisters, den Stadtrat einzuberufen (Art. 46 II 2 GO), ist in der Gemeindeordnung dem Abschnitt Geschäftsgang zugeordnet und hat dienende Funktion. Ein Vorprüfungsrecht des ersten Bürgermeisters kann im Hinblick auf den hohen Stellenwert des Antragsrechts der Gemeinderatsmitglieder daher nur in formeller Hinsicht bestehen; ein allgemeines materielles Vorprüfungsrecht steht ihm grundsätzlich nicht zu (zu weiteren Einzelheiten s. unter Punkt II.).[5] Dementsprechend durfte Blocker nur prüfen, ob die Anträge der FBB formal den nach der Gemeindeordnung bzw. den in der Geschäftsordnung[6] normierten Anforderungen entsprachen. Inhaltlich durfte er sich mit diesen nicht auseinandersetzen. Da er dies – nach seiner eigenen Einlassung – hier dennoch tat, erscheint zumindest ein teilweises kommunalaufsichtsrechtliches Einschreiten in Bezug auf die Sachbehandlung der verschiedenen Anträge der FBB veranlasst (zu Einzelheiten s. unter II.).

Exkurs: Maßnahmen der Kommunalaufsicht und Rechtsschutz[7]

4 Im Kommunalrecht stellen sich – auch und gerade in Klausuren – häufig Probleme im Hinblick auf aufsichtsrechtliche Maßnahmen und den möglichen Rechtsschutz gegenüber solchen. Um die Bearbeitung solcher Fallgestaltungen zu vereinfachen, sollen im Folgenden die Grundstrukturen des Bayer. Kommunalaufsichtsrechts erläutert werden.

5 **1.** Bevor die Frage geklärt werden kann, welche Rechtsbehelfe gegen aufsichtliche Maßnahmen gegeben sind, muss zunächst der Frage nachgegangen werden, wer überhaupt um Rechtsschutz nachsuchen kann. Die Antwort hierauf ist vergleichsweise einfach: Das ist zum einen die Gebietskörperschaft (Gemeinde, Landkreis, Bezirk), der gegenüber die aufsichtliche Maßnahme ergeht, zum anderen aber

5 VGH München BayVBl. 2012, 340 Rn. 9; BBEK BayKommG BayGO Art. 46 Rn. 8 mwN; ferner VGH Kassel NVwZ 2019, 581 für den Vorsitzenden des Kreistages (das ist in Bayern der Landrat).

6 **Beachte:** Nach VGH München BayVBl. 2021, 273 Rn. 20, gilt die Geschäftsordnung immer nur für die jeweilige Wahlperiode und muss nach einer Kommunalwahl vom neu konstituierten Gemeinderat neu beschlossen werden.

7 S. hierzu auch BHKM BayÖffR/Becker Teil 2 Rn. 508 ff.

auch der Bürger, der von der aufsichtlichen Maßnahme unmittelbar oder mittelbar betroffen wird, im Einzelfall aber auch der Bürgermeister.[8]

2. Weitere Vorfrage ist die nach dem Aufgabenbereich, in dem die betroffene Gebietskörperschaft tätig geworden ist: Ist dies der eigene oder ist es der übertragene Wirkungskreis? Hiermit korrespondieren nicht nur die entsprechenden Aufsichtsmittel, sondern hieraus ergibt sich auch die Zuständigkeit der Aufsichtsbehörde. Zu beachten ist in diesem Zusammenhang, dass es grob fehlerhaft wäre, von der handelnden Aufsichtsbehörde auf den Wirkungskreis, in dem die betroffene Gebietskörperschaft gehandelt hat, zu schließen. **Vielmehr ist umgekehrt zu verfahren:** Welche Aufgabe hat die betroffene Gebietskörperschaft wahrgenommen; in welchen Wirkungskreis (eigener oder übertragener) fällt diese Aufgabe; welche Aufsichtsmittel sind insofern gegeben; Welche Behörde ist hierfür die zuständige Aufsichtsbehörde?[9] Nur durch eine derartige Prüfung lassen sich schon im Vorfeld der Fallbearbeitung gravierende Fehler vermeiden. 6

3. Ausgangspunkt jeder Prüfung kommunaler Aufsichtsmaßnahmen ist nach dem soeben Ausgeführten die Bestimmung des Wirkungskreises, in dem die Gebietskörperschaft tätig geworden ist.[10] Für den in Klausuren am häufigsten vorkommenden Fall des Handelns einer Gemeinde[11] ergibt sich die Einordnung einer entsprechenden Aufgabe aus Art. 22 II BayGO (iVm Art. 83 I BV), Art. 7, 57 BayGO für den eigenen, und aus Art. 8, 58 BayGO für den übertragenen Wirkungskreis. Bereits auf dieser Ebene können die ersten Probleme entstehen, wenn es darum geht, eine Maßnahme einem bestimmten Wirkungskreis zuzuordnen. Beispielhaft sei hier die Unterbringung von Obdachlosen genannt. Nach ganz hM handelt es sich beim Vollzug des Sicherheitsrechts um übertragenes Recht, mithin um Aufgaben, die dem übertragenen Wirkungskreis zuzuordnen sind. Der BayVGH geht jedoch unter dem Blickwinkel des Art. 83 I BV und der dort zu findenden Zuweisung der „örtlichen Polizei“ zum eigenen Wirkungskreis der Gemeinden davon aus, dass es sich bei der Obdachlosenunterbringung um eine auf den örtlichen Sicherheitsbereich beschränkte Störung handelt, womit eine Aufgabe vorliege, die von den Gemeinden im eigenen Wirkungskreis wahrgenommen werde.[12] 7

4. Steht der Wirkungskreis, in dem die Gemeinde tätig geworden ist, fest, so ergeben sich hieraus unmittelbar die Qualifikation als Rechts- oder Fachaufsicht, die entsprechenden Aufsichtsmittel sowie die zuständigen Aufsichtsbehörden. 8

a) Rechtsaufsicht[13]

Im **eigenen Wirkungskreis** unterliegen die Gemeinden der Rechtsaufsicht (vgl. auch Art. 83 IV 1 und 2 BV). Die Rechtsaufsicht ist dabei das Korrektiv zum gemeindlichen Selbstverwaltungsrecht aus Art. 28 II 1 GG, dh, wenn der Staat hier aufsichtlich tätig wird, so nicht als Vormund über unmündige Gemeinden, sondern zur Wahrung der Gesetzmäßigkeit des Handelns und der Interessen des Staatsganzen gegenüber Sonderinteressen einzelner Kommunen.[14] Die Rechtsaufsicht beschränkt sich darauf, die Erfüllung der gesetzlich festgelegten und übernommenen öffentlich-rechtlichen Aufgaben und Verpflichtungen der Kommunen und die Gesetzmäßigkeit ihrer Verwaltungstätigkeit zu überwachen.[15] Im Rahmen der Rechtsaufsicht haben die Aufsichtsbehörden die Möglichkeit, sich gem. Art. 111 BayGO[16] zu informieren, nach Art. 112 BayGO[17] Maßnahmen der Gemeinde zu beanstanden, über Art. 113 BayGO[18] gegebenenfalls eine von der Gemeinde nicht vorgenommene, aber beanstandete Maßnahme selbst vorzunehmen sowie unter den Voraussetzungen des Art. 114 BayGO[19] einen Beauftragten zu bestellen. Nach dem Prinzip des geringstmöglichen Eingriffs sind die Aufsichtsmittel 9

8 Vgl. etwa VGH München BayVBl. 2012, 340 für eine kommunalaufsichtsrechtliche Beanstandung der Nichteinberufung einer Gemeinderatssitzung; **aA** OVG Lüneburg NVwZ 2018, 1236, wonach bei einer kommunalaufsichtsrechtlichen Beanstandung gegenüber der Kommune nur diese selbst und nicht auch das Organ, das den beanstandeten Beschluss gefasst hat, klagebefugt ist.

9 Geradezu lehrbuchartig VGH München Urt. v. 16.8.1993 – 26 B 92.942.

10 S. auch Windthorst/Weißenberger BayVBl. 2012, 56 (62).

11 Für die Landkreise ergibt sich eine entsprechende Verteilung nach Art. 5, 51 und Art. 6, 53 BayLKrO, für die Bezirke aus Art. 5, 48 und Art. 6, 50 BayBezO.

12 ZB VGH München BayVBl. 1984, 116; VGH München BeckRS 1998, 19356; ferner VG Würzburg BeckRS 2020, 30656 Rn. 24; VG Ansbach BeckRS 2020, 30776 Rn. 13.

13 S. hierzu etwa Schoch JURA 2006, 188.

14 Knemeyer JuS 2000, 521 (522).

15 Knemeyer JuS 2000, 521 (523).

16 Informationsrecht: gegenüber Landkreis, Art. 97 BayLKrO; gegenüber Bezirk, Art. 93 BayBezO.

17 Beanstandungsrecht: gegenüber Landkreis, Art. 98 BayLKrO; gegenüber Bezirk, Art. 94 BayBezO.

18 Ersatzvornahmerecht: gegenüber Landkreis, Art. 99 BayLKrO; gegenüber Bezirk, Art. 95 BayBezO.

19 Bestellung eines Beauftragten: gegenüber Landkreis, Art. 100 BayLKrO; gegenüber Bezirk, Art. 96 BayBezO.

dabei gestaffelt einzusetzen, dh zunächst Information, dann gegebenenfalls Beanstandung, dann Ersatzvornahme und erst zuletzt die Bestellung eines Beauftragten.[20] Bei ihren Handlungen hat die Aufsichtsbehörde zudem die Beschränkung des Art. 109 I BayGO[21] zu beachten, dh, sie ist auf eine reine Rechtskontrolle beschränkt, kann Zweckmäßigkeitserwägungen nicht nachprüfen und kann ihr Ermessen nicht an die Stelle der Gemeinde setzen. Das heißt aber nicht, dass sie nicht eine Ermessensentscheidung der Gemeinde auf etwaige Ermessensfehler hin überprüfen könnte, denn insoweit handelt es sich auch um „Rechtskontrolle".

10 Art. 110 BayGO[22] regelt schließlich die Zuständigkeit. Gegenüber kreisangehörigen Gemeinden ist das staatliche Landratsamt Rechtsaufsichtsbehörde.

b) Fachaufsicht[23]

11 Im übertragenen Wirkungskreis unterliegen die Gemeinden der **Fachaufsicht**. Unter Fachaufsicht wird dabei die Aufsicht über die Wahrnehmung der übertragenen Angelegenheiten verstanden. Sie ist zu unterscheiden von der innerdienstlichen und der innerhierarchischen – insbesondere im Rahmen des dreigliedrigen Staatsaufbaus – Aufsicht.[24] Im Rahmen der Fachaufsicht können die Aufsichtsbehörden sich ebenfalls informieren (Art. 116 I 1 iVm Art. 111 BayGO)[25] und sie können den Gemeinden nach Art. 116 I 2 BayGO[26] Weisungen erteilen. Aus dem Recht, Weisungen erteilen zu können, wird allgemein auch die Befugnis der Fachaufsichtsbehörde – als Minus hierzu – hergeleitet, Maßnahmen der Gemeinde analog Art. 112 BayGO zu beanstanden. Weitere Aufsichtsmittel stehen der Fachaufsichtsbehörde grundsätzlich nicht zur Verfügung. Ein Recht zur Ersatzvornahme hat sie daher nicht. Vielmehr muss sich die Fachaufsichtsbehörde zur Durchsetzung ihrer Weisungen an die Rechtsaufsichtsbehörde wenden, die gem. Art. 116 II 1 BayGO[27] verpflichtet ist, die Weisung gegebenenfalls im Wege der Ersatzvornahme durchzusetzen. Die Ersatzvornahme ist aber eine Maßnahme der Rechtsaufsichtsbehörde, nicht eine solche der Fachaufsichtsbehörde.[28]

12 Die Fachaufsichtsbehörde prüft neben der Rechtmäßigkeit einer Verwaltungsmaßnahme grundsätzlich auch deren Zweckmäßigkeit. Allerdings unterliegt sie bei der Erteilung von Weisungen der Beschränkung des Art. 109 II 2 BayGO,[29] dh, im Unterschied zur Rechtsaufsichtsbehörde kann die Fachaufsichtsbehörde zwar in das Verwaltungsermessen der Gemeinde eingreifen, aber nur in den in Art. 109 II 2 BayGO genannten Fällen.

13 Aus Art. 115 BayGO[30] ergibt sich die Zuständigkeit; im Regelfall (kreisangehörige Gemeinde) wird die Rechtsaufsichtsbehörde auch Fachaufsichtsbehörde sein (Art. 115 I 2 iVm Art. 110 S. 1 BayGO).

5. Rechtsschutz gegen aufsichtliche Maßnahmen

a) Im eigenen Wirkungskreis

aa) Informationsrecht, Art. 111 BayGO[31]

14 Nach hM[32] handelt es sich bei der Wahrnehmung des Informationsrechts (zB durch Teilnahme an Gemeinderatssitzungen, mündliche oder schriftliche Anfragen, Verlangen nach Aktenvorlage etc.)[33]

---

20 Knemeyer JuS 2000, 521 (523); s. auch Shirvani BayVBl. 2009, 137 (138).

21 S. auch Art. 95 I BayLKrO bzw. Art. 91 BayBezO.

22 Bei Landkreisen, Art. 96 BayLKrO: grundsätzlich Regierung; bei Bezirken, Art. 92 BayBezO: Staatsministerium des Innern, für Sport und Integration.

23 S. hierzu etwa Schoch JURA 2006, 358.

24 Knemeyer JuS 2000, 521 (524).

25 Informationsrecht: bei Landkreisen, Art. 102 I 1 iVm Art. 97 BayLKrO; bei Bezirken, Art. 98 I 1 iVm Art. 93 BayBezO.

26 Weisungsrecht: bei Landkreisen, Art. 102 I 2 BayLKrO; bei Bezirken, Art. 98 I 2 BayBezO.

27 Bei Landkreisen, Art. 102 II BayLKrO; bei Bezirken, Art. 98 II BayBezO.

28 Das ist freilich nicht unumstritten, entspricht aber hM; vgl. BBEK BayKommG BayGO Art. 116 Rn. 11; Hölzl/Hien/Huber BayGO Art. 116 Anm. 3; BHKM BayÖffR/Becker Teil 2 Rn. 551; für diese Auffassung spricht insbesondere der im Hinblick auf Art. 109 I BayGO weitergehende Rechtsschutz der Gemeinde gegenüber rechtsaufsichtlichen Maßnahmen als gegenüber fachaufsichtlichen.

29 Beschränkung: bei Landkreisen, Art. 95 II 2 BayLKrO; bei Bezirken, Art. 91 II 2 BayBezO.

30 Bei Landkreisen, Art. 101 BayLKrO, idR die Rechtsaufsichtsbehörde; bei Bezirken, Art. 97 BayBezO, idR die Rechtsaufsichtsbehörde.

31 Zu den entsprechenden Vorschriften in der BayLKrO und in der BayBezO, vgl. vorstehende Fußnoten.

32 Statt aller Hölzl/Hien/Huber BayGO Art. 111 Anm. 5; BBEK BayKommG BayGO Art. 111 Rn. 15.

33 Dem Informationsrecht der Rechtsaufsichtsbehörde steht eine entsprechende Informationspflicht der Gemeinde gegenüber; vgl. Knemeyer JuS 2000, 521 (523).

durch die Rechtsaufsichtsbehörde um **keinen Verwaltungsakt.**[34] Auch soll der Gemeinde hiergegen grundsätzlich kein Rechtsmittel zur Seite stehen, weil durch das bloße Informationsverlangen nicht in Rechte der Gemeinde eingegriffen werde. Das gemeindliche Selbstverwaltungsrecht (Art. 28 II 1 GG) wird hierdurch nicht tangiert; auf das sog. Recht auf informationelle Selbstbestimmung[35], das aus Art. 1 I, Art. 2 I GG hergeleitet wird, kann sich eine Gemeinde als juristische Person des öffentlichen Rechts (vgl. Art. 19 III GG) nicht berufen. Rechtsschutz besteht allerdings gegen solche Informationsmaßnahmen, die die rechtlichen Grenzen des Art. 111 BayGO überschreiten.[36]

bb) Beanstandung, Art. 112 BayGO

Die Beanstandung ist gegenüber der Gemeinde nach hM ein **Verwaltungsakt**, mit dem die Rechtsaufsichtsbehörde zu erkennen gibt, dass sie mit dem (genau zu bezeichnenden) Beschluss oder der Verfügung nicht einverstanden ist und dass sie diesen Beschluss oder diese Verfügung für gesetzwidrig hält. Die Beanstandung muss somit erkennen lassen, gegen welche Vorschriften verstoßen wurde.[37] Ob die Aufsichtsbehörde von ihrem Beanstandungsrecht Gebrauch macht oder nicht, steht nach dem Gesetzeswortlaut in ihrem **Ermessen** (vgl. Wortlaut: „kann"). Aufgrund des Rechtsstaatsprinzips und wegen Art. 20 III GG ist die Rechtsaufsichtsbehörde aber im Grundsatz gehalten, im Rahmen ihrer rechtlichen Möglichkeiten auf rechtmäßige Zustände in der Gemeindeverwaltung hinzuwirken.[38] Ausnahmen von diesem Grundsatz bestehen nur in Bagatellfällen, die keine nennenswerten negativen Auswirkungen erwarten lassen sowie bei bloßen Zweifeln an der Rechtmäßigkeit gemeindlicher Entscheidungen.[39] 15

Gegen die Beanstandung sind die üblichen Rechtsbehelfe (in Bayern seit 1.7.2007 kein Widerspruch nach §§ 68 ff. VwGO mehr, sondern unmittelbar Anfechtungsklage; vgl. Art. 15 I, II BayAGVwGO) gegeben. Mit den genannten Rechtsbehelfen kann unter Berufung auf das gemeindliche Selbstverwaltungsrecht (Art. 28 II 1 GG) geltend gemacht werden, die Beanstandung verstoße gegen Art. 112 BayGO, weil die beanstandete Maßnahme nicht rechtswidrig sei,[40] weil in rechtswidriger, da gegen Art. 109 I BayGO verstoßender Weise in das Verwaltungsermessen der Gemeinde eingegriffen worden sei, weil die Gemeinde selbst die beanstandete Maßnahme nicht mehr rückgängig machen könne (etwa weil die Voraussetzungen nach Art. 48 BayVwVfG nicht vorliegen, zB im Falle eines schutzwürdigen Vertrauens des Betroffenen) oder weil die Rechtsaufsichtsbehörde ermessensfehlerhaft gegen die Gemeinde eingeschritten sei (§ 114 VwGO [analog]). Der letztere Einwand dürfte jedoch wegen der oben gemachten Ausführungen nur im Ausnahmefall zum Erfolg führen. 16

In dem Verfahren über die Klage der Gemeinde kann der betroffene Bürger fakultativ beigeladen werden (§ 65 I VwGO).[41] 17

cc) Ersatzvornahme, Art. 113 BayGO[42]

Auch die Ersatzvornahme steht im Ermessen der Rechtsaufsichtsbehörde und ist gegenüber der Gemeinde ein **Verwaltungsakt**. Es gilt daher zunächst das zur Beanstandung Gesagte entsprechend. 18

Der gegenüber der Beanstandung nach Art. 112 BayGO bestehende selbstständige Regelungsgehalt der Ersatzvornahme besteht darin, dass die Ersetzung der gemeindlichen Willensvollziehung für rechtens erklärt wird und die transitorische Wirkung, also die Ersetzung des gemeindlichen Beschlusses durch den einer staatlichen Stelle, erfolgt. In diesem Zurechnungseffekt (transitorische Wirkung), welcher der Beanstandungsverfügung noch nicht anhaftet, liegt das eigenständige Regelungselement der Ersatzvornahme.[43] Entsprechend diesem speziellen Regelungsgehalt können gegen die Ersatzvornahmeanordnung nur die damit korrespondierenden Einwände vorgebracht werden, nicht aber sol- 19

34 Das wird allerdings von Knemeyer JuS 2000, 521 (524) mit dem Hinweis auf den Duldungscharakter des Informationsverlangens in Frage gestellt.
35 Grundlegend BVerfGE 65, 1 ff. = NJW 1984, 419 – **Volkszählung**; s. zu weiteren Einzelheiten den Exkurs bei Klausur Nr. 3.
36 Hölzl/Hien/Huber BayGO Art. 111 Anm. 5; Widtmann/Grasser/Glaser BayGO Art. 111 Rn. 8; s. auch Knemeyer BayVBl. 1977, 129 (130) und Knemeyer JuS 2000, 521 (524).
37 BBEK BayKommG BayGO Art. 112 Rn. 32.
38 Wehr BayVBl. 2001, 705 (708); s. zur Ermessensausübung etwa VGH München BayVBl. 2017, 200 Rn. 51; VG München BeckRS 2017, 131091 Rn. 43.
39 Wehr BayVBl. 2001, 705 (708); s. auch Knemeyer BayVBl. 1999, 193.
40 Vgl. etwa VGH München Beschl. v. 7.4.2000 – 11 CS 99.2198.
41 Hölzl/Hien/Huber BayGO Art. 112 Anm. 6.1; Widtmann/Grasser/Glaser BayGO Art. 112 Rn. 8.
42 Ausführlich Shirvani BayVBl. 2009, 137.
43 Schnapp/Rawert JuS 1986, 631 (635); Hölzl/Hien/Huber BayGO Art. 113 Anm. 3.

che, die schon gegen die Beanstandungsverfügung möglich gewesen wären.[44] Die Rechtsaufsichtsbehörde kann gegenüber der Gemeinde im Wege der Ersatzvornahme nur tätig werden, wenn die Beanstandungsverfügung vollziehbar ist, sei es, dass sie – infolge Ablaufs der Rechtsbehelfsfristen – bestandskräftig oder gem. § 80 II 1 Nr. 4 VwGO für sofort vollziehbar erklärt worden ist.

20 Mit einem Rechtsbehelf gegen eine Ersatzvornahmeverfügung kann nur geltend gemacht werden, in der Ersatzvornahme selbst liege eine eigenständige Rechtsverletzung, wie zB die der Gemeinde zur Vornahme der entsprechenden Handlung gesetzte Frist sei unangemessen kurz, die Beanstandungsverfügung sei noch nicht vollziehbar oder die Ersatzvornahmeverfügung halte sich nicht in den Grenzen der Beanstandung.[45] Im Rechtsmittel gegen die Ersatzvornahmeverfügung ist die Gemeinde folglich mit dem Vortrag präkludiert, der bereits in einem Rechtsbehelfs- oder Rechtsmittelverfahren gegen die Beanstandungsverfügung hätte vorgetragen werden können.[46] Etwas anderes muss allerdings wohl dann gelten, wenn die Einwände gegen die Beanstandungsverfügung erst nach deren Bestandskraft entstanden sind und im vorangegangenen Verfahren nicht haben vorgebracht werden können.[47] Die Gemeinde genießt Rechtsschutz dann wohl dahingehend, dass die Rechtsaufsichtsbehörde verpflichtet wird, vor Durchführung der Ersatzvornahme die neu entstandenen Tatsachen zu berücksichtigen.[48]

21 In dem Verfahren über die Klage der Gemeinde ist der betroffene Bürger notwendig beizuladen (§ 65 II VwGO).[49]

dd) Bestellung eines Beauftragten, Art. 114 BayGO

22 Auch bei der Bestellung eines Beauftragten handelt es sich gegenüber der Gemeinde um einen **Verwaltungsakt**. Es gelten daher die zur Beanstandung gemachten Ausführungen entsprechend.

b) Im übertragenen Wirkungskreis

aa) Information, Art. 116 I 1 iVm Art. 111 BayGO

23 Es gelten insoweit die Ausführungen zum Rechtsschutz im eigenen Wirkungskreis.

bb) Weisung, Art. 116 I 2 BayGO

24 Gemeindlicher Rechtsschutz gegenüber fachaufsichtlichen Weisungen kommt grundsätzlich nur im Ausnahmefall in Betracht und zwar dann, wenn in den durch Art. 109 II 2 BayGO geschützten Bereich eingegriffen wird. Über dieses Ergebnis sind sich zwar Rechtsprechung und Literatur einig; Streit besteht jedoch hinsichtlich der Begründung.[50] Die **Rechtsprechung**[51] ging durchgängig davon aus, dass fachaufsichtliche Weisungen keine Verwaltungsakte sind, da es an der unmittelbaren Außenwirkung fehle. Die Kommune sei im übertragenen Wirkungskreis nur verlängerter Arm des Staates, dh wie eine staatliche Unterbehörde zu behandeln, und damit in den Rechtskreis des Staates eingebettet. Ein Verwaltungsakt liege nur dann vor, wenn der in Art. 109 II 2 BayGO geschützte Bereich tangiert werde, was nur bei Ermessensverwaltungsakten möglich sei. Die **Literatur**[52] vertritt demgegenüber überwiegend die Auffassung, die fachaufsichtliche Weisung sei ein Verwaltungsakt, weil auch die Aufgaben im übertragenen Wirkungskreis kommunale Aufgaben seien, was Art. 6 II BayGO klarstelle; diese gehörten daher zum Rechtskreis der Gemeinde (und nicht des Staates), die von der Gemeinde in eigenem Namen und mit eigenem Personal erledigt würden. Damit komme einer Weisung gegenüber einer Gemeinde durchaus Außenwirkung zu. Werde aber nicht in den durch Art. 109 II 2 BayGO geschützten Bereich eingegriffen, so fehle der Gemeinde die Klagebefugnis nach § 42 II VwGO.

44 VGH München FSt 1989 Nr. 216.
45 Knemeyer JuS 2000, 521 (524).
46 VG Meiningen LKV 2002, 341 (342).
47 Siehe hierzu auch das Parallelproblem beim gemeindlichen Einvernehmen nach § 36 BauGB: BVerwGE 169, 207 Rn. 28 = BeckRS 2020, 38531.
48 VG Meiningen LKV 2002, 341 (342).
49 Vgl. etwa Knemeyer BayVBl. 1977, 129 (133).
50 S. hierzu ausführlich etwa BHKM BayÖffR/Becker Teil 2 Rn. 555; Windthorst/Weißenberger BayVBl. 2012, 56 (61 f.).
51 ZB BVerwGE 6, 101 = BeckRS 1957, 102895; BVerwGE 17, 87 = BeckRS 1963, 30423681; BVerwGE 19, 121 = NJW 1965, 317; BVerwG DVBl. 1977, 497; BayVBl. 1978, 374 = DVBl. 1978, 638; Buchholz 11 Art. 28 GG Nr. 97; NVwZ 1995, 165; VGH München Beschl. v. 7.4.2000 – 11 CS 99.2198; OVG Greifswald VwRR MO 1999, 370; OVG Lüneburg NVwZ-RR 1997, 474 mwN; VGH München BayVBl. 1977, 152.
52 ZB Hölzl/Hien/Huber BayGO Art. 116 Anm. 2; BBEK BayKommG BayGO Art. 116 Rn. 4 f.; Widtmann/Grasser/Glaser BayGO Art. 116 Rn. 4; Knemeyer JuS 2000, 521 (524, 525); Schoch JURA 2006, 358 (363).

In jüngeren Entscheidungen hat sich die Rechtsprechung[53] dann der Auffassung der Literatur angenähert, ohne jedoch die bisherige Argumentation aufzugeben. Allerdings gewährt Art. 109 II 2 BayGO aus sich heraus keine eigene wehrfähige Position. Vielmehr bedarf es für das Vorliegen eines Verwaltungsakts bzw. der Klagebefugnis einer gesonderten Rechtsvorschrift, die der Gemeinde – quasi als Restbestand des gemeindlichen Selbstverwaltungsrechts – eine über Art. 109 II 2 BayGO geschützte Rechtsposition verleiht. Das können – wie Art. 109 II 2 BayGO zeigt (Wortlaut „Verwaltungsermessen") – nur Ermessensnormen sein.[54] Solche können sich zB aus dem Straßenverkehrsrecht ergeben bei Entscheidungen der Gemeinde als örtliche Straßenverkehrsbehörde (etwa § 45 Ib StVO)[55], im Bereich des Baurechts[56], nicht aber zB im Bereich des Ausländerrechts[57, 58]. 25

In dem Verfahren über die Klage der Gemeinde kann der betroffene Bürger fakultativ beigeladen werden (§ 65 I VwGO). 26

Diese Ausführungen gelten entsprechend, wenn die Fachaufsichtsbehörde, anstelle eine Weisung zu erteilen, ein gemeindliches Handeln beanstandet. 27

c) Anspruch eines beteiligten Dritten auf kommunalaufsichtliches Tätigwerden

Nach bayerischem Kommunalrecht kann die Aufsichtsbehörde rechtswidrige Maßnahmen beanstanden und gegebenenfalls im Wege der Ersatzvornahme beseitigen. Die Entscheidung über ein rechtsaufsichtliches Einschreiten steht dabei im pflichtgemäßen Ermessen[59] der Rechtsaufsichtsbehörde und vermittelt dem Bürger keinen Anspruch auf rechtsaufsichtliches Einschreiten, ja noch nicht einmal auf eine ermessensfehlerfreie Entscheidung über die Frage, ob eingeschritten wird oder nicht.[60] Das folgt daraus, dass sich die Regelungen über die Kommunalaufsicht ausschließlich auf das Verhältnis zwischen Staat und Gemeinde beschränken und nur im Allgemeininteresse bestehen, mithin nicht im Interesse des einzelnen Bürgers.[61] Die Zulassung eines Anspruchs auf rechtsaufsichtsbehördliches Einschreiten würde zudem faktisch zur Zulassung einer Popularklage führen,[62] die dem deutschen Verwaltungsprozessrecht fremd ist. Dementsprechend wäre die Klage eines Bürgers gegen den Träger der Rechtsaufsichtsbehörde (§ 78 I Nr. 1 VwGO) auf rechtsaufsichtliches Einschreiten bzw. auf ermessensfehlerfreie Entscheidung über ein solches Vorgehen, mangels Klagebefugnis (§ 42 II VwGO) bereits unzulässig.[63] 28

d) Rechtsschutz eines betroffenen Dritten

aa) Gegen Maßnahmen im eigenen Wirkungskreis

Der Bürger kann gegen Maßnahmen im Rahmen der Rechtsaufsicht erst dann mit entsprechenden Rechtsbehelfen vorgehen, wenn diese ihm gegenüber Außenwirkung entfalten. Dabei ist zu beachten, dass eine behördliche Maßnahme gegenüber einem Betroffenen ein Verwaltungsakt, gegenüber einem anderen dagegen kein Verwaltungsakt sein kann (Beispiel: Genehmigung eines Flächennutzungsplanes[64]; vgl. § 6 BauGB), mit der Folge, dass allein aus der Verwaltungsakt-Qualität der Maßnahme gegenüber der Gemeinde nicht auf die Verwaltungsakt-Qualität der Maßnahme gegenüber dem Bürger geschlossen werden kann. Infolgedessen kann der Bürger gegen rechtsaufsichtliche Maßnahmen nur dann vorgehen, wenn sie auch ihm gegenüber Wirkung entfalten. Das ist unmittelbar nur bei einer durch die Rechtsaufsichtsbehörde gegenüber dem Bürger im Wege der Ersatzvornahme getroffenen Maßnahme der Fall. Dabei richtet sich der Rechtsbehelf allerdings nicht gegen die Ersatzvornahme als solche, sondern gegen die im Wege der Ersatzvornahme getroffene Maßnahme mit der Konsequenz, dass der Bürger auch nur solche Rechtsverletzungen geltend machen kann, die in 29

53 Vgl. etwa BVerwG NVwZ 1995, 910 = JuS 1996, 177.
54 Statt aller Widtmann/Grasser/Glaser BayGO Art. 109 Rn. 6 mit weiteren umfangr. Nachweisen, überdies sehr instruktiv.
55 Vgl. etwa BVerwG NVwZ 1995, 910; VGH München BayVBl. 1985, 368; VGH München BeckRS 2001, 23060; s. auch Schoch JURA 2006, 358 (363).
56 VGH München Urt. v. 16.8.1993 – 26 B 92.942.
57 BVerwG Buchholz 11 Art. 28 GG Nr. 97.
58 Siehe hierzu auch BVerwG Urt. v. 9.12.2021 – 4 C 3.20 – juris.
59 BBEK BayKommG BayGO Art. 112 Rn. 2, 7; Hölzl/Hien/Huber BayGO Art. 112 BayGO Rn. 1.
60 Vgl. etwa OVG Koblenz DÖV 1986, 152; ähnlich BBEK BayKommG BayGO Art. 112 Rn. 11.
61 VGH München VGH nF 9, 93; s. auch BVerwG DÖV 1972, 723 (Ls.); VGH Mannheim NVwZ-RR 1992, 581; VG Meiningen Beschl. v. 29.9.1994 – 2 E 516/94.Me.
62 VG Meiningen Beschl. v. 29.9.1994 – 2 E 516/94.Me.
63 VG Koblenz Urt. v. 9.5.1996 – 2 K 4476/95.KO; VG Dresden SächsVBl. 1996, 286; Hölzl/Hien/Huber BayGO Art. 112 Anm. 6.1.
64 Battis/Krautzberger/Löhr BauGB § 6 Rn. 5.

dieser Maßnahme liegen, nicht aber solche, die der Ersatzvornahmeverfügung selbst anhaften, wie etwa eine unangemessen kurze Frist.[65]

In dem Verfahren über die Klage (das Widerspruchsverfahren ist in Bayern insoweit seit 1.7.2007 abgeschafft; → Rn. 45) des betroffenen Bürgers ist die Gemeinde notwendig beizuladen (§ 65 II VwGO).

30 Durch eine Beanstandungsverfügung wird der Bürger unmittelbar nicht betroffen, sondern nur mittelbar. Auswirkungen hat die Beanstandung erst dann für ihn, wenn die Gemeinde die beanstandete Maßnahme beseitigt, also zB einen begünstigenden Verwaltungsakt aufhebt.[66] Gegen diese Maßnahme kann nun der Bürger mit den üblichen Rechtsbehelfen vorgehen. Da es sich um eine Maßnahme der Gemeinde handelt, sind die Rechtsbehelfe gegen diese zu richten.[67]

bb) Gegen Maßnahmen im übertragenen Wirkungskreis

31 Es gelten insoweit die gleichen Grundsätze wie oben unter aa) beschrieben.

32 Klärungsbedürftig ist nun allerdings noch, wem gegenüber die aufsichtsrechtliche Maßnahme ergehen soll: Gegenüber der Gemeinde oder gegenüber dem 1. Bürgermeister. Gehandelt hat zwar der Bürgermeister, aber in seiner Eigenschaft als Organ der Gemeinde Berg. Auch sehen Art. 108 ff. BayGO kommunalaufsichtsrechtliche Maßnahmen nur gegenüber der Gemeinde vor. Es liegt daher nahe, die Maßnahme gegen die Gemeinde,[68] vertreten durch den 1. Bürgermeister, zu richten.

33 Angesichts der Streitigkeiten zwischen dem Bürgermeister und der FBB erscheint es überdies sinnvoll, in der Verfügung – auch wenn dies nicht entscheidungstragend ist – auf die Frage einzugehen, wie die Behandlung der einzelnen Tagesordnungspunkte in der Sache (also materiell-rechtlich) beurteilt wird.[69]

34 Schließlich gilt es zu beachten, dass gegen die Anordnung der Aufsichtsbehörde geklagt werden könnte. Damit würde sich die Einberufung der Sondersitzung weiter verzögern. Dies ist mit Blick auf Art. 46 II 3 BayGO (unverzügliche Einberufung) bzw. Art. 46 II 4 BayGO und § 22 I 2 GeschO (spätestens am 14. Tag nach Eingang des Verlangens) nicht hinnehmbar. Eine Anordnung ist daher auch für sofort vollziehbar zu erklären.

II. Kommunalaufsichtsrechtliche Verfügung gegenüber der Gemeinde Berg

Landratsamt Starnberg, Kommunalaufsicht, Strandbadstraße 2, 82317 Starnberg

An Gemeinde Berg Herrn 1. Bürgermeister Blocker Rathaus 82335 Berg am Starnberger See	In Abdruck an Frau Rechtsanwältin Rosalinde Rauhbein Hauptstraße 5 82317 Starnberg zur Kenntnis

Starnberg, den …

35 Rechtsaufsichtliche Beanstandung wegen Nichteinberufung einer Sondersitzung des Gemeinderates aufgrund des Antrages der „Freien Bürger Berg“ (FBB)

---

65 Str.; s. hierzu etwa Shirvani BayVBl. 2009, 137 (140).

66 Vgl. BVerwG BayVBl. 1963, 186; VGH München BayVBl. 1961, 24.

67 Im Unterschied zur Rechtslage bei der Vornahme/Aufhebung eines Verwaltungsakts im Wege der Ersatzvornahme vgl. oben.

68 VGH München BayVBl. 2012, 340 (341).

69 In gleicher Weise zulässig wäre es aber auch, diese Fragen in einem Hilfsgutachten zu erörtern. Praxisgerecht ist jedoch allein die hier vorgeschlagene Lösung, weil sonst die Aufsichtsbehörde innerhalb kürzester Zeit den Fall „wieder auf dem Tisch liegen“ hat. Das sollte vermieden werden.

Sehr geehrter Herr Bürgermeister,

das Landratsamt Starnberg erlässt folgenden Bescheid:

I. Die Weigerung der Gemeinde Berg, handelnd durch den 1. Bürgermeister Bernd Blocker, den Gemeinderat entsprechend dem Antrag der „Freien Bürger Berg“ vom 17.1.2022 betreffend TOP 2 bis 5 zu einer Sondersitzung einzuberufen, wird hiermit beanstandet. Die Sondersitzung ist innerhalb von 2 Wochen nach Bekanntgabe dieses Bescheids, im Falle der Wiederherstellung der aufschiebenden Wirkung einer Klage innerhalb von 2 Wochen nach Bestandskraft dieses Bescheides, abzuhalten. Für den Fall der nicht fristgerechten Einberufung der Sondersitzung wird die Ersatzvornahme angedroht. **36**

II. Die sofortige Vollziehung vorstehender Nr. 1 wird hiermit angeordnet.

III. Die Kosten des Verfahrens trägt die Gemeinde Berg.

IV. Dieser Bescheid ergeht gebührenfrei. An Auslagen werden EUR … erhoben.

A. Unserer Entscheidung liegt folgender Sachverhalt zugrunde:

(erlassen)

B. Das Landratsamt Starnberg ist für die Beanstandung gem. Art. 112 S. 1, 110 S. 1 BayGO zuständig.

Die Einberufung einer Gemeinderatssitzung ist eine Handlung, die gem. Art. 83 I BV, Art. 22 II BayGO zum eigenen Wirkungskreis der Gemeinde gehört, weil es sich hierbei um einen Gemeindeorganisationsakt handelt. Im eigenen Wirkungskreis unterliegt die kreisangehörige Gemeinde Berg der Rechtsaufsicht des Landratsamtes (Art. 109 I BayGO). **37**

C. Die Weigerung von Bürgermeister Blocker, den Gemeinderat entsprechend dem Antrag der FBB vom 17.1.2022 TOP 2–5 zu einer Sondersitzung einzuberufen, war rechtswidrig. Hierzu war er gem. Art. 46 II 3 und 4 BayGO, § 25 I GeschO verpflichtet. Im Übrigen ist sein Verhalten nicht zu beanstanden. **38**

Nach Art. 46 II 3 BayGO ist der Gemeinderat durch den Bürgermeister unverzüglich einzuberufen, wenn es ein Viertel der ehrenamtlichen Gemeinderatsmitglieder schriftlich unter Bezeichnung des Beratungsgegenstandes verlangt; die Sitzung muss spätestens am 14. Tage nach dem Eingang des Verlangens stattfinden (Art. 46 II 4 BayGO, § 22 I GeschO). Die FBB hat laut Sachverhalt sechs Mitglieder. Da die Gemeinde Berg über 5.217 Einwohner verfügt, besteht der Gemeinderat zwar aus 20 Gemeinderäten plus dem 1. Bürgermeister (Art. 31 II 2 BayGO). Letzterer zählt im Rahmen der Ermittlung des „Viertels“ jedoch nicht mit, weil Art. 46 II 3 BayGO von einem Viertel der „Gemeinderatsmitglieder“ und nicht von einem Viertel des „Gemeinderats“ spricht und der 1. Bürgermeister zwar Mitglied des Gemeinderates, nicht jedoch Gemeinderatsmitglied ist (vgl. Art. 31 I BayGO: „Der Gemeinderat besteht aus dem 1. Bürgermeister und den Gemeinderatsmitgliedern“)[70]. Nach dem Sachverhalt gehören danach sechs von zwanzig Gemeinderatsmitgliedern der FBB an. Damit verfügt sie über mehr als ein Viertel (20 : 4 = 5) der Gemeinderatsmitglieder, weshalb sie die Einberufung einer Sondersitzung beantragen kann. **39**

Soweit sich Herr Blocker darauf beruft, dass er nach der Gemeindeordnung als Bürgermeister das Recht habe, zu prüfen, welche Gegenstände auf die Tagesordnung einer Gemeinderatssitzung zu nehmen sind und welche nicht und ob es einer Sondersitzung des Gemeinderats bedarf oder nicht, ist darauf hinzuweisen, dass dem 1. Bürgermeister nach geltendem Recht nur ein formelles Vorprüfungsrecht zusteht. Denn das Recht des ersten Bürgermeisters, den Gemeinderat einzuberufen (Art. 46 II 2 BayGO), ist in der Gemeindeordnung dem Abschnitt Geschäftsgang zugeordnet und hat dienende Funktion. Ein Vorprüfungsrecht des ersten Bürgermeisters kann im Hinblick auf den hohen Stellenwert des Antragsrechts der Gemeinde- **40**

70 BBEK BayKommG BayGO Art. 46 Rn. 11; die Unterscheidung spielt vorliegend keine Rolle, weil auch bei Berücksichtigung des 1. Bürgermeisters das Viertel überschritten wäre (21 : 4 = 5,25). Gleichwohl sollte die Frage in der Klausur nicht offen gelassen werden.

ratsmitglieder[71] daher nur in formeller Hinsicht bestehen, also dahingehend, ob die gem. Art. 45 II BayGO iVm der Geschäftsordnung für den Gemeinderat grundsätzlich zulässigen Form- und Fristvorschriften eingehalten sind. Gesuchen, die diesen Vorschriften nicht entsprechen, muss der erste Bürgermeister nicht stattgeben. Denn bei diesen Regelungen handelt es sich nicht um bloße Ordnungsvorschriften. Durch das Formerfordernis soll vielmehr im Hinblick auf die Bedeutung des Antragsrechts sichergestellt werden, dass die Beratungsgegenstände richtig angegeben werden. Die Einhaltung der Frist ist im Interesse eines geordneten Geschäftsganges erforderlich, um dem ersten Bürgermeister und der Verwaltung eine gewisse Zeit zur Sitzungsvorbereitung zu geben.[72]

41 Ein allgemeines materielles (inhaltliches) Vorprüfungsrecht steht dem Bürgermeister grundsätzlich jedoch nicht zu;[73] ein solches kennt die bayerische Gemeindeordnung nicht. Es kann auch nicht im Wege der Auslegung gefunden werden. Insbesondere scheidet eine analoge Anwendung des Art. 59 II BayGO aus. Denn diese Vorschrift regelt einen anderen Fall. Sie betrifft das Recht und die Pflicht des ersten Bürgermeisters, einen von ihm als rechtswidrig angesehenen Gemeinderatsbeschluss zu beanstanden, seinen Vollzug auszusetzen und, soweit erforderlich, die Entscheidung der Rechtsaufsichtsbehörde herbeizuführen. Hierbei handelt es sich um eine Ausnahmevorschrift, die nicht auf andere Tatbestände ausgedehnt werden kann.[74] Sie trägt der generellen Kompetenzverteilung innerhalb der Gemeinde Rechnung. Denn nach Art. 29, Art. 30 II BayGO ist der Gemeinderat für alle Angelegenheiten zuständig, die nicht dem ersten Bürgermeister zugewiesen sind oder von beschließenden Ausschüssen erledigt werden. Im Gegenteil spricht Art. 59 II BayGO sogar dafür, dass auch „rechtswidrige“ Anträge auf die Tagesordnung zur Beratung und Beschlussfassung gesetzt werden müssen, da es sonst keines Beanstandungsrechts bedürfte.[75] Das bedeutet, dass der erste Bürgermeister grundsätzlich alle Angelegenheiten dem Gemeinderat vorzulegen und dessen Entscheidung einzuholen hat. Die Anerkennung eines umfassenden Vorprüfungsrechts würde diesem gesetzlich vorgegebenen System widersprechen.[76] Auch wäre das Antragsrecht als Bestandteil des Mitgliedschaftsrechts im Gemeinderat weitgehend entwertet, wenn der Vorsitzende ein vom Gesetzeswortlaut nicht gedecktes materielles Vorprüfungsrecht hinsichtlich der Zulässigkeit eines Antrages hätte.[77]

42 Dass nach geltendem bayerischen Gemeinderecht ein umfassendes Vorprüfungsrecht nicht besteht, bedeutet jedoch nicht, dass der Bürgermeister einem Aufnahmeverlangen auch dann entsprechen müsste, wenn es sich als rechtsmissbräuchlich erweist. Ein solches Verlangen kann er nach dem auch im öffentlichen Recht geltenden Grundsatz von Treu und Glauben[78] vielmehr unberücksichtigt lassen. Ein solcher Rechtsmissbrauch wird dann anzunehmen sein, wenn der Antrag schikanös ist[79] oder einen strafbaren Inhalt hat. Rechtsmissbrauch kann aber auch in der ständiger Wiederholung von Anträgen liegen, wenn die Angelegenheit bereits vom Gemeinderat behandelt und verbeschieden ist und Gesichtspunkte, die eine erneute Befassung erforderlich machen, offenkundig nicht gegeben sind.[80]

43 Ob der Bürgermeister darüber hinaus befugt ist, die Organkompetenz zu prüfen, also die Frage, welches Organ innerhalb der Gemeinde für den Antragsgegenstand zuständig ist, und die Aufnahme eines Antrages auf die Tagesordnung ablehnen kann, wenn nicht der Gemeinderat, sondern ein beschließender Ausschuss oder der Bürgermeister selbst für den Beratungs-

71 S. hierzu grundsätzlich VGH München BayVBl. 1987, 239.
72 VGH München BayVBl. 1987, 239 (242).
73 VGH München BayVBl. 2012, 340 Rn. 9, juris; BBEK BayKommG BayGO Art. 46 Rn. 8 mwN; s. auch Aulehner JA 1988, 164 (165); ebenso für das hessische Recht VGH Kassel NVwZ 2019, 581.
74 VGH München BayVBl. 1987, 239 (242) mwN; vgl. auch Süß BayVBl.1983, 518.
75 So zu Recht Widtmann/Grasser/Glaser BayGO Art. 46 Rn. 16.
76 VGH München BayVBl. 1987, 239 (242).
77 Widtmann/Grasser/Glaser BayGO Art. 46 Rn. 16.
78 S. zB BVerwGE 149, 211 Rn. 29 = BeckRS 2014, 54344.
79 OVG Lüneburg NVwZ 1984, 460 = DVBl. 1984, 734; VGH Kassel NVwZ 2019, 581 (582).
80 VGH München BayVBl. 1987, 239 (243); BayVBl. 2012, 340 (341).

gegenstand zuständig ist, ist letztlich nicht geklärt,[81] wird aber überwiegend bejaht.[82] Das Landratsamt folgt dieser Auffassung.[83]

Aus Vorstehendem ergibt sich zunächst, dass Herr Blocker die Aufnahme der TOP 1–6 in der Sitzung vom 13.1.2022 ablehnen durfte. Denn der entsprechende Antrag stand mit § 25 I 1, II GeschO nicht im Einklang. Danach soll der Antrag spätestens bis zum 14. Tage vor der Sitzung beim 1. Bürgermeister eingereicht werden (§ 25 I 2 GeschO). Unmittelbar vor der Sitzung gestellte Anträge – wie hier – können nachträglich nur unter den in § 25 II GeschO genannten Gründen in die Tagesordnung aufgenommen werden, ansonsten sind sie in der nächsten Gemeinderatssitzung zu behandeln. Die in dieser Norm genannten Voraussetzungen lagen aber nicht vor. Da nach den Angaben von Frau Rechtsanwältin Rauhbein bereits zwei Gemeinderäte im Zeitpunkt der Antragstellung die Sitzung verlassen und die Gemeinderätin Charlotte Cramer-Chevalier – entschuldigt – an der Sitzung nicht teilgenommen hat, waren nicht sämtliche Gemeinderatsmitglieder iSv § 25 II Nr. 2 GeschO anwesend. Aber auch ein Fall des § 25 II Nr. 1 GeschO liegt nicht vor. Anhaltspunkte dafür, dass die betroffenen Angelegenheiten „dringlich" wären, also objektiv mit ihrer Behandlung bis zur nächsten ordentlichen Gemeinderatssitzung nicht zugewartet werden kann,[84] sind mit Blick auf Art. 18a VIII 1 BayGO allenfalls in Bezug auf TOP 4 (Bürgerbegehren) denkbar, denn die dort genannte Monatsfrist ist bereits seit längerem abgelaufen (Antrag im Oktober 2021). Aus dem Vortrag der FBB ergibt sich aber, dass Herr Blocker, wenn auch „salopp" bei den übrigen Gemeinderäten nachfragte, ob jemand so kurz nach Mitternacht noch Lust habe, über das „Zeug" der FBB zu beraten und zu beschließen. Das wurde mehrheitlich abgelehnt; das genügt. Damit scheidet auch eine Ausnahme nach § 25 II Nr. 1 GeschO aus. 44

Kein Grund zur Beanstandung besteht auch in Bezug auf den am 24.1.2022 „nachgeschobenen" TOP 6, weil dieser per E-Mail eingereicht wurde. Nach § 25 I 2 GeschO ist eine elektronische Übermittlung per E-Mail nicht zulässig. Der Antrag entsprach daher schon nicht den formalen Erfordernissen. Herr Blocker durfte seine Behandlung daher ablehnen. Folglich kann offen bleiben, ob der Gemeinderat für diese Entscheidung überhaupt zuständig ist.[85] 45

Schließlich ist auch die Ablehnung von TOP 1 im Schreiben vom 17.1.2022 nicht zu beanstanden. Bürgermeister Blocker weist zu Recht darauf hin, dass es insofern an der Organkompetenz des Gemeinderates fehlt; nach Auffassung des Landratsamtes durfte Herr Blocker diesen Punkt prüfen (vgl. oben). Gemäß § 2 Nr. 8 iVm § 9 III Nr. 2 lit. a GeschO ist für Erlass, Änderung und Aufhebung von Bebauungsplänen und sonstigen Satzungen nach den Vorschriften des Baugesetzbuchs und der Bayerischen Bauordnung der beschließende Haupt- und Bauausschuss zuständig. Mit Blick auf Art. 32 II 2 Nr. 2 BayGO sind diese Regelungen unbedenklich. Örtliche Bauvorschriften – wie hier über Werbeanlagen – finden ihre Rechtsgrundlage in Art. 81 I Nr. 1 oder 2 BayBO; es handelt sich um Satzungen nach der BayBO. Da laut Sachverhalt dieser Ausschuss mit der Änderung der Satzung bisher noch nicht befasst war, besteht folglich keine Zuständigkeit des Gemeinderates. Einen Antrag, diesen Gegenstand im zuständigen Ausschuss zu behandeln, hat die FBB nicht gestellt.[86] Dessen Zurückweisung ist folglich rechtens. 46

Anders ist dies allerdings im Hinblick auf die Anträge vom 17.1.2022 TOP 2–5. Diese entsprachen den formalen Erfordernissen, wie sie in Art. 46 II 3 BayGO bzw. § 25 GeschO niedergelegt sind. Die Anträge waren schriftlich gestellt und ausreichend begründet worden (Art. 46 II 3 BayGO, § 25 I 1 GeschO); sie gingen am 17.1.2022 bei der Gemeinde ein. Anhaltspunkte dafür, dass die Anträge TOP 2 und 5 rechtsmissbräuchlich gewesen wären – wie Herr Blocker meint – bestehen nicht. Dass das Thema „Bürgerbegehren Baggersee" im Fi- 47

81 Tendenziell dafür VGH München BayVBl. 1987, 239 (242).
82 BBEK BayKommG BayGO Art. 46 Rn. 8; VGH Kassel NVwZ 2019, 581 (582).
83 AA mit entsprechender Begründung vertretbar.
84 Vgl. Widtmann/Grasser/Glaser BayGO Art. 46 Rn. 18.
85 S. dazu unten → Rn. 68 ff.
86 Sofern die Auffassung vertreten wird, die Organkompetenz dürfe vom 1. Bürgermeister nicht geprüft werden, kann eine Beanstandung nicht ausgesprochen werden; die Beteiligten wären aber darauf hinzuweisen, dass der Gemeinderat nicht in der Sache entscheiden darf und einen sog. Nichtbefassungsbeschluss erlassen muss.

nanz- und Personalausschuss „ausdiskutiert" ist und nunmehr der Gemeinderat mit der Sache befasst werden soll, führt schon deshalb auf keine rechtsmissbräuchliche Antragstellung, weil eine förmliche Entscheidung über die Zulässigkeit des Bürgerbegehrens nach Art. 18a VIII 1 BayGO bisher nicht getroffen wurde; überdies ist (vgl. unten) für die Entscheidung auch ausschließlich der Gemeinderat zuständig. Der Punkt „Hallenbad" ist zwar durch den Finanz- und Personalausschuss beschlussmäßig abgearbeitet; der Antrag der FBB ist gleichwohl im Hinblick auf Art. 32 III 2 BayGO zulässig (vgl. dazu sogleich) und damit ebenfalls nicht rechtsmissbräuchlich.

48 Herr Blocker hätte daher längst in Bezug auf die in dem Schreiben vom 17.1.2022 genannten TOP 2–5 eine Sondersitzung des Gemeinderats zu deren Behandlung und Beschlussfassung einberufen müssen. Folglich ist das Verhalten des 1. Bürgermeisters insofern rechtswidrig und kommunalaufsichtsrechtlich zu beanstanden (Art. 112 BayGO). Mit Blick auf Art. 46 II 3 BayGO und § 22 I 2 GeschO ist der Gemeinderat nunmehr unverzüglich einzuberufen und ist die Sondersitzung spätestens innerhalb von 2 Wochen nach Bekanntgabe dieser Anordnung abzuhalten. Die gesetzte Frist, innerhalb derer die angeordnete Maßnahme umgesetzt werden muss, ist angemessen. Sie orientiert sich an Art. 46 II 3 und 4 BayGO.

49 Aufgrund der inhaltlichen Differenzen zwischen dem 1. Bürgermeister und der FBB weist das Landratsamt für die Behandlung der TOP 1–6 jedoch vorsorglich auf Folgendes hin:

<u>TOP 1: Örtliche Bauvorschrift/Tabakwerbeverbot</u>

50 Dem Antrag kann inhaltlich nicht entsprochen werden. Zwar können über Art. 81 I Nr. 1 BayBO unter anderem Anforderungen an die Gestaltung von baulichen Anlagen, zu denen auch Werbeanlagen gehören (vgl. Art. 2 I 2 BayBO), gestellt werden. Ferner ermächtigt Art. 81 I Nr. 2 BayBO aus ortsgestalterischen Gründen, die Errichtung von Werbeanlagen ganz zu untersagen. Der Anwendungsbereich der beiden Normen lässt sich dabei wohl so umschreiben, dass Art. 81 I Nr. 2 BayBO die Frage des „Ob" der Errichtung von Werbeanlagen regelt, während Art. 81 I Nr. 1 BayBO die des „Wie" (äußere Gestaltung) umfasst.[87] Einfluss auf den Inhalt etwaiger auf den Werbeanlagen angebrachter Werbung kann über die genannten Normen jedoch nicht genommen werden, weil es insofern an der Voraussetzung der „(Orts-)Gestaltung" fehlt. Eine Regelung über ein allgemeines Tabakwerbeverbot wäre daher nicht von der Ermächtigungsnorm gedeckt.

51 Es kommt Folgendes hinzu: Eine örtliche Bauvorschrift als materielles Gesetz (Satzung) muss, um wirksam zu sein, mit dem geltenden Recht, insbesondere mit den (förmlichen) Gesetzen, im Einklang stehen. Das ist dann der Fall, wenn die Satzung von der Ermächtigungsgrundlage (Art. 81 BayBO) gedeckt und nicht im Widerspruch zur Verfassung (GG, BV) steht.[88] Eine Begrenzung der planerischen Gestaltungsfreiheit der Gemeinde ergibt sich daher vor allem auch aus der beschränkten Gesetzgebungskompetenz des Landesgesetzgebers im Hinblick auf Art. 74 I Nr. 18 GG. Bei Erlass örtlicher Bauvorschriften hat die Gemeinde daher auf die Einhaltung der grundgesetzlichen Kompetenzordnung, die die Wahrnehmung der hoheitlichen Befugnisse auf den Bund, die Länder und die Gemeinden verteilt, zu achten. Einer Gemeinde kommen, abgesehen von den Befugnissen des hier ersichtlich – s. Art. 81 I 1 BayBO – nicht berührten übertragenen Wirkungskreises, nur diejenigen Kompetenzen zu, die Art. 28 II 1 GG ihr zur eigenverantwortlichen Regelung der Angelegenheiten der örtlichen Gemeinschaft überlässt.[89] Angelegenheiten der örtlichen Gemeinschaft im Sinne von Art. 28 II 1 GG sind diejenigen Bedürfnisse und Interessen, die in der örtlichen Gemeinschaft wurzeln oder auf sie einen spezifischen Bezug haben, die also den Gemeindeeinwohnern gerade als solchen gemeinsam sind, indem sie das Zusammenleben und -wohnen der Menschen in der Gemeinde betreffen.[90] Eine Gemeinde muss also in Bezug auf Probleme, die nicht in diesem Sinne in der örtlichen Gemeinschaft wurzeln und die einer spezifischen Ortsbezogenheit ermangeln, sondern andere Bereiche betreffen, die Wertung des dafür zuständigen Bun-

87 Decker/Konrad BayBauR Kap. 2 Teil 7 Rn. 73.
88 Vgl. zB BVerwGE 21, 251 (254) = NJW 1966, 69; BVerwG NVwZ 2018, 978 – juris Rn. 12.
89 S. hierzu etwa Engels JA 2014, 7.
90 Vgl. BVerfGE 79, 127 (Ls. 4, 151, 152) = BeckRS 1988, 110847; BVerwG NVwZ 1991, 682 (683).

des- oder Landesgesetzgebers beachten. Sie darf jedenfalls nicht mit hoheitlichen Mitteln eine eigene, von der Wertung des zuständigen Gesetzgebers abweichende „Gemeindepolitik“ betreiben, indem sie bestimmte Verhaltensweisen für ihr Gemeindegebiet ausschließt, die nach der Gesetzeslage allgemein zulässig sind.[91] Zur Rechtfertigung eines solchen Verhaltens kann sie sich nicht auf das ihr durch Art. 28 II 1 GG eingeräumte Recht auf Selbstverwaltung beziehen, denn Angelegenheiten der örtlichen Gemeinschaft liegen gerade dann nicht vor, wenn die betreffende Materie in der Regelungskompetenz des staatlichen Gesetzgebers liegt. Der bloße Umstand, dass eine Gemeinde nur für ihr eigenes Gebiet handeln will, genügt dem Anspruch spezifischer Ortsbezogenheit schon deshalb nicht, weil sie damit unter Berufung auf die im Selbstverwaltungsrecht wurzelnde Allzuständigkeit der Gemeinde auch allgemeinpolitische Fragen zum Gegenstand ihrer Tätigkeit machen könnte. Die Gemeinde erlangt aus Art. 28 II 1 GG jedoch nur ein kommunalpolitisches, kein allgemeines politisches Mandat. Sie ist auch nicht befugt, unter Berufung auf ihr Selbstverwaltungsrecht sich zur Sachwalterin der Grundrechte ihrer Bürger zu machen.[92]

Auch nach diesen Maßstäben würde sich ein Tabakwerbeverbot als rechtswidrig erweisen. **52**
Wie sich aus §§ 19, 20 und 20a S. 1 Tabakerzeugnisgesetz – TabakerzG – ergibt, hat der für die Regelung des Verkehrs mit Tabakerzeugnissen und für die Wirtschaftswerbung allein zuständige Bundesgesetzgeber (vgl. Art. 72, 74 Nr. 11, 20 GG) für Zigaretten und sonstige ähnliche Tabakerzeugnisse ein allgemeines Werbeverbot im Fernsehen und in audiovisuellen Medien, in Rundfunk und Presse sowie für die Außenwerbung angeordnet. In Bezug auf die Außenwerbung hat er jedoch mit § 20a S. 2 TabakerzG Werbung an Außenflächen einschließlich dazugehöriger Fensterflächen von Geschäftsräumen des Fachhandels hiervon ausgenommen. Auf diesen Flächen – die auch durch Werbeanlagen genutzt werden könnten – ist Werbung für Zigaretten und Tabakerzeugnisse jedoch gestattet. Sie ist folglich im Rahmen der verfassungsrechtlich geschützten Gewerbefreiheit (vgl. Art. 12 GG) zulässig. Diese bundesrechtlichen Vorgaben beinhalten eine abschließende Regelung, die die Gemeinde bei der Ausübung ihrer hoheitlichen Befugnisse hinzunehmen hat. Denn der von der FBB mit der Änderung verfolgte Zweck geht allein dahin, auf dem Gemeindegebiet ein über die bundesrechtlich angeordneten Beschränkungen hinausgehendes umfassendes Werbeverbot zu erreichen. Da ein solches Werbeverbot nicht mehr als Angelegenheit der örtlichen Gemeinschaft im oben dargelegten Sinne verstanden werden kann, sondern die Wahrnehmung eines allgemeinpolitischen Mandats bedeutet, darf die Gemeinde einen dahingehenden öffentlichen Zweck wegen der entgegenstehenden Kompetenz des Bundes nicht verfolgen.[93]

<u>TOP 2: Änderung der Gebührensatzung für das gemeindliche Hallenbad</u>

Nach dem Sachverhalt hat der Finanz- und Personalausschuss über den Gegenstand „Eintrittspreis Hallenbad“ bereits in der Sitzung vom 12.1.2022 beraten und hierüber abgestimmt. **53**
Hierfür war er gem. § 9 III Nr. 1 e GeschO zuständig, denn bei einem gemeindlichen Hallenbad handelt es sich um eine öffentliche Einrichtung der Gemeinde iSv Art. 21 I BayGO.[94] Damit wäre die Sache an sich erledigt (vgl. Art. 32 III 1 BayGO). Die Regelung wird auch nicht von § 2 Nr. 13 GeschO verdrängt, denn diese ist hier nicht einschlägig. Sie normiert die Zuständigkeit des Gemeinderates für die Festsetzung von Gebühren, Tarifen und Entgelten und betrifft damit ersichtlich die Kostenerhebung nach dem Bayer. Kostengesetz (Art. 20 BayKG), nicht aber Gebühren für die Benutzung öffentlicher Einrichtungen. Allerdings kann gem. Art. 32 III 2 BayGO ein Viertel der Gemeinderatsmitglieder binnen einer Woche die Nachprüfung des Beschlusses durch den Gemeinderat beantragen. Das ist hier mit dem am 17.1.2022 im Bürgermeisterbüro eingegangenen Schreiben unter Einhaltung der Wochenfrist geschehen; wie bereits ausgeführt, verfügt die FBB über mehr als ein Viertel der Gemeinderatsmitglieder. Damit ist der Gemeinderat mit der Angelegenheit zu befassen.

---

91 BVerwGE 77, 308 (312) = BeckRS 9998, 169610.
92 BVerfGE 61, 82 ff. (102 ff.) = NJW 1982, 2173.
93 Zum Ganzen Thema VGH Mannheim NVwZ 1993, 903; s. auch BHKM BayÖffR/Becker Teil 2 Rn. 68.
94 **Beachte VGH München BayVBl. 2021, 159** (bestätigt durch BVerwG Urt. v. 20.1.2022 – 8 C 35.20): Danach sind die Gemeinden nicht befugt, Bewerbern den Zugang zu ihren öffentlichen Einrichtungen allein wegen zu erwartender unerwünschter Meinungsäußerungen zu verwehren.

54 Auch in der Sache ist das Anliegen der FBB berechtigt. Der um 50% reduzierte Eintrittspreis für Gemeindeeinwohner ist mit Art. 3 I GG nicht vereinbar.

55 Da das Hallenbad als öffentliche Einrichtung – und damit öffentlich-rechtlich – durch die Gemeinde betrieben wird, finden die Grundrechte unproblematisch Anwendung.[95]

56 Zwar ist es Gemeinden nicht von vornherein verwehrt, ihre Einwohner bevorzugt zu behandeln. Die darin liegende Ungleichbehandlung muss sich jedoch am Maßstab des Art. 3 I GG[96] messen lassen und daher durch Sachgründe gerechtfertigt sein. In der Rechtsprechung des Bundesverfassungsgerichts ist geklärt, dass der Wohnsitz allein kein eine Bevorzugung legitimierender Grund ist.[97] Die bloße Nichtzugehörigkeit zu einer Gemeinde berechtigt diese daher nicht, Auswärtige zu benachteiligen. Jedoch ist nicht ausgeschlossen, eine Ungleichbehandlung an Sachgründe zu knüpfen, die mit dem Wohnort untrennbar zusammenhängen. Ein solches legitimes Ziel kann etwa die Versorgung mit wohnortnahen Bildungsangeboten,[98] die Verursachung eines höheren Aufwands durch Auswärtige,[99] die Konzentration von Haushaltsmitteln auf die Aufgabenerfüllung gegenüber den Gemeindeeinwohnern[100] oder ein Lenkungszweck sein, der vor der Verfassung Bestand hat.[101] Im kommunalen Bereich bedürfen nichtsteuerliche Abgaben zur Wahrung des Grundsatzes der Belastungsgleichheit, der aus der abgabenrechtlichen Ausprägung des allgemeinen Gleichheitssatzes folgt und die durch die kommunale Selbstverwaltungsgarantie gewährleistete Finanzhoheit der Gemeinden (Art. 28 II 1 GG) begrenzt, einer über den Zweck der Einnahmeerzielung hinausgehenden besonderen sachlichen Rechtfertigung.[102] Als solche sind neben der Kostendeckung auch Zwecke des Vorteilsausgleichs, der Verhaltenslenkung sowie soziale Zwecke anerkannt.[103] Verfolgt eine Gemeinde durch die Privilegierung Einheimischer das Ziel, knappe Ressourcen auf den eigenen Aufgabenbereich (Art. 28 II 1 GG) zu beschränken, Gemeindeangehörigen einen Ausgleich für besondere Belastungen zu gewähren oder Auswärtige für einen erhöhten Aufwand in Anspruch zu nehmen, oder sollen die kulturellen und sozialen Belange der örtlichen Gemeinschaft dadurch gefördert und der kommunale Zusammenhalt dadurch gestärkt werden, dass Einheimischen besondere Vorteile gewährt werden, kann dies mit Art. 3 I GG daher vereinbar sein.[104]

57 Vorliegend ist allerdings nichts dafür ersichtlich, dass die Gemeinde Berg solche legitimen Ziele, die eine Bevorzugung Einheimischer rechtfertigen könnten, tatsächlich verfolgt. Nach dem unwidersprochen gebliebenen Vortrag der FBB diente die Einführung höherer Gebühren für Nichtgemeindeeinwohner allein der Generierung zusätzlicher Mittel. Die Gemeinde bezweckt also mit der Gebührenstaffelung gerade nicht, das kulturelle und soziale Wohl der Einwohner zu fördern, die örtliche Gemeinschaft zu stärken, den Nutzerkreis zu beschrän-

95 **Beachte jetzt auch BVerfG BeckRS 2019, 2533 Rn. 8**: „Die Grundrechte des Grundgesetzes gelten nicht nur für bestimmte Bereiche, Funktionen oder Handlungsformen staatlicher Aufgabenwahrnehmung, sondern binden die öffentliche Gewalt umfassend und insgesamt. Die unmittelbare Bindung der Träger öffentlicher Gewalt an die Grundrechte hängt weder von der Handlungsform noch von der Organisationsform ab, in der sie dem Bürger gegenübertreten und umfasst daher auch juristische Personen des Privatrechts, soweit sie von der öffentlichen Hand beherrscht werden. Für die früher verbreitete Auffassung, wonach die privatrechtlich handelnde Verwaltung jenseits des sogenannten Verwaltungsprivatrechts grundsätzlich keiner Grundrechtsbindung unterliege, ist mit Blick auf Art. 1 Abs. 3 GG daher kein Raum."; siehe auch VGH München BayVBl. 2021, 159 (bestätigt durch BVerwG Urt. v. 20.1.2022 – 8 C 35.20), wonach Gemeinden nicht befugt sind, Bewerbern den Zugang zu ihren öffentlichen Einrichtungen allein wegen zu erwartender unerwünschter Meinungsäußerungen zu verwehren (**Klausurträchtiger Fall!**).

96 Auf europarechtliche Probleme ist laut Bearbeitervermerk nicht einzugehen; die Regelung dürfte aber jedenfalls in Bezug auf die Dienstleistungsfreiheit (Art. 56 ff. AEUV) nicht unproblematisch sein.

97 BVerfGE 33, 303 (355) = NJW 1972, 1561; BVerfGE 65, 325 (355) = NJW 1984, 785; BVerfGE 134, 1 (21) Rn. 60 = NJW 2013, 2498.

98 BVerfGE 33, 303 (355 f.) = NJW 1972, 1561.

99 BVerfGE 65, 325 (355 f.) = NJW 1984, 785; BVerfGE 134, 1 (22 f.) Rn. 64 = NJW 2013, 2498.

100 BVerfGE 112, 74 (87 f.) = BeckRS 2005, 25897.

101 BVerfGE 134, 1 (23) Rn. 65 = NJW 2013, 2598.

102 BVerfGE 137, 1 (20) Rn. 49 mwN = BeckRS 2014, 53923.

103 BVerfG BeckRS 2016, 50169 Rn. 39; s. hierzu etwa Wollenschläger NVwZ 2016, 1535; Muckel JA 2016, 954; Penz DVBl. 2016, 1601; ebenso VerfGH Bayern BeckRS 2018, 22002 Rn. 33.

104 BVerfG BeckRS 2016, 50169 Rn. 40.

ken oder durch Verhaltenssteuerung die Auslastung des Bades zu gewährleisten. Das Bad ist im Gegenteil auf Überregionalität angelegt und soll, weil die Gemeinde ein Fremdenverkehrsort ist, auch Auswärtige ansprechen und gerade nicht kommunale Aufgaben im engeren Sinne erfüllen. Es ist auch nicht erkennbar, dass die Einwohner der Gemeinde Berg einen Ausgleich für finanzielle oder andere Belastungen erhalten sollen. Daher sind die Gebührendifferenzierung rechtfertigende Gründe nicht ersichtlich.[105] Die Staffelung verstößt somit gegen Art. 3 I GG und ist aufzuheben.

<u>TOP 3: Erwerb eines Rettungsspreizers</u>

Gegenständlich ist eine Anschaffung im Wert von ca. 37.800 EUR (54.000 EUR – 30%). Da die GeschO insofern keine gesonderte Regelung enthält, die Sache aber auch nicht dringlich iSv Art. 37 III 1 BayGO erscheint,[106] ist nach § 2 Nr. 7 GeschO hierfür an sich der Gemeinderat zuständig. **58**

Problematisch ist allerdings, ob es sich bei der Anschaffung eines Rettungsspreizers um eine gemeindliche Aufgabe handelt, also eine solche, die in der örtlichen Gemeinschaft wurzelt (Art. 83 Abs. 1 BV; Art. 7, 57 BayGO). Das ist zu verneinen. Zwar gehört einerseits das Feuerwehrwesen gem. Art. 1 I und 2 BayFeuerwG zu den Pflichtaufgaben im eigenen Wirkungskreis der Gemeinden. Andererseits haben die Landkreise als Pflichtaufgabe im eigenen Wirkungskreis in den Grenzen ihrer Leistungsfähigkeit die für den Einsatz der gemeindlichen Feuerwehren überörtlich erforderlichen Fahrzeuge, Geräte und Einrichtungen zu beschaffen und zu unterhalten oder hierfür Zuschüsse zu gewähren (Art. 2 BayFeuerwG). Es kommt somit maßgeblich darauf an, ob es sich bei dem Rettungsspreizer um ein örtlich oder um ein überörtlich erforderliches Gerät handelt. Die Gemeinde Berg ist mit 5.217 Einwohnern vergleichsweise klein, sodass schon zweifelhaft ist, ob das Verkehrsaufkommen in einer solchen Gemeinde einen Rettungsspreizer, der nur bei wirklich schweren Verkehrsunfällen zur Opferbergung eingesetzt werden muss, erfordert. Entscheidend ist jedoch, dass der Rettungsspreizer mit Blick auf die zahlreichen schweren Unfälle auf der Kreisstraße 7, also einer überörtlichen Straße, angeschafft werden soll. Es handelt sich daher um ein überörtlich erforderliches Gerät und damit um eine überörtliche Aufgabe. Für überörtliche Angelegenheiten ist aber nicht die Gemeinde, sondern der Landkreis zuständig (vgl. Art. 5 I BayLKrO). Da auch Anhaltspunkte für eine übertragene Aufgabe nicht bestehen, fehlt es an der Zuständigkeit der Gemeinde. Der Antrag wäre somit abzulehnen. **59**

<u>TOP 4: Bürgerbegehren Baggersee</u>

Nach den Angaben des 1. Bürgermeisters wurde die Thematik Baggersee im Finanz- und Personalausschuss der Gemeinde Berg behandelt. Das steht mit der GeschO nicht im Einklang. In der Sache geht es um die Zulassung eines Bürgerbegehrens zum Erlass einer Badeverbotsverordnung. Nach § 2 Nr. 16 GeschO ist für die Entscheidung über die Zulässigkeit eines Bürgerbegehrens (Art. 18a VIII BayGO) und die Durchführung eines Bürgerentscheids (Art. 18a II, X BayGO) jedoch der Gemeinderat zuständig. Der Gemeinderat wird sich daher sachlich mit dem Antrag auseinander zu setzen haben. Zu beachten ist, dass nach Art. 18a VIII 1 BayGO hierfür nur eine Frist von einem Monat zur Verfügung steht, die im November 2021 (Antrag vom Oktober 2021) bereits abgelaufen war. Das hat zwar in Bezug auf die Zulässigkeit des Bürgerbegehrens keine Auswirkungen (dieses gilt deshalb nicht als zugelassen),[107] birgt aber die Gefahr einer Untätigkeitsklage nach § 75 VwGO. Folglich sollte der Gemeinderat nunmehr zügig über das Bürgerbegehren entscheiden. **60**

Das Bürgerbegehren ist allerdings aus zwei Gründen unzulässig. Nach Art. 18a I BayGO können Gemeindebürger – das wäre hier der Fall – über Angelegenheiten des eigenen Wirkungskreises der Gemeinde (Art. 7, 57 BayGO) einen Bürgerentscheid beantragen (Bürger- **61**

105 BVerfG BeckRS 2016, 50169 Rn. 41 ff.

106 S. zur Dringlichkeit etwa VGH München BayVBl. 2015, 92 Rn. 21: „Eine Angelegenheit ist dringlich, wenn eine spätere Entscheidung des an sich zuständigen Gemeinderats nicht abgewartet werden kann, weil dieser auf Grund des Zeitablaufs nicht mehr oder nicht mehr ebenso entscheiden könnte, wodurch der Gemeinde Nachteile entstünden.“.

107 BBEK BayKommG BayGO Art. 18a Rn. 18; BHKM BayÖffR/Becker Teil 2 Rn. 319 Fn. 246 mwN.

begehren). Zentrale Voraussetzung für ein Bürgerbegehren ist somit das Vorliegen einer Angelegenheit des eigenen Wirkungskreises. Daran fehlt es jedoch. Nach Art. 27 I BayLStVG können die Gemeinden durch Verordnung unter anderem das Baden an bestimmten Orten verbieten. Gemäß Art. 42 I 2 BayLStVG ist der Erlass solcher Verordnungen Angelegenheit des übertragenen Wirkungskreises, soweit nicht durch Gesetz etwas anderes bestimmt ist. Eine solche anderweitige Bestimmung ist nicht ersichtlich. Aus Art. 83 I BV ergibt sich nichts anderes. Zum Begriff der örtlichen Polizei gehört zwar auch der Erlass von Sicherheitsverordnungen, sofern sie sich auf die Erledigung örtlicher Polizeiaufgaben beziehen. Der Gesetzgeber hat diese Aufgabe jedoch einfach-rechtlich durch Art. 42 I 2 BayLStVG als übertragene Aufgabe qualifiziert und somit von dem Gesetzesvorbehalt des Art. 11 II BV Gebrauch gemacht.[108]

62 Das Bürgerbegehren ist aber auch deshalb unzulässig, weil in seiner Begründung in entscheidungserheblicher Weise unzutreffende Tatsachen behauptet werden.[109] Ein zulässiges Bürgerbegehren muss nach Art. 18a IV 1 BayGO eine (auf allen Unterschriftslisten gleichlautende) Begründung enthalten. Mit diesem Erfordernis, das die für Volksbegehren geltende Regelung des Art. 74 II BV modifizierend aufgreift, soll sichergestellt werden, dass die Gemeindebürger, wenn sie von den Initiatoren des Bürgerbegehrens zur Unterschriftsleistung aufgefordert werden, schon in dieser ersten Phase des direktdemokratischen Verfahrens die Bedeutung und Tragweite der mit Ja oder Nein zu entscheidenden Fragestellung erkennen können. Da bereits mit der Unterzeichnung eines Bürgerbegehrens das Recht auf Teilhabe an der Staatsgewalt in Gestalt der Abstimmungsfreiheit (Art. 7 II, Art. 12 III BV) ausgeübt wird, ergeben sich aus der Bayerischen Verfassung auch Mindestanforderungen an die Richtigkeit der Begründung. Die Bürger können nur dann sachgerecht über die Unterstützung eines Bürgerbegehrens entscheiden und von ihrem Eintragungsrecht Gebrauch machen, wenn sie nicht durch den mit den Unterschriftslisten vorgelegten Begründungstext in wesentlichen Punkten in die Irre geführt werden. Es ist daher mit dem Sinn und Zweck eines Plebiszits auch auf kommunaler Ebene nicht vereinbar, wenn in der Begründung des Bürgerbegehrens in einer entscheidungsrelevanten Weise unzutreffende Tatsachen behauptet werden oder wenn die maßgebende Rechtslage unzutreffend bzw. unvollständig erläutert wird.[110] An dieser ungeschriebenen Rechtmäßigkeitsvoraussetzung, die der BayVGH immer wieder hervorgehoben hat,[111] fehlt es im vorliegenden Fall. Nach Angaben des 1. Bürgermeisters und der FBB ist es bisher noch zu keinen tödlichen Unfällen mit Kindern gekommen; es gab bisher überhaupt keine tödlichen Unfälle. Bei der Behauptung tödlicher Unfälle handelt es sich aber um das zentrale Begründungselement des Bürgerbegehrens. Es liegt damit ein ergebnisrelevanter Begründungsmangel vor, der ebenfalls zur Unzulässigkeit des Bürgerbegehrens führt.

63 Der Gemeinderat hat das Bürgerbegehren daher als unzulässig abzulehnen.

<u>TOP 5: Änderung der Geschäftsordnung, § 24: Ermöglichung der Ladung mittels E-Mail</u>

64 Entgegen der Auffassung des 1. Bürgermeisters lässt die bayerische Gemeindeordnung eine elektronische Ladung grundsätzlich zu.[112] Nach Art. 47 I BayGO beschließt der Gemeinderat in Sitzungen. Er ist beschlussfähig, wenn sämtliche Mitglieder ordnungsgemäß geladen sind und die Mehrheit der Mitglieder anwesend und stimmberechtigt ist (Art. 47 II BayGO).

65 Unter „Ladung“ ist nach gängigem Verständnis der technische Vorgang des Zusendens der Einladung zur Gemeinderatssitzung zu verstehen.[113] Die Anforderungen an eine „ordnungsgemäße“ Ladung werden im Gesetz selbst nicht abschließend festgelegt.[114] Eine zwingende Vorgabe ergibt sich nur aus der Regelung des Art. 46 II 2 BayGO, wonach der 1. Bürgermeis-

108 Lindner/Möstl/Wolff, Verfassung des Freistaates Bayern, 2. Aufl. 2017, Art. 83 Rn. 32.
109 S. hierzu grundlegend VGH München BayVBl. 2017, 92.
110 VGH München BayVBl. 2017, 92 Rn. 27; ferner VGH München BayVBl. 2018, 22 mwN; VGH München BayVBl. 2020, 276 Rn. 29; VG Ansbach BeckRS 2021, 17473 Rn. 38.
111 VGH München BeckRS 2010, 33826 Rn. 2; VGH München BeckRS 2012, 50791 Rn. 31; VGH München BayVBl. 2013, 19 Rn. 31; VGH München BeckRS 2014, 58742 Rn. 3 ff.
112 Grundlegend VGH München BayVBl. 2019, 265 mit insofern zustimmender Anmerkung von Brodmerkl.
113 VGH München BayVBl. 2011, 85 Rn. 7 mwN.
114 VGH München BayVBl. 2009, 90 Rn. 22.

ter den Gemeinderat „unter Angabe der Tagesordnung" und „mit angemessener Frist" einberuft.[115] Nähere Bestimmungen über Frist und Form der Einladung zu den Sitzungen muss die Geschäftsordnung enthalten (Art. 45 II BayGO), die insoweit nach Art. 1 I 1 Hs. 2 BayVwVfG als spezielle Rechtsvorschrift den allgemeinen Verfahrensbestimmungen etwa über die elektronische Kommunikation (Art. 3a BayVwVfG) vorgeht. Die Geschäftsordnungsautonomie erlaubt dem Gemeinderat allerdings nur die Ausfüllung und Ergänzung der in der Gemeindeordnung getroffenen Regelung; er kann die dort verwendeten Begriffe nicht abweichend definieren.[116]

Der Rechtsbegriff der Ladung bezeichnet allerdings nichts weiter als ein formalisiertes Verfahren der Bekanntgabe von Informationen über eine anberaumte Sitzung. Er setzt daher weder die körperliche Übergabe eines Schriftstücks voraus, noch entbindet er den Eingeladenen von jeder aktiven Mitwirkung beim Informationsempfang. Unverzichtbar ist allerdings ein von der einladenden Stelle ausgehender Anstoß, auf die den Ladungsempfängern übermittelten Informationen tatsächlich zuzugreifen.[117] Dies geschieht bei schriftlichen Ladungen dadurch, dass die entsprechenden Schreiben rechtzeitig an die jeweilige Postadresse gesandt oder persönlich ausgehändigt werden. Bei Ladungen, die auf elektronischem Wege erfolgen, muss dem einzelnen Ratsmitglied noch innerhalb der Ladungsfrist zumindest die Nachricht zugehen, dass die Tagesordnung für den konkreten Sitzungstermin und gegebenenfalls weitere Unterlagen abrufbar bereitstehen.[118] 66

Hieraus folgt, dass eine Regelung in der Geschäftsordnung einer Gemeinde, die – wie es der FBB vorschwebt – vorsieht, dass die Ladung, die Tagesordnung und etwaige Unterlagen an die Gemeinderatsmitglieder, die sich hiermit einverstanden erklärt haben, auf elektronischem Weg übermittelt werden, mit der Gemeindeordnung im Einklang stünde und damit grundsätzlich zulässig wäre;[119] dabei ist gegebenenfalls etwaigen Geheimhaltungsinteressen angemessen Rechnung zu tragen. Für die Entscheidung darüber, ob die Geschäftsordnung entsprechend geändert wird, ist der Gemeinderat zuständig. 67

Exkurs: Eine Neuregelung von Form und Frist für die Einladung könnte danach wie folgt aussehen:[120]

„§ 24 Form und Frist für die Einladung

(1) [1]Die Gemeinderatsmitglieder werden schriftlich unter Beifügung der Tagesordnung oder mit ihrem Einverständnis elektronisch zu den Sitzungen eingeladen. [2]Im Falle einer elektronischen Einladung wird die Tagesordnung als nicht veränderbares Dokument durch E-Mail oder, soweit Rücksichten auf das Wohl der Allgemeinheit oder berechtigte Ansprüche Einzelner dies erfordern, durch De-Mail oder in verschlüsselter Form versandt. [3]Die Tagesordnung kann bis spätestens zum Ablauf des dritten Tages vor der Sitzung ergänzt werden.

(2) [1]Im Falle der elektronischen Ladung geht die Tagesordnung zu, wenn sie im elektronischen Briefkasten des Empfängers oder bei seinem Provider abrufbar eingegangen und üblicherweise mit der Kenntnisnahme zu rechnen ist. [2]Für den Nachweis des Zugangs einer De-Mail genügt die Eingangsbestätigung nach § 5 Abs. 8 des De-Mail-Gesetzes.

115 Siehe auch VG Bayreuth BeckRS 2020, 36169 Rn. 24.
116 VGH München BayVBl. 2019, 265 Rn. 32.
117 Papsthart BayVBl.2015, 37 (38).
118 VGH München BayVBl. 2019, 265 Rn. 34; ferner Scheidler KommP BY 2016, 282 (283).
119 **Vorsicht Falle:** Der hier vorliegende Fall ist nicht mit dem des VGH München BayVBl. 2019, 265 identisch; dort war problematisch, dass die elektronische Ladung nicht den verschärften Anforderungen der Geschäftsordnung der Gemeinde entsprach, woraus der VGH München auf einen Ladungsmangel und schließlich auf die Unwirksamkeit des gefassten Beschlusses schloss. Um einen solchen Fall geht es hier nicht.
120 Vgl. Musterentwurf des Bayer. Gemeindetages, abrufbar über die Webseite des Bayer. Gemeindetages, https://www.bay-gemeindetag.de; ein solcher Vorschlag würde in der Klausur wahrscheinlich nicht verlangt werden und dient hier vor allem der Veranschaulichung.

(3) [1]Der Tagesordnung sollen weitere Unterlagen, insbesondere Beschlussvorlagen, beigefügt werden, wenn und soweit das sachdienlich ist und Gesichtspunkte der Vertraulichkeit nicht entgegenstehen. [2]Die weiteren Unterlagen können schriftlich oder elektronisch gem. Abs. 1 S. 2 zur Verfügung gestellt werden; sind schutzwürdige Daten enthalten, erfolgt die elektronische Übermittlung durch De-Mail oder in verschlüsselter Form. [3]Hat das Gemeinderatsmitglied sein Einverständnis zur elektronischen Ladung erklärt, werden die weiteren Unterlagen grundsätzlich nur elektronisch übermittelt.

(4) [1]Die Ladungsfrist beträgt sechs Tage; sie kann in dringenden Fällen auf drei Tage verkürzt werden. [2]Der Sitzungstag und der Tag des Zugangs der Ladung werden bei der Berechnung der Frist nicht mitgerechnet."

TOP 6: Entlassung des Daubmeier

68 Für Entscheidungen über die Ernennung, Beförderung, Abordnung, Versetzung, Zuweisung an eine Einrichtung, Ruhestandsversetzung und Entlassung von Beamten bis zur Besoldungsgruppe A 8 ist gem. § 13 I Nr. 5 GeschO der 1. Bürgermeister zuständig. Da Daubmeier laut Sachverhalt nach A 6 besoldet wird, fehlt es insofern an der Organkompetenz des Gemeinderates. Herr Blocker hätte daher auch aus diesem Grund die Aufnahme des TOP 5 auf die Tagesordnung ablehnen können (vgl. oben).

69 Da sich aus dem Sachverhalt keine hinreichenden Anhaltspunkte ergeben, warum Daubmeier entlassen werden soll, kann sich das Landratsamt auf den Hinweis beschränken, dass Beamte nur nach Maßgabe des Art. 56 BayBeamtG iVm § 21 Nr. 1, §§ 22 ff. BeamtStG entlassen werden können. Das Vorliegen dieser Voraussetzungen wird der 1. Bürgermeister in eigener Verantwortung zu prüfen haben.

70 **3.** Gemäß § 80 II 1 Nr. 4 VwGO konnte die sofortige Vollziehung der Beanstandungsverfügung unter Nr. 1 angeordnet werden.

71 In der Abwägung zwischen dem öffentlichen Interesse an der Herstellung rechtmäßiger Zustände und der Durchsetzung demokratischer Mitwirkungsrechte der Gemeinderatsmitglieder einerseits gegenüber den behaupteten Rechten des Organs „1. Bürgermeister" andererseits, überwiegt das öffentliche Interesse. Die Beanstandung zielt darauf ab, die Weigerung des 1. Bürgermeisters zu beseitigen und ihn zur Erfüllung einer gesetzlichen Pflicht anzuhalten. Der Gemeinderat kann nur zusammentreten, wenn das zuständige Organ, der 1. Bürgermeister, hierzu einlädt (Art. 46 II 2 BayGO). Kommt der 1. Bürgermeister als zuständiges Organ zur Vornahme der Sitzungseinladung einem entsprechenden Antrag nicht nach, so kann er das weitere Organ „Gemeinderat" vollkommen mit seinen Anträgen ins Leere laufen lassen. Die Gemeinderatsmitglieder und mit ihnen die Bürger, die sie in einer demokratischen Wahl legitimiert haben, können aber erwarten, dass die beiden Hauptorgane der Gemeinde zusammenarbeiten und sich nicht blockieren. Dieses besondere öffentliche Interesse ist unabhängig davon gegeben, ob die im Antrag der FBB TOP 2–5 bezeichneten Beratungsgegenstände selbst eilbedürftig sind. Letzteres ist zudem für TOP 4 (Baggersee) ohne Weiteres zu bejahen.

72 Die Anordnung ist auch erforderlich, weil die Beanstandung allein mit hoher Wahrscheinlichkeit nicht ausreicht, um rechtmäßige Zustände herzustellen. Nach dem bisherigen Verlauf des Verfahrens zeigt sich Herr Blocker nicht einsichtig. Es kann aber nicht bis zum Abschluss eines unter Umständen langwierigen gerichtlichen Hauptsacheverfahrens zugewartet werden, bis rechtmäßige Zustände geschaffen werden, weil damit die Rechte des demokratisch legitimierten Organs „Gemeinderat" unerträglich lange behindert würden.

73 **4.** Die Entscheidung über die Kostenfreiheit beruht auf Art. 3 I Nr. 1 BayKG.

74 Rechtsmittelbelehrung:
(erlassen)

Dr. Klaue
Abteilungsleiter

III. Schreiben an Rechtsanwältin Rauhbein 75

Landratsamt Starnberg
Kommunalaufsicht
Strandbadstraße 2
82317 Starnberg

Gegen Empfangsbekenntnis
An Frau Rechtsanwältin
Rosalinde Rauhbein
Hauptstraße 5
82317 Starnberg

Starnberg, den …

Az. 211- GH - 34/22

Einleitung eines kommunalaufsichtsrechtlichen Verfahrens gegen die Gemeinde Berg

Sehr geehrte Frau Rechtsanwältin,

in obiger Angelegenheit erhalten Sie beigeschlossen die heutige, gegenüber der Gemeinde Berg ergangene Beanstandungsverfügung. Wie sie dieser entnehmen können, hat das Landratsamt rechtsaufsichtliche Maßnahme nur insofern für erforderlich gehalten, als es die TOP 2–5 des Schreibens vom 17.1.2022 betraf. Die Einzelheiten entnehmen sie bitte dem beiliegenden Bescheid. 76

Die Notwendigkeit eines rechtsmittelfähigen Bescheids gegenüber ihren Mandanten besteht nicht. Diese haben kein gerichtlich durchsetzbares Recht auf rechtsaufsichtliches Einschreiten. Es entspricht vielmehr ständiger Rechtsprechung, dass sich Maßnahmen der Rechtsaufsicht ausschließlich auf das Verhältnis zwischen dem Staat und der Gemeinde beschränken, weil das Gemeinderecht keinen dem öffentlichen Recht angehörenden Anspruch des einzelnen gegen den Staat auf Ausübung der Rechtsaufsicht kennt.[121] 77

Rechtsmittelbelehrung: 78
(entfällt, da Maßnahme nicht anfechtbar ist für die FBB)

Mit freundlichen Grüßen

Dr. Klaue
Abteilungsleiter

Weiterführende Literatur:

1. Knemeyer, Verwaltungsgerichtliche Überprüfung von Maßnahmen der Kommunalaufsicht, BayVBl. 1977, 129
2. Knemeyer, Staatsaufsicht über Kommunen, JuS 2000, 521
3. Decker, §§ 214 ff. BauGB und die Kommunalaufsicht, BauR 2000, 1825
4. Wehr, Das Ermessen der Rechtsaufsicht über Kommunen, BayVBl. 2001, 705
5. Oebbecke, Kommunalaufsicht – nur Rechtsaufsicht oder mehr, DÖV 2001, 406
6. Ehlers, Kommunalaufsicht und europäisches Gemeinschaftsrecht, DÖV 2001, 412
7. Müller, Amtspflichten der Kommunalaufsicht gegenüber der Gemeinde, – zum Urteil des BGH vom 12.12.2002, III ZR 201/01 in DVBl. 2003, 400 –, Gemeindehaushalt 2003, 181
8. Pielow/Finger, Amtshaftung der Kommunalaufsicht und Bürgermeister ohne Vertretungsmacht, JURA 2005, 351
9. Schoch, Die staatliche Rechtsaufsicht über Kommunen, JURA 2006, 188
10. Schoch, Die staatliche Fachaufsicht über Kommunen, JURA 2006, 358

121 BVerwG DÖV 1972, 723; VGH München VGH nF 9, 93, 94; VGH München BayVBl. 2002, 670 (671) mwN.

11. Diewald, Passivlegitimation bei der Anfechtung von im Wege der Ersatzvornahme erlassenen Verwaltungsakten durch Drittbetroffene, BayVBl. 2006, 40
12. Pfeiffer, Kommunalaufsicht, ThürVBl. 2007, 201
13. Rennert, Die Klausur im Kommunalrecht, JuS 2008, 29
14. Shirvani, Rechtsschutz gegen die Ersatzvornahme im bayerischen Kommunalrecht, BayVBl. 2009, 137
15. Funke/Papp, Rechtsprobleme kommunaler Satzungen, JuS 2010, 395
16. Waldhoff, Kommunalrecht: Öffentliche Einrichtungen der Gemeinden, JuS 2013, 957
17. Schiffbauer, Referendarexamensklausur – Öffentliches Recht: Kommunalrecht und Verwaltungsprozessrecht – Partnerstadt Pjöngjang, JuS 2015, 548
18. Brüning, Die Verfassungsgarantie der kommunalen Selbstverwaltung aus Art. 28 II GG, JURA 2015, 592
19. Heusch/Dickten, Neue Rechtsprechung zum Kommunalrecht, NVwZ 2019, 359
20. S. auch BVerwG Urt. v. 16.6.2015 – 10 C 13.14, BVerwGE 152, 188 = BeckRS 2015, 50203 zum Problem der Anweisung zur Erhöhung der Kreisumlage durch die Kommunalaufsicht an einen überschuldeten Kreis

3. Klausur: „Die Polizei, dein Freund und Helfer"

Themenbereiche: Polizei- und Sicherheitsrecht; Umsetzung eines Kfz bei Wanderbaustelle; Abgrenzung Anscheins- von Putativgefahr; Kostenerhebung; Sicherstellung eines Radarwarngerätes; Identitätsfeststellung nach Filmen von Polizeibeamten; richtige Klageart

I.

Dr. Horst Hübbers, wohnhaft in München, Nymphenburger Straße 23, ist Vorstandsmitglied der Tebo-Fak AG, die auf internationaler Ebene Fertigfußböden vertreibt. In dieser Eigenschaft ist Dr. Hübbers zwar finanziell sehr gut gestellt, dafür aber auch immer wieder Ziel krimineller Machenschaften. So wurde in der Vergangenheit wiederholt bei ihm eingebrochen und erhebliche Sachwerte entwendet. Die Täter konnten nicht ermittelt werden.

Am 12.2.2021 wird vor dem Anwesen des Dr. Hübbers sein dort ordnungsgemäß geparkter Porsche 911 Targa, Baujahr 1969, amtl. Kennzeichen M – HH 911, gestohlen. Dr. Hübbers meldet noch am gleichen Tag den Diebstahl bei der zuständigen PI München-Nymphenburg. Von dieser erhält er die Auskunft, eine international tätige Terroristengruppe, die „groupe impériale", sei wahrscheinlich für den Diebstahl verantwortlich. Die Maßnahme diene für diese zur Geldbeschaffung. Die Täter zu fassen, sei praktisch aussichtslos, den Porsche könne er abschreiben.

Dr. Hübbers ist entsetzt. Da liest er im Internet von einem Bürgerforum „Bürger beobachten die Polizei". Diese Interessengemeinschaft fotografiert und filmt Polizeieinsätze und veröffentlicht die Bilder/Filme auf ihrer Website, sollte das polizeiliche Verhalten Anlass zu Kritik geben. Kurzerhand tritt Dr. Hübbers dem Bürgerforum bei.

II.

Aufgrund des Verlustes seines Fahrzeuges kauft Dr. Hübbers am 28.4.2021 einen neuen Porsche 911 im Wert von 125.000 EUR. Mit diesem Fahrzeug befindet er sich am 12.1.2022 auf dem Weg zum Flughafen München II, als er in Höhe der Ausfahrt Hallbergmoos (ca. 2 km vor dem Flughafen München II) in eine Polizeikontrolle gerät. Dr. Hübbers muss mit seinem Wagen anhalten und sich ausweisen. Von den vor Ort befindlichen Polizeivollzugsbeamten werden in Anwesenheit des Dr. Hübbers dessen persönliche Daten in den Polizeicomputer eingegeben und mit dem vorhandenen polizeilichen Datenbestand abgeglichen. Auf andere als polizeiliche Dateien wird dabei nicht zugegriffen. Nach Beendigung des Datenabgleichs kann Dr. Hübbers weiterfahren.

Wie sich später herausstellte, erfolgte der Datenabgleich durch die Polizei, weil die „groupe impériale" für den 12.1.2022 einen massiven Bombenanschlag auf den Flughafen München II angedroht hatte und verhindert werden sollte, dass sich Mitglieder der „groupe impériale" zum Flughafen München II begeben. Ein Bombenanschlag fand am 12.1.2022 – glücklicherweise – tatsächlich nicht statt.

Dr. Hübbers hat trotz des Zeitverlustes noch genügend Zeit, seinen Porsche wie üblich auf dem Parkplatz des Besucherparks des Flughafens München II abzustellen. Am westlichen Rand des Parkplatzes findet er in der Parkbucht Nr. 5 einen freien Parkplatz. Er verschließt den Wagen ordnungsgemäß und begibt sich zu seinem Flugzeug nach Paris.

Aufgrund schon länger geplanter Arbeiten an einem Kabelschacht ordnet die hierfür zuständige Straßenverkehrsbehörde am 17.1.2022 ein Halteverbot für die am westlichen Rand des Parkplatzes des Besucherparks des Flughafen München II gelegenen Parkplätze in den Parkbuchten Nr. 1 bis Nr. 4 ab 18.1.2022 für die Dauer von 2 Wochen an. Entsprechende – mobile – Halteverbotsschilder werden mit dem Hinweis auf ihre Geltung ab 18.1.2022 noch am Vormittag des 17.1.2022 von den Mitarbeitern der Baufirma aufgestellt.

Am 18.1.2022 kommt Bauunternehmer Dreist mit seinem LKW sowie einem Bauwagen zur Baustelle, um die Bauarbeiten aufzunehmen. Er hatte geplant, den Bauwagen in der Parkbucht Nr. 5 abzustellen, die von den Baumaßnahmen nicht betroffen ist, sieht sich hieran jedoch durch den Porsche von Dr. Hübbers gehindert. Kurzerhand rollt er das Halteverbotsschild bis an das Ende der Parkbucht Nr. 5, sodass der Eindruck entsteht, der Porsche sei unzulässig abgestellt. Anschließend ruft Dreist die örtliche Polizeidienststelle an, schildert einem Polizeibeamten die Situation und regt an, den Porsche abschleppen zu lassen. Wenig später erscheint der Polizeibeamte Frank Fleißig vor Ort. Ohne nach der verkehrsrechtlichen Anordnung zu fragen, setzt er sich mit dem Abschleppdienst Eiernschmalz in Verbindung, um den Porsche abschleppen und auf die Verwahrstation bringen zu lassen. Als der Abschleppwagen eintrifft, hat Fleißig allerdings in ca. 50 m Entfernung vom Standort des Porsches einen freien Parkplatz (Nr. 269) entdeckt. Kurzerhand ordnet er an, dass der Porsche dorthin zu verbringen sei. Eine vorherige Verständigung von Dr. Hübbers über die Handy-Nummer, die Fleißig auf einer Visitenkarte auf dem Beifahrersitz findet, nachdem der Mitarbeiter des Abschleppdienstes den Porsche geöffnet hatte, um die Bremsen zu lösen und den Porsche abschleppen zu können, erfolgt zwar nicht, denn Fleißig ging – nachdem er festgestellt hatte, dass der Motor des Porsche bereits erkaltet ist – davon aus, dass der Wagen schon länger abgestellt und der Fahrzeugführer nicht erreichbar ist. Dafür entdeckt Fleißig aber in einem offenen Ablagefach im Innern des Porsche ein Radarwarngerät vom Typ Cobra, Laser, Typ Superwide (Wert ca. 700 EUR). Das Gerät ist offensichtlich einsatzbereit. Kurzerhand löst Fleißig die Verkabelung und nimmt das Gerät mit den Worten „das ist jetzt beschlagnahmt" mit. Anschließend wird der Wagen wie vorgesehen auf den freien Parkplatz Nr. 269 durch das Abschleppunternehmen verbracht und anschließend – mit einem kleinen Trick – wieder ordnungsgemäß verschlossen.

Als Dr. Hübbers am 24.1.2022 aus Paris zurückkommt, findet er seinen Wagen nicht mehr am abgestellten Ort vor. Auf entsprechende Rückfrage bei der Polizei erfährt er, dass das Auto durch die Polizei zu dem Parkplatz Nr. 269 verbracht und das Radarwarngerät beschlagnahmt worden sei. Er begibt sich daher umgehend zu dem Parkplatz Nr. 269 und findet dort seinen Porsche unversehrt vor, sodass er nach Hause fahren kann. Zu Hause angekommen findet er in seinem Briefkasten eine Kostenrechnung des Polizeipräsidiums München vom 21.1.2022 über insgesamt 200 EUR (75 EUR Gebühr für polizeiliche Tätigkeit; 125 EUR Kosten für Abschleppunternehmer) sowie die Mitteilung, dass er sein Radarwarngerät nicht zurückerhalte, weil dessen Benutzung nach der Straßenverkehrsordnung verboten sei. Eine entsprechende Bescheinigung enthält das Schreiben ebenfalls. In der Kostenrechnung und dem Schreiben heißt es weiter, dass hiergegen schriftlich Widerspruch erhoben werden könne. Daraufhin nimmt Dr. Hübbers einen Stift und ein Blatt Papier und formuliert: „Hiermit erhebe ich gegen die Kostenrechnung vom 21.1.2022 und gegen die Beschlagnahme meines Radarwarngerätes Widerspruch. Die Begründung erfolgt durch meinen Rechtsanwalt.". Den Widerspruch wirft er noch am gleichen Tag in einem Postkasten. Aufgrund des Hinweises in der Kostenrechnung, dass der angeforderte Betrag zur Vermeidung der Zwangsvollstreckung sofort gezahlt werden müsse, überweist Dr. Hübbers am 25.1.2022 die verlangten 200 EUR.

III.

Am 30.1.2022 findet in München, am Odeonsplatz, eine angemeldete Versammlung des Bürgerforums „Bürger beobachten die Polizei" statt, die friedlich verläuft. Dr. Hübbers ist als Zuschauer vor Ort, trägt einen auffälligen Button des Bürgerforums an seinem Mantel, nimmt aber selbst nicht an der Demonstration teil. Während er den Aufzug freudig beobachtet, bemerkt er, dass die Polizei Ton- und Bildaufnahmen der Versammlungsteilnehmer anfertigt. Mit gezücktem Handy geht er daraufhin auf den nächstbesten Polizisten zu und spricht diesen hierauf mit den Worten an „Na, wie gefällt euch das, fotografiert zu werden? Jetzt banne ich euch für alle Zeiten auf meiner Festplatte!". Der so angegangene Polizist Paul Patzig bleibt allerdings ruhig und fordert Dr. Hübbers unvermittelt auf, sich auszuweisen. Das Fertigen von Nahaufnahmen und von Videos von Polizisten und deren Verbreitung seien gem. § 22 S. 1, § 23, § 33 I KunstUrhG unzulässig. Dr. Hübbers erwecke aufgrund des Buttons den Eindruck, als würde er mit seinem Handy die anwesenden Polizeibeamten fotografieren bzw.

filmen, wie dies die Leute vom Bürgerforum immer täten; üblich sei auch, die Aufnahmen dann ins Internet zu stellen. Dr. Hübbers ist so perplex, dass er der Aufforderung durch Aushändigung seines Personalausweises nachkommt. Nachdem Patzig einen Blick auf den Ausweis geworfen hat und nichts Auffälliges feststellen konnte, gibt er ihn Dr. Hübbers zurück. Die ganze Aktion dauerte etwa fünf Minuten.

Wieder zuhause angekommen, erinnert sich Dr. Hübbers an sein beschlagnahmtes Radarwarngerät. Kurzerhand verfasst er ein Schreiben an das Polizeipräsidium München und verlangt die Herausgabe des Gerätes. Dieses habe von Fleißig nicht beschlagnahmt werden dürfen. Er habe ein Recht auf Herausgabe seines Eigentums. Daraufhin teilt ihm das Polizeipräsidium durch Schreiben vom 14.2.2022 mit, dass das Radarwarngerät nicht herausgegeben werde. Er müsse damit rechnen, dass das Gerät in Kürze zerstört werde. Hinsichtlich seines Widerspruchs vom 24.1.2022 sei eine Begründung entbehrlich, da aufgrund Überlastung über diesen ohnehin in absehbarer Zeit nicht entschieden werden könne.

IV.

Dr. Hübbers wird es nun zu viel. Er begibt sich am 16.2.2022 zu Rechtsanwalt Dr. Igidius Bierschneider in München und bittet diesen, Klage gegen die Kostenrechnung zu erheben. Er habe seinen Porsche ordnungsgemäß geparkt gehabt. Davon, dass Arbeiten an einem Kabelschacht durchgeführt werden sollten, habe er nichts gewusst, die Verkehrsschilder seien ihm gegenüber nicht bekanntgegeben worden. Die Polizei habe nicht einschreiten dürfen. Das Geld müsse er zurückerhalten, zumal er nur zur Vermeidung einer Zwangsvollstreckung gezahlt habe. Außerdem soll Dr. Bierschneider dafür sorgen, dass sämtliche polizeilichen Maßnahmen gegen ihn für unzulässig erklärt werden und er sein Radarwarngerät zurückbekommt. Soweit eine Klage keine Aussicht auf Erfolg verspreche, solle Dr. Bierschneider ihn entsprechend unterrichten. Der Rechtsanwalt solle die notwendigen Schritte noch heute veranlassen. Hierzu erteilt Dr. Hübbers eine entsprechende Vollmacht.

Bearbeitervermerk:

Die Klage und/oder das Schreiben des Dr. Bierschneider ist/sind zu entwerfen. Dabei ist auf alle berührten Rechtsfragen einzugehen. Der Sachbericht ist erlassen.

Zustellungen und sonstige Formalien sind in Ordnung, soweit sich aus dem Sachverhalt nicht etwas anderes ergibt. Sollten nach Ansicht des Bearbeiters die bisherigen Ermittlungen zu einer abschließenden Beurteilung nicht ausreichen, so ist zu unterstellen, dass keine weitere Sachaufklärung zu erzielen ist.

Es ist zu unterstellen, dass die im Kostenbescheid vom 21.1.2022 festgesetzten Gebühren und Kosten sachlich richtig sind. Ferner ist zu unterstellen, dass die verkehrsrechtliche Anordnung vom 17.1.2022 rechtmäßig erfolgte und die Halteverbotsschilder zunächst ordnungsgemäß aufgestellt worden waren.

Andere als die im Sachverhalt genannten Normen des Kunsturhebergesetzes sind nicht anzuwenden. Auf Art. 53, 61 BayPAG wird hingewiesen.

Unionsrecht, insbesondere die Datenschutz-Grundverordnung, bleibt außer Betracht.

Lösungsvorschlag

Teil 1

1 Rechtsanwalt
Dr. Igidius Bierschneider
München

München, den 16.2.2022

An das Bayerische
Verwaltungsgericht München
Bayerstraße 30
80335 München

Klage

In der Verwaltungsstreitsache
Dr. Horst Hübbers
Nymphenburger Straße 23
München – Kläger –

gegen

Freistaat Bayern – Beklagter –

wegen

Vollzug des Bayer. Polizeiaufgabengesetzes

bestelle ich mich unter Vorlage einer entsprechenden Vollmacht zum Prozessbevollmächtigten des Klägers und erhebe in dessen Namen und Auftrag zum örtlich und sachlich zuständigen Verwaltungsgericht München Klage. In der mündlichen Verhandlung werde ich beantragen wie folgt zu erkennen:

1. Der Bescheid des Polizeipräsidiums München vom 21.1.2022 wird aufgehoben. Dem Kläger sind vom Beklagten die bereits bezahlten 200 EUR zu erstatten.

2. Es wird festgestellt, dass die Identitätskontrolle des Klägers am 30.1.2022 anlässlich der Versammlung des Bürgerforums „Bürger beobachten die Polizei" am Odeonsplatz in München rechtswidrig war.

3. Der Beklagte hat die Kosten des Verfahrens zu tragen.[1]

4. Das Urteil ist im Kostenpunkt vorläufig vollstreckbar.

Die Klage begründe ich wie folgt:

2 **A.** Sachverhalt (erlassen)

3 **B.** Die rechtliche Würdigung dieses Sachverhaltes ergibt folgendes:

4 **I. Zu Klageantrag Ziffer 1**

Der Bescheid vom 21.1.2022 ist rechtswidrig und verletzt den Kläger in seinen Rechten (§ 113 I 1 VwGO). Der Kläger hat daher gegen den Beklagten einen Anspruch auf Rückzahlung von 200 EUR gem. § 113 I 2 VwGO.

1 Die Klageanträge Nr. 3 und Nr. 4 sind an sich nicht erforderlich, da dieser Ausspruch von Amts wegen auch ohne Antrag erfolgt; die Antragstellung ist jedoch allgemein üblich.

1. Die Klage ist als Anfechtungsklage (§ 42 I Alt. 1 VwGO) zulässig. 5

a) Der Verwaltungsrechtsweg nach § 40 I 1 VwGO iVm Art. 12 I BayPOG[2] ist vorliegend gegeben, denn die Polizei handelte beim Umsetzen des Pkw meines Mandanten im präventiv-polizeilichen Bereich, mithin zur Gefahrenabwehr, und nicht im repressiven Bereich, also insbesondere nicht zur Verfolgung einer straßenverkehrsrechtlichen Ordnungswidrigkeit, die im Übrigen auch gar nicht vorlag. 6

Exkurs: Rechtswegfrage bei polizeilichen Maßnahmen[3]

Aufgrund der Doppelfunktion[4] der Polizei, einerseits präventiv zur Gefahrenabwehr, anderseits repressiv zur Strafverfolgung beauftragt zu sein, stellt sich bei Rechtsbehelfen gegen polizeiliche Maßnahmen zunächst die Frage nach dem richtigen Rechtsweg: zu den Verwaltungsgerichten nach § 40 I VwGO iVm Art. 12 I BayPOG oder zu den ordentlichen Gerichten nach §§ 23 ff. EGGVG iVm Art. 12 I BayPOG? In **Klausuren** aus dem Polizeirecht ist daher im Regelfall die Frage des Verwaltungsrechtsweges **zu problematisieren**. 6a

Die Beantwortung der Frage nach dem richtigen Rechtsweg hängt davon ab, in welchem Bereich die Polizei tätig geworden ist. Dabei ist auf den **Gesamteindruck der Maßnahme** abzustellen.[5] Ist dieser präventiv, so ist der Verwaltungsrechtsweg nach § 40 I VwGO gegeben, ist dieser repressiv, so ist der Rechtsweg zu den ordentlichen Gerichten nach §§ 23 ff. EGGVG einschlägig. Besteht Unklarheit darüber, ob eine Maßnahme der (präventiven) Gefahrenabwehr oder der (repressiven) Strafverfolgung gedient hat, und kann sie ihrem Charakter nach grundsätzlich auf jedem der beiden Gebiete erfolgt sein (**doppelfunktionale Maßnahme**), so ist nach hM[6] auf den **Schwerpunkt der Maßnahme** abzustellen und dementsprechend der Rechtsweg zu bestimmen.[7] Die Frage, ob die Polizei zur Gefahrenabwehr (also präventiv) oder zur Strafverfolgung (also repressiv)[8] tätig geworden ist, unterliegt dabei nach hM einer funktionellen Betrachtungsweise. Soweit der Grund des polizeilichen Handelns dem Betroffenen nicht selbst von der Polizei genannt wurde, ist für die Abgrenzung der beiden Aufgabenbereiche maßgebend, wie sich der konkrete Sachverhalt **einem verständigen Bürger in der Lage des Betroffenen bei natürlicher Betrachtungsweise** darstellt (sog. objektivierte Sicht des von der Maßnahme Betroffenen).[9] Dabei muss der Sachverhalt im Allgemeinen **einheitlich** betrachtet wer- 6b

2 Art. 12 I BayPOG ist dabei nicht als abdrängende Sonderzuweisung anzusehen, da er nicht die Entscheidung einer Gerichtsbarkeit zuordnet, sondern lediglich die Anwendbarkeit der VwGO klarstellt, sodass sich eine Prüfung der Voraussetzungen des § 40 VwGO anschließen muss.

3 S. hierzu ausführlich Schenke NJW 2011, 2838 (2841 f.) sowie Schmidbauer/Steiner BayPOG Art. 12 Rn. 12–36.

4 S. dazu etwa Trurnit JURA 2019, 258 (260).

5 VGH München NVwZ 1986, 655.

6 ZB BVerwGE 47, 245 (265) = BeckRS 1974, 30425340; VGH Mannheim NVwZ-RR 2005, 540; VGH München BayVBl. 2010, 220; OVG HH NördÖR 2019, 40 Rn. 18; VG Augsburg BeckRS 2020, 32592 Rn. 18; OVG Bautzen BeckRS 2021, 42714 Rn. 12; Eyermann/Rennert VwGO § 40 Rn. 130; Knemeyer, Polizei- und Ordnungsrecht, 11. Aufl. 2007, Rn. 122; Wolff/Decker/Wolff VwGO § 40 Rn. 73; Möstl DVBl. 2010, 808, 814 (815); ausführlich auch Schmidbauer/Steiner BayPOG Art. 12 Rn. 12; aA Kopp/Schenke/W.-R. Schenke VwGO § 179 Rn. 7: Es kommt auf die von der Polizei mit der Maßnahme verfolgte Zielsetzung an, die bei der Überprüfung der Rechtmäßigkeit ohnehin zu berücksichtigen sei.

7 Nach anderer Ansicht soll der Kläger in diesen Fällen die Wahl haben, den Rechtsweg entweder zu den ordentlichen Gerichten oder zu den Verwaltungsgerichten zu beschreiten (zB Götz NVwZ 1994, 652 [658]); das angegangene Gericht habe dann die Rechtmäßigkeit der angegriffenen Maßnahme unter den Gesichtspunkten sowohl der Strafverfolgung als auch der Gefahrenabwehr zu prüfen.
Nach wieder aA (zB Schenke NJW 2011, 2838; Schenke, Polizei- und Ordnungsrecht, 6. Aufl. 2009, Rn. 423, 424) habe der Betroffene bei doppelfunktionalen Maßnahmen kumulativ den Rechtsweg sowohl zu den ordentlichen Gerichten als auch zu den Verwaltungsgerichten zu beschreiten. Die ordentlichen Gerichte würden nur die Vereinbarkeit der Maßnahmen mit der StPO, die Verwaltungsgerichte die mit dem öffentlichen Polizeirecht prüfen.
Aus klausurtaktischen Gründen wird empfohlen, der hM (Schwerpunkttheorie) zu folgen.

8 Hat die Polizei die Ermittlungen an die Staatsanwaltschaft oder das Amtsgericht weitergeleitet (§ 163 II StPO) oder auf Weisung der Staatsanwaltschaft gehandelt, besteht am repressiven Charakter ihres Einschreitens kein vernünftiger Zweifel; vgl. OVG HH NördÖR 2019, 40 Rn. 19 mwN.

9 Grundlegend BVerwGE 47, 255 = NJW 1975, 893; s. auch BVerwG NVwZ 1991, 570; BVerwG VGH München BayVBl.1986, 337; BayObLG BayVBl.1990, 347; OVG HH NördÖR 2019, 40 Rn. 19; Schmidbauer/Steiner BayPOG Art. 12 Rn. 12; Berner/Köhler/Käß BayPAG Art. 11–29 Rn. 20; Heinze/Sahan JA 2007, 805.

den, soweit nicht einzelne Teile **objektiv abtrennbar** sind.[10] Es ist daher in jedem Fall gesondert zu prüfen, auf welchem der beiden Gebiete die angegriffene polizeiliche Maßnahme erfolgte. Aufgrund der einheitlichen Betrachtungsweise eines Sachverhaltes beurteilen sich dann alle Maßnahmen entweder nach BayPAG oder nach StPO, es sei denn, einzelne Teile sind objektiv abtrennbar[11]. Trägt eine Befugnisnorm aus dem einen Bereich (zB BayPAG) die Maßnahme nicht, ist es unzulässig, auf eine Befugnisnorm aus dem anderen Bereich (zB StPO) zurückzugreifen. Die Maßnahme ist dann rechtswidrig.

6c Im Fall des Klägers deutet schon der Erlass eines Kostenbescheids auf eine präventive Zielsetzung der Polizei hin, denn eine Kostenerhebung der Polizei erfolgt nur im präventiven Bereich, während im repressiven Bereich eine Kostenpflicht nur im gerichtlichen Verfahren besteht (vgl. §§ 464 ff. StPO). Im Übrigen verfolgte Fleißig mit der Anordnung des Umsetzens des Porsche des Klägers keine repressiven Ziele, etwa die Verfolgung einer Ordnungswidrigkeit, sondern handelte präventiv, um die Gefahr der Blockade der Parkbucht Nr. 5 abzuwehren. Der Kostenbescheid ist daher nicht vor den ordentlichen Gerichten gem. § 23 I EGGVG, Art. 12 I BayPOG anzufechten. Vielmehr ist die Kostenrechnung vom 21.1.2022 dem präventiven Bereich zuzuordnen, womit der Rechtsweg zu den Verwaltungsgerichten gegeben ist.

7 **b)** Die Kostenrechnung vom 21.1.2022 ist (unproblematisch) ein Verwaltungsakt gem. Art. 35 S. 1 BayVwVfG.

8 **c)** Die Kostenrechnung vom 21.1.2022 hat sich auch nicht durch die am 25.1.2022 erfolgte Zahlung von 200 EUR erledigt.

Nach ganz hM[12] hat sich ein Verwaltungsakt dann erledigt, wenn die sich aus ihm ergebende und mit der Klage bekämpfte Beschwer nachträglich weggefallen ist, wenn also der Verwaltungsakt nicht mehr geeignet ist, rechtliche Wirkungen zu erzeugen oder wenn die Steuerungsfunktion, die ihm ursprünglich innewohnte, nachträglich entfallen ist.[13] Erledigung ist mithin dann gegeben, wenn die Vollzugsfolgen des Verwaltungsakts nicht mehr rückgängig gemacht werden können, bzw. mit Blick auf § 43 VwVfG, wenn „der einer Vollziehung fähige Regelungsgehalt des Verwaltungsakts" gegenstandslos geworden ist.[14] Hiervon kann jedenfalls solange keine Rede sein, wie der mit der behördlichen Maßnahme erstrebte Erfolg noch nicht endgültig eingetreten ist. Der bloße Vollzug des Verwaltungsakts, und sei es auch im Wege des Verwaltungszwanges, der noch rückgängig gemacht werden kann, reicht daher nicht aus,[15] wie auch § 113 I 2 VwGO zeigt. Folglich erledigt sich etwa ein Beitragsbescheid grundsätzlich nicht mit der Zahlung des geschuldeten Betrages, denn der Geldbetrag kann nach Aufhebung des Verwaltungsakts im Wege der Folgenbeseitigung (§ 113 I 2 VwGO) zurückgezahlt werden.[16]

Im vorliegenden Fall hat der Kläger zwar die Kostenrechnung vom 21.1.2022 bezahlt. Die Geldzahlung kann jedoch jederzeit rückgängig gemacht werden, womit kein Fall der Erledigung vorliegt.

9 **d)** Ein Vorverfahren nach §§ 68 ff. VwGO war gem. Art. 15 I, II BayAGVwGO nicht durchzuführen. Dass der Kläger gleichwohl – entsprechend der Belehrung im Kostenbescheid – Widerspruch erhoben hat, ist für die Zulässigkeit der Klage irrelevant.

10 StRspr vgl. zB BVerwG NJW 1975, 893; VGH Mannheim DÖV 1989, 171; BayObLG BayVBl. 1990, 347; VGH München BayVBl. 1993, 429; OVG HH NördÖR 2019, 40 Rn. 19.
11 OVG HH NördÖR 2019, 40 Rn. 19
12 Vgl. statt aller Kopp/Schenke/W.-R. Schenke VwGO § 113 Rn. 101 ff. sowie BeckOK VwGO/Decker VwGO § 113 Rn. 84.
13 BVerwG BayVBl. 2009, 184 (185) mwN; BauR 1999, 733 mwN.
14 Erichsen JURA 1994, 476 (479).
15 BVerwG BayVBl. 2009, 184; s. zum Problem auch Labrenz NVwZ 2010, 22.
16 BVerwG NVwZ 1984, 168; BauR 1999, 733; DVBl. 1998, 898; Wolff/Decker/Wolff VwGO § 113 Rn. 92 ff.

Hinweis: Soweit in anderen Bundesländern das Widerspruchsverfahren nicht abgeschafft ist, scheitert die Klage nicht am fehlenden Widerspruchsverfahren, denn Dr. Hübbers hat form- und fristgerecht[17] Widerspruch eingelegt. Dass die in § 75 S. 2 VwGO für den Regelfall vorgesehene 3-Monats-frist derzeit noch nicht abgelaufen ist, ist unschädlich, denn weigert sich – wie hier – die Behörde in der Sache zu entscheiden, ist die Untätigkeitsklage sofort zulässig.[18]

e) Schließlich ist der Kläger als Adressat eines ihn belastenden Verwaltungsakts auch klagebefugt gem. § 42 II VwGO iVm Art. 2 I GG. 10

f) Die Klagefrist nach § 74 I 2 VwGO ist gewahrt.[19] Die Kostenrechnung vom 21.1.2022 wurde dem Kläger (wohl) am 22.1.2022 (einem Samstag) zugestellt, womit die Klagefrist gem. § 57 II VwGO iVm § 222 I ZPO iVm § 188 Abs. 2 BGB frühestens am 22.2.2022 (Dienstag) abläuft.[20] 10a

2. Die Anfechtungsklage ist begründet. 11

a) Richtiger Klagegegner ist der Freistaat Bayern als Träger der Polizei (§ 78 I Nr. 1 VwGO iVm Art. 1 II BayPOG). 12

b) Der angefochtene Verwaltungsakt ist rechtswidrig und verletzt den Kläger in seinen Rechten (§ 113 I 1 VwGO). Folglich sind ihm vom Beklagten die bereits gezahlten 200 EUR wieder zu erstatten (§ 113 I 2 VwGO). 13

Nach dem Grundsatz vom Vorbehalt des Gesetzes (Art. 20 III GG analog) bedarf es für den Erlass eines belastenden Verwaltungsakts einer Rechtsgrundlage. Welche Vorschriften als Rechtsgrundlage für den Kostenbescheid einschlägig sind, richtet sich dabei nach der Art der Verfügung, für welche die Kosten zu zahlen sind. Bei polizeilichen Abschleppmaßnahmen kommen prinzipiell zwei verschiedene Grundverfügungen infrage:[21]

- eine Sicherstellung nach Art. 25 BayPAG sowie
- eine atypische Maßnahme gem. Art. 11 I, II BayPAG (sog. Versetzen).

Unter Zugrundelegung der Rechtsprechung des BayVGH[22] ist vorliegend von einer Umsetzung nach Art. 11 II 1 Nr. 3 BayPAG auszugehen, weil der Porsche nicht auf eine polizeiliche Verwahrstelle gebracht wurde (also in amtlichen Gewahrsam), sondern innerhalb des Besucherparkplatzes lediglich auf einen anderen Parkplatz verbracht worden ist.

Rechtsgrundlage für die Erhebung der Kosten der Umsetzmaßnahme kann folglich nur Art. 9 II, 11 II 1 Nr. 3 BayPAG iVm Art. 1 I, 3 I Nr. 10, 10 X Nr. 5 KG, § 1 Nr. 2 PolKV sein. Indessen liegen die Voraussetzungen dieser Normen nicht vor. 13a

Voraussetzung einer jeden Kostenerhebung ist zunächst, dass die Maßnahme, die der Kostenerhebung zugrunde liegt, rechtmäßig erfolgt ist, wobei die dogmatische Herleitung dieses Grundsatzes strittig ist: 13b

- Nach einem Teil der Literatur[23] ist die Fehlerlosigkeit des Verwaltungshandelns ein dogmatisch im Wege teleologischer Reduktion herzuleitendes ungeschriebenes Tatbestandsmerkmal des Kostenbescheids, welches aus dem Rechtsstaatsprinzip gem. Art. 20 III GG,

17 Da Dr. Hübbers den Widerspruch zeitnah zur Bekanntgabe der Kostenrechnung erhob, erübrigen sich insofern weitere Ausführungen, insbesondere ist es nicht erforderlich, die Widerspruchsfrist zu berechnen.

18 Kopp/Schenke/W.-R. Schenke VwGO § 75 Rn. 12, 15 mwN.

19 Soweit nach Landesrecht das Widerspruchsverfahren nicht ausgeschlossen ist, erübrigt sich dieser Punkt, weil dann eine Untätigkeitsklage nach § 75 VwGO vorliegt, die nicht fristgebunden ist.

20 Es ist daher unschädlich, dass der zunächst vom Kläger erhobene Widerspruch die Frist nicht gewahrt hat, weil es sich hierbei um den falschen Rechtsbehelf gehandelt hat. Da die Kostenrechnung vom 21.1.2022 aber offensichtlich eine falsche Rechtsmittelbelehrung enthielt (Widerspruch statt Klage), gilt zudem gem. § 58 II VwGO diesbezüglich eine Jahresfrist.

21 BHKM BayÖffR/Heckmann 3. Teil Rn. 545 ff.

22 VGH München BayVBl. 1984, 559; NJW 1989, 245; BayVBl. 1991, 433; VGH München BeckRS 2009, 43444; VGH München BayVBl. 2010, 471; VGH München BeckRS 2013, 55288; VGH München BayVBl. 2015, 238; VGH München BeckRS 2014, 48595.

23 BHKM BayÖffR/Heckmann 3. Teil Rn. 423 ff.

Art. 3 I Var. 1 BV folgt, das gebietet, ein fehlerhaftes Verwaltungshandeln nicht zu vergüten, sondern soweit wie möglich zu korrigieren.

- Nach aA[24], die insbesondere der BayVGH[25] vertritt, lässt sich dieser Gedanke auch einfachgesetzlich an Art. 16 V KostG fest machen, der nach Art. 9 II bzw. Art. 93 S. 1 BayPAG zur Anwendung kommt.

Im Fall des Klägers ist die polizeiliche Umsetzungsmaßnahme vom 18.1.2022 jedenfalls materiell rechtswidrig.

13c aa) Für die Polizei war schon der Aufgabenbereich gem. Art. 2 I BayPAG nicht *eröffnet.*

14 Nach Art. 2 I BayPAG hat die Polizei die Aufgabe, die allgemein oder im Einzelfall bestehenden Gefahren für die öffentliche Sicherheit oder Ordnung abzuwehren. Eine Gefahr[26] ist gegeben, wenn eine Sachlage oder ein Verhalten bei ungehindertem Ablauf des objektiv zu erwartenden Geschehens mit Wahrscheinlichkeit ein polizeilich geschütztes Rechtsgut schädigen wird.[27] Wie sich aus dem Wortlaut des Art. 2 I BayPAG („... die allgemein ... bestehenden Gefahren) ergibt, genügt für die Eröffnung des Aufgabenbereiches des Art. 2 I BayPAG bereits das Vorliegen einer **abstrakten Gefahr**[28]. Eine Gefahr ist abstrakt, wenn bei bestimmten Arten von Verhaltensweisen oder Zuständen nach allgemeiner Lebenserfahrung oder fachlichen Erkenntnissen mit hinreichender Wahrscheinlichkeit ein Schaden für die (polizeilichen) Schutzgüter im Einzelfall einzutreten pflegt[29] und daher Anlass besteht, diese Gefahr mit abstrakt-generellen Mitteln zu bekämpfen.

15 Im vorliegenden Fall ist problematisch, dass aus Ex-post-Sicht gar keine Gefahr bestanden hat, weil Dreist das Halteverbotsschild eigenmächtig verrückt hatte, sodass es nicht mehr von der verkehrsrechtlichen Anordnung gedeckt gewesen ist. Der Porsche meines Mandanten war tatsächlich ordnungsgemäß geparkt. Allerdings ist insoweit zuzugestehen, dass die öffentliche Sicherheit und Ordnung nicht aufrechterhalten werden könnte, wenn die Polizei stets und erst dann zu einem Einschreiten berechtigt wäre, nachdem sie das objektive Vorhandensein einer Gefahr mit völliger Sicherheit festgestellt hat.[30] Hieraus resultiert das Problem, dass die Polizei einschreitet, obwohl gar keine Gefahr vorliegt, weil die der polizeilichen Gefahrenprognose zugrunde liegende Lagebeurteilung, die aus **Ex-ante-Sicht** zu erfolgen hat,[31] von der wirklichen Sachlage abweicht, mit der Folge, dass die polizeiliche Maßnahme rechtswidrig sein könnte. Die hM beurteilt diese Fälle wie folgt: Stellt sich die Sachlage dem Polizeibeamten und einem objektiven Beobachter als Gefahr dar, obwohl tatsächlich keine Gefahr besteht (sog. **Anscheinsgefahr**[32]), so liegt gleichwohl eine Gefahr im polizeirechtlichen Sinne vor.[33] Stellt sich dagegen die Situation nur für den handelnden Polizeibeamten, nicht aber auch für einen objektiven Beobachter als Gefahr dar und besteht tatsächlich keine Gefahr (sog. **Putativgefahr**), so ist die polizeiliche Maßnahme rechtswidrig. Besteht schließlich die **bloße Möglichkeit** (der **Verdacht**) einer Gefahr, so ist die Polizei nicht zur Untätigkeit verurteilt, sondern kann eingreifen. Allerdings muss sich das Einschreiten der Polizei auf vorläufige Maßnahmen für die Zeitspanne beschränken, bis über das Vorliegen oder Nichtvorliegen einer Gefahr Klarheit geschaffen ist.[34]

16 Im vorliegenden Fall ging Fleißig davon aus, dass der Wagen meines Mandanten im Halteverbot abgestellt ist und die Bauarbeiten behindert. Bestärkt wurde er durch die entsprechenden Äußerungen des Dreist. Damit stellte sich zwar die Situation für den Fleißig als Gefahr dar, nicht jedoch für einen objektiven Beobachter, denn zum einen wurde Fleißig von Dreist be-

24 Vgl. Berner/Köhler/Käß BayPAG Art. 76 Rn. 6.
25 VGH München BayVBl. 2009, 21 mit Hinweis auf das Rechtsstaatsprinzip.
26 Allgemein zum Gefahrenbegriff im Polizeirecht: Pils DÖV 2008, 941; Brandt/Smeddinck JURA 1994, 225; siehe auch Meyer JURA 2017, 1259.
27 BVerwGE 45, 51 (57) = NJW 1974, 807.
28 S. zum Problem auch Funke/Kraus BayVBl. 2018, 725.
29 Statt vieler: VGH München BayVBl. 2021, 751 (752).
30 Vgl. zB VG Münster NVwZ 1983, 238.
31 VGH München BeckRS 2011, 30476 Rn. 10; BHKM BayÖffR/Heckmann 3. Teil Rn. 135.
32 S. hierzu etwa Schenke JuS 2018, 505.
33 BHKM BayÖffR/Heckmann 3. Teil Rn. 137.
34 BVerwG NJW 1972, 458; OVG Münster DVBl 1979, 733.

wusst getäuscht, indem Letzterer das Halteverbotsschild eigenmächtig verrückte und Fleißig Glauben machte, der Wagen des Klägers würde die Bauarbeiten behindern. Zudem hätte Fleißig sich entweder von Dreist die verkehrsrechtliche Anordnung zeigen lassen müssen (dann hätte er unschwer feststellen können, dass das Verkehrszeichen falsch steht) oder aber er hätte sich durch einen Anruf bei der zuständigen Straßenverkehrsbehörde über den Umfang der entsprechenden Anordnung Kenntnis verschaffen können; beides hat er nicht getan. Zum anderen war das Halteverbotsschild einen Tag vor seinem Inkrafttreten ordnungsgemäß aufgestellt worden. In dieser Zeit ist es mit Sicherheit – aufgrund der starken Frequentierung des Besucherparkplatzes – von zahlreichen Fahrzeugführern wahrgenommen worden, weil am 18.1.2022 in den Parkbuchten Nr. 1 bis Nr. 4 kein Fahrzeug mehr abgestellt war. Stellte sich also die Situation für einen objektiven Beobachter nicht als Gefahr dar und lag tatsächlich auch keine Gefahr vor, so war nur eine **Putativgefahr** gegeben. Wie ausgeführt, genügt diese aber nicht, um den Aufgabenbereich nach Art. 2 I BayPAG zu eröffnen. War aber schon der Aufgabenbereich nicht eröffnet, so war die Umsetzungsmaßnahme schon aus diesem Grund rechtswidrig.[35]

bb) Aber selbst wenn zugunsten des Beklagten unterstellt wird, dass vorliegend eine Anscheinsgefahr gegeben war, damit der Aufgabenbereich eröffnet gewesen ist, sich die Maßnahme auf Art. 11 II 1 Nr. 3 BayPAG stützen ließe und unmittelbar ausgeführt werden durfte sowie auch sonst verhältnismäßig war, was das Gericht in eigener Zuständigkeit prüfen möge,[36] ist die Belastung des Klägers mit den Kosten für die Maßnahme diesem gegenüber nicht gerechtfertigt. 17

(1) Gemäß Art. 9 II BayPAG können Kosten nur von den nach Art. 7 und 8 BayPAG Verantwortlichen erhoben werden. Bei der Auswahl des in Anspruch zu nehmenden Störers steht der Polizei ein Ermessen zu.[37] In diesem Zusammenhang ist zu beachten, dass der Kläger – wenn überhaupt – so doch nur Anscheinsstörer war, während Dreist der eigentliche Verhaltensverantwortliche ist, sodass schon unter diesem Gesichtspunkt die Kostenerhebung beim Kläger unzulässig war, weil die Kosten von Dreist hätten erhoben werden müssen. Darüber hinaus ist umstritten, ob die Person, die für eine Anscheinsgefahr verantwortlich ist, überhaupt eine persönliche Kostenschuld trifft.[38] Ein Teil der Rechtsprechung bejaht nur dann eine persönliche Kostenpflicht des Anscheinsstörers, wenn er die Anscheinsgefahr schuldhaft verursacht hat. Nur bei Vorsatz oder Fahrlässigkeit sei dem Veranlasser die Amtshandlung iSd Kostenrechts zurechenbar.[39] Da der Kläger weder vorsätzlich noch fahrlässig die Anscheinsgefahr verursacht hat, kann er dementsprechend nicht mit Kosten belastet werden, weshalb der Kostenbescheid rechtswidrig ist. 17a

(2) Aber selbst wenn vorstehender Auffassung nicht gefolgt werden sollte, so ist beim Anscheinsstörer jedenfalls nach Art. 93 S. 5 BayPAG von der Kostenerhebung abzusehen, weil diese ihm gegenüber unbillig, weil unverhältnismäßig wäre.[40] 18

Gemäß Art. 93 S. 5 BayPAG kann von der Erhebung von Kosten abgesehen werden, soweit sie der Billigkeit widerspricht. Eine Kostenerhebung ist dann unbillig, wenn sie dem Gerechtigkeitsempfinden widerspricht und sich als unverhältnismäßige Härte darstellt.[41] Die Norm dient daher der Herstellung von Einzelfallgerechtigkeit.[42] Dabei ist anerkannt, dass im Falle einer Anscheinsgefahr die Kostenerhebung beim Anscheinsstörer regelmäßig unbillig ist. So 19

35 AA, also dass eine Anscheinsgefahr gegeben ist, erscheint ebenso vertretbar. Da es sich um einen Klageschriftsatz handelt, wäre es aber prozesstaktisch unklug, dies an dieser Stelle bereits einzuräumen. Da Dr. Bierschneider natürlich auch das Problem erkannt hat, baut er im Folgenden eine zweite „Angriffslinie" auf.

36 S. hierzu im Anschreiben an Dr. Hübbers.

37 BHKM BayÖffR/Heckmann 3. Teil Rn. 567.

38 Schmidbauer/Steiner BayPAG Art. 93 Rn. 34.

39 Schmidbauer/Steiner BayPAG Art. 93 Rn. 34 mit Verweis auf VGH München BayVBl. 1974, 342, dem sich allerdings eine entsprechende Aussage nicht entnehmen lässt; s. auch Berner/Köhler/Käß BayPAG Art. 76 Rn. 6 mit Hinweis auf VGH München BayVBl. 1995, 760.

40 Schmidbauer/Steiner BayPAG Art. 93 Rn. 34; Berner/Köhler/Käß BayPAG Art. 76 Rn. 6.

41 VGH München BeckRS 2000, 24276.

42 VGH München BayVBl. 2009, 21; Schmidbauer/Steiner BayPAG Art. 93 Rn. 45.

ist es auch im Fall des Klägers. Dies gilt umso mehr, als das klägerische Fahrzeug völlig ordnungsgemäß geparkt war und nur durch das Dazwischentreten des Dreist zu einer Anscheinsgefahr wurde.

20 Des Weiteren ist zu berücksichtigen, dass im Falle des nachträglichen Errichtens von Halteverbotsschildern, wenn diese nicht rechtzeitig vorher angekündigt worden sind, zwar die polizeiliche Umsetzungsmaßnahme rechtmäßig sein kann, die Belastung des Fahrers oder Halters mit den Kosten der Umsetzungsmaßnahme aber unverhältnismäßig und damit unbillig ist.[43] Wann eine solche Maßnahme „nicht rechtzeitig angekündigt ist", ist in der Rechtsprechung des BVerwG[44] geklärt. Danach ist eine kostenrechtliche Inanspruchnahme des Fahrzeugverantwortlichen erst am vierten Tag nach der Aufstellung des Halteverbotszeichens möglich. Das gilt insbesondere dann, wenn ein Fahrzeug ursprünglich ordnungsgemäß und erlaubt geparkt wurde und sich die Verkehrslage durch das Aufstellen neuer Verkehrszeichen erst nachträglich ändert. Die Rechtsordnung gewährt zwar grundsätzlich keinen Schutz der allgemeinen Erwartung, die geltende Rechtslage werde zukünftig unverändert fortbestehen. Knüpfen künftige Rechtsfolgen aber an zurückliegende Sachverhalte an, muss das betätigte Vertrauen des Einzelnen auf die Fortgeltung der Rechtslage unter Wahrung des Verhältnismäßigkeitsgrundsatzes berücksichtigt werden.[45] Die hierfür vorzunehmende Abwägung hat einerseits die berechtigten Interessen des Fahrzeugverantwortlichen in den Blick zu nehmen. Grundsätzlich ist das Parken von zugelassenen und betriebsbereiten Fahrzeugen auch dauerhaft und auf öffentlichem Straßengrund erlaubt. Hierauf sind insbesondere diejenigen Fahrzeughalter angewiesen, die nicht über eine eigene Garage oder einen privaten Stellplatz verfügen. Auch der ruhende Verkehr ist vom Gemeingebrauch erfasst und straßenverkehrsrechtlich zugelassen. Andererseits muss ein Verkehrsteilnehmer stets mit Situationen rechnen, die eine kurzfristige Änderung der bestehenden Verkehrsregelungen erforderlich machen. Das Vertrauen in die Möglichkeit des dauerhaften Parkens eines Fahrzeugs an einer konkreten Stelle im öffentlichen Verkehrsraum ist wegen der im Straßenverkehr erforderlichen gegenseitigen Rücksichtnahme (§ 1 Abs. 1 StVO) von vornherein beschränkt. Der Fahrzeugverantwortliche ist als Inhaber der Sachherrschaft über das an der betreffenden Stelle geparkte Fahrzeug verpflichtet, angemessene Vorsorge für den Fall einer Änderung der Verkehrslage zu treffen.[46] Bei der Berechnung der Vorlaufzeit hat im Interesse der Rechtsklarheit und einer praktikablen Handhabung, eine Differenzierung nach Wochentagen oder Ferienzeiten grundsätzlich zu unterbleiben. Auch an Sonn-, Feier- oder Ferientagen kommt der Straßenverkehr nicht zum Erliegen; teilweise gestaltet sich die Parkplatzsituation in diesen Zeiten vielmehr als besonders problematisch. Aus denselben Gründen findet auch eine stundenscharfe Berechnung nicht statt.[47]

20a Die Aufstellung des Verkehrszeichens ist deshalb maßgeblich, weil nach der Rechtsprechung des BVerwG ein mobiles Haltverbotsschild wie jedes andere Verkehrs-zeichen einen Verwaltungsakt in der Form der Allgemeinverfügung im Sinne des Art. 35 S. 2 BayVwVfG darstellt. Es enthält nicht nur das Verbot, an der gekennzeichneten Stelle zu halten, sondern zugleich ein - entsprechend § 80 Abs. 2 S. 1 Nr. 2 VwGO sofort vollziehbares - Wegfahrgebot für unerlaubt haltende Fahrzeuge.[48] Die Bekanntgabe erfolgt nach den bundesrechtlichen Vorschriften der Straßenverkehrs-Ordnung durch Aufstellung des Verkehrszeichens (vgl. § 39 Abs. 1, § 45 Abs. 4 StVO); dies ist eine besondere Form der öffentlichen Bekanntgabe.[49] Sind Verkehrszeichen so aufgestellt oder angebracht, dass sie ein durchschnittlicher Kraftfahrer bei Einhaltung der nach § 1 StVO erforderlichen Sorgfalt schon „mit einem raschen und beiläufigen Blick" erfassen kann, so äußern sie ihre Rechtswirkung gegenüber jedem von der Regelung betroffenen Verkehrsteilnehmer, gleichgültig, ob er das Verkehrszeichen tatsächlich wahrnimmt oder nicht. Sie entfalten ihre Rechtswirkungen für den Halter deshalb auch dann,

43 BVerwGE 102, 306 = BayVBl. 1997, 377; VGH München BeckRS 2001, 25296 mwN.
44 BVerwGE 162, 146 = NJW 2018, 2910 – **lesenswert**; s. auch Hebeler JA 2019, 398.
45 BVerwGE 162, 146 = NJW 2018, 2910 Rn. 21 mwN.
46 BVerwGE 102, 316 (320) Rn. 22 f. mwN = NJW 1997, 1021.
47 BVerwGE 162, 146 = NJW 2018, 2910.
48 BVerwG Buchholz 310 § 86 Abs. 1 VwGO Nr. 255 S. 87 f.
49 BVerwGE 154, 365 Rn. 16 = BeckRS 2016, 49045.

wenn die Verkehrsregelung in dem Zeitpunkt noch nicht bestand, als das Fahrzeug abgestellt wurde.[50] Bei Verkehrszeichen, die den ruhenden Verkehr regeln, gehört zu der nach § 1 StVO erforderlichen Sorgfalt des Fahrers eine einfache Umschau nach dem Verlassen seines Fahrzeugs.[51] Danach ist eine kostenrechtliche Inanspruchnahme des Fahrzeugverantwortlichen erst am vierten Tag nach der Aufstellung des Halteverbotszeichens möglich.

Im Fall des Klägers erging die Anordnung am 17.1.2022 (mit Wirkung ab 18.1.2022); an diesem Tag wurden auch die Verkehrsschilder aufgestellt. Damit ist aber die genannte Frist von drei vollen Tagen nicht eingehalten worden. Infolgedessen müsste nach der Rechtsprechung von einer Kostenerhebung gegenüber dem Kläger selbst dann abgesehen werden, wenn auch die Parkbucht Nr. 5, in der der Wagen des Klägers geparkt war, von der verkehrsrechtlichen Anordnung erfasst gewesen wäre. Da sie dies tatsächlich nicht war, vielmehr der Porsche des Klägers auch nach Ergehen der verkehrsrechtlichen Anordnung völlig ordnungsgemäß geparkt war, muss erst recht von einer Kostenerhebung abgesehen werden. Letztlich darf nicht unberücksichtigt bleiben, dass vorliegend die Allgemeinheit nicht auf den Kosten „sitzen bleibt", sondern diese von Dreist als Handlungsstörer verlangen kann. Dementsprechend muss von einer Kostenerhebung gegenüber dem Kläger jedenfalls nach Art. 93 S. 5 BayPAG abgesehen werden. Einen Ermessensspielraum hat der Beklagten dabei nicht mehr (sog. Ermessensreduzierung auf null). 20b

Der Kostenbescheid ist damit rechtswidrig und verletzt den Kläger als Adressat in seinen Rechten (Art. 2 I GG), womit er aufzuheben ist. 20c

cc) Aus der Aufhebung des angefochtenen Bescheides vom 21.1.2022 folgt über § 113 I 2 VwGO iVm dem allgemeinen öffentlich-rechtlichen Erstattungsanspruch[52] der Anspruch des Klägers auf Rückerstattung der von ihm bezahlten 200 EUR. 21

II. Zu Klageantrag Ziffer 2 22

1. Die Klage ist als **Fortsetzungsfeststellungsklage** analog § 113 I 4 VwGO zulässig. 23

a) Der Verwaltungsrechtsweg nach § 40 I 1 VwGO iVm Art. 12 I BayPOG ist gegeben. Die Polizei ist bei der Überprüfung des Klägers im präventiv-polizeilichen Bereich, also zu Zwecken der Gefahrenabwehr tätig geworden, und nicht um Straftaten zu verfolgen (Repressivbereich, §§ 23 ff. EGGVG). Das ergibt sich eindeutig aus der Zielrichtung der Maßnahmen, wie sie dem Kläger mitgeteilt worden ist (Verhinderung der unzulässigen Veröffentlichung von Foto- und Filmaufnahmen von Polizisten im Einsatz). Für etwaige Straftaten des Klägers fehlte es im Übrigen an jeglichem Anhaltspunkt. 24

b) Statthafte Klageart ist die Fortsetzungsfeststellungsklage **analog § 113 I 4 VwGO**, weil sich die Maßnahme des Patzig, die einen Verwaltungsakt iSv Art. 35 S. 1 BayVwVfG darstellt, mit ihrem Vollzug – und damit vor Klageerhebung – erledigt hat und eine Anfechtungsklage dementsprechend mangels Rechtsschutzbedürfnisses unzulässig wäre. 25

§ 113 I 4 VwGO erfasst vom Wortlaut zwar nur den Fall, dass sich ein Verwaltungsakt nach Klageerhebung erledigt. Nicht direkt anwendbar ist die Norm daher in den Fällen, in denen sich der Verwaltungsakt mit seinem Vollzug, innerhalb offener Widerspruchs- oder Klagefrist, nach Erhebung des Widerspruchs, aber vor Ergehen des Widerspruchsbescheids, bzw. nach Ergehen des Widerspruchsbescheides in offener Klagefrist erledigt. Von der herrschenden Meinung wird auf diese Konstellation aber § 113 I 4 VwGO analog angewendet,[53] weil der Zeitpunkt, in dem die Erledigung eintritt, häufig zufällig ist und nur durch eine Analogie zu § 113 I 4 VwGO eine sonst bestehende – und im Hinblick auf Art. 19 IV GG unzulässige – 26

50 BVerwGE 102, 316 (318 f.) = NJW 1997, 1021.

51 BVerwGE 154, 365 Rn. 19 = BeckRS 2016, 49045; s. hierzu auch die Besprechung von Hebeler JA 2016, 957.

52 Einzelheiten hierzu s. bei Wolff/Decker/Wolff VwGO § 113 Rn. 59–72.

53 StRspr, vgl. BVerwGE 12, 87 (90) = NJW 1961, 2077; BVerwGE 26, 161 (165) = BeckRS 1967, 103941; BVerwGE 36, 39 = NJW 1970, 2176; BVerwGE 81, 226 (227) = NJW 1989, 2486; s. auch Schoch/Schneider/Gerhardt VwGO § 113 Rn. 97, der jedoch unter Rn. 99 die allgemeine Feststellungsklage bevorzugt; Kopp/Schenke/W.-R. Schenke VwGO § 113 Rn. 128; Eyermann/Schmidt VwGO § 113 Rn. 72.

Rechtsschutzlücke geschlossen werden kann.[54] Soweit sich aus der Entscheidung des BVerwG vom 14.7.1999[55] etwas anderes ergibt, ist die Entscheidung vereinzelt geblieben und hat in späteren Entscheidungen des BVerwG keine weitere Gefolgschaft gefunden.

27 **aa)** Die Überprüfung des Klägers stellt unproblematisch einen Verwaltungsakt gem. Art. 35 S. 1 BayVwVfG dar.[56]

28 **bb)** Dieser Verwaltungsakt hat sich vorprozessual erledigt (zum Begriff der Erledigung s. oben). Die Vollzugsfolgen können nicht mehr rückgängig gemacht werden (die Überprüfung des Klägers ist abgeschlossen). Die Erledigung trat vor Klageerhebung ein und zwar unmittelbar mit ihrem Vollzug.

29 **cc)** Eines Vorverfahrens bedurfte es damit nicht (Art. 15 I, II AGVwGO bzw. Erledigung innerhalb offener Widerspruchsfrist, soweit Widerspruchsverfahren in anderen Bundesländern nicht abgeschafft ist).

30 **dd)** Auch ein besonderes Feststellungsinteresse ist gegeben. Eine Fortsetzungsfeststellungsklage ist nach hM nur dann zulässig, wenn der Kläger zur Zeit der letzten mündlichen Verhandlung bzw. bei Entscheidung ohne mündliche Verhandlung im Zeitpunkt der Entscheidung des Gerichts ein besonderes Feststellungsinteresse hieran hat. Hierzu hat die Rechtsprechung Fallgruppen entwickelt (Rehabilitierungsinteresse, Wiederholungsgefahr, Vorbereitung eines nicht offensichtlich aussichtslosen Amtshaftungsprozesses[57] und besondere Grundrechtsbeeinträchtigungen[58]).

31 Vorliegend besteht jedenfalls eine konkrete Wiederholungsgefahr. Diese setzt die hinreichend bestimmte Gefahr voraus, dass unter im Wesentlichen unveränderten tatsächlichen und recht-

---

54 Zum Teil wird diese Klage als Rechtswidrigkeitsfeststellungsklage bezeichnet; so Göpfert BayVBl. 2000, 300 (304).

55 BVerwGE 109, 203 = NVwZ 2000, 63; vgl. hierzu etwa Hufen JuS 2000, 720; Schenke NVwZ 2000, 1255; Wehr DVBl. 2001, 785; Wehr BayVBl. 2003, 488; ferner Heinze/Sahan JA 2007, 805; Schenke JuS 2007, 697.

56 Vgl. Schmidbauer/Steiner BayPOG § 12 Rn. 62, der davon spricht, dass eine Anordnung der Polizei aufgrund der Befugnisse nach Art. 11 ff BayPAG stets ein Verwaltungsakt sei; dem ist zuzustimmen; die Rechtsprechung lässt die Frage aber zunehmend offen, denn bei Annahme eines Realaktes wäre Rechtsschutz über eine allgemeine Feststellungsklage nach § 43 VwGO gegeben, die ähnlichen Zulässigkeitsanforderungen folgt, wie eine Fortsetzungsfeststellungsklage; s. etwa VGH München BayVBl. 2016, 341 (342).

57 Bei – wie hier – vorprozessual erledigten Verwaltungsakten kann hierauf das Feststellungsinteresse allerdings nicht gestützt werden; s. BVerwG Buchholz 310, § 113 VwGO Nr. 202; BVerwG BeckRS 1996, 31222169 unter ausdrücklicher Bestätigung der Entscheidung vom 9.5.1989; VGH München BayVBl. 1996, 312 = NVwZ-RR 1997, 23; OVG Saarlouisouis NVwZ-RR 1993, 45; aus neuerer Zeit etwa: OVG Münster BeckRS 2020, 32571 Rn. 17.

58 In der Rechtsprechung des BVerwG ist ferner anerkannt, dass ein schutzwürdiges Interesse an der Rechtswidrigkeitsfeststellung nicht nur in Fällen in Betracht kommt, in denen abträgliche Nachwirkungen der erledigten Verwaltungsmaßnahme fortbestehen. Vielmehr kann es auch die Art des Eingriffs, insbesondere im grundrechtlich geschützten Bereich, verbunden mit dem durch Art. 19 Abs. 4 GG garantierten Anspruch auf effektiven Rechtsschutz erfordern, ein Feststellungsinteresse anzuerkennen (BVerwGE 61, 164 (166) = BeckRS 1980, 30424776 unter Bezugnahme auf BVerfGE 51, 268 (279) = NJW 1980, 35; BVerwG Buchholz 421 Kultur- und Schulwesen Nr. 96; s. auch BVerwGE 119, 341 = BeckRS 2004, 21340; BVerwG NZWehrR 2004, 163; BVerwG BeckRS 2008, 143209). Hierzu zählen namentlich Feststellungsbegehren, die polizeiliche Maßnahmen zum Gegenstand haben (vgl. BVerwG NJW 1997, 2534 mwN; s. auch OVG Münster NVwZ 2018, 1497 mAnm Kerkemeyer und Waldhoff JuS 2019, 95). Nach der Rechtsprechung des BVerfG ist es zwar mit dem Gebot, effektiven Rechtsschutz zu gewährleisten, grundsätzlich vereinbar, wenn die Gerichte ein Rechtsschutzinteresse nur solange als gegeben ansehen, als ein gerichtliches Verfahren dazu dienen kann, eine gegenwärtige Beschwer auszuräumen, einer Wiederholungsgefahr zu begegnen oder eine fortwirkende Beeinträchtigung durch einen an sich beendeten Eingriff zu beseitigen. Das Grundrecht auf effektiven Rechtsschutz gebietet es aber, dass der Betroffene Gelegenheit erhält, in Fällen tiefgreifender, tatsächlich jedoch nicht fortwirkender Grundrechtseingriffe auch dann die Rechtmäßigkeit des Eingriffs gerichtlich klären zu lassen, wenn die direkte Belastung durch den angegriffenen Hoheitsakt sich nach dem typischen Verfahrensablauf auf eine Zeitspanne beschränkt, in welcher der Betroffene die gerichtliche Entscheidung kaum erlangen kann. Der verwaltungsgerichtliche Rechtsschutz darf nicht von der weiteren Voraussetzung abhängig gemacht werden, dass an dem Betroffenen ein Exempel statuiert oder sein Ansehen in der Öffentlichkeit herabgesetzt wurde (vgl. BVerfG NVwZ 1999, 290 (291 f.) zum Wasserwerfereinsatz; ferner BVerfGE 96, 27 (39 f.) mwN; BVerwG NVwZ 1999, 991; BVerwGE 61, 164 = BeckRS 1980, 30424776 hinsichtlich der Verwendung eines bestimmten Lesebuches).

lichen Umständen ein gleichartiger Verwaltungsakt ergehen wird.[59] Der Kläger gehört der Interessengemeinschaft „Bürger beobachten die Polizei" an. Als Mitglied des Bürgerforums wird er zukünftig entsprechende Veranstaltungen, wie die in München am 30.1.2022, besuchen, womöglich sogar daran teilnehmen. Er läuft damit Gefahr, insbesondere wenn er sein Handy sichtbar bei sich trägt, erneut kontrolliert zu werden. Damit kann der Kläger wieder in eine zum Vorfall vom 30.1.2022 vergleichbare Situation geraten, in der von ihm die Herausgabe seines Personalausweises verlangt wird. Damit ist das Interesse des Klägers an der begehrten Feststellung auch nach der Erledigung der hier in Streit stehenden Maßnahme weiterhin schutzwürdig.[60]

ee) Schließlich ist der Kläger analog § 42 II VwGO[61] klagebefugt. Er ist letztlich Betroffener der polizeilichen Maßnahme. Die Ausführungen zum Feststellungsinteresse gelten hier entsprechend. Darüber hinaus erscheint es zumindest als möglich, dass er durch die erfolgte Überprüfung seiner Personalien in seinem Recht auf informationelle Selbstbestimmung (Art. 1 I, 2 I GG) verletzt ist. Der behördliche Umgang mit personenbezogenen Daten berührt das durch Art. 1 I, 2 I GG gewährleistete allgemeine Persönlichkeitsrecht, das auch die informationelle Selbstbestimmung schützt.[62] **32**

ff) Die Fortsetzungsfeststellungsklage analog § 113 I 4 VwGO unterliegt keiner Fristbindung.[63] Ungeachtet dessen wäre mit der vorliegenden Klageerhebung auch die Monatsfrist des § 74 I 2 VwGO gewahrt. **33**

2. Die Fortsetzungsfeststellungsklage ist begründet. **34**

a) Passivlegitimiert ist gem. § 78 I Nr. 1 VwGO der Freistaat Bayern als Träger der Polizei (§ 78 I Nr. 1 VwGO iVm Art. 1 II BayPOG). **35**

b) Die Überprüfung der Personalien des Klägers, die sich in der Sache als Identitätsfeststellung darstellt, war rechtswidrig. Die Maßnahme ist von der einschlägigen Befugnisnorm nicht gedeckt.[64]

aa) Die Identitätsfeststellung ist nicht von Art. 12 BayPAG gedeckt. **36**

Art. 12 BayPAG gibt der Polizei die Befugnis, jede Person zu befragen, wenn aufgrund tatsächlicher Anhaltspunkte (also nicht nur Vermutungen) anzunehmen ist, dass sie sachdienliche Angaben zur Erfüllung einer bestimmten polizeilichen Aufgabe machen kann; die Aufgabe muss also im Rahmen des Art. 2 I bis IV BayPAG liegen und innerhalb dieses Bereichs konkret beschrieben werden können. Des Weiteren muss eine **abstrakte Gefahr** vorliegen; es genügt also, dass der Aufgabenbereich nach Art. 2 BayPAG eröffnet ist. Einer konkreten Gefahr bedarf es nicht (vgl. Wortlaut „… zur Erfüllung einer bestimmten polizeilichen Aufgabe …")[65]. Allerdings befugt Art. 12 BayPAG nicht dazu, vom Betroffenen die Vorlage eines Ausweises zu verlangen[66]. Da dies vorliegend Patzig jedoch getan hat, kann die Maßnahme nicht auf Art. 12 BayPAG gestützt werden. **37**

---

59 BVerwG Buchholz 310 § 113 Abs. 1 VwGO Nr. 23 mwN; BVerwG Buchholz 310 § 113 VwGO Nr. 211 mwN.

60 VG Göttingen BeckRS 2012, 60171 Rn. 12.

61 Auch bei Annahme einer Feststellungsklage wäre nach der überzeugenden Rechtsprechung des BVerwG (BayVBl. 1990, 728 mwN) § 42 II VwGO zur Vermeidung von Popularrechtsbehelfen entsprechend anzuwenden; aus neuerer Zeit: BVerwGE 169, 109 Rn. 12 = BeckRS 2020, 24983; BVerwGE 167, 202 Rn. 15 mwN = BeckRS 2019, 38246; s. auch Laubinger VerwArch 1991, 459.

62 VerfGH Bayern BayVBl. 1995, 143 = DVBl. 1995, 347 = NVwZ 1996, 166.

63 BVerwGE 109, 203 = NVwZ 2000, 63; vgl. hierzu etwa Hufen JuS 2000, 720; Schenke NVwZ 2000, 1255; Wehr DVBl. 2001, 785; Wehr BayVBl. 2003, 488.

64 Da hier nicht wirklich ein Problem liegt, erspart sich Dr. Bierschneider Ausführungen zum Handeln der Polizei im institutionellen Sinn (Art. 3 BayPOG), zum Fehlen einer Weisung der (zuständigen) Sicherheitsbehörde (Art. 10 S. 1 LStVG, Art. 9 II BayPOG) und zum Vorliegen einer (abstrakten) Gefahr nach Art. 2 I BayPAG zur Aufgabeneröffnung (angesichts der konkreten Sachlage [Versammlung des polizeikritischen Bürgerforums, Handy sichtbar in der Hand, sodass jederzeitiges Fotografieren und Filmen möglich ist mit anschließender Verwendung der Bilder im Internet] wird eine solche nur schwerlich zu verneinen sein).

65 Schmidbauer/Steiner BayPAG Art. 12 Rn. 10.

66 Berner/Köhler/Käß BayPAG Art. 12 Rn. 3.

38 **bb)** Die Identitätsfeststellung kann auch nicht auf Art. 13 I Nr. 1 Buchst. a BayPAG gestützt werden.

39 Nach Art. 13 I Nr. 1 Buchst. a BayPAG ist die Polizei zur Feststellung der Identität einer Person zum Zwecke der Abwehr einer Gefahr befugt. Vom Umfang her umfasst die Identitätsfeststellung alle Angaben über eine Person, die es ermöglichen, sie von anderen Personen zu unterscheiden und Verwechslungen auszuschließen. Die Vorlage des Personalausweises genügt dabei auf jeden Fall. Voraussetzung hierfür ist aber das Vorliegen einer konkreten Gefahr.[67] Als konkrete Gefahr ist dabei eine Sachlage anzusehen, die bei ungehindertem Ablauf des objektiv zu erwartenden Geschehens im Einzelfall mit hinreichender Wahrscheinlichkeit zu einer Verletzung der Schutzgüter öffentliche Sicherheit oder Ordnung führen wird[68].

40 An einer solchen konkreten Gefahr fehlte es vorliegend (aus Ex-ante-Sicht). Die Identitätsfeststellung zur Abwehr einer Gefahr ist in erster Linie als eine Maßnahme der Gefahrerforschung zu verstehen. Sie dient regelmäßig der weiteren Aufklärung einer Gefahrenlage, in dem am Geschehen beteiligte Personen namhaft gemacht werden und ihr Gefährdungspotential festgestellt wird, und damit der Überprüfung, ob jemand Störer ist oder nicht. Insofern ist sie Voraussetzung dafür, dass polizeiliche Maßnahmen gegenüber der richtigen Person getroffen werden. Die Identitätsfeststellung ist dabei typischerweise nur Mittel zum Zweck, andere polizeiliche Maßnahmen zu ermöglichen.[69] Weiter handelt es sich bei der Identitätskontrolle um einen insgesamt nicht gravierenden Eingriff, zumal auch in typischen Situationen des täglichen Lebens die Notwendigkeit auftreten kann, die Identität zu belegen. Insofern kann die Einschreitschwelle niedrig angesetzt werden.[70] Zu beachten ist allerdings, dass es keine allgemeine Verpflichtung gibt, sich ohne Grund auf amtliche Aufforderung auszuweisen oder sonstige Angaben zu seinen Personalien zu machen.[71]

41 Auch das Filmen und Fotografieren polizeilicher Einsätze ist grundsätzlich zulässig.[72] Nach §§ 22, 23 iVm § 33 KunstUrhG ist lediglich ein Verbreiten und öffentliches Zurschaustellen, nicht aber das Herstellen von Bildnissen strafbar. Weiter kann nicht davon ausgegangen werden, dass im Sinne von §§ 22, 23 KunstUrhG erstellte Bildaufnahmen auch stets verbreitet werden. Vielmehr bedarf es konkreter Anhaltspunkte dafür, dass Lichtbilder entgegen den Vorschriften des Kunsturhebergesetzes unter Missachtung des Rechts von Polizeibeamten und/oder Dritten am eigenen Bild auch veröffentlicht werden.[73] Anhaltspunkte für ein künftiges rechtswidriges Verhalten können sich beispielsweise aus einem gleichgelagerten Vorverhalten ergeben. Der Kläger hat am 30.1.2022 erstmals eine Veranstaltung des Bürgerforums beobachtet. Die Aufnahmen, die er herstellt hat, dienten ihm zur eigenen Dokumentation. Zu keinem Zeitpunkt hatte er beabsichtigt, die Aufnahmen ins Internet zu stellen. Hierfür fehlten auch aus Ex-ante-Sicht jegliche Anhaltspunkte. Dass das Bürgerforum gegebenenfalls Aufnahmen ins Internet stellt, kann dem Kläger nicht zugerechnet werden, denn auch dafür, dass er seine Aufnahmen dem Bürgerforum zu diesem Zweck zur Verfügung stellen würde, fehlen jegliche Anhaltspunkte.

42 Zudem ist im Rahmen der Anwendung des Art. 13 I Nr. 1 Buchst. a BayPAG die Bedeutung und Tragweite des Rechts auf informationelle Selbstbestimmung[74] zu beachten.[75]

67 Schmidbauer/Steiner BayPAG Art. 13 Rn. 4; Huber/Wollenschläger LandesR Bayern § 4 Rn. 100.
68 BVerfG NJW 2016, 1781 (1785); Turnit JURA 2019, 258 (263).
69 Lisken/Denninger/Graulich, Handbuch des Polizeirechts, 6. Aufl. 2018, Kap. E, Rn. 328; OVG Berlin-Brandenburg Beschl. v. 6.6.2012 – 1 N 28.11 Rn. 5, BeckRS 2012, 51864.
70 VerfGH Bayern NVwZ 2006, 1284.
71 Vgl. BVerfGE 92, 191 (197) = NJW 1995, 3110.
72 Vgl. OVG Lüneburg NVwZ 2013, 1498.
73 BVerwG NVwZ 2000, 63.
74 Grundlegend BVerfG NVwZ 2016, 53.
75 Da H nicht selbst Teilnehmer an der Versammlung war und diese nur als Zuschauer begleitete, ist Art. 8 GG nicht einschlägig; zu Problemen der Polizeifestigkeit des Versammlungsrechts s. etwa Froese JA 2015, 679; Gröpl/Leinenbach JA 2018, 8 (12 f.).

Exkurs: Das Recht auf informationelle Selbstbestimmung[76]

a) Schutzbereich[77]

Im Mittelpunkt der grundgesetzlichen Ordnung stehen Wert und Würde der Person, die in freier Selbstbestimmung als Glied einer freien Gesellschaft wirken. Ihrem Schutz dient – neben speziellen Freiheitsverbürgungen – das in Art. 2 I iVm Art. 1 I GG gewährleistete allgemeine Persönlichkeitsrecht, das gerade auch mit Blick auf moderne Entwicklungen und die mit ihnen verbundenen neuen Gefährdungen der menschlichen Persönlichkeit Bedeutung gewinnen kann. Dieses von Art. 2 I iVm Art. 1 I GG gewährleistete allgemeine Persönlichkeitsrecht umfasst auch die aus dem Gedanken der Selbstbestimmung folgende Befugnis des Einzelnen, grundsätzlich selbst zu entscheiden, wann und innerhalb welcher Grenzen persönliche Lebenssachverhalte offenbart werden. Das erfordert, dass dem Einzelnen eine Entscheidungsfreiheit über vorzunehmende oder zu unterlassende Handlungen einschließlich der Möglichkeit verbleibt, sich auch entsprechend dieser Entscheidung tatsächlich zu verhalten. Wer nicht mit hinreichender Sicherheit überschauen kann, welche ihn betreffenden Informationen in bestimmten Bereichen seiner sozialen Umwelt bekannt sind, und wer das Wissen möglicher Kommunikationspartner nicht einigermaßen abzuschätzen vermag, kann in seiner Freiheit wesentlich gehemmt werden, aus eigener Selbstbestimmung zu planen oder zu entscheiden.[78] Die freie Entfaltung der Persönlichkeit setzt also den Schutz des Einzelnen gegen die unbegrenzte Erhebung, Speicherung, Verwendung und Weitergabe seiner persönlichen Daten voraus[79]. Diesen Schutz gewährleistet das sog. **Recht auf informationelle Selbstbestimmung**[80]. Es trägt Gefährdungen und Verletzungen der Persönlichkeit Rechnung, die sich für den einzelnen, insbesondere unter den Bedingungen moderner Datenverarbeitung, aus informationsbezogenen Maßnahmen ergeben.[81] Dieses Recht flankiert und erweitert den grundrechtlichen Schutz von Verhaltensfreiheit und Privatheit; es lässt ihn schon auf der Stufe der Gefährdung des Persönlichkeitsrechts beginnen. Eine derartige Gefährdungslage kann bereits im Vorfeld konkreter Bedrohungen von Rechtsgütern entstehen. Mittels elektronischer Datenverarbeitung sind Einzelangaben über persönliche oder sachliche Verhältnisse einer Person unbegrenzt speicherbar und jederzeit und ohne Rücksicht auf Entfernungen in Sekundenschnelle abrufbar. Sie können darüber hinaus mit anderen Datensammlungen zusammengefügt werden, wodurch vielfältige Nutzungs- und Verknüpfungsmöglichkeiten entstehen. Dadurch können weitere Informationen erzeugt und so Schlüsse gezogen werden, die sowohl die grundrechtlich geschützten Geheimhaltungsinteressen des Betroffenen beeinträchtigen als auch anschließende Eingriffe in seine Verhaltensfreiheit nach sich ziehen können. Eine weitere Besonderheit des Eingriffspotentials von Maßnahmen der elektronischen Datenverarbeitung liegt in der Menge der verarbeitbaren Daten, die auf konventionellem Wege gar nicht bewältigt werden könnte. Der mit solchen technischen Möglichkeiten einhergehenden gesteigerten Gefährdungslage entspricht der hierauf bezogene Grundrechtsschutz.[82] 43

Das Recht auf informationelle Selbstbestimmung gewährleistet die Befugnis des Einzelnen, grundsätzlich selbst zu entscheiden, wann und innerhalb welcher Grenzen persönliche Lebenssachverhalte offenbart werden, und daher grundsätzlich selbst über die Preisgabe und Verwendung seiner persön- 44

76 S. hierzu etwa Lang BayVBl. 2006, 522 zur sog. Videoüberwachung; zur neueren Rspr. des BVerfG; Hornung/Schnabel DVBl. 2010, 824; Wolff NVwZ 2010, 751; Frenz DVBl. 2009, 333; Schoch JA 2008, 352; Frenz JA 2013, 840; Kühling/Sackmann JURA 2018, 364 (365 ff.); zu den Datenschutzgrundrechten – auch nach Unionsrecht – allgemein Kühling/Sackmann JURA 2018, 364; zum Recht auf Gewährleistung der Vertraulichkeit und Integrität informationstechnischer Systeme s. Sachs/Krings JuS 2008, 481.

77 Zum Aufbau der Grundrechtsprüfung s. Kielmansegg JuS 2008, 23; zur Drittwirkung der Grundrechte als Aufbauproblem Augsberg/Viellechner JuS 2008, 406; zum Schutzbereich der Grundrechte Schröder JA 2016, 641.

78 BVerfGE 65, 1 (42 f.) = NJW 1984, 419.

79 BVerfGE 130, 151 Rn. 122 = NJW 2012, 1419.

80 Zu Fragen der Abgrenzung des Rechts auf informationelle Selbstbestimmung zu anderen Grundrechten, insbesondere zu Art. 10 GG, s. Schoch JA 2008, 352 (358) und Frenz DVBl. 2009, 333 (338 f.); ferner Hebeler/Berg JA 2021, 617; das Recht auf informationelle Selbstbestimmung wird durch Art. 10 GG verdrängt: BVerfGE 100, 313 Rn. 160 = NJW 2000, 55; s. hierzu auch Hornung/Schnabel DVBl. 2010, 824 (825).

81 ZB BVerfGE 156, 11 Rn. 71 = BeckRS 2020, 34607 – „Antiterrordateigesetz II" mAnm Muckel JA 2021, 260.

82 BVerfG NVwZ 2019, 381 Rn. 37 mwN.

lichen Daten zu bestimmen.[83] [84] Die Gewährleistung des Grundrechts greift insbesondere dann, wenn die Entfaltung der Persönlichkeit dadurch gefährdet wird, dass personenbezogene Informationen von staatlichen Behörden in einer Art und Weise genutzt und verknüpft werden, die Betroffene weder überschauen noch beherrschen können.[85] Der Schutzumfang des Rechts auf informationelle Selbstbestimmung beschränkt sich nicht auf Informationen, die bereits ihrer Art nach sensibel sind und schon deshalb grundrechtlich geschützt werden. Auch der Umgang mit personenbezogenen Daten, die für sich genommen nur geringen Informationsgehalt haben, kann, je nach seinem Ziel und den bestehenden Verarbeitungs- und Verknüpfungsmöglichkeiten, grundrechtserhebliche Auswirkungen auf die Privatheit und Verhaltensfreiheit des Betroffenen haben. Insofern gibt es unter den Bedingungen der elektronischen Datenverarbeitung kein schlechthin, also ungeachtet des Verwendungskontextes, belangloses personenbezogenes Datum mehr.[86] Ferner entfällt der grundrechtliche Schutz nicht schon deshalb, weil die betroffene Information öffentlich zugänglich ist. Auch wenn der Einzelne sich in die Öffentlichkeit begibt, schützt das Recht auf informationelle Selbstbestimmung dessen Interesse, dass die damit verbundenen personenbezogenen Informationen nicht im Zuge automatisierter Informationserhebung zur Speicherung mit der Möglichkeit der Weiterverwertung erfasst werden.[87] Der einzelne wird somit grundsätzlich vor der Erhebung, Speicherung, Weitergabe und Verarbeitung personenbezogener Daten umfassend geschützt. Zu den – durch das Recht auf informationelle Selbstbestimmung verfassungsrechtlich – geschützten persönlichen Lebenssachverhalten und Daten gehören dabei auch die persönlichen wirtschaftlichen Verhältnisse des Einzelnen,[88] wie zB die Tatsache eines Verzugs der Zahlung vertraglich vereinbarter Versicherungsprämien[89] oder auch personenbezogene Informationen zu den Modalitäten der Bereitstellung von Telekommunikationsdiensten.[90]

45 Das Recht auf informationelle Selbstbestimmung schützt im Schwerpunkt also vor den spezifischen Gefährdungen der von Betroffenen nicht mehr nachzuvollziehenden oder zu kontrollierenden Datensammlung und -verknüpfung.[91] Strafrechtlich wird es durch § 203 StGB abgesichert. Nicht geschützt wird indessen die Mitteilung personenbezogener Informationen im öffentlichen Kommunikationsprozess, also etwa durch ein Online-Pressearchiv.[92] Der diesbezügliche Schutz bleibt den äußerungsrechtlichen Schutzdimensionen des Allgemeinen Persönlichkeitsrechts vorbehalten.[93]

83 BVerfGE 65, 1 (41 f.) = NJW 1984, 419; BVerfGE 84, 192 (194) = NJW 1991, 2411; BVerfG NJW 2001, 2320 (2321); zusammenfassend BVerfG DVBl. 2009, 1237 zur Verkehrsüberwachung; s. auch BVerfGE 156, 11 Rn. 71 = BeckRS 2020, 34607 – „Antiterrordateigesetz II"; BVerfGE 155, 119 = BeckRS 2020, 16236 zur Unvereinbarkeit des § 113 TKG F. 2013 mit dem Recht auf informationelle Selbstbestimmung – Bestandsdatenauskunft II; BVerfGE 130, 151 = NJW 2012, 1419 zur Verfassungsmäßigkeit der Regelungen des TKG zur Speicherung und Verwendung von Telekommunikationsdaten (§§ 111–113 TKG); BVerfGE 125, 260 = NJW 2010, 833 zur Vorratsdatenspeicherung von Verkehrsdaten; BVerfG NVwZ 2009, 96 zur Vorratsdatenspeicherung von Telekommunikationsverkehrsdaten; BVerfG NVwZ 2007, 688 zur Videoüberwachung öffentlicher Räume; BVerfG NJW 2006, 1116 zum Einsichtnahmeanspruch in Krankenunterlagen aufgrund des Rechts auf informationelle Selbstbestimmung im Maßregelvollzug; BVerfG BeckRS 2006, 18039; BVerfG NJW 2006, 1939 zur präventiv polizeilichen Rasterfahndung und zum Recht auf informationelle Selbstbestimmung; BVerfG NVwZ 2005, 571; s. auch zur verdeckten polizeilichen Datenerhebung im Rahmen der repressiven Wohnraumüberwachung nach der StPO BVerfGE 109, 279 = NJW 2004, 999, zur Telekommunikationsüberwachung nach dem Außenwirtschaftsgesetz BVerfGE 110, 33 = NJW 2004, 2213, und zur Telekommunikationsüberwachung nach dem Sicherheits- und Ordnungsgesetz Niedersachsen BVerfG NJW 2005, 436; s. zu diesem Themenkomplex auch Möstl DVBl. 2010, 808; ferner Hebeler/Berg JA 2021, 617 (619).

84 Der VerfGH Bayern hat in seiner Entscheidung vom 9.7.1985, VerfGHE 38, 74, das Recht auf informationelle Selbstbestimmung auch für den Geltungsbereich der Bayerischen Verfassung bestätigt und betont, dass dem Gesetzgeber ausreichend Zeit für die Beratung und den Erlass der erforderlichen Vorschriften zu geben sei.

85 BVerfGE 118, 168 (184) = NJW 2007, 2464.

86 BVerfGE 130, 151 = NJW 2012, 1419; BVerfG NVwZ 2019, 381 Rn. 38; s. auch Herrmann/Soiné NJW 2011, 2922 (2923).

87 BVerfGE 120, 378 (399) = NJW 2008, 1505; BVerfG NVwZ 2019, 381 Rn. 38.

88 BVerfGE 77, 121 (125) = NJW 1988, 403.

89 BVerfGE 130, 151 = NJW 2012, 1419.

90 BVerfGE 130, 151 = NJW 2012, 1419.

91 BVerfGE 152, 152 Rn. 89 f. = NJW 2020, 300 – „Recht auf Vergessen I"

92 BVerfG NJW 2020, 1793 Rn. 7.

93 BVerfGE 152, 152 Rn. 89 f. = NJW 2020, 300 – „Recht auf Vergessen I".

b) Eingriff

Eingegriffen wird in das Recht auf informationelle Selbstbestimmung, wenn der Staat oder ein anderer Hoheitsträger gezielt und rechtsförmlich die Preisgabe personenbezogener Daten anordnet. Den Eingriffsbegriff erfüllen aber darüber hinaus alle Maßnahmen des Datenkreislaufs, ohne Rücksicht auf die Rechtsform, die das BDSG mit dem Begriff „Verarbeiten" (= jeder mit oder ohne Hilfe automatisierter Verfahren ausgeführte Vorgang oder jede solche Vorgangsreihe im Zusammenhang mit personenbezogenen Daten wie das Erheben, das Erfassen, die Organisation, das Ordnen, die Speicherung, die Anpassung, die Veränderung, das Auslesen, das Abfragen, die Verwendung, die Offenlegung durch Übermittlung, Verbreitung oder eine andere Form der Bereitstellung, den Abgleich, die Verknüpfung, die Einschränkung, das Löschen oder die Vernichtung; vgl. § 46 Nr. 2 BDSG) personenbezogener Daten beschreibt.[94] Dabei kommt es nicht darauf an, dass sich die Maßnahme gezielt gegen den Betroffenen richtet oder dieser davon weiß. Folglich liegt ein Eingriff auch dann vor, wenn die Erfassung eines größeren Datenbestands letztlich nur Mittel zum Zweck für eine weitere Verkleinerung der Treffermenge bildet.[95] So stellt zB eine mittels Videoaufzeichnung vorgenommene Geschwindigkeitsmessung eine Erhebung im vorgenannten Sinne und damit einen Eingriff in das Grundrecht dar,[96] ebenso die Erfassung von Autokennzeichen mit anschließendem Datenabgleich nach Art. 33 III 2 bis 5 BayPAG, wobei das BVerfG nunmehr[97] in Abkehr von seiner früheren Rechtsprechung[98] der Auffassung ist, dass es hierfür nicht darauf ankommt, ob sich als Ergebnis dieser Kontrolle ein Trefferfall ergibt oder nicht; auch soweit die Kontrolle zu einem Nichttreffer führe, liege in der Erfassung und dem Abgleich eines Kraftfahrzeugkennzeichens ein Eingriff in das Recht auf informationelle Selbstbestimmung. An der Eingriffsqualität fehlt es lediglich, sofern Daten ungezielt und allein technikbedingt zunächst miterfasst, aber unmittelbar nach der Erfassung technisch wieder anonym, spurenlos und ohne Erkenntnisinteresse für die Behörden ausgesondert werden.[99] 46

c) Schranken

Das Recht auf informationelle Selbstbestimmung ist nicht schrankenlos gewährleistet. Da sich die Persönlichkeit innerhalb der sozialen Gemeinschaft entfaltet und auf Kommunikation angewiesen ist, stellen Informationen – auch solche über die persönlichen wirtschaftlichen Verhältnisse – ein Abbild der sozialen Realität dar, das nicht ausschließlich dem Betroffenen im Sinne einer absoluten, uneinschränkbaren Herrschaft über seine Daten zugeordnet werden kann. Die Verfassung hat die Spannungen zwischen dem Individuum und der Gemeinschaft im Sinne der Gemeinschaftsbezogenheit und der Gemeinschaftsgebundenheit der Person entschieden.[100] Der Einzelne muss daher grundsätzlich Einschränkungen seines Rechts auf informationelle Selbstbestimmung im überwiegenden Allgemeininteresse hinnehmen.[101] Dies ist insbesondere dann der Fall, wenn er als in der Gemeinschaft lebender Bürger in Kommunikation mit anderen tritt, durch sein Verhalten auf andere einwirkt und dadurch die persönliche Sphäre seiner Mitmenschen oder die Belange der Gemeinschaft berührt.[102] 47

Aus der Garantie des Wesensgehalts der Grundrechte (Art. 19 II GG) und aus dem Schutz des Kernbereichs der Persönlichkeit durch die unantastbare Würde des Menschen (Art. 1 I GG) folgt allerdings für einen letzten unantastbaren Bereich privater Lebensgestaltung, dass dieser der öffentlichen Gewalt schlechthin entzogen ist.[103] Selbst schwer wiegende Interessen der Allgemeinheit können Eingriffe in diesen Bereich nicht rechtfertigen; eine Abgrenzung nach Maßgabe des Verhältnismäßigkeitsgrundsatzes findet hier nicht statt.[104] Ob ein Lebenssachverhalt diesem Kernbereich zugeordnet werden kann, hängt maßgeblich davon ab, ob er nach seinem Inhalt höchstpersönlichen Charakters 48

94 BVerfG NVwZ 2005, 681 (682); Schoch JA 2008, 352 (356).
95 BVerfG NVwZ 2019, 381 Rn. 43.
96 BVerfG DVBl. 2009, 1237; s. auch BVerfGE 122, 342 = BeckRS 2009, 31751; BVerfGE 120, 378 (397 ff.) = NJW 2008, 1505.
97 BVerfG NVwZ 2019, 381 Rn. 45; s. hierzu auch Sachs JuS 2019, 504; Muckel JA 2019, 311 und Roggan NVwZ 2019, 344.
98 BVerfGE 120, 378 = NJW 2008, 1505.
99 BVerfGE 100, 313 (366) = NJW 2000, 55; BVerfGE 115, 320 (343) = NJW 2006, 1939; BVerfG NVwZ 2019, 381 Rn. 43.
100 BVerfGE 56, 37 (49) = NJW 1981, 1431.
101 S. zB BVerfG BayVBl. 2011, 17.
102 BVerfGE 80, 367 (373) = NJW 1990, 563; BVerfGE 35, 202 (220) = NJW 1973, 1226.
103 BVerfGE 6, 32 (41) = NJW 1957, 297; BVerfGE 54, 143 (146) = NJW 1980, 2572.
104 BVerfGE 34, 238 (245) = NJW 1973, 891.

ist und in welcher Art und Intensität er aus sich heraus die Sphäre anderer oder die Belange der Gemeinschaft berührt.[105] Beschränkungen des Rechts auf informationelle Selbstbestimmung außerhalb des unantastbaren Kernbereichs bedürfen nach Art. 2 I GG – sofern eine Beschränkung im überwiegenden Interesse der Allgemeinheit überhaupt zulässig ist – grundsätzlich einer verfassungsmäßigen gesetzlichen Grundlage, die dem rechtsstaatlichen Gebot der Normenklarheit entspricht und verhältnismäßig ist.[106] Anlass, Zweck und Grenzen des Eingriffs müssen in der Ermächtigung bereichsspezifisch, präzise und normenklar festgelegt werden.[107] Klarheit und Bestimmtheit der Befugnisnorm sollen dabei sicherstellen, dass der Betroffene die Rechtslage erkennen und sich auf mögliche belastende Maßnahmen einstellen kann.[108]

49 Die Beschränkung des Rechts auf informationelle Selbstbestimmung erfordert somit, dass die Grundrechtseinschränkung durch ein Gesetz – eine Verwaltungsvorschrift stellt keine geeignete Rechtsgrundlage für Eingriffe dar[109] – erfolgt, von hinreichenden Gründen des Allgemeinwohls gerechtfertigt wird und auch sonst verhältnismäßig ist. Das gewählte Mittel muss danach einen legitimen Zweck verfolgen, zur Erreichung des Zwecks geeignet, erforderlich sowie verhältnismäßig im engeren Sinne sein,[110] dh bei einer Gesamtabwägung zwischen Schwere des Eingriffs und dem Gewicht der rechtfertigenden Gründe muss die Grenze des Zumutbaren noch gewahrt sein.[111] Dabei müssen insbesondere im Bereich der Datenverarbeitung zugleich die Grundsätze der Normenklarheit und Bestimmtheit beachtet werden.[112]

50 Das Recht auf informationelle Selbstbestimmung kann ferner durch die Einwilligung des Betroffenen beschränkt sein. Nach der Rechtsprechung des BVerfG ist selbst der Kernbereich privater Lebensgestaltung dort nicht betroffen, wo der Betroffene auf Geheimhaltung selbst keinen Wert legt.[113] Auch das gewohnheitsrechtlich anerkannte Rechtsinstitut der mutmaßlichen Einwilligung stellt einen eigenständigen Rechtfertigungsgrund dar,[114] der Beschränkungen des Rechts auf informationelle Selbstbestimmung im Rahmen der Strafbarkeit nach § 203 StGB rechtfertigen kann. Die Annahme einer sein Recht auf informationelle Selbstbestimmung einschränkenden mutmaßlichen Einwilligung setzt jedoch nach überwiegender Auffassung grundsätzlich voraus, dass der Betroffene nicht rechtzeitig einwilligen kann. Hätte der Betroffene daher rechtzeitig einwilligen können, scheidet eine mutmaßliche Einwilligung in die Offenbarung personenbezogener Daten aus.

51 Die Feststellung der Identität einer Person durch Befragen und die Aufforderung, dass sie mitgeführte Ausweispapiere zur Prüfung aushändigt, greift in das durch Art. 2 I iVm Art. 1 I GG verbürgte Recht auf informationelle Selbstbestimmung ein.[115] Zwar ist das Gewicht des Grundrechtseingriffs verhältnismäßig gering (vgl. oben), da die Identitätsfeststellung gem. Art. 13 I Nr. 1 Buchst. a BayPAG weder heimlich noch anlasslos erfolgt und die Persönlichkeitsrelevanz der im Zusammenhang mit einer Identitätsfeststellung erhobenen Informationen von vornherein begrenzt ist.[116] Gleichwohl bedarf der Eingriff der verfassungsrechtlichen Rechtfertigung im Einzelfall, im Rahmen derer die Gerichte bei der Anwendung und Auslegung des Art. 13 I Nr. 1 Buchst a BayPAG gehalten sind, die Bedeutung und Tragweite des Rechts auf informationelle Selbstbestimmung hinreichend zu berücksichtigen.[117]

52 Das Recht auf informationelle Selbstbestimmung darf zwar im überwiegenden Interesse der Allgemeinheit und unter Beachtung des Grundsatzes der Verhältnismäßigkeit durch Gesetz

105 BVerfGE 80, 367 (374) = NJW 1990, 563.
106 BVerfG BayVBl. 2011, 17.
107 BVerfG DVBl. 2009, 1237; BVerfGE 130, 151 Rn. 82 = NJW 2012, 1419; s. hierzu ausführlich Schoch JA 2008, 352 (357 ff.).
108 Herrmann/Soiné NJW 2011, 2922 (2923).
109 BVerfG DVBl. 2009, 1237.
110 Vgl. etwa BVerfGE 67, 157 (173) = NJW 1985, 121; BVerfGE 120, 378 (427) = NJW 2008, 1505; BVerfGE 141, 220 (265 Rn. 93) = NJW 2016, 1781.
111 BVerfG NJW 2002, 1815 = DVBl. 2002, 782.
112 BVerfG NVwZ 2019, 381 Rn. 82 mwN.
113 BVerfGE 80, 367 (374) = NJW 1990, 563.
114 BVerfG NJW 2002, 2164.
115 BVerfG NVwZ 2016, 53.
116 Vgl. BVerfGE 120, 378 (402 f.) = NJW 2008, 1505.
117 S. zum Thema auch Pieper JA 2018, 598.

oder aufgrund eines Gesetzes eingeschränkt werden; die Einschränkung darf aber nicht weiter gehen als es zum Schutz des öffentlichen Interesses unerlässlich ist.[118] Danach sind die Gesetze ihrerseits unter Berücksichtigung des Rechts auf informationelle Selbstbestimmung auszulegen und anzuwenden, damit dessen Bedeutung für das einfache Recht auch auf der Ebene der Rechtsanwendung zur Geltung kommt.[119] Das Grundrecht auf informationelle Selbstbestimmung gebietet dabei insbesondere eine Auslegung des einfachen Rechts, bei der abschreckende Effekte auf den Gebrauch des Grundrechts möglichst gering gehalten werden.[120]

Hiergegen verstieße es, wenn das Anfertigen von Lichtbildern oder Videoaufnahmen eines 53
Polizeieinsatzes unter Verweis auf die bloße Möglichkeit einer nachfolgenden strafbaren Verletzung des Rechts am eigenen Bild (nach § 22 S. 1, § 33 I KunstUrhG) genügen sollten, um polizeiliche Maßnahmen wie eine Identitätsfeststellung gem. Art. 13 I Nr. 1 Buchst a BayPAG durchzuführen.[121] Wer präventivpolizeiliche Maßnahmen bereits dann gewärtigen muss, wenn sich nicht ausschließen lässt, dass sein Verhalten Anlass zu polizeilichem Einschreiten bietet, wird aus Furcht vor polizeilichen Maßnahmen auch zulässige Aufnahmen[122] und mit diesen nicht selten einhergehende Kritik an staatlichem Handeln unterlassen. Beabsichtigt die Polizei, wegen Lichtbildern und Videoaufnahmen präventivpolizeilich – sei es durch ein Film- oder Fotografierverbot,[123] sei es wie hier durch eine Identitätsfeststellung – einzuschreiten, ergibt sich aus den durch die Maßnahme jeweils betroffenen Grundrechten – hier das Recht auf informationelle Selbstbestimmung – die Anforderung einer konkreten Gefahr für ein polizeiliches Schutzgut. Dies ist eine Frage der tatsächlichen Umstände im Einzelfall. Dementsprechend geht die verwaltungsrechtliche Rechtsprechung grundsätzlich in verfassungskonformer Auslegung der §§ 22, 23 KunstUrhG davon aus, dass unzulässige Lichtbilder nicht auch stets verbreitet werden.[124] Gehen die Sicherheitsbehörden demgegenüber davon aus, dass im Einzelfall die konkrete Gefahr besteht, eine solche unzulässige Verbreitung sei ebenfalls zu befürchten, bedarf es hierfür hinreichend tragfähiger Anhaltspunkte.[125] Dem genügen die von Patzig angeführten Gründe mit Blick auf die streitgegenständliche Identitätsfeststellung nicht.

Patzig ging davon aus, dass die Aufnahmen im Internet veröffentlicht werden sollten, weil ein 54
anderer Grund für ihn nicht ersichtlich gewesen ist. Dabei hat er verkannt, dass der Anlass für die Aufnahmen hier darin lag, dass die Polizei selbst Bild- und Tonaufnahmen der Teilnehmer einer öffentlichen Versammlung anfertigte[126] (s. nur Ausspruch des Klägers bei Zuschreiten auf Patzig). Zwar kann es eine „Waffengleichheit" zwischen den Teilnehmern einer Versammlung und der Polizei nicht geben. Da die Polizei als staatliche Behörde eine ihr gesetzlich übertragene Aufgabe wahrnimmt, verfügt sie über spezifische Mittel und Befugnisse, die Privaten nicht zu Gebote stehen. Fertigen Versammlungsteilnehmer, die von der Polizei gefilmt oder videografiert werden, ihrerseits Ton- und Bildaufnahmen von den eingesetzten Beamten an, kann aber nicht ohne nähere Begründung von einem zu erwartenden Verstoß gegen § 33 I KunstUrhG und damit von einer konkreten Gefahr für ein polizeiliches Schutzgut ausgegangen werden.[127] Vielmehr ist hier zunächst zu prüfen, ob eine von § 33 I KunstUrhG sanktionierte Verbreitung oder öffentliche Zurschaustellung der angefertigten Aufnahmen tatsächlich zu erwarten ist oder ob es sich bei der Anfertigung der Aufnahmen lediglich um eine bloße Reaktion auf die polizeilicherseits gefertigten Bild- und Tonaufzeichnungen etwa zur Beweis-

118 BVerfGE 103, 21 (33) = NJW 2001, 879; BVerfG BeckRS 2013, 58083 Rn. 13.
119 BVerfG BeckRS 2018, 9554 Rn. 29.
120 BVerfGE 43, 130 (136) = NJW 1977, 799; BVerfGE 93, 266 (292) = NJW 1995, 3303.
121 BVerfG NVwZ 2016, 53.
122 Zur grundsätzlichen Zulässigkeit des Filmens und Fotografierens polizeilicher Einsätze vgl. BVerwGE 109, 203 (210 f.) = BeckRS 1999, 30066926.
123 S. hierzu etwa BVerwGE 143, 74 (77 ff.) = NJW 2012, 2676.
124 BVerwGE 109, 203 (211) = BeckRS 1999, 30066926.
125 BVerfG NVwZ 2016, 53; OLG Zweibrücken BeckRS 2021, 31702 Rn. 12; Kirchhoff NVwZ 2021, 1177 (1180); kritisch Muckel JA 2019, 159, der nicht ganz zu Unrecht darauf verweist, dass hier auch ein mögliches Recht am eigenen Bild der Polizisten hätte berücksichtigt werden müssen.
126 S. zur Rechtswidrigkeit der Anfertigung von Übersichtsaufnahmen durch die Polizei bei einer Versammlung Muckel JA 2015, 878; siehe ferner zum (unzulässigen) Anfertigung von Bildern einer Versammlung zu Zwecken der Öffentlichkeitsarbeit: VG Gelsenkirchen BeckRS 2018, 27618 mit Besprechung von Muckel JA 2018, 159.
127 BVerfG NVwZ 2016, 53.

sicherung mit Blick auf etwaige Rechtsstreitigkeiten handelt. Gleiches muss für Sympathisanten gelten, die – wie der Kläger – nicht selbst an der Versammlung teilnehmen. Der Kläger ging hier zwar mit „gezücktem“ Handy auf Patzig zu. Dies geschah aber nur aus dem Grund, weil die Polizei – aus seiner Sicht grundlos – Aufnahmen von der Versammlung machte. Dr. Hübbers wollte Patzig nur zeigen, wie unangenehm es sein kann, grundlos gefilmt oder fotografiert zu werden. Anhaltspunkte dafür, dass der Kläger etwaige Bilder oder Videos ins Internet stellen und sich damit nach § 33 I KunstUrhG strafbar machen würde, lagen – wie bereits ausgeführt – nicht vor. Damit fehlte es an einer konkreten Gefahr, womit auch Art. 13 I Nr. 1 Buchst. a BayPAG die Identitätsfeststellung durch Patzig nicht deckt. Andere Befugnisnormen sind ersichtlich nicht einschlägig.

55 Nach alledem ist der Klage mit der Kostenfolge aus § 154 I VwGO zu entsprechen. Die Entscheidung über die vorläufige Vollstreckbarkeit folgt aus § 167 VwGO iVm §§ 708 ff. ZPO.

Für die baldige Anberaumung einer mündlichen Verhandlung wäre ich dankbar.

Dr. Bierschneider
Rechtsanwalt

Anlage: Vollmacht

Teil 2

Dr. Igidius Bierschneider 56
Rechtsanwalt
…
München

An Herrn
Dr. Horst Hübbers
Nymphenburger Straße 23
München

München, den 16.2.2022

Klage gegen den Freistaat Bayern wegen Vollzugs des Bayer. Polizeiaufgabengesetzes

Sehr geehrter Herr Dr. Hübbers, 57

in obiger Angelegenheit darf ich Ihnen beigeschlossen meine Klageschrift vom heutigen Tage zu Ihrer freundlichen Kenntnisnahme übermitteln. Wie Sie hieraus entnehmen können, habe ich Klage erhoben:

- gegen die Gebührenforderung,
- auf Feststellung der Rechtswidrigkeit der Identitätsfeststellung

I. Eine Klage gegen die Maßnahmen im Zusammenhang mit der Kontrolle in Hallbergmoos am 12.1.2022 halte ich nicht für erfolgversprechend, denn diese Maßnahme war rechtmäßig. Dies ergibt sich im Einzelnen aus folgendem: 58

1. Aufgrund der durchaus ernst zu nehmenden Bombendrohung durch die „groupe impériale" bestand eine konkrete Gefahr für die öffentliche Sicherheit und Ordnung. Damit war der polizeiliche Aufgabenbereich nach Art. 2 I BayPAG, der nur eine abstrakte Gefahr erfordert (s. Klageschrift), eröffnet. 59

2a) Das Anhalten und die Kontrolle Ihrer Identität finden in Art. 13 I Nr. 4, II 2 BayPAG eine ausreichende Rechtsgrundlage. Die Kontrollstelle[128] war von der Polizei eingerichtet worden, um Straftaten iSv § 100a I 1 Nr. 1, II Nr. 1a StPO iVm § 308 I bis III StGB zu verhindern, da die „groupe impériale" für den 12.1.2022 einen Bombenanschlag auf den Flughafen München II angedroht hatte. An dieser Kontrollstelle konnten Sie angehalten (Art. 13 II 2 BayPAG) und Ihre Identität überprüft werden. 60

b) Der Datenabgleich[129] und das Festhalten bis zur Beendigung des Datenabgleichs waren gem. Art. 53, 61 BayPAG zulässig. Zwar lag insoweit kein Fall des Art. 61 I 1 BayPAG vor, da Sie als Unbeteiligter auf dem Weg zum Flughafen München II betroffen wurden und nicht als „Störer" iSv Art. 7, 8 BayPAG. Gleichwohl konnte die Polizei den Datenabgleich aufgrund des angedrohten Bombenanschlags auf den Flughafen München II nach Art. 61 I 2 und S. 3 BayPAG vornehmen,[130] da dies zur Erfüllung der polizeilichen Aufgabe (Verhinderung eines Bombenanschlages) erforderlich war. Nur durch den Datenabgleich konnte die Polizei feststellen, ob sich gegebenenfalls einschlägig erfasste Mitglieder der „groupe impériale" auf 61

128 Die Errichtung einer Kontrollstelle setzt keine besonders ausgestatte polizeiliche Einrichtung voraus. Insbesondere ist es nicht erforderlich, dass Gegenstände (eine Sperre) aufgebaut werden und der Verkehr stockt oder sich staut. Bei einer Kontrollstelle handelt es sich vielmehr um eine festgelegte Örtlichkeit, an der vorübergehend polizeiliche Kontrollmaßnahmen unterschiedlicher Art gegenüber einer Vielzahl von Personen und/bzw. Fahrzeugen geplant sind bzw. durchgeführt werden. Die Eigenschaft als Kontrollstelle setzt lediglich ihre rechtmäßige Anordnung und die Anwesenheit von Polizeibeamten voraus. Einer besonderen sachlichen Ausstattung bedarf es nicht, vgl. grundlegend VGH München BayVBl.2021, 384.

129 Die polizeilichen Datenerhebungs- und Datenverarbeitungsvorschriften des BayPAG gehören in Bayern nicht zum Pflichtstoff der Staatsexamina; gleichwohl wird erwartet, dass Kandidaten auch mit unbekannten Normen umgehen können, wobei aber Kenntnisse, die über den Wortlaut der jeweils genannten Normen hinaus gehen, nicht verlangt werden. Dem trägt der nachfolgende Lösungsvorschlag Rechnung.

130 Vgl. Schmidbauer/Steiner BayPAG Art. 61 Rn. 3, 4.

dem Weg zum Flughafen München II befanden. Zudem hielt sich die Maßnahme im Rahmen des Zweckbindungsgebotes des Art. 53 II BayPAG.

Ferner konnten Sie gem. Art. 61 I 4 BayPAG für die Zeit des Datenabgleichs angehalten werden.

62 **3.** Schließlich bestehen keine Anhaltspunkte dafür, dass die Polizei die allgemeinen sicherheitsrechtlichen Grundsätze, wie Unaufschiebbarkeit (Art. 3 BayPAG) und Verhältnismäßigkeit (Art. 4 BayPAG), nicht beachtet oder ihr Ermessen nicht pflichtgemäß ausgeübt (Art. 5 BayPAG) hat.

II. Auch eine Klage gegen die „Beschlagnahme" und auf Herausgabe des Radarwarngerätes halte ich nicht für erfolgversprechend. Sie wäre zwar zulässig, aber unbegründet.

63 Hinsichtlich der Zulässigkeit verweise ich auf meine Ausführungen in der Klage gegen die Kostenrechnung. Die Beschlagnahme des Radarwarngerätes dauert an; sie ist noch nicht erledigt; das Gerät ist auch noch nicht zerstört worden. Richtige Klageart ist folglich die Anfechtungsklage (§ 42 I Alt. 1 VwGO).

64 Die Anfechtungsklage ist indessen unbegründet, denn die Beschlagnahme ist rechtmäßig und verletzt sie nicht in ihren Rechten (§ 113 I 1 VwGO).

65 Nach dem Grundsatz vom Vorbehalt des Gesetzes (Art. 20 III GG analog) bedarf es für den Erlass eines belastenden Verwaltungsakts einer Rechtsgrundlage. Diese findet sich für die Beschlagnahme des Radarwarngerätes in Art. 25 Abs. 1 Nr. 1 Buchst. a BayPAG.[131]

66 **1.** Mit Fleißig hat nach Art. 3 BayPOG die zuständige Polizei im institutionellen Sinne (Art. 1 BayPAG, Art. 1 I BayPOG) gehandelt.

67 **2.** Eine Weisung der (zuständigen) Sicherheitsbehörde (Art. 10 S. 1 LStVG, Art. 9 II BayPOG) lag nicht vor.

68 **3.** Der Aufgabenbereich der Polizei nach Art. 2 I BayPAG war eröffnet.

69 Wie im Klageschriftsatz ausgeführt, genügt für die Aufgabeneröffnung nach Art. 2 I BayPAG das Vorliegen einer **abstrakten Gefahr.** Davon ist hier auszugehen.

70 Durch das Mitführen eines Radarwarngerätes in einem Kfz wird (zumindest) eine abstrakte Gefahr für die öffentliche Sicherheit und Ordnung durch die bevorstehende Begehung von Verkehrsordnungswidrigkeiten (vgl. § 23 Ic iVm § 49 I Nr. 22 StVO) und durch die Gefährdung von Leib, Leben und Eigentum anderer Verkehrsteilnehmer durch Fahrten mit überhöhter Geschwindigkeit begründet.

71 **4.** Die Befugnis für Fleißig, das Radarwarngerät zu beschlagnahmen, ergibt sich aus Art. 25 Abs. 1 Nr. 1 Buchst. a BayPAG.

72 Eine Sache kann gem. Art. 25 Abs. 1 Nr. 1 Buchst. a BayPAG sichergestellt werden zur Abwehr einer gegenwärtigen Gefahr. Eine gegenwärtige Gefahr liegt vor, wenn die Einwirkung des schädigenden Ereignisses bereits begonnen hat oder in allernächster Zeit unmittelbar bevorsteht. Die Gefahr kann ausgehen von der Sache selbst, vom Zustand des Besitzers oder auch von der Absicht des Besitzers.

73 Einziger Zweck eines in einem Pkw mitgeführten Radarwarngerätes ist es, polizeilichen Geschwindigkeitsüberwachungen zu entgehen. Es kommt dabei nicht darauf an, ob der Fahrzeugführer tatsächlich bei einer Geschwindigkeitsüberschreitung festgestellt wurde oder nicht; es spielt auch keine Rolle, ob das Radarwarngerät betriebsbereit eingeschaltet ist oder nicht. Bereits durch das Mitführen im Fahrgastraum wird der Zweck verfolgt, das Gerät zu einem geeigneten Zeitpunkt einzusetzen, um vor radargestützten Verkehrsüberwachungen gewarnt zu werden und so eine Geschwindigkeitsüberschreitung rechtzeitig beenden zu können, bevor es

131 Da F nicht ziel- und zweckgerichtet im Wagen des H nach Sachen gesucht hat, sondern nur zufällig das Radarwarngerät in einem offenen Ablagefach entdeckte, liegt keine Durchsuchung nach Art. 22 BayPAG vor; s. auch Huber/Wollenschläger LandesR Bayern § 4 Rn. 166.

der Polizei möglich ist, den Verstoß (vgl. § 23 Ic iVm § 49 I Nr. 22 StVO) zu verfolgen. Einen anderen Zweck verfolgt das Mitführen eines solchen Gerätes nicht. Dabei spielt es keine Rolle, ob das Gerät betriebsbereit angeschlossen ist oder nur im Fahrgastraum liegt.[132] Zumindest solange das Gerät auch vom Fahrer im fahrenden Auto problemlos angeschlossen und damit seinem bestimmungsgemäßen Zweck zugeführt werden kann, steht die gegenwärtige Gefahr für die öffentliche Sicherheit und Ordnung iSv Art. 25 Abs. 1 Nr. 1 Buchst. a BayPAG außer Frage, denn auch das bloße Mitführen eines Radarwarngerätes in einem Fahrzeug bedeutet bereits, dass die Einwirkung des schädigenden Ereignisses in Form einer zumindest in Kauf genommenen Überschreitung einer Geschwindigkeitsbegrenzung unmittelbar und mit hoher Wahrscheinlichkeit bevorsteht. Wer ein derartiges Gerät erwirbt und mit sich führt, auch wenn seine Funktion noch nicht aktiviert ist, gibt damit eindeutig zu erkennen, dass er die – aus seiner Sicht vorhandenen – Vorteile des Gerätes nutzen will, indem er im Vertrauen auf eine rechtzeitige Warnung vor Geschwindigkeitskontrollen der Einhaltung der zulässigen Höchstgeschwindigkeit zumindest nicht mehr die gebührende Aufmerksamkeit widmet oder sich sogar bewusst darüber hinwegsetzt.

Dementsprechend begründet das Mitführen eines funktionsfähigen Radarwarngerätes eine gegenwärtige Gefahr iSv Art. 25 Abs. 1 Nr. 1 Buchst. a BayPAG.[133] Dieser gegenwärtigen Gefahr für die öffentliche Sicherheit und Ordnung durch die bevorstehende Begehung von Ordnungswidrigkeiten (§ 23 Ic iVm § 49 I Nr. 22 StVO) und durch die Gefährdung von Leib, Leben und Eigentum anderer Verkehrsteilnehmer durch überhöhte Geschwindigkeit kann die Polizei durch Sicherstellung des Radarwarngerätes nach Art. 25 Abs. 1 Nr. 1 Buchst. a BayPAG begegnen.[134] 74

5. Die Maßnahme war unaufschiebbar (Art. 3 BayPAG) und erfolgte im Wege pflichtgemäßer Ermessensausübung (Art. 5 BayPAG). Ermessensfehler sind nicht ersichtlich. 75

Auch der Grundsatz der Verhältnismäßigkeit wurde nicht verletzt (Art. 4 I, II BayPAG). Sie weniger belastende Maßnahmen sind nicht ersichtlich,[135] insbesondere ein Unbrauchbarmachen des Radarwarngerätes an Ort und Stelle dürfte für Fleißig nicht möglich gewesen sein. 76

6. Sie sind gem. Art. 7, 8 BayPAG auch der richtige Adressat der Maßnahme. Zum einen sind sie als Handlungs- (in ihrer Eigenschaft als Nutzer des Radarwarngerätes; Art. 7 BayPAG), zum anderen als Zustandsstörer (in ihrer Eigenschaft als Eigentümer des Radarwarngerätes; Art. 8 BayPAG) polizeirechtlich verantwortlich. 77

Letztlich haben sie auch eine Bescheinigung nach Art. 26 II 1 BayPAG erhalten. Damit war die Sicherstellung des Radarwarngerätes rechtmäßig. 78

Ist dementsprechend die Sicherstellung des Radarwarngerätes rechtmäßig, ist auch eine Herausgabe des Gerätes ausgeschlossen, weil dadurch die Voraussetzungen für eine Sicherstellung erneut eintreten würden (Art. 28 I 3 BayPAG). Denn da sie wohl auch künftig am Straßenverkehr teilnehmen werden, würden sie damit, wie vor der Sicherstellung des Radarwarngerätes, erneut in die Lage versetzt, Geschwindigkeitsüberschreitungen ohne die Gefahr der Entdeckung begehen zu können. 79

III. Im Hinblick auf das Umsetzen ihres Porsche erlaube ich mir abschließend noch folgende Hinweise: 80

132 VGH München BayVBl. 2008, 377.

133 ZB VGH Mannheim NVwZ-RR 2003, 117; OVG Greifswald NordÖR 2002, 469; VGH München BeckRS 2002, 26819; VGH München BayVBl. 2008, 377.

134 VGH München NZV 1998, 520 = DAR 1998, 366; siehe auch VGH München BeckRS 2019, 13686 Rn. 6; VG München Urt. v. 1.3.2001 – M 17 K 98.3885; VG München Urt. v. 23.1.2001 – M 17 K 00.842; VG München Urt. v. 12.9.2000 – M 17 K 99.1936; VG München Urt. v. 17.2.2000 – M 17 K 99.563; VG München Urt. v. 15.4.1999 – M 17 K 97.7634; VG Schleswig NZV 2000, 103; VG Berlin DAR 2000, 282; vgl. Möller NZV 2000, 115 (118); Albrecht DAR 1999, 145 (147); s. auch BVerwG GerwArch 1986, 39.

135 Vgl. VGH München NZV 1998, 520.

81 **1.** Mit Fleißig hat die zuständige Polizei im institutionellen Sinne (Art. 1 BayPAG, Art. 1 I BayPOG) gehandelt (Art. 3 BayPOG). Auch eine Weisung der (zuständigen) Sicherheitsbehörde (Art. 10 S. 1 LStVG, Art. 9 Abs. 2 BayPOG) lag nicht vor (vgl. oben → Rn. 67).

82 **2.** Unterstellt, durch das Abstellen und nicht rechtzeitige Wegfahren ihres Porsches habe eine Anscheinsgefahr – und nicht wie ich in der Klage ausgeführt habe, eine Putativgefahr (zu den Begriffen s. in meinem Klageschriftsatz) – vorgelegen, dann wäre der polizeiliche Aufgabenbereich nach Art. 2 I BayPAG eröffnet gewesen, denn die Anscheinsgefahr ist sicherheitsrechtlich eine objektive Gefahr bzw. steht einer konkreten Gefahr gleich,[136] wobei für die Aufgabeneröffnung bereits eine abstrakte Gefahr ausreicht.

83 **3.** Eine Umsetzung kann als atypische Maßnahme auf Art. 11 II 1 Nr. 3 BayPAG gestützt werden, wenn eine konkrete Gefahr besteht. Wird davon ausgegangen, dass es sich vorliegend um eine Anscheinsgefahr handelt, dann sind die tatbestandlichen Voraussetzungen des Art. 11 II 1 Nr. 3 BayPAG erfüllt, weil, gesetzt den Fall, ihr Fahrzeug wäre zum damaligen Zeitpunkt nicht umgesetzt worden, dies auf den Fortgang der Baumaßnahmen nicht nur zeitlich (Verzögerung), sondern auch finanzielle Auswirkungen (Mehrkosten) gehabt hätte, womit aus Ex-ante-Sicht von einer konkreten Gefahr auszugehen war. Ihr Einwand, das Halteverbotsschild sei ihnen gegenüber nicht bekanntgegeben worden, verfängt in diesem Zusammenhang nicht. Auf meine entsprechenden Ausführungen in der Klageschrift darf verwiesen werden. Sind folglich Verkehrszeichen – wie hier – so aufgestellt oder angebracht, dass sie ein durchschnittlicher Kraftfahrer bei Einhaltung der nach § 1 StVO erforderlichen Sorgfalt schon „mit einem raschen und beiläufigen Blick" erfassen kann, so äußern sie ihre Rechtswirkung gegenüber jedem von der Regelung betroffenen Verkehrsteilnehmer, gleichgültig, ob er das Verkehrszeichen tatsächlich wahrnimmt oder nicht. Sie entfalten ihre Rechtswirkungen für den Halter deshalb auch dann, wenn die Verkehrsregelung in dem Zeitpunkt noch nicht bestand, als das Fahrzeug abgestellt wurde.[137]

84 **4.** Bei der Umsetzung des Kfz handelte es sich um ein geeignetes Mittel iSv Art. 4 I BayPAG, da dadurch die von ihrem Wagen verursachte (Anscheins-)Gefahr beseitigt werden konnte. Ein gleich effektives, aber weniger belastendes Mittel ist nicht gegeben gewesen (Art. 4 I BayPAG); ein Verbringen des Fahrzeugs auf die amtliche Verwahrstelle wäre mit einem stärker belastenden Eingriff verbunden gewesen. Das Umsetzen verstößt schließlich auch nicht gegen das Gebot der Verhältnismäßigkeit ieS (Art. 4 II BayPAG).[138] Das gilt insbesondere vor dem Hintergrund des Auffindens Ihrer Handy-Nummer durch Fleißig und des Unterlassens eines Anrufes auf Ihrem Handy, denn ihre sofortige Benachrichtigung über Handy war wegen der Wahrscheinlichkeit (bereits erkalteter Wagen), dass sie nicht ohne Weiteres erreichbar sind, von vornherein nicht erfolgversprechend.[139] Generell sind im Rahmen der Verhältnismäßigkeitsprüfung ohnehin keine hohen Anforderungen an die Ermittlung des Betroffenen zu stellen; die Polizei ist im Rahmen ihrer Aufgabenzuweisung grundsätzlich nicht verpflichtet, vor Einleitung eines Umsetzungsvorgangs zunächst zu versuchen, den Halter zu ermitteln und zu informieren. Ein derartiger Nachforschungsversuch würde ein effektives Eingreifen der Polizei vor Ort zu sehr behindern; ihm stehen regelmäßig – wie auch hier – die ungewissen Erfolgsaussichten und nicht abzusehende weitere Verzögerungen entgegen.[140] Eine Benachrichtigung des Halters kommt nur infrage, wenn dieser geradezu in greifbarer Nähe erscheint.[141]

136 Schmidbauer/Steiner BayPAG Art. 11 Rn. 65.

137 BVerwGE 102, 316 (318 f.) = NJW 1997, 1021; BVerwGE 162, 146 = NJW 2018, 2910 Rn. 15.

138 S. zur Verhältnismäßigkeit einer Abschleppmaßnahme bei einem an einem Taxenstand abgestellten Pkw BVerwG DVBl. 2014, 1139 = BayVBl. 2015, 60 (keine Wartezeit) und Hebeler JA 2015, 317.

139 S. aber VGH München BayVBl. 2015, 238: Bei einer Sicherstellung zur Eigensicherung (Art. 2 II, Art. 25 Nr. 2 BayPAG) ist idR eine vorhergehende Benachrichtigung des Kfz-Halters erforderlich.

140 Vgl. dazu BVerwG BayVBl. 1983, 632; diese Entscheidung hat auch im Hinblick auf die neuen Kommunikationsmedien (zB Handy) nach wie vor Bestand, wie das BVerwG in seiner Entscheidung v. 18.2.2002 (NJW 2002, 2122) ausgeführt hat; s. auch VGH München BeckRS 2000, 24326; Perrey BayVBl. 2000, 609 (613).

141 VGH München BeckRS 1998, 18618; s. auch OVG Hamburg JA 2012, 79; OVG Bautzen BeckRS 2017, 116030 Rn. 20.

Wer sich nicht in Ruf- oder Sichtweite seines Fahrzeugs aufhält, kann auch von der Polizei keine personal- und zeitaufwendigen Ermittlungen erwarten.[142]

5. Da ein Handlungs- (Art. 7 BayPAG) oder ein Zustandsstörer (Art. 8 BayPAG) im Zeitpunkt der Umsetzungsmaßnahme nicht erreichbar war, konnte diese gem. Art. 9 I BayPAG unmittelbar ausgeführt werden. 85

Ich hoffe, Ihnen mit diesen Angaben gedient zu haben und werde Sie umgehend unterrichten, sobald ich vom Verwaltungsgericht Nachricht über die erhobene Klage erhalten habe. 86

Mit freundlichen Grüßen

Dr. Bierschneider
Rechtsanwalt

Anlage: Klageschrift

Weiterführende Literatur:

1. Schörnig, Typische Zulässigkeitsprobleme einer Polizeirechtsklausur, JA 1994, 50
2. Zur Verfassungsmäßigkeit bzw. -widrigkeit einzelner Regelungen des BayPAG s. BVerfG NVwZ 2019, 381
3. Gaul, Die Rechtsgrundlage für das Abschleppen von Kraftfahrzeugen, VB.BW 1996, 1 ff.
4. Perrey, Abschleppen von Kraftfahrzeugen, BayVBl. 2000, 609
5. Fischer, Das polizeiliche Abschleppen von Kraftfahrzeugen, JuS 2002, 446
6. Vahle, Abschleppen eines Pkw trotz hinterlassener Handynummer, DVP 2002, 35
7. Michaelis, Das Abschleppen von Kraftfahrzeugen – Aktuelle Probleme –, JURA 2003, 298
8. Schoch, Die „Gefahr" im Polizei- und Ordnungsrecht, JURA 2003, 472
9. Klein, Probleme des Abschleppens verbotswidrig abgestellter Kraftfahrzeuge im öffentlichen Recht, JA 2004, 544
10. Remmert, Vollzugspolizeiliches Abschleppen bei Verkehrszeichenverstößen, VBlBW 2005, 41
11. Vahle, Das Abschleppen von Kraftfahrzeugen – Maßnahmen der Behörden und Selbstschutzmöglichkeiten –, DVP 2006, 373
12. Finger, Die Kostentragungspflicht des Anscheinsstörers in der Verwaltungsvollstreckung am Beispiel eines Abschleppfalls, DVP 2006, 361
13. Beaucamp, Grundfälle zum Allgemeinen Polizei- und Ordnungsrecht, JA 2009, 279
14. Reuter, Die Verhältnismäßigkeit im engeren Sinn – das unbekannte Wesen, JURA 2009, 511
15. Schenke, Rechtsschutz gegen doppelfunktionale Maßnahmen der Polizei, NJW 2011, 2838
16. Mann/Fontana, Entwicklungslinien des Polizeirechts im 21. Jahrhundert, JA 2013, 734
17. Wobst/Ackermann, Der Zweckveranlasser wird 100 – Ein Grund zum Feiern?, JA 2013, 916
18. Gusy, Aktuelle Entwicklungen im Polizeirecht, JA 2017, 728
19. Hauk, Polizeiliche Standardmaßnahmen – ein Überblick, JA 2017, 972
20. Pieper, Grundstrukturen des verfassungsrechtlichen Datenschutzes – Zum Schutz personenbezogener Daten durch die Grundrechte des Grundgesetzes bei Maßnahmen der Gefahrenabwehr, JA 2018, 598
21. Kühling/Sackmann, Das Mehrebenensystem der Datenschutzgrundrechte im Lichte der Rechtsprechung von BVerfG und EuGH, JURA 2018, 364
22. Danne, Doppelfunktionale Maßnahmen in der öffentlich-rechtlichen Klausur, JuS 2018, 434
23. Schenke, Polizeiliches Handeln bei Anscheinsgefahr und Gefahrenverdacht, JuS 2018, 505
24. Weber, Zum Abschleppen von Kraftfahrzeugen im öffentlichen Straßenraum und dem nachfolgenden Leistungsbescheid, DAR 2019, 63
25. Roggan, Verfassungsrechtliche Grenzen von automatisierten Kfz-Kennzeichenkontrollen, NVwZ 2019, 344

142 So Schmidbauer/Steiner BayPAG Art. 25 Rn. 161; zur **Handyproblematik** s. auch BVerwG NJW 2002, 2122; VGH München BeckRS 2001, 25298; VGH München BeckRS 2009, 43974; OVG Hamburg DÖV 2002, 207 (Tenor dieser Entscheidungen: die Angabe lediglich einer Handy-Nummer sichtbar im Kfz genügt in der Regel nicht, um eine Abschleppmaßnahmen zu verhindern; die Instanzgerichte haben sich dieser Rspr. angeschlossen).

26. Burhoff, Abschleppen wegen Parkens im Bereich einer scharfen Kurve, VA 2020, 166
27. Weber, Die polizeiliche Sicherstellung von Fahrzeugen, NZV 2020, 351
28. Kirchhoff, Polizeiliche Maßnahmen bei Film- und Fotoaufnahmen, NVwZ 2021, 1177
29. Brenz, Die Prüfung von Ermessensnormen in der polizeirechtlichen Fallbearbeitung, JuS 2021, 934

Ferner:
Kaiser, Wichtige zivilrechtliche Abschleppfälle im Assessorexamen, JA 2015, 534

4. Klausur: „Wohnungen in Waldesruh"

Themenbereiche: Einstweiliger Rechtsschutz; Baueinstellung bei genehmigungsfreigestellten Vorhaben; Nachbarschutz; Inzidentprüfung eines Bebauungsplans; gerichtliche Entscheidung im einstweiligen Rechtsschutzverfahren

Sachverhalt

Auszug aus den Akten des Verwaltungsgerichts München Az.: M 30 E 06. 234

Rechtsanwalt
Ignaz Gründlich
Klugstraße 2
Bad Moor

Bad Moor, 29.5.2006

Verwaltungsgericht Eingang: 30.5.2006

An das

Verwaltungsgericht München

Betreff: Antrag auf Erlass einer einstweiligen Anordnung

Unter Vorlage einer auf mich lautenden Prozessvollmacht zeige ich die Vertretung von Herrn Prof. Dr. Sanftmut an und beantrage:

1. Das Landratsamt Hochwald wird als untere Bauaufsichtsbehörde verpflichtet, die Bauarbeiten auf dem Grundstück FlNr. 101 der Gemarkung und Gemeinde Bad Moor vorläufig bis zu einer Entscheidung über den Normenkontrollantrag meines Mandanten gegen die Änderung des Bebauungsplans „Waldesruh" einzustellen.

2. Der Antragsgegner trägt die Kosten des Verfahrens.

Zur Begründung trage ich vor:

Mein Mandant, Prof. Dr. Sanftmut, ist Eigentümer des Grundstücks FlNr. 102 in Bad Moor und wohnt dort seit September 1994.

Sein Anwesen ist entsprechend des seit 1.2.1994 geltenden qualifizierten Bebauungsplans „Waldesruh" errichtet worden. Mein Mandant hat sich nicht zuletzt deswegen für den Erwerb dieses Grundstücks entschieden, weil ihm zum einen die vorgesehene Bauweise und zum anderen die Aussicht auf Ruhe und Abgeschiedenheit, die er aufgrund seiner beruflichen Belastung dringend braucht, zugesagt haben. Der Bebauungsplan sieht nämlich im Hinblick auf Letzteres seitliche Baugrenzen in einem Abstand von mindestens 15 m zu den jeweiligen Grundstücksgrenzen vor, wodurch eine „grüne" Bebauung gewährleistet ist.

Wie eine von mir vorgenommene Durchsicht der betreffenden Verfahrensunterlagen ergab, hat die Gemeinde in der Tat diese seitlichen Baugrenzen nicht nur allein aus städtebaulichen Gründen deswegen festgesetzt, um eine aufgelockerte Bauweise zu erreichen, sondern auch um den Bewohnern dieses Gebiets exklusives und ruhiges Wohnen durch den weiten Abstand zur nächsten Bebauung zu gewähren.

Beweis: Verfahrensunterlagen zur Aufstellung des Bebauungsplans „Waldesruh" aus den Jahren 1993/1994, deren Beiziehung beantragt wird.

Unter dem Datum vom 21.3.2006 ist die Änderung dieses Bebauungsplans bekannt gemacht worden.

Die Änderung bezieht sich ausschließlich auf das unmittelbar an das Grundstück meines Mandanten angrenzende Grundstück FlNr. 101 des einheimischen Bauunternehmers Willi Reibach. Sie ermöglicht dort die Errichtung zweier Wohngebäude, indem die seitlichen Baugrenzen auf nur noch 2,25 m Entfernung zu den jeweiligen Grundstücksgrenzen hingeschoben werden. Zudem werden im Gegensatz zu allen anderen Grundstücken im Geltungsbereich dieses Bebauungsplans zwei Vollgeschosse einschließlich Dachgeschoss statt einem Vollgeschoss mit Dachgeschoss und eine Wandhöhe von max. 7 m statt 4,5 m zugelassen. Mein Mandant wurde zu dieser Änderung in keinerlei ordnungsgemäßer Art und Weise gehört, obwohl dies wegen der Auswirkungen auf sein Grundstück, wenngleich es durch die Änderung zwar nicht unmittelbar betroffen ist, jedenfalls geboten gewesen wäre.

Infolge der Bebauungsplanänderung hat Reibach seinen ursprünglich gestellten Bauantrag zurückgenommen. Die Gemeinde Bad Moor hat das Vorhaben, das die Errichtung zweier Wohngebäude mit jeweils zehn Wohneinheiten umfasst, mit Formblatt vom 3.4.2006 mit dem (geänderten) Bebauungsplan für übereinstimmend erklärt und damit den Weg für die Errichtung im Genehmigungsfreistellungsverfahren eröffnet.

Beweis: Bauunterlagen des Genehmigungsfreistellungsverfahrens

Wie mein Mandant nach der Rückkehr aus seinem vierwöchigen Jahresurlaub am 21.5.2006 feststellen musste, waren die Bauarbeiten auf dem Grundstück seines Nachbarn Reibach in vollem Gange. Die Kellergeschosse beider Gebäude sind bereits vollständig fertig gestellt, mit dem Bau der Erdgeschosse wird gerade begonnen.

Die Errichtung der beiden Wohngebäude auf dem Grundstück FlNr. 101 im Genehmigungsfreistellungsverfahren ist rechtswidrig und führt zu einer nachhaltigen und nicht hinnehmbaren Beeinträchtigung meines Mandanten.

Das Landratsamt als untere Bauaufsichtsbehörde hätte deshalb einschreiten und die Bauarbeiten auf dem Nachbargrundstück einstellen müssen. Nach meinem Verständnis vom öffentlichen Baunachbarrecht sind zudem, wegen des Gebotes, effektiven Rechtsschutz zu gewähren, die Voraussetzungen für einen (ausnahmsweisen) Anspruch auf bauaufsichtliches Einschreiten bei genehmigungsfreigestellten Vorhaben weniger hoch anzusetzen als beim Vorgehen gegen genehmigungspflichtige Vorhaben. Dies erfordern schon Gründe der Waffengleichheit zwischen Bauherrn und Nachbarn, da es letzterem in Fällen der Genehmigungsfreistellung nicht möglich ist, gegen eine Baugenehmigung mit Widerspruch und Anfechtungsklage vorzugehen, und diese regelmäßig Erfolg haben, wenn nachbarschützende Vorschriften verletzt sind. Aufgrund einer nur verfahrensrechtlichen Regelung dürfen Nachbarrechte aber nicht so ausgeblendet werden, dass im Gegensatz zum klassischen Genehmigungsverfahren insoweit viel höhere Anforderungen für den Nachbarschutz gelten.

Ausweislich des Schreibens vom 26.5.2006 (Anlage 1) wurde ein Einschreiten vom Landratsamt aber abgelehnt.

Die Bebauungsplanänderung vom 21.3.2006 ist rechtsfehlerhaft erfolgt, sodass nach wie vor der meinem Mandanten zugute kommende Bebauungsplan vom 1.2.1994 auch bezüglich des Grundstücks FlNr. 101 gilt. Möglicherweise ist die Bebauungsplanänderung schon aus formellen Gründen unwirksam, jedenfalls hält sie einer materiell-rechtlichen Überprüfung nicht stand. Wegen der Begründung insoweit verweise ich auf meinen Normenkontrollantrag vom 24.5.2006 und die dort gemachten Ausführungen (Anlage 2).

Mit freundlichen Grüßen

Ignaz Gründlich
Rechtsanwalt

Anlage 1 (zum Antrag auf vorläufigen Rechtsschutz)

Landratsamt Hochwald 22.5.2006

– Bauabteilung –

Az.: BE/BA/26/06

Herrn Rechtsanwalt
Ignaz Gründlich
Klugstraße 2
Bad Moor

Antrag auf bauaufsichtliches Einschreiten wegen Bauarbeiten auf dem Grundstück FlNr. 101, Gemarkung und Gemeinde Bad Moor

Sehr geehrter Herr Rechtsanwalt,

nach eingehender Überprüfung der Rechtslage sind wir zum Ergebnis gekommen, dass ein bauaufsichtliches Einschreiten wegen Bauarbeiten auf oben genanntem Grundstück nicht in Betracht kommt.

Dies ergibt sich aus folgenden Erwägungen:

Nachdem uns von der Gemeinde die entsprechenden Baupläne und sonstigen Unterlagen zugesandt worden sind, wurde aufgrund einer Baukontrolle festgestellt, dass die bisher durchgeführten Maßnahmen auf dem Grundstück FlNr. 101 diesen Plänen entsprechen.

Die Pläne selbst stimmen mit dem geänderten Bebauungsplan überein. Insoweit sind, insbesondere nach Rücknahme des ursprünglich gestellten Bauantrags, die Anforderungen einer Genehmigungsfreistellung iSv Art. 58 BayBO erfüllt, sodass eine Baueinstellung ausscheidet.

Ob die Bebauungsplanänderung rechtens ist, ist von der Bauaufsichtsbehörde nicht zu prüfen. Der Bebauungsplan ist in seiner aktuellen Fassung anzuwenden. Die Bauaufsichtsbehörde ist insoweit an das Ortsrecht gebunden.

Selbst die Fehlerhaftigkeit der Änderung und damit die Weitergeltung des ursprünglichen Bebauungsplans unterstellt, würde dies im Hinblick auf ein bauaufsichtliches Einschreiten nichts ändern, weil zum einen kein Rechtsanspruch darauf besteht und sich zum anderen keine Umstände aufdrängen, die ausnahmsweise eine Pflicht zum Einschreiten begründen könnten.

Wir geben Ihnen daher Gelegenheit, Ihren Antrag innerhalb von 14 Tagen mit einer günstigeren Kostenfolge zurückzunehmen. Andernfalls wird der Antrag kostenpflichtig abgelehnt.

Mit freundlichen Grüßen

Dr. Jung
Regierungsrat

Anlage 2 (zum Antrag auf vorläufigen Rechtsschutz)

Rechtsanwalt
Ignaz Gründlich
Klugstraße 2
Bad Moor

Bad Moor, 24.5.2006

An den

Bayerischen Verwaltungsgerichtshof

Betreff: Ungültigkeitserklärung einer Bebauungsplanänderung

Anlage: Vollmacht

Unter Vorlage einer auf mich lautenden Vollmacht zeige ich die anwaltliche Vertretung von Herrn Prof. Dr. Sanftmut an und beantrage

1. Die Änderung des Bebauungsplans „Waldesruh“ durch die Gemeinde Bad Moor vom 21.3.2006 wird für unwirksam erklärt.

2. Die Gemeinde Bad Moor trägt die Kosten des Verfahrens.

Begründung:

Die Änderung des oben genannten Bebauungsplans leidet sowohl an formellen wie auch an materiellen Fehlern.

a) In formeller Hinsicht ist zunächst festzustellen, dass die Gemeinde Bad Moor für die Bebauungsplanänderung das falsche Verfahren gewählt hat.

Eine Änderung im vereinfachten Verfahren war nicht zulässig, da die Grundzüge der Planung berührt werden. Es kann wohl nicht alleine darauf ankommen, ob die Änderung in räumlicher Hinsicht nur ein Grundstück betrifft. Entscheidend kann in diesem Zusammenhang nur die Qualität der Änderung sein. Diese hat hier vor allem zur Folge, dass die ursprünglich verfolgte planerische Konzeption, eine aufgelockerte, für Bad Moor typische und exklusive Bauweise zu gewährleisten, durch diesen planerischen Fehlgriff ins Leere läuft. Verdeutlicht wird dies allein schon dadurch, dass sowohl das Maß der baulichen Nutzung im Vergleich zur umgebenden Bebauung um ein Wesentliches erhöht wurde wie auch die überbaubare Grundstücksfläche wesentlich erweitert worden ist.

Selbst eine einfache Änderung als zulässig unterstellt, wäre nicht einmal diese ordnungsgemäß durchgeführt worden.

Darüber hinaus enthält die Bebauungsplanänderung keinerlei Begründung. Aus den Verfahrensunterlagen ergibt sich nur, dass die Gemeinde davon ausging, dass die Änderung in jedem Falle möglich gewesen wäre und daher auch die Annahme des von Reibach gemachten Angebots unschädlich sei. Dies wird den Anforderungen des § 9 VIII BauGB in keiner Weise gerecht.

Im Übrigen bestehen große Bedenken, ob die Durchführung des Änderungsverfahrens allen rechtsstaatlichen Erfordernissen entspricht.

Die aufgezählten Verfahrensfehler wurden der Gemeinde Bad Moor gegenüber im Übrigen mit Schreiben vom 18.4.2006 im Einzelnen dargelegt.

b) Auch in materiell-rechtlicher Hinsicht liegen eine Reihe von Verstößen vor, die jeder für sich zur Unwirksamkeit der Bebauungsplanänderung führen.

Für die Änderung ist keinerlei planerisches Konzept erkennbar. Es fehlt an der Notwendigkeit der Maßnahme. Ausweislich der Verfahrensunterlagen hatte die Änderung keine städtebaulichen Gründe, sondern war subjektiv motiviert, weil man dem Eigentümer des Grundstücks FlNr. 101 aus Gefälligkeit eine bessere Ausnutzbarkeit ermöglichen wollte und dafür sogar eine Gegenleistung erhielt.

Dies stellt einen beachtlichen Abwägungsfehler dar, zumal die Gemeinde, ohne weiter nachzudenken, sich darauf eingelassen und die Änderung iSd Bauherrn ohne Weiteres beschlossen hat.

Hochachtungsvoll

Ignaz Gründlich
Rechtsanwalt

Mit Beschluss vom 3.7.2006 lud das zuständige Bayerische Verwaltungsgericht München die Gemeinde Bad Moor sowie den Bauherrn Willi Reibach zum Verfahren bei.

Der Beiladungsbeschluss wurde der Gemeinde Bad Moor mit der Antragsschrift unter gleichzeitiger Aufforderung zur Vorlage der Verfahrensunterlagen zum Bebauungsplan „Waldesruh“ aus den Jahren 1993/94 sowie zu dessen Änderung aus dem Jahr 2006 am 5.7.2006 ordnungsgemäß zugestellt. Die ordnungsgemäße Zustellung des Beiladungsbeschlusses samt Antragsschrift an den Bauherrn Reibach erfolgte am 6.7.2006. Die Antragsschrift wurde dem Landratsamt Hochwald unter gleichzeitiger Aufforderung zur Stellungnahme ebenfalls am 6.7.2006 zugestellt.

In den Verfahrensunterlagen zum Bebauungsplan „Waldesruh" befand sich folgender Auszug aus dem Sitzungsprotokoll des Gemeinderats vom 12.11.1993:

TOP 2: Beratung der Anregungen und Bedenken zum Bebauungsplanentwurf „Waldesruh".

1. Bürgermeister Heiler verliest die während der Auslegung des Planentwurfs eingegangenen Anregungen und Bedenken. Gleichzeitig weist er daraufhin, dass sie zu den Verfahrensunterlagen genommen werden.

Anschließend wird das endgültige Bebauungsplankonzept diskutiert.

Im Gemeinderat wird Übereinkunft darüber erzielt, dass der Bebauungsplan eine Fortentwicklung der für einige Gebiete in Bad Moor typischen (exklusiven) Bauweise sein soll.

Die Festlegung vor allem der seitlichen Baugrenzen soll zum einen dazu dienen, dass die Bebauung entsprechend der dort bereits vorhandenen Struktur sich aufgelockert zeigt und zum anderen auch der Ruhe der Bewohner dieses Gebiets zugutekommen. Damit soll letztlich die Exklusivität des Baugebiets als „etwas Besonderes" gewährleistet werden.

Es wurde daher beschlossen, dass das zu überplanende Gebiet mit insgesamt 14 Baugrundstücken ausschließlich für Wohnzwecke zur Verfügung stehen darf, dass ein Vollgeschoss einschließlich Dachgeschoss mit einer max. Wandhöhe von 4,5 m zulässig ist und, dass der Abstand der seitlichen Baugrenzen zu den jeweils (seitlich) benachbarten Grundstücken mindestens jeweils 15 m betragen muss.

TOP 3: Beschluss über den Bebauungsplan „Waldesruh"

Der Gemeinderat beschloss den Bebauungsplan „Waldesruh" als Satzung.

In den Verfahrensunterlagen zur Änderung des Bebauungsplans „Waldesruh" befand sich folgendes Schreiben des Beigeladenen Reibach:

An die   Bad Moor, 10.2.2006

Gemeinde Bad Moor
z. Hd. Herrn 1. Bürgermeister
Josef Heiler

Eingang Gemeinde:
13.2.2006

Sehr geehrter Herr Bürgermeister,

lieber Sepp,

wie Du sicher weißt, beabsichtige ich auf meinem Grundstück FlNr. 101, das im Bebauungsplan „Waldesruh" liegt, eine Bebauung, die nicht ganz den dortigen Festsetzungen entspricht. Allerdings dürfte es, wenn Du meine Gründe dafür erfahren hast, sicherlich kein Problem sein, den Bebauungsplan zu ändern, sodass meine Vorhaben verwirklicht werden können.

Eine Änderung wäre bestimmt auch nicht zum Schaden der Gemeinde.

Aber der Reihe nach:

Ich möchte auf besagtem Grundstück gerne zwei Wohngebäude mit jeweils 2 Vollgeschossen, in denen jeweils 10 Kleinwohnungen untergebracht werden sollen, bauen. Dies ist allerdings nur machbar, wenn die seitlichen Baugrenzen näher zu den seitlichen Grundstücksgrenzen hingeschoben werden. Erforderlich wäre ein Heranschieben bis auf 2,25 m an die Grundstücksgrenzen. Dies wäre ohne Weiteres möglich, wenn die Gemeinde es durch Bebauungsplan festsetzen würde. Auch ein Grund für eine solche Regelung läge vor.

Zum einen würde das Grundstück besser ausnutzbar sein, was vor allem meinem Betrieb und damit auch der Sicherung von Arbeitsplätzen dienen würde. Zum anderen würden die Wohnungen in erster Linie den Beschäftigten der ansässigen Hotel- und Badebetriebe zur Verfügung gestellt werden, deren Nachfrage bisher nie richtig befriedigt werden konnte. Insoweit würde meiner Ansicht nach sogar ein öffentliches Interesse gegeben sein.

Das Verschieben der Baugrenzen im oben genannten Sinne wäre auch nicht weiter schlimm, da mein Nachbar Dr. Zahn zustimmen will, und mein anderer Nachbar, Prof. Dr. Sanftmut, sein Wohngebäude freiwillig bereits schon 20 m von seiner und meiner Grundstücksgrenze entfernt errichtet hat, sodass immer noch genügend Freifläche vorhanden ist.

Durch die Änderung wäre außerdem nur mein Grundstück betroffen, sodass es auch sonst keinerlei Probleme geben dürfte.

Das Verfahren könnte daher schnell und einfach durchgeführt werden, woran mir sehr gelegen wäre.

Würde der Bebauungsplan in meinem Sinne geändert werden, was offensichtlich rechtmäßiger weise möglich ist, wäre ich gerne bereit – als Zugabe sozusagen –, der Gemeinde zwei mir gehörende Grundstücke, die allerdings noch überplant werden müssten, unentgeltlich zu übertragen. Dabei denke ich vor allem an den Neubau eines Feuerwehrhauses.

Lieber Sepp, Du siehst also, dass es eigentlich nur Gründe für, aber keine durchgreifenden Bedenken gegen eine Änderung des Bebauungsplans in meinem Sinne gibt.

Ich verbleibe mit freundlichen Grüßen

Dein *Willi Reibach*

In den Verfahrensunterlagen zur Bebauungsplanänderung befand sich darüber hinaus folgender Aktenvermerk:

Bad Moor, 14.2.2006

Gemeindebauamt

Betreff: Änderung des Bebauungsplans „Waldesruh"

Die von Herrn Willi Reibach mit Schreiben vom 10.2.2006 beantragte Änderung des oben genannten Bebauungsplans scheint ohne rechtliche Probleme machbar.

Die vorgetragenen Argumente sind stichhaltig.

Die Gemeinde könnte eine Änderung im vereinfachten Verfahren nach § 13 BauGB durchführen, da lediglich ein Grundstück betroffen wäre. Auch soweit durch ein Verschieben der seitlichen Baugrenzen uU die bauordnungsrechtlich einzuhaltende Mindestabstandsfläche unterschritten würde, könnte dies rechtlich durch die Bebauungsplanänderung gedeckt werden. Angesichts der klaren Rechtslage erscheint es nicht erforderlich, beim Landratsamt um rechtliche Beratung nachzusuchen.

Im Übrigen sollte auch das Angebot wegen der in Aussicht gestellten Grundstücke nicht ausgeschlagen werden. Wie bekannt ist, steht in nächster Zeit der Neubau eines Feuerwehrhauses an, ohne dass bisher geeignete Flächen vorhanden sind. Da die Änderung ohne Weiteres durchgeführt werden kann, ist die Annahme dieses Angebots auch nicht verwerflich. Sicherheitshalber sollte dies in der Beschlussfassung über die Bebauungsplanänderung aber nicht erwähnt werden.

Herrn 1. Bürgermeister Heiler mit der Bitte um weitere Veranlassung.

i.A.
Bauer

Verwaltungsamtmann, Leiter des gemeindlichen Bauamts

Das Schreiben des Willi Reibach vom 10.2.2006 sowie der Aktenvermerk vom 14.2.2006 wurden den Gemeinderätinnen und den Gemeinderäten für die Sitzung am 13.3.2006 als Sitzungsvorlage gereicht.

Auszug aus der Niederschrift der Sitzung des Gemeinderats vom 13.3.2006:

TOP 4: Änderung des Bebauungsplans „Waldesruh"

1. Bürgermeister Heiler verliest den Antrag des Willi Reibach und bittet anschließend um Wortmeldungen.

Gemeinderätin und 2. Bürgermeisterin Zweifler bringt vor, dass vor einer Änderung des Bebauungsplans zumindest die unmittelbaren Nachbarn, Prof. Dr. Sanftmut und Dr. Zahn, Gelegenheit zur Äußerung erhalten sollten. Außerdem wäre zu überlegen, ob eine entsprechende Änderung nicht auch für die 12 anderen bisher nicht bebauten Grundstücke in Betracht gezogen werden sollte.

Gemeinderat Kurz-Blick meint, dass der Nachbar Zahn zustimmen wolle und daher nicht noch gesondert befragt werden müsse, und der Nachbar Prof. Sanftmut anwesend sei und alles mitbekäme. Eine Änderung auch für die bisher nicht bebauten Grundstücke im Bebauungsplan halte er nicht für erforderlich, da die Eigentümer dieser Grundstücke keine entsprechenden Anträge gestellt hätten.

Gemeinderat Zack schlägt vor, „Nägel mit Köpfen" zu machen und den Professor gleich mal zu fragen, ob er gegen die beabsichtigte Änderung etwas vorzubringen habe.

1. Bürgermeister Heiler bittet daraufhin Prof. Sanftmut um Äußerung, wie er die Änderung sehe.

Prof. Sanftmut führt aus, dass dies jetzt alles etwas überraschend für ihn käme, er aber grundsätzlich schon Bedenken gegen eine solch massive Bebauung auf dem Nachbargrundstück des Reibach habe. Nach dem bisher Gehörten habe er aber wohl keine rechtlichen Möglichkeiten, dies zu verhindern.

Gemeinderat Zack erklärt daraufhin, dass er dies genauso sehe und vor allem der Vorteil für die Gemeinde nicht unberücksichtigt bleiben dürfe. Er schlägt vor, da offensichtlich rechtliche Gründe nicht entgegengehalten werden könnten, die Änderung des Bebauungsplans gleich zu beschließen.

Es ergeht danach folgender einstimmiger Beschluss:

Der Bebauungsplan „Waldesruh" wird für das Grundstück FlNr. 101 entsprechend dem Antrag des Herrn Willi Reibach geändert.

Wegen der Einzelheiten und der Gründe wird auf das Schreiben des Antragstellers vom 10.2.2006 Bezug genommen.

Eine zusätzliche und selbstständige Begründung der Änderung durch die Gemeinde ist daneben entbehrlich, da sich die Argumente überzeugend aus oben genanntem Schreiben ergeben.

In den Verfahrensunterlagen zur Änderung des Bebauungsplans „Waldesruh" befand sich das Schreiben des Rechtsanwalts Gründlich vom 18.4.2006, mit dem er Fehler der Änderung rügte und folgender weiterer Vermerk:

Bad Moor, 14.3.2006

Gemeindebauamt

1. Einer Unterrichtung des Landratsamts bedarf die Änderung nicht, da keine begründeten Einwände dagegen erhoben worden sind.

2. 1. Bürgermeister Heiler zK

i.A.
Bauer, Verwaltungsamtmann

Aus den Unterlagen zum Genehmigungsfreistellungsverfahren ergab sich Folgendes:

Mit Schreiben vom 3.4.2006 nahm der Bauherr Reibach seinen am 16.1.2006 gestellten Bauantrag zurück.

Mit Formblatt vom 3.4.2006 erklärte die Gemeinde Bad Moor, dass das Vorhaben jetzt den Festsetzungen des geänderten Bebauungsplans entspricht.

Mit Formblatt vom 18.4.2006 kündigte Reibach den Beginn der Bauarbeiten für den 21.4.2006 an. Nach den Verfahrensunterlagen ist keine Nachbarbeteiligung durchgeführt worden.

Rechtsanwalt 10.7.2006
Dr. Benno Bissig
Bad Moor,
Waldstraße 4
Bad Moor

Verwaltungsgericht Eingang: 11.7.2006

Betreff: Antrag auf Einstellung der Bauarbeiten auf dem Grundstück FlNr. 101, Gemeinde und Gemarkung Bad Moor, Bauherr: Willi Reibach, Az: M 30 E 06.234

Anlage: Prozessvollmacht

Es wird beantragt, den Antrag auf vorläufigen Rechtsschutz in oben genanntem Verfahren abzulehnen.

Mein Mandant, Herr Willi Reibach, bebaut als Eigentümer des Grundstücks FlNr. 101 in Bad Moor dieses Grundstück entsprechend den Festsetzungen des Bebauungsplans „Waldesruh" im Genehmigungsfreistellungsverfahren.

Dies ist offensichtlich und für jedermann erkennbar.

Aufgrund meiner langjährigen anwaltlichen Tätigkeit und Erfahrung steht für mich fest, dass der Änderung des Bebauungsplans durch die Gemeinde keine durchgreifenden rechtlichen Bedenken entgegenstehen. Selbst wenn man einen formellen Fehler finden sollte, wäre dieser sicherlich unbeachtlich.

Und selbst die Anwendbarkeit des ursprünglichen Bebauungsplans unterstellt, käme eine Einstellung der Bauarbeiten unter keinem rechtlichen Gesichtspunkt in Betracht. Zum einen stünde eine Baueinstellung im Ermessen der Behörde, sodass es insoweit keinen Rechtsanspruch gibt, der auch nicht ausnahmsweise in Betracht kommt, weil vorliegend nachbarliche Belange etwa besonders nachhaltig betroffen wären, was als Voraussetzung insoweit richtigerweise auch bei genehmigungsfreigestellten Vorhaben zu fordern ist. Zum anderen wäre schon aus Gründen der Verhältnismäßigkeit das Ermessen zugunsten meines Mandanten auszuüben. Es geht nicht an, dass der Antragsteller längere Zeit urlaubsbedingt abwesend ist, und nach seiner Rückkehr dann auch noch mit Erfolg gegen Bauarbeiten in fortgeschrittenem Stadium vorgehen kann. Ein solches Verhalten widerspricht eindeutig dem Grundsatz von Treu und Glauben. Darüber hinaus müsste dann sowieso auch eine Genehmigung, vom Bebauungsplan abzuweichen, erteilt werden.

Im Übrigen bestehen an der Zulässigkeit des gestellten Antrags auch deswegen Bedenken, weil vom Antragsteller gegen den geänderten Bebauungsplan bereits im Wege der Normenkontrolle vorgegangen wird.

Mein Mandant ist daher auf keinen Fall bereit, freiwillig von der Fortsetzung der Bauarbeiten abzusehen.

Insgesamt bin ich aber sicher, das Gericht zugunsten meines Mandanten überzeugt zu haben.

Mit freundlichen Grüßen

Dr. Bissig
Rechtsanwalt

Gemeinde Bad Moor, 11.7.2006

Bad Moor
Seestraße 1
Bad Moor

Verwaltungsgericht
Eingang: 12.7.2006

An das
Verwaltungsgericht München

Betreff: Bauarbeiten auf dem Grundstück FlNr. 101 der Gemeinde Bad Moor durch Herrn Willi Reibach, Az: M 30 E 06.234

Anlagen: Verfahrensunterlagen über die Aufstellung des Bebauungsplanes „Waldesruh"

Verfahrensunterlagen über die Änderung des Bebauungsplanes „Waldesruh"

Unterlagen über das Genehmigungsfreistellungsverfahren

Sehr geehrte Richterinnen und Richter,

Sie haben uns in oben genanntem Verfahren mit hineingezogen. Wie verpflichtet, werden die verlangten Unterlagen vorgelegt.

Ein Antrag soll seitens der Gemeinde nicht gestellt werden. Allerdings sollen aus unserer Sicht einige klarstellende Worte gesagt werden:

Der Gemeinde ist und war nicht daran gelegen, irgendjemanden zu bevorzugen oder zu benachteiligen. Die Bebauungsplanänderung ist in gutem Gewissen vorgenommen worden. Ausdrücklich wird betont, dass dafür nicht die von Reibach in Aussicht gestellten Grundstücke ausschlaggebend waren. Dies war insoweit nur eine beiläufige, günstige Gelegenheit. Die Gemeinde wäre dumm gewesen, diese Gelegenheit nicht beim Schopfe zu packen.

Die Änderung wäre, da nach Auffassung der Gemeinde rechtens, auf alle Fälle vorgenommen worden. Letztlich war ja auch keiner der unmittelbaren Nachbarn wirklich dagegen und im Endeffekt dient die Änderung den Gemeinwohlinteressen der Gemeinde.

Wie Sie den Verfahrensunterlagen zur Bebauungsplanänderung entnehmen können, ist diese ordnungsgemäß durchgeführt worden. Die Änderung wurde am 21.3.2006 durch Anschlag an der Gemeindetafel, etwas anderes gibt es bei uns nicht, ortsüblich bekannt gemacht. Am 24.3.2006 wurde die Bebauungsplanänderung wegen meiner urlaubsbedingten Abwesenheit von meiner Stellvertreterin Zweifler unterzeichnet.

Mit Hochachtung

Heiler
1. Bürgermeister

Landratsamt Hochwald 10.7.2006

An das
Verwaltungsgericht

Verwaltungsgericht Eingang: 11.7.2006

Betreff: Verwaltungsstreitsache Prof. Dr. Sanftmut gegen Freistaat Bayern wegen Baueinstellung; dortiges Az.: M 30 E 234/06

Zur Antragsschrift nehmen wir wie folgt Stellung:

Die Bebauungsplanänderung erscheint insgesamt nicht unproblematisch, wenngleich wohl kein beachtlicher Fehler im vereinfachten Verfahren nach § 13 BauGB vorliegt.

Ob die Anforderungen an ein bauaufsichtliches Einschreiten bei einem Vorhaben, das im Genehmigungsfreistellungsverfahren errichtet wird, anders zu beurteilen sind als bei genehmigungspflichtigen Bauvorhaben, kann von unserer Seite aus nicht beantwortet werden. Darauf kommt es vorliegend aber auch gar nicht an, da wir als untere Bauaufsichtsbehörde an den geänderten Bebauungsplan gebunden sind und das Vorhaben, so wie es ausgeführt wird, dessen Festsetzungen entspricht und auch ansonsten alle Voraussetzungen für eine Genehmigungsfreistellung nach Art. 58 BayBO vorliegen.

Es wird daher beantragt, den Antrag auf vorläufigen Rechtsschutz abzulehnen.

i.A.

Dr. Jung
Regierungsrat

Bearbeitervermerk:

Die Entscheidung des Verwaltungsgerichts ist zu entwerfen.

Tatbestand und Streitwertfestsetzung sind erlassen. Die Rechtsmittelbelehrung ist insoweit erlassen, als die Angabe des zulässigen Rechtsmittels und etwaiger Besonderheiten genügt. Ladungen, Zustellungen, Vollmachten und sonstige Formalien sind in Ordnung. Es ist davon auszugehen, dass für eine Entscheidung in der Sache keine weitere Sachverhaltsaufklärung notwendig ist.
Soweit in den Gründen ein Eingehen auf alle berührten Rechtsfragen nicht notwendig erscheint, sind diese in einem Hilfsgutachten zu behandeln. Es ist davon auszugehen, dass die anwaltlichen und behördlichen Schriftsätze und Anträge den Vorgaben des § 55d VwGO entsprechen und über die jeweiligen elektronischen Postfächer versandt worden und im EGVP eingegangen sind.

Lösung

A. Entscheidung des Gerichts

Az.: M 30 E 06 234 1

Bayerisches Verwaltungsgericht München
In der Verwaltungsstreitsache

Prof. Dr. Sanftmut
wohnhaft in Bad Moor

– Antragsteller –

Bevollmächtigter:
Rechtsanwalt Ignaz Gründlich

gegen

Freistaat Bayern

– Antragsgegner –

vertreten durch das

Landratsamt Hochwald

beigeladen:

1. Gemeinde Bad Moor

vertreten durch den 1. Bürgermeister

2. Herr Willi Reibach

wohnhaft in Bad Moor

Bevollmächtigter:

Rechtsanwalt Dr. Benno Bissig

wegen

bauaufsichtlichem Einschreiten

hier: Antrag nach § 123 I VwGO

erlässt das Verwaltungsgericht München, 30. Kammer, unter Mitwirkung von …

am …

ohne mündliche Verhandlung folgenden

Beschluss:

1. Der Antragsgegner wird verpflichtet, bis zu einer Entscheidung über den Normenkontrollantrag des Antragstellers gegen die Änderung des Bebauungsplanes „Waldesruh“ die Bauarbeiten auf dem Grundstück FlNr. 101 der Gemarkung und Gemeinde Bad Moor einzustellen.

2. Der Antragsgegner und der Beigeladene zu 2.) tragen die Kosten des Verfahrens je zur Hälfte und ihre außergerichtlichen Kosten jeweils selbst.

Die Beigeladene zu 1.) trägt ihre außergerichtlichen Kosten selbst.

3. Streitwert (erlassen)

Gründe

I.

(Darstellung des Sachverhalts erlassen)

II.

2 Der Eilantrag ist zulässig und begründet.

3 Nach § 123 I 2 VwGO kann das Gericht der Hauptsache einstweilige Anordnungen zur Regelung eines vorläufigen Zustandes, auch schon vor Klageerhebung, in Bezug auf ein streitiges Rechtsverhältnis treffen, wenn die Regelung, vor allem bei dauernden Rechtsverhältnissen, notwendig erscheint, um wesentliche Nachteile abzuwenden oder drohende Gewalt zu verhindern oder aus anderen Gründen.

4 **Exkurs:**

Es handelt sich vorliegend um eine sog. Regelungsanordnung, die von der Sicherungsanordnung des § 123 I 1 VwGO zu unterscheiden ist. In der gerichtlichen Praxis wird zwar regelmäßig nicht zwischen den beiden Anordnungsarten unterschieden, in der Klausur oder Prüfungsaufgabe wird allerdings eine entsprechende Festlegung erwartet.[1]

Vorliegend soll nicht nur ein Bestand gesichert werden, vielmehr besteht die Notwendigkeit, eine vorläufige Regelung zur Abwehr wesentlicher Nachteile des Antragstellers zu treffen, indem das Gericht die Behörde zum Erlass eines VAs (Baueinstellung) verpflichtet und damit zu einer Rechtskreiserweiterung.

5 **1.** Der Antrag ist zulässig.

6 **a)** Er ist insbesondere statthaft iSv § 123 I 2 VwGO. Maßgeblich für die Bestimmung der Art des vorläufigen Rechtsschutzes ist § 123 V VwGO, der auf das Verfahren in der Hauptsache abstellt.

Vorliegend richtet sich das Begehren auf eine Verpflichtung des Antragsgegners zu bauaufsichtlichem Einschreiten. Damit geht es in der Hauptsache nicht um die Anfechtung eines belastenden Verwaltungsakts, bei der sich der vorläufige Rechtsschutz ausschließlich nach den §§ 80, 80a VwGO richten würde,[2] sondern um einen Verpflichtungsrechtsbehelf.

7 **b)** Die Antragsbefugnis ist gegeben. Der Antragsteller kann einen Anordnungsanspruch behaupten,[3] weil es nicht von vorneherein und unter jedem rechtlichen Gesichtspunkt ausgeschlossen erscheint, dass der Antragsteller durch das Vorhaben des Beigeladenen zu 2.) in eigenen Rechten verletzt wird und das Ermessen der Bauaufsichtsbehörde im Hinblick auf ein entsprechendes Einschreiten nach Art. 75 I BayBO[4] auf Null reduziert ist.[5] In Betracht kommt vor allem eine Verletzung von drittschützenden Festsetzungen des Bebauungsplanes „Waldesruh" sowie eine Verletzung der Abstandsflächenvorschrift des Art. 6 BayBO, die den Antragsteller so nachhaltig beeinträchtigt, dass die Bauaufsichtsbehörde zum Einschreiten verpflichtet sein könnte.

8 **c)** Der Antragsteller hat auch einen Anordnungsgrund behauptet.

Da die Bauarbeiten auf dem Grundstück FlNr. 101 bereits fortgeschritten und die Keller beider Geschosse jeweils fertig gestellt sind, die Bauarbeiten zudem fortgesetzt werden, besteht

1 Zur Sicherungs- und Regelungsanordnung Wolff/Decker/Decker VwGO § 123 Rn. 7, 8; HAGMH Öff-Verw-Station 180; Eyermann/Kraft VwGO § 132 Rn. 23; BVerwG BayVBl. 1989, 657.
2 Vgl. etwa Brühl JuS 1995, 917.
3 VGH München BayVBl. 1986, 25; VGH Mannheim DVBl. 1993, 53; s. auch BVerfG NJW 1989, 827, wonach das Verlangen eines Anordnungsanspruches auch bei der Regelungsanordnung verfassungsrechtlich unbedenklich ist.
4 Vgl. § 64 BWLBO.
5 S. VGH München BayVBl. 1989, 187; Konrad JA 1998, 691; allgemein zur Klagebefugnis bei dritt- bzw. nachbarschützenden Normen Pietzner/Ronellenfitsch Assessorexamen § 15; Decker/Konrad BayBauR 325, 326.

die Gefahr der Schaffung vollendeter Tatsachen, sodass die erforderliche Eilbedürftigkeit dargetan wurde.

d) Für den Antrag liegt ein Rechtsschutzbedürfnis vor,[6] da der Antragsteller sich zunächst erfolglos bei der unteren Bauaufsichtsbehörde um die Einstellung der Bauarbeiten bemüht hat. 9

Das Rechtsschutzbedürfnis entfällt auch nicht deswegen, weil der Antragsteller gegen den Änderungsbebauungsplan im Wege der Normenkontrolle vorgeht. Es handelt sich um zwei selbstständige, voneinander getrennte Verfahren mit unterschiedlichem Rechtsschutzziel.[7] Auch unter dem Gesichtspunkt von Treu und Glauben fehlt es nicht am Rechtsschutzbedürfnis. Die vierwöchige urlaubsbedingte Abwesenheit des Antragstellers hat nicht zur Folge, dass er sich mit der vorgefundenen tatsächlichen Situation abfinden muss. Zum einen wurde der zur Entscheidung vorliegende Antrag unmittelbar und unverzüglich nach Urlaubsrückkehr gestellt. Zum anderen fällt der Baubeginn aber insbesondere in den Verantwortungsbereich des Beigeladenen zu 2.), da ausweislich der Verfahrensakten eine Nachbarbeteiligung nicht stattgefunden hat.

2. Der Eilantrag ist begründet. 10

Anordnungsanspruch und Anordnungsgrund sind glaubhaft gemacht und die Hauptsache wird nicht in unzulässiger Weise vorweggenommen. 11

Exkurs: 12

Glaubhaftmachung iSv § 123 III VwGO iVm §§ 920 II, 294 ZPO bedeutet, dass Anordnungsanspruch und Anordnungsgrund auf überwiegend wahrscheinlichen Tatsachen bejaht werden können. Die Glaubhaftmachung stellt eine Art der Beweiserleichterung dar und bezieht sich auf Tatsachen. Die Prüfung, ob ein Anspruch in rechtlicher Hinsicht besteht, wird davon nicht berührt.[8]

a) Hinweis: Da sich der Antragsgegner bzw. Beklagte immer aus dem Rubrum ergibt und soweit auch kein Streit insoweit besteht, erfolgen in den Entscheidungsgründen keine Ausführungen zum richtigen Antragsgegner bzw. Beklagten. Ausführungen zum richtigen Antragsgegner erfolgen daher regelmäßig im Rahmen des Hilfsgutachtens. (Hier ist richtiger Antragsgegner nach § 78 I Nr. 1 VwGO analog der Freistaat Bayern. Die Benennung des hier nach Art. 75 I, 54 I, 53 I BayBO staatlich handelnden Landratsamtes in der Antragsschrift ist gem. § 78 I Nr. 1 Hs. 2 VwGO analog unschädlich.) 13

b) Der Antragsteller kann einen Anordnungsanspruch auf Einstellung der Bauarbeiten bis zu einer Entscheidung im Normenkontrollverfahren[9] auf Grundlage von Art. 75 I (iVm Art. 58 BayBO)[10] glaubhaft machen. Danach kann die Einstellung der Bauarbeiten angeordnet werden, wenn eine Anlage im Widerspruch zu öffentlich-rechtlichen Vorschriften errichtet, geändert, abgebrochen oder beseitigt wird. 14

aa) Das Bauvorhaben des Beigeladenen zu 2.) ist formell rechtswidrig. Es ist nach Art. 55 I BayBO[11] genehmigungspflichtig. Das Vorhaben fällt nicht unter die Genehmigungsfreistellung des Art. 58 BayBO (vgl. in BW: ähnlich das sog. Kenntnisgabeverfahren nach § 51 LBO[12]), weil es den Festsetzungen des rechtsgültigen Bebauungsplanes „Waldesruh“ vom 1.2.1994 widerspricht und daher den Vorgaben des Art. 58 I 1 Nr. 2 BayBO. 15

6 S. insoweit Kopp/Schenke/W.-R. Schenke VwGO § 123 Rn. 22; s. auch VGH Kassel NVwZ-RR 1994, 511.
7 S. hierzu auch VGH München BayVBl. 1996, 731.
8 Kopp/Schenke/W.-R. Schenke VwGO § 123 Rn. 24; OVG Schleswig NVwZ 1996, 702.
9 Da dies dem Klagebegehren entspricht, war die gerichtliche Entscheidung gem. § 88 VwGO entsprechend zu fassen.
10 Vgl. §§ 51, 64 BWLBO.
11 Vgl. § 49 BWLBO.
12 Zum Kenntnisgabeverfahren und der Plankonformität von Bauvorhaben sowie zum bauaufsichtlichen Einschreiten s. Pfaff VBlBW 1996, 281.

16 Die Änderung des Bebauungsplanes für das Grundstück des Beigeladenen zu 2.) ist schon bei summarischer Prüfung fehlerhaft und unwirksam.[13]

17 (1) Die Bebauungsplanänderung ist bereits aus formellen Gründen offensichtlich unwirksam.

Ein offensichtlicher Verfahrensfehler liegt zwar noch nicht wegen der fehlerhaften Anwendung der Vorschriften über die Änderung des Bebauungsplanes im vereinfachten Verfahren und damit wegen eines Verstoßes gegen § 13 BauGB[14] vor. Sowohl die Wahl des falschen Verfahrens wegen Verkennung der Voraussetzungen, wie die fehlerhafte Beteiligung von Grundstücksbetroffenen könnten gem. § 214 I 1 Nr. 2 BauGB unbeachtlich sein. Jedenfalls wird nur das Hauptsacheverfahren insoweit eine eindeutige Klärung bringen können, auch was eine mögliche Unbeachtlichkeit angeht.[15]

18 Der Änderungsbebauungsplan ist aber bei summarischer Betrachtung deshalb formell fehlerhaft, weil eine Begründung iSv § 9 VIII BauGB fehlt. Dieser Fehler ist – wie § 214 I 1 Nr. 3 BauGB zeigt – auch beachtlich, da eine Heilung allenfalls im Hinblick auf eine unvollständige, nicht dagegen bei vollständigem Fehlen einer Begründung möglich ist.[16]

19 Darüber hinaus wurde der Änderungsbebauungsplan vor allem aber nicht gem. § 10 III 1 BauGB, Art. 26 II GO ordnungsgemäß bekannt gemacht. Die Fehlerhaftigkeit ergibt sich zwar nicht daraus, dass der Bebauungsplan von der 2. Bürgermeisterin unterzeichnet worden ist. Dies war nach Art. 39 I GO[17] zulässig.

Die Fehlerhaftigkeit ergibt sich insoweit vielmehr daraus, dass im Zeitpunkt der Bekanntmachung der Bebauungsplan nicht ordnungsgemäß ausgefertigt war. Gemeindliche Satzungen – und dazu zählen auch und insbesondere Bebauungspläne – bedürfen der Ausfertigung (vgl. etwa Art. 26 II GO). Die Ausfertigung ist Teil des Rechtssetzungsverfahrens und schafft die Originalurkunde, welche die Authentizität des Norminhalts und die Legalität des Rechtssetzungsverfahrens bezeugt.

Daher hat die Ausfertigung als Verfahrensschritt entsprechend den allgemeinen Grundsätzen der Normgebung zeitlich vor dem Ende des Rechtssetzungsvorganges, der Bekanntmachung, zu liegen. Andernfalls fehlt es an einer Originalurkunde, sodass die Bekanntmachung nicht zum Inkrafttreten der Norm führen kann.[18]

Da die Bekanntmachung des Änderungsbebauungsplanes am 21.3.2006 erfolgte, die Ausfertigung jedoch erst am 24.3.2006, liegt insoweit kein wirksamer Bebauungsplan vor. Dieser Mangel ist – da bisher nicht korrigiert – auch beachtlich.[19]

20 (2) Der Änderungsbebauungsplan hält auch in materiell-rechtlicher Hinsicht einer summarischen Überprüfung nicht stand.

Die Änderung ist nicht iSv § 1 III BauGB für die städtebauliche Entwicklung und Ordnung der Gemeinde Bad Moor erforderlich. Erforderlichkeit verlangt, dass mit der konkreten Bau-

---

13 Zur Inzidentprüfung der Rechtmäßigkeit eines Bebauungsplanes durch das VG im vorläufigen Rechtsschutzverfahren, BVerwG NVwZ 1997, 890; Dageförde VerwArch 79 (1988), 123; s. auch Battis/Krautzberger/Löhr/Reidt BauGB § 10 Rn. 23; BVerwG NVwZ-RR 1996, 54, VGH München BayVBl. 2002, 86 zu einer Abgabensatzung; BayVBl. 2002, 766; OVG Münster NVwZ-RR 2006, 306.

14 Da die Fehlerhaftigkeit im Hinblick auf eine summarische Überprüfung nicht offensichtlich ist, wäre es auch vertretbar, die Probleme des vereinfachten Verfahrens an dieser Stelle überhaupt nicht anzusprechen, sondern insgesamt erst im Rahmen des Hilfsgutachtens zu behandeln; vgl. VGH München BayVBl. 2002, 86 zur Berücksichtigung um offensichtliche Mängel einer Satzung im Rahmen eines verwaltungsgerichtlichen Eilverfahrens.

15 Zur Berücksichtigung der Unbeachtlichkeitsregelungen der §§ 214, 215 BauGB in jedem Gerichtsverfahren etwa EZBK/Stock BauGB § 215 Rn. 34.

16 Zur Notwendigkeit der Begründung und zur Fehlerfolge vgl. BVerwG DVBl. 1986, 686; BauR 1989, 687; VGH München BayVBl. 1991, 310; Decker/Konrad BayBauR 231, 232.

17 Vgl. § 48 GO BW; s. auch OVG Münster NVwZ-RR 2005, 7.

18 BVerwG NVwZ 1999, 878; UPR 1996, 311; VGH München BayVBl. 2004, 110; 2003, 273; 1993, 725; 1991, 23.

19 Mängel bei der Ausfertigung von Bebauungsplänen sind sonstige Verfahrens- und Formfehler nach Landesrecht iSv § 214 IV BauGB: BVerwG DVBl. 1991, 823; DÖV 1989, 1092; s. auch BayVBl. 1996, 280.

leitplanung ein städtebauliches Konzept verfolgt wird.[20] Insoweit ist der Gemeinde zwar planerische Gestaltungsfreiheit eingeräumt, sodass regelmäßig nur bei groben und offensichtlichen planerischen Missgriffen von der fehlenden Erforderlichkeit ausgegangen werden kann.[21] Dies trifft vorliegend aber gerade zu.

Die Änderungsplanung steht in keinerlei Beziehung zur bisherigen Konzeption des Bebauungsplanes „Waldesruh" und ist auch isoliert betrachtet konzeptionslos. Die Änderung wurde alleine deswegen durchgeführt, um für das Grundstück FlNr. 101 eine bessere Ausnutzbarkeit zu erreichen und damit dem Bauherrn entgegenzukommen. Es handelt sich – dazu noch bezogen auf lediglich ein einziges Grundstück – um eine reine Gefälligkeitsplanung, da für die Gemeinde erkennbar keinerlei Gründe der städtebaulichen Ordnung iSv § 1 VI BauGB maßgebend waren und der Bebauungsplan daher vernünftigerweise nicht geboten und nicht von § 1 III BauGB gedeckt ist.[22]

Der Änderungsbebauungsplan leidet zudem an nicht behebbaren Abwägungsfehlern iSv § 1 VII BauGB 21

Ob ein solcher bereits darin liegt, dass die Gemeinde sich im Hinblick auf die Änderung in unzulässiger Weise planerisch vorweg gebunden hat, ist im Rahmen einer summarischen Überprüfung nicht abschließend feststellbar.

Ein Abwägungsfehler liegt jedenfalls darin, dass (ausweislich der gemeindlichen Verfahrensunterlagen zur Änderung) eine Abwägung in eklatant defizitärer Weise erfolgt ist.[23] Zudem, ohne dass sich der Gemeinderat mit den durch die Änderung betroffenen nachbarlichen Belangen auseinandergesetzt und dafür nicht einmal eine Notwendigkeit gesehen hat, unterliegt er einer Abwägungsfehleinschätzung. Beide Fehler spiegeln sich erkennbar auch im Abwägungsergebnis.

bb) Dem Antragsteller steht ein Anspruch auf Einstellung der Bauarbeiten auf Grundlage des 22
Art. 75 I BayBO[24] zu. Die Einstellung von Bauarbeiten nach Art. 75 I BayBO steht zwar im Ermessen der Behörde, sodass ein Rechtsanspruch Dritter auf bauaufsichtliches Einschreiten regelmäßig nicht gegeben ist, sondern nur ein Anspruch auf ermessensfehlerfreie Entscheidung.

In Ausnahmefällen allerdings kann das Ermessen auf Null reduziert sein mit der Folge, dass die Behörde zum Einschreiten verpflichtet ist. Die Anforderungen an eine derartige Ermessensschrumpfung sind in der Regel hoch, im vorliegenden Falle aber erfüllt. Dies ergibt sich aus folgenden Umständen:

Soweit Nachbarn bei genehmigungspflichtigen Vorhaben einen Anspruch auf bauaufsichtliches Einschreiten geltend machen, wird neben der Verletzung einer nachbarschützenden Vorschrift (als Mindestvoraussetzung) nach (wohl) überwiegender Auffassung eine tatsächlich spürbare und nachhaltige Beeinträchtigung bzw. eine Beeinträchtigung von hoher Intensität gefordert.[25]

Dass diese hohen Anforderungen für eine Verpflichtung zum Einschreiten uneingeschränkt auch bei Vorhaben gelten, die im Genehmigungsfreistellungsverfahren errichtet werden, erscheint dagegen nicht sachgerecht. Das Genehmigungsfreistellungsverfahren lässt nachbarliche Belange nicht außer Betracht. Dies zeigt zum einen die Benachrichtigungspflicht des

20 BVerwG BayVBl. 2000, 23; NVwZ-RR 1997, 83; VGH München BayVBl. 2006, 601.
21 BVerwG UPR 1996, 223; UPR 1993, 258; VGH Mannheim UPR 1995, 149.
22 VGH München BayVBl. 1999, 531; 2001, 175.
23 Zur Abwägungsfehlerlehre bei der Bauleitplanung grundlegend BVerwG BayVBl. 1974, 311 = NJW 1975, 70; im Zusammenhang mit einer Vorwegbindung VGH Mannheim NuR 2000, 153; UPR 1996, 115; OVG Lüneburg NuR 2000, 343.
24 Vgl. § 64 BWLBO.
25 VGH München BRS 48 Nr. 174 und Nr. 175; BRS 40 Nr. 237; BayVBl. 1997, 23; VGH Kassel NuR 2000, 516; VGH Mannheim VBlBW 1995, 320; VBlBW 1993, 19; VBlBW 1992, 148; OVG Lüneburg BauR 1989, 188; OVG Bremen NVwZ 1991, 1006; s. auch BVerwG BayVBl. 1997, 23; NVwZ 1992, 165, BayVBl. 1987, 23; aA OVG Saarlouisouis NVwZ-RR 1995, 495, wonach allein die Verletzung einer nachbarschützenden Vorschrift ausreichen soll; OVG Münster BauR 1990, 341, wonach die Verletzung einer nachbarschützenden Vorschrift im Regelfall zum Einschreiten verpflichtet; s. auch Decker/Konrad BayBauR 324, 325.

Bauherrn nach Art. 58 III BayBO[25] gegenüber den benachbarten Grundstückseigentümern.[27] Zum anderen darf aber nicht unberücksichtigt bleiben – und darin zeigt sich im Gegensatz zu den verfahrensfreien Vorhaben des Art. 57 BayBO die nach wie vor gegebene bodenrechtliche Relevanz genehmigungsfreigestellter Vorhaben –, dass die Gemeinde gem. Art. 58 I Nr. 5 BayBO[28] jederzeit und ohne weitere Begründung die Durchführung des Baugenehmigungsverfahrens verlangen kann.[29]

Würde aber ein Baugenehmigungsverfahren durchgeführt, hätte es der Nachbar in der Hand, die Baugenehmigung unmittelbar und ohne Zwischenschaltung der Behörde durch einen Anfechtungsrechtsbehelf aufheben zu lassen, wenn nachbarschützende Vorschriften verletzt sind, ohne dass es weiterer Voraussetzungen bedarf. Im Genehmigungsfreistellungsverfahren ist dem Nachbarn dagegen diese Anfechtungsmöglichkeit gerade genommen. Unter Berücksichtigung dessen, kann aber eine unterschiedliche Behandlung des Nachbarschutzes im Genehmigungsfreistellungsverfahren, das keine Gelegenheit zur Anfechtung einer Baugenehmigung gibt, und im traditionellen Genehmigungsverfahren, innerhalb dessen die Baugenehmigung ohne Weiteres angefochten werden kann, nicht von „verfahrensrechtlichen Zufälligkeiten" abhängen.

Daher erscheint es sachgerecht, den vorläufigen Rechtsschutz nach § 123 I VwGO im Genehmigungsfreistellungsverfahren an die Voraussetzungen im Verfahren nach den §§ 80, 80a VwGO anzulehnen. Unter Berücksichtigung des Gebots effektiven Rechtsschutzes nach Art. 19 IV GG, das auch verlangt, dass ausreichend effektiver Rechtsschutz zur Verfügung steht,[30] ist daher in Fällen der vorliegenden Art diese „Zufälligkeit" dadurch auszugleichen, dass ein Anspruch des Nachbarn auf bauaufsichtliches Einschreiten grundsätzlich (schon) dann gegeben ist, wenn das Bauvorhaben nachbarschützende Vorschriften des öffentlichen Rechts verletzt und die nachbarlichen Belange mehr als nur geringfügig berührt werden. Damit ist die Wahrung einer gleichwertigen (öffentlich-rechtlichen) Schutzposition des Nachbarn gegenüber dem Bauherrn gewährleistet.[31]

Selbst wenn für die Pflicht zum Einschreiten bei genehmigungsfreigestellten Vorhaben aber (auch) eine Beeinträchtigung von hoher Intensität gefordert würde,[32] wäre hier, bei einer derart massiven und dem Grundstück des Antragstellers nahegerückten Bebauung, von deren Vorliegen auszugehen.

23 In erster Linie ist daher zunächst auf die Erfolgsaussichten in der Hauptsache abzustellen.

24 **Exkurs:**

Sind die Erfolgsaussichten als zumindest offen anzusehen, ist entsprechend im Verfahren nach §§ 80, 80a VwGO eine eigentliche Interessenabwägung im Sinne einer Folgenbetrachtung vorzunehmen, in die vor allem die wirtschaftlichen Folgen für den Bauherrn und hinsichtlich des Nachbarn die Schaffung eines möglicherweise nicht oder nur unter unverhältnismäßigen Schwierigkeiten rückgängig zu machenden Zustandes einzustellen sind.[33]

26 Vgl. § 55 BWLBO und die entsprechende Pflicht der Gemeinde.
27 Zur Benachrichtigungspflicht vgl. Busse/Kraus/Taft BayBO Art. 58 Rn. 40 ff.
28 § 51 BWLBO enthält zwar keine entsprechende Regelung, insgesamt ergibt sich daraus aber keine andere Beurteilung.
29 Vgl. Busse/Kraus/Taft BayBO Art. 58 Rn. 40 ff.
30 Vgl. BVerfGE 46, 166 = NJW 1978, 693; BVerfGE 79, 69 = NJW 1989, 827.
31 Saringhausen UPR 1998, 329; Decker JA 1998, 799; Degenhart NJW 1996, 1433; Uechtritz NVwZ 1996, 640; Pfaff VBlBW 1996, 281; VGH Mannheim VBlBW 1995, 320 = BauR 1995, 219, noch unter der Geltung der sog. Baufreistellungsverordnung; VGH München BayVBl. 1997, 923; OVG Münster NVwZ-RR 1998, 218; VG München BayVBl. 1997, 54; VG Gießen NVwZ-RR 2005, 166.
32 Manssen NVwZ 1996, 144.
33 VGH Mannheim VBlBW 1995, 320.

Im vorliegenden Fall wird der Antragsteller nach summarischer Prüfung im Hauptsacheverfahren obsiegen. Er kann sich auf die Verletzung ihn schützender Vorschriften des öffentlichen Baurechts berufen und wird dadurch mehr als nur geringfügig betroffen. 25

Das Bauvorhaben auf dem Grundstück FlNr. 101 verstößt gegen die Festsetzungen des Bebauungsplanes „Waldesruh" über die überbaubare Grundstücksfläche iSv § 23 BauNVO.[34] Die überbaubare Grundstücksfläche wird vorliegend durch die Festsetzungen der seitlichen Baugrenzen bestimmt.

Zwar ist umstritten, ob die Festsetzung von Baugrenzen generell nachbarschützend ist. Dies wird teilweise bei seitlichen und hinteren Baugrenzen angenommen.[35] Darauf kommt es hier aber entscheidend nicht an, da jedenfalls immer dann von einer nachbarschützenden Funktion der Baugrenzen ausgegangen werden kann, wenn dies dem eindeutigen planerischen Willen der Gemeinde entspricht, die Baugrenzen mithin nicht allein aus städtebaulichen Gründen, sondern auch im Interesse der Nachbarschaft festgesetzt werden.[36]

Ausweislich des Protokolls über die Gemeinderatssitzung vom 12.11.1993 entsprach es dem Willen der planenden Gemeinde, dass die seitlichen Baugrenzen im Bebauungsplan „Waldesruh" auch den Belangen der Grundstückseigentümer im Plangebiet dienen sollten, indem mit ihrer Hilfe auch eine Ruhezone für die Betroffenen geschaffen werden sollte. Dadurch dass das Bauvorhaben des Beigeladenen zu 2.) bis auf 2,25 m an die jeweilige, seitlich benachbarte Grundstücksgrenze heranrückt, liegt ein Verstoß gegen die nachbarschützende Festsetzung über die seitlichen Baugrenzen im Bebauungsplan „Waldesruh" vor.

Exkurs zum Nachbarschutz aus bauplanungsrechtlichen Vorschriften:[37] 26

- Geltungsbereich eines Bebauungsplans, § 30 BauGB 27
  Die Festsetzungen über die Art der baulichen Nutzung in sog. typisierten Gebieten sind generell nachbarschützend, weil den Baugebietsfestsetzungen der BauNVO schon kraft Bundesrecht nachbarschützende Wirkung zukommt. Auf einen entsprechenden planerischen Willen der Gemeinde kommt es insoweit nicht (mehr) an.[38]
  Ein Bebauungsplan, der die nachbarschützende Funktion der Festsetzungen über die Art der baulichen Nutzung ausschließen würde, wäre unwirksam. Die nachbarschützende Wirkung gilt für alle typisierten Gebiete der §§ 2–9 BauNVO und die sie ergänzenden Regelungen in den §§ 12, 13[39] und 14 BauNVO. Für Modifizierungen nach § 1 IV–X BauNVO und für Sondergebiete nach §§ 10, 11 BauNVO ist dagegen jeweils zu prüfen, ob die Festsetzungen im Bebauungsplan auch zur Wahrung der privaten Belange der Grundstückseigentümer getroffen worden sind.[40]
  Die Konsequenz der per se gegebenen nachbarschützenden Wirkung der Baugebietsfestsetzungen besteht darin, dass die Betroffenen einen Anspruch auf Einhaltung des Gebietscharakters (sog. Gebietserhaltungsanspruch) geltend machen können, soweit ein gebietsfremdes Vorhaben zugelassen wird, ohne dass es (wie beim Gebot der Rücksichtnahme) auf eine tatsächliche und spürbare Betroffenheit ankommt. Begründet wird dies damit, dass alle in einem Plangebiet Betroffenen als sog. nachbar- oder bodenrechtliche Schicksalsgemeinschaft die gleichen Rechte haben und den gleichen Beschränkungen unterworfen sind.
  Die Festsetzungen über das Maß der baulichen Nutzung (§§ 16–21a BauNVO) sind grundsätzlich 28
  nicht nachbarschützend, da sie in erster Linie der städtebaulichen Ordnung dienen. Ausnahmswei-

34 Zur überbaubaren Grundstücksfläche vgl. BVerwG BayVBl. 1987, 18; s. auch BVerwG BauR 1999, 233.
35 S. VGH Mannheim NVwZ-RR 1999, 492; BauR 1995, 514; VBlBW 1993, 470; NVwZ 1992, 496.
36 BVerwG ZfBR 1996, 104; VGH München BayVBl. 1991, 755; OVG Münster BauR 1996, 684; 1995, 211; OVG Hamburg BauR 1995, 213; OVG Lüneburg NVwZ-RR 2004, 23; Decker/Konrad BayBauR 274, 275.
37 Vgl. Konrad JA 1997, 505; 2006, 59; Kraft VerwArch 1998, 264.
38 BVerwG DÖV 1994, 263 (instruktiv!); NVwZ 1996, 787; BauR 1999, 141; NVwZ 2000, 679; FSt BY 2001 Rn. 130; s. auch BVerwG DVBl. 1997, 61 zu übergeleiteten Bebauungsplänen; VGH Mannheim VBlBW 1997, 62; NVwZ 1999, 439; VGH München BayVBl. 2003, 599; 1998, 532; 1997, 595; OVG Münster NVwZ-RR 2005, 396; Steffen BayVBl. 1999, 161.
39 BVerwG UPR 1996, 113.
40 BVerwG NVwZ-RR 1999, 224; VGH Mannheim DVBl. 1996, 687.

se kommt ihnen dann Nachbarschutz zu, wenn die Festsetzung nach dem planerischen Willen der Gemeinde auch den Grundstückseigentümern im Plangebiet dienen soll.[41]

29 § 15 I 2 BauNVO, der für die Baugebietsarten ohne besondere Festsetzung im Bebauungsplan gilt, ist als einfach-gesetzliche Ausprägung des Gebotes der Rücksichtnahme nachbarschützend.[42]
Das Gebot der Rücksichtnahme, das sich aus einfachgesetzlichen Regelungen – wie aus § 15 I 2 BauNVO – ableiten lassen muss, ist dann nachbarschützend, wenn in qualifizierter und zugleich individualisierter Weise auf schützenswerte Interessen Dritter Rücksicht zu nehmen ist und verletzt, wenn eine unzumutbare Beeinträchtigung vorliegt.[43]
§ 15 BauNVO gilt nur für die Art der baulichen Nutzung und ergänzt nicht die Festsetzungen zum Maß der baulichen Nutzung,[44] zur Bauweise (§ 22 BauNVO) und zur überbaubaren Grundstücksfläche.

30 • unbeplanter Innenbereich, § 34 BauGB
§ 34 I BauGB ist insoweit nachbarschützend, als das Gebot der Rücksichtnahme, das im Tatbestandsmerkmal des „Einfügens" enthalten ist, negativ betroffen ist.[45]

31 § 34 II BauGB, der nur eine Regelung zur Art der baulichen Nutzung trifft, ist in vollem Umfang nachbarschützend, ohne dass es auf das Gebot der Rücksichtnahme ankommt. Die nachbarschützende Wirkung im Zusammenhang mit den typisierten Baugebieten in §§ 2–9 BauNVO gilt unabhängig davon, ob es sich um förmliche oder wie bei § 34 II BauGB um faktische Baugebiete handelt. Auch insoweit besteht ein Anspruch auf Einhaltung des Gebietscharakters.[46]
Darüber hinaus kann über § 34 II BauGB iVm § 15 I 2 BauNVO auch das Gebot der Rücksichtnahme relevant werden.

32 • Außenbereich, § 35 BauGB
Den Inhabern privilegierter Vorhaben nach § 35 I BauGB steht ein Abwehranspruch zu, dass durch die Zulassung eines anderen privilegierten oder sonstigen Vorhabens die Ausnutzbarkeit der eigenen Privilegierung nicht infrage gestellt oder wesentlich beeinträchtigt wird.[47]
Es handelt sich in diesem Zusammenhang vor allem um die Fälle eines Abwehranspruchs gegen heranrückende (Wohn)Bebauung. Der Nachbarschutz wird dabei teilweise unmittelbar aus der Privilegierung selbst abgeleitet, überwiegend aus dem öffentlichen Belang des § 35 III 1 Nr. 3 BauGB, der eine einfach-gesetzliche Ausprägung des Gebotes der Rücksichtnahme bei Immissionskonflikten darstellt.[48]

33 Sonstigen Vorhaben nach § 35 II BauGB kann über das in § 35 III BauGB (ungeschriebene) enthaltene Gebot der Rücksichtnahme ausnahmsweise ein Abwehranspruch zustehen.[49]

34 Das Gebot der Rücksichtnahme aus § 35 III BauGB ist gebietsübergreifend und gilt auch für Vorhaben im Außenbereich zu Vorhaben im benachbarten Innenbereich.[50]

35 • Befreiung, § 31 II BauGB
Bei der Erteilung von Befreiungen ist im Hinblick auf den Nachbarschutz zu unterscheiden.

36 Wird von einer nachbarschützenden Festsetzung des Bebauungsplanes befreit, hat der Nachbar einen Anspruch darauf, dass die gesetzlichen Voraussetzungen des § 31 II BauGB eingehalten werden.[51]

37 Bei einer Befreiung von einer nicht nachbarschützenden Festsetzung des Bebauungsplanes besteht ein Abwehranspruch dann, wenn das Gebot der Rücksichtnahme verletzt wird, das im Tatbestandsmerkmal „Würdigung nachbarlicher Interessen" enthalten ist.[52]

---

41 BVerwG ZfBR 1996, 104; UPR 1995, 396; VGH Mannheim NVwZ-RR 2000, 348; BauR 1995, 512.
42 Vgl. BVerwG NVwZ 2000, 1050; DVBl. 1988, 845; BauR 1999, 1279; VGH München BayVBl. 2003, 599.
43 BVerwG BayVBl. 1984, 25; NVwZ 1985, 37; Pietzner/Ronellenfitsch Assessorexamen 160; s. auch VGH München NVwZ-RR 1995, 9.
44 BVerwG NuR 1997, 139; NVwZ 1995, 899.
45 BVerwG DÖV 1981, 673; NVwZ-RR 1997, 516; BayVBl. 1999, 532.
46 BVerwG DÖV 1994, 263; ZfBR 1997, 51; BauR 1999, 32; Dürr DÖV 2001, 625.
47 Vgl. BVerwG BauR 2001, 83; BauR 1989, 454; DVBl. 1971, 747; VGH München BayVBl. 2003, 370; OVG Münster NVwZ 1988, 377; VG Sigmaringen VBlBW 1999, 396.
48 BVerwG NVwZ 2000, 522; VGH München BayVBl. 1999, 215; OVG Saarlouisouis NVwZ-RR 2003, 261.
49 Vgl. BVerwG NVwZ 1983, 609; BayVBl. 1977, 639; VGH München BauR 1999, 617.
50 BVerwG NVwZ 1986, 469, VGH München BayVBl. 1997, 569.
51 BVerwG NVwZ 1999, 981; NVwZ-RR 1999, 8; NJW 1990, 1192; S. auch VGH Mannheim VBlBW 1996, 24 zur Erteilung einer Ausnahme nach § 31 I BauGB.
52 BVerwG NVwZ 1987, 409; OVG Lüneburg BauR 2000, 1844.

Über den Verstoß gegen die nachbarschützenden Baugrenzen im Bebauungsplan „Waldesruh" hinaus liegt ein Verstoß gegen die nachbarschützende Vorschrift des Art. 6 BayBO[53] wegen Nichteinhaltung der gesetzlich vorgeschriebenen Abstandsfläche vor.[54] 38

Im vorliegenden Fall befindet sich die Gebäudeaußenwand auf Grundstück FlNr. 101 in einer Entfernung von nur 2,25 m zum Grundstück des Antragstellers. Damit wird gegen Art. 6 V, IV 1 BayBO verstoßen. Notwendig wäre eine Tiefe der Abstandsfläche von 0,4, mithin bei einer Wandhöhe von 7 m, ein Abstand von 2,8 m zur Grundstücksgrenze des Antragstellers.

Exkurs: 39

Nach überwiegender Rechtsprechung sind die Abstandsflächen in ihrer jeweiligen konkreten Ausgestaltung nachbarschützend, unabhängig davon, nach welcher Vorschrift sie berechnet werden.[55]
Neben der Unterschreitung des einzuhaltenden (Mindest-)Maßes ist für einen Nachbarrechtsverstoß grundsätzlich nicht noch zusätzlich eine tatsächliche Beeinträchtigung erforderlich.[56]
Unter Umständen liegt jedoch im Rechtsbehelf des Nachbarn – vor allem bei nur geringfügiger Unterschreitung der Abstandsfläche – eine unzulässige Rechtsausübung.[57]
Nachbarschützend ist auch die Regelung in Art. 6 VII BayBO[58] über die Zulässigkeit sog. Grenzgaragen. Werden die nach dieser Vorschrift vorgegebenen Höchstmaße überschritten, kann sich der betroffene Nachbar mit Erfolg darauf berufen.[59]

Die festgestellten Verstöße gegen die den Antragsteller schützenden Vorschriften können auch nicht durch die Erteilung einer Befreiung nach § 31 II BauGB bzw. einer Abweichung nach Art. 63 BayBO[60] legalisiert werden. 40

Für die Erteilung einer Befreiung nach § 31 II BauGB fehlt es an den entsprechenden Voraussetzungen. 41

Durch eine Befreiung – und dies gilt für alle Tatbestandsalternativen des § 31 II BauGB – darf die Grundkonzeption des Bebauungsplanes nicht verlassen werden, da ansonsten die Grundzüge der Planung berührt sind.[61] Dies wäre vorliegend aber die Folge einer Befreiung, weil dadurch das von der Gemeinde gewollte Planungskonzept einer „aufgelockerten und grünen" Bebauung unterlaufen würde.

Exkurs zu den Tatbestandsalternativen des § 31 II BauGB: 42

Gründe des Wohles der Allgemeinheit iSv § 31 II Nr. 1 BauGB sind dann gegeben, wenn es zur Erfüllung oder Wahrnehmung öffentlicher Aufgaben vernünftigerweise geboten ist, das Bauvorhaben abweichend von den Festsetzungen des Bebauungsplanes auszuführen. Eine unabweisbare Notwendig- 43

53 Vgl. § 5 BWLBO.
54 Zur unumstritten nachbarschützenden Wirkung der (landesrechtlichen) Abstandsflächenregelungen etwa VGH München BayVBl. 1992, 55; 1989, 19; 1986, 143; VGH Mannheim NVwZ 1986, 143; OVG Lüneburg NVwZ-RR 1996, 278; OVG Hamburg NVwZ-RR 1993, 238; OVG Saarlouisouis NVwZ-RR 1992, 404; Decker/Konrad BayBauR 103, 104.
55 VGH München BayVBl. 1983, 760; BayVBl. 1989, 19; OVG Münster BauR 1985, 664; VGH Mannheim NVwZ 1986, 143; Schwarzer BayVBl. 1992, 225; aA für einen Nachbarschutz der Abstandsfläche in nicht vollem Umfang, insbes. im Hinblick auf das sog. 16-m-Privileg: VGH München BayVBl. 1993, 241; 1991, 770.
56 OVG Münster NVwZ-RR 1995, 187; OVG Berlin BRS 56 Nr. 172; Mampel BauR 1993, 44; s. auch BVerwG DÖV 1985, 243 zur tatsächlich spürbaren Beeinträchtigung des Nachbarn.
57 OVG Saarlouis BRS 55 Nr. 158; BauR 1988, 190.
58 Vgl. § 6 I BWLBO.
59 Busse/Kraus/Hahn/Kraus BayBO Art. 6, Rn. 602 ff.
60 Vgl. § 56 BWLBO.
61 BVerwG ZfBR 1999, 283; OVG Münster NVwZ-RR 2005, 388; Schlichter/Stich/Driehaus, Berliner Kommentar zum BauGB, Stand: Jan. 2022, BauGB § 31 Rn. 10; Mager DVBl. 1999, 205.

keit wird nicht verlangt, allerdings reicht nicht aus, dass die Befreiung dem Gemeinwohl nur irgendwie nützlich oder dienlich ist.[62]
Städtebaulich vertretbar nach § 31 II Nr. 2 BauGB ist eine Befreiung dann, wenn der Bebauungsplan, wäre er im Sinne der Befreiung zustande gekommen, einer Überprüfung am Maßstab des § 1 V und VI BauGB standhalten würde. Wäre ein solcher Bebauungsplan nicht das Ergebnis einer sachgerechten Abwägung, darf die Befreiung nicht erteilt werden.[63]
Da Befreiungen, würde allein darauf abgestellt werden, in unzähliger Menge möglich wären, greift insoweit – als Regulativ – die für alle Fallvarianten geltende Vorgabe, dass die Grundzüge der zugrunde liegenden Planung nicht berührt werden.
Bei der in § 31 II Nr. 3 BauGB geforderten offenbar nicht beabsichtigten Härte muss es sich um eine bodenbezogene Härte handeln, die sich etwa aus der Lage oder des Zuschnitts des Grundstückes ergeben kann.[64]

44 Etwas anderes ergibt sich zugunsten des Beigeladenen zu 2.) auch nicht daraus, dass der Antragsteller selber 5 m hinter der festgesetzten Baugrenze zurückgeblieben ist. Die Baugrenze darf nach § 23 III BauNVO nicht überschritten werden.

45 Da im Falle einer Befreiung vorliegend von einer nachbarschützenden Festsetzung abgewichen würde, hätte der Antragsteller (schon) einen Anspruch darauf, dass die gesetzlichen Voraussetzungen des § 31 II BauGB eingehalten werden. Da dies gerade nicht möglich ist und dadurch auch die nachbarlichen Interessen nicht ausreichend berücksichtigt wären, würde eine dennoch erteilte Befreiung in Rechte des Antragstellers eingreifen.[65]

46 Aus den gleichen Gründen müsste die Erteilung einer Abweichung nach Art. 63 I BayBO von der Einhaltung der gesetzlichen Abstandsfläche scheitern. Auch insoweit wären die nachbarlichen Interessen nicht in ausreichendem Maße gewürdigt. Die Zulassung einer vergleichsweisen massiven Bebauung unter Nichteinhaltung der gesetzlichen Mindestabstandsfläche würde sich als rücksichtslos und damit unzumutbar gegenüber dem Antragsteller darstellen.[66]

47 c) Die Eilbedürfigkeit ist glaubhaft dargelegt worden. Der Beigeladene zu 2.) hat die Kellergeschosse beider Gebäude bereits vollständig errichtet und setzt die Bauarbeiten mit der Erstellung der Erdgeschosse fort. Darüber hinaus ist er nicht bereit, freiwillig von weiteren Bauarbeiten abzusehen.

48 d) Dem Erlass der einstweiligen Anordnung nach § 123 I 2 VwGO steht nicht das grundsätzliche Verbot der Vorwegnahme der Hauptsache entgegen. Die Anordnung nach § 123 I 2 VwGO darf – wie hier – regelmäßig nur zur Regelung eines vorläufigen Zustandes ergehen und nicht gewähren, was nur im Hauptsacheverfahren erreicht werden kann.[67]

49 **Exkurs:**

Vom Verbot der Vorwegnahme der Hauptsache sind unter dem Gesichtspunkt des Art. 19 IV GG Ausnahmen möglich. Zur Gewährung effektiven Rechtsschutzes darf die Hauptsache ausnahmsweise dann vorweggenommen werden, wenn der Antragsteller ansonsten Nachteile erleiden würde, die bei einem hinreichend wahrscheinlichen Obsiegen in der Hauptsache nicht mehr ausgeglichen werden könnten und unzumutbar wären.[68]

62 BVerwG NJW 1979, 939; VGH Mannheim BauR 1992, 489.
63 BVerwG BauR 1999, 603 = NVwZ 1999, 981; BVerwG NVwZ 1990, 556.
64 BVerwG NJW 1979, 939.
65 BVerwG NJW 1989, 1192; s. auch VGH Mannheim VBlBW 1996, 24 zur Erteilung einer Ausnahme gem. § 31 I BauGB von einer nachbarschützenden Festsetzung.
66 VGH München BayVBl. 2001, 276; 1999, 590; VGH München BayVBl. 1999, 590; s. auch OVG Koblenz BauR 1996, 692.
67 BVerwG DVBl. 1993, 355; VGH München BayVBl. 1989, 50; Mückl JA 2000, 329.
68 BVerwG DVBl. 2000, 487; VGH München BayVBl. 1989, 50; VGH Mannheim NVwZ 1994, 599; OVG Münster NJW 1996, 3355.

e) Kostenentscheidung

Dem Antrag war mit der Kostenfolge des § 154 I VwGO stattzugeben. Es entspricht der Billigkeit gem. §§ 162 III, 154 III VwGO, dem beigeladenen Bauherrn (Beigeladener zu 2.) die Kosten des Verfahrens zur Hälfte aufzuerlegen, einschließlich seiner außergerichtlichen Kosten, da er sich durch die Stellung eines Antrages in ein Kostenrisiko begeben hat. Die beigeladene Gemeinde (Beigeladene zu 1.) trägt ihre außergerichtlichen Kosten billigerweise selbst, da sie vor Erlass der Entscheidung keinen Antrag gestellt hat und damit auch kein Kostenrisiko eingegangen ist.[69] 50

f) Streitwertfestsetzung (erlassen)

Rechtsmittelbelehrung 51

Richtiges Rechtsmittel ist die Beschwerde nach § 146 I, IV VwGO.

In der Rechtsmittelbelehrung ist ein Hinweis auf § 67 IV VwGO erforderlich, wonach für die Beschwerdeeinlegung Anwaltszwang besteht.

3 Unterschriften

B. Hilfsgutachten

I. Beiladung

Bei der Beiladung des Bauherrn Reich und der Gemeinde Bad Moor handelt es sich um eine notwendige Beiladung iSd § 65 II VwGO. Die Entscheidung, sowohl was die inzident geprüfte Rechtmäßigkeit der Bebauungsplanänderung angeht, wie auch die Frage der Rechtmäßigkeit des Bauens im Genehmigungsfreistellungsverfahren, kann nur einheitlich ergehen. Insoweit liegt eine sog. prozessuale Schicksalsgemeinschaft vor.[70] Eine Entscheidung zugunsten des Antragstellers berührt unmittelbar subjektive Rechte der Gemeinde und des Bauherrn. § 65 VwGO ist auch im einstweiligen Rechtsschutzverfahren anwendbar.[71] 52

II. Normverwerfungsbefugnis durch Behörden

Nach hM steht Behörden (im Gegensatz zu den Verwaltungsgerichten) eine sog. Normverwerfungskompetenz nicht zu. Behörden sind insoweit auf den Weg einer Normenkontrolle verwiesen, gegebenenfalls kommt ein rechtsaufsichtliches Verfahren in Betracht.[72] Von daher war das Landratsamt grundsätzlich an den Änderungsbebauungsplan gebunden. 53

III. Entscheidung ohne mündliche Verhandlung

Nach §§ 123 IV, 101 III VwGO (vgl. auch § 921 ZPO) entscheidet das Gericht in den überwiegenden Fällen ohne mündliche Verhandlung. Da sich vorliegend die entscheidungserheblichen Tatsachen ohne Weiteres aus den vorgelegten Verfahrensunterlagen ergeben, besteht keine Notwendigkeit, davon abzuweichen. 54

69 Zu den Kosten nach §§ 154 ff. VwGO vgl. auch Eyermann/Schübel-Pfister VwGO § 162 Rn. 41.
70 BVerwG DVBl. 1993, 657; VGH München BayVBl. 1997, 410.
71 Finkelnburg/Dombert/Külpmann VorlRS Rn. 289.
72 BVerwG NVwZ 1990, 57; BGH ZfBR 1991, 77; VGH München BayVBl. 1982, 654; VGH Mannheim NJW 1977, 1469; OVG Saarlouis NVwZ 1990, 172; s. auch VG Regensburg VwRR-BY 1999, 329; Grill JuS 2000, 1080; Engel NVwZ 2000, 1258; aA OVG Lüneburg NVwZ 2000, 1061.

IV. Vorwegbindung der Gemeinde im Bebauungsplanverfahren

55 Mit diesem Schlagwort wird das Problem beschrieben, dass sich Gemeinden vor Aufstellung eines Bebauungsplanes zugunsten eines Privaten binden, sodass eine Abwägung vor Satzungsbeschluss regelmäßig nicht erfolgt.

Eine Vorwegbindung ist nur unter ganz engen Voraussetzungen zulässig. Danach muss sie sachlich gerechtfertigt sein, die planerische Zuständigkeitsordnung innerhalb der Gemeinde muss gewahrt bleiben und die vorweggenommene Entscheidung darf auch inhaltlich – gemessen am Maßstab des § 1 VI und VII BauGB – nicht zu beanstanden sein. Die Gemeinde muss Herrin des Bebauungsplanverfahrens bleiben.[73]

Der Sachverhalt spricht für eine unzulässige Vorwegbindung, da die Planungsabsichten sozusagen unbesehen übernommen wurden und die Gemeinde dafür letztlich eine Gegenleistung erhalten hat.

V. Einfache Änderung des Bebauungsplanes nach § 13 BauGB

56 **1.** Die Voraussetzungen für eine Änderung des Bebauungsplanes im vereinfachten Verfahren liegen nicht vor. Die Änderung berührt die die Grundzüge der Planung, dh Grundkonzeption des zugrunde liegenden Bebauungsplanes. Die Grundkonzeption ergibt sich regelmäßig aus den Festsetzungen und der Begründung. Damit ist die mit der Änderung zugelassene Bebauung auf Grundstück FlNr. 101 nicht vereinbar. Bezweckt war eine aufgelockerte und grüne Bebauung, die durch die Änderung aber gerade ins Gegenteil verkehrt wird. Dabei spielt es auch keine Rolle, ob die Änderung selbst nur ein Grundstück unmittelbar betrifft.[74]

2. Auch in verfahrensrechtlicher Hinsicht war die Änderung im vereinfachten Verfahren fehlerhaft.

Nach § 13 II Nr. 2 BauGB sind die betroffenen Bürger, insbesondere die Eigentümer der von der Änderung betroffenen Grundstücke, zu hören. Dazu zählen nicht nur die unmittelbar betroffenen Eigentümer, sondern auch diejenigen, auf die sich die Änderung auswirkt.[75] Insoweit sind die Grundsätze des Art. 28 BayVwVfG anwendbar. Dessen Anforderungen sind hier nicht erfüllt worden, da entweder gar keine, oder – wie beim Antragsteller – keine Anhörung innerhalb einer angemessenen Frist stattgefunden hat.

3. Sämtliche Fehler im Zusammenhang mit der Anwendung des § 13 BauGB sind hier (wohl) unter § 214 I 1 Nr. 2 BauGB zu fassen.[76] Da sie jedoch rechtzeitig innerhalb der Frist des § 215 BauGB schriftlich der Gemeinde gegenüber gerügt worden sind, sind sie nach § 215 I Nr. 2 BauGB beachtlich.

---

73 Grundlegend BVerwGE 45, 309 = NJW 1975, 70 (sog. Flachglas-Fall); s. auch VGH Mannheim NuR 2000, 153; UPR 1996, 115; OVG Lüneburg NuR 2000, 343.
74 Vgl. BVerwG BauR 2001, 207; OVG Weimar NVwZ-RR 1997, 596; Battis/Krautzberger/Löhr/Mitschang BauGB § 13 Rn. 3.
75 Vgl. Battis/Krautzberger/Löhr/Mitschang BauGB § 13 Rn. 3.
76 S. EZBK/Krautzberger BauGB § 13 Rn. 39; Decker/Konrad BayBauR 231, 232.

Weitere Literaturhinweise:

1. Debus, Vorläufiger Rechtsschutz des Nachbarn im öffentlichen Baurecht, JURA 2006, 487
2. Di Fabio, Die Ermessensreduzierung, VerwArch 89 (1995), 214
3. Dürr, Die Entwicklung des öffentlichen Baunachbarrechts, DÖV 2001, 625
4. Erbguth/Stollmann, Das bauordnungsrechtliche Genehmigungsfreistellungsverfahren, BayVBl. 1996, 551
5. Gaentzsch, Zur Entwicklung des Bauplanungsrechts in der Rechtsprechung des BVerwG, NVwZ 2000, 993
6. Kohl, Leitfaden für die Normenkontrolle von Bebauungsplänen, JuS 1993, 320
7. Konrad, Gebietserhaltungsanspruch und Gebot der Rücksichtnahme, JA 2006, 59
8. Mampel, Nachbarschutz im Freistellungsverfahren, BayVBl. 2001, 417
9. Martini, Baurechtsvereinfachung und Nachbarschutz, DVBl. 2001, 1488
10. Muckel, Der Nachbarschutz im öffentlichen Baurecht – Grundlagen und aktuelle Entwicklungen, JuS 2000, 132
11. Sarnighausen, Zur Schutzwürdigkeit im Baunachbarrecht, NVwZ 1996, 110; Sarnighausen, Erweiterte Nachbarrechte im Bauplanungsrecht, NJW 1995, 502; Sarnighausen, Zum Nachbaranspruch auf bauaufsichtliches Einschreiten, NJW 1993, 1623
12. Schaber, Unbeachtlichkeit und Heilung von Fehlern bei Bauleitplänen und anderen städtebaulichen Satzungen nach dem Bau- und Raumordnungsgesetz 1998, VBlBW 1998, 161
13. Schmaltz, Rechtsfolgen der Verletzung von Verfahrens- und Formvorschriften von Bebauungsplänen nach § 214 BauGB, DVBl. 1990, 77
14. Schröer, Grenzen des Gebietserhaltungsanspruchs, NJW 2009, 484
15. Schulte, Das Kenntnisgabeverfahren in der neuen LBO für Baden-Württemberg, DÖV 1996, 551
16. Schmidt-Eichstaedt, Die Befreiung nach § 31 II BauGB und anderer „Abweichungen", NVwZ 1998, 571
17. Schoch, Nachbarschutz im öffentlichen Baurecht, JURA 2004, 317

5. Klausur: „Fische mögen keinen Kies"

Themenbereiche: Privatnützige wasserrechtliche Planfeststellung; Drittschutz im Wasserrecht; § 38 S. 1 BauGB; Konzentrationswirkung; ordnungsgemäßes Verfahren; teilweises Wiederverfüllen eines entstandenen Gewässers; Fertigung eines Gutachtens

Sachverhalt

Kiesabbauunternehmer Fridolin Steinbeis beabsichtigt, auf den ihm gehörenden Grundstücken FlNr. 211–214 der Gemarkung und Gemeinde Sandhausen im Regierungsbezirk Unterfranken Kies abzubauen. Zu diesem Zweck reichte er am 10.1.2006 beim zuständigen Landratsamt Wallstadt die entsprechenden Planunterlagen samt Abbauplänen ein, und beantragte die Zulassung des Kiesabbaus auf den genannten Flächen, die insgesamt eine Größe von 6,8 ha haben.

Vorgesehen ist der Abbau in Form der Nassauskiesung bis zu einer Tiefe von 7 m unter dem mittleren Grundwasserspiegel. Der Grundwasserspiegel beginnt in dem betroffenen Bereich ab einer Tiefe von 2,5 m unter der Erdoberfläche. Der infolge der Nassauskiesung entstehende See soll bis auf einen Teil mit 1,7 ha auf den Grundstücken FlNr. 214 und 213, der wiederverfüllt wird, erhalten bleiben und letztlich für Freizeitzwecke zur Verfügung gestellt werden. Die Wiederverfüllung wird im Einzelnen in einem gesonderten Verfüllplan dargestellt. Entsprechend den vorgelegten Plänen wird aus technischen Gründen, da ansonsten die Grundstücke FlNr. 211 und 212 nicht erreichbar sind, zunächst mit dem Abbau auf den Grundstücken FlNr. 213 und 214 begonnen und anschließend die Wiederverfüllung vollständig vorgenommen, bevor der Abbau auf den anderen Grundstücken fortgesetzt wird.

Die Abbaugrundstücke, die alle auf dem Gebiet der Gemeinde Sandhausen liegen – Auswirkungen darüber hinaus können ausgeschlossen werden –, befinden sich südlich des Ortsbereichs in einem Gebiet, das ausschließlich landwirtschaftlich genutzt wird. Die Grundstücke sind nur über einen ca. 2 m breiten, unbefestigten und gekiesten Weg, der nach den Planunterlagen als Erschließung vorgesehen ist, mit der Staatsstraße 2005 verbunden, ohne selbst an diese anzugrenzen. Der Weg FlNr. 22 steht im Eigentum der Gemeinde Sandhausen, ist nicht gewidmet, wird aber den örtlichen Landwirten zur Bewirtschaftung ihrer Felder in diesem Bereich zur Verfügung gestellt.

Nördlich des Ortsbereichs wird bereits Kies in großräumigem Umfang von verschiedenen Firmen auf einer Fläche von ca. 18 ha abgebaut. Der Flächennutzungsplan der Gemeinde Sandhausen aus dem Jahre 1993 sieht in diesem (nördlichen) Teil eine Kiesabbaufläche von insgesamt 30 ha vor, einer Größe, die etwa einem Drittel des gesamten Gemeindegebietes entspricht.

Aus dem Erläuterungsbericht zum Flächennutzungsplan ergibt sich, dass die Kiesgewinnung ausschließlich auf diesen entsprechend gekennzeichneten Bereich beschränkt bleiben soll. Einerseits will die Gemeinde mit der Konzentration des Kiesabbaus auf diesen Bereich und in der dargestellten Größenordnung der Bedeutung des Kieses für die Rohstoffgewinnung entsprechen, andererseits soll dadurch aber vor allem eine Kiesgewinnung in anderen Gemeindebereichen ausgeschlossen werden. Südlich des Ortsbereiches soll nur eine landwirtschaftliche Nutzung zulässig sein, sowie die letzte dort noch geschlossene Ortsrandlage in der Gemeinde erhalten und die noch vorhandene natürliche Landschaft bewahrt werden. Der Flächennutzungsplan stellt für diesen Bereich südlich der Gemeinde, in dem die vorgesehenen Abbaugrundstücke liegen, Fläche für Forst- und Landwirtschaft dar.

Im Regionalplan 18 sind die Flächen nördlich von Sandhausen angesichts der dortigen reichen Kiesvorkommen als Vorrangfläche 33-U enthalten. Aus Teil B Ziff. V 3.1.1 des Regionalplanes aus dem Jahre 1995 ergibt sich, dass der Gewinnung von Kies in diesem Bereich der absolute Vorrang vor allen anderen Nutzungen eingeräumt werden soll. Die Flächen südlich von Sandhausen sind entsprechend Ziff. VI 3.2.1 des Regionalplanes als Vorbehaltsflächen für die Gewinnung von Kies gekennzeichnet.

Das Landratsamt leitete das Verfahren am 13.1.2006 ein, indem es die Auslegung der Pläne in der von dem Vorhaben betroffenen Gemeinde Sandhausen veranlasste und die Träger öffentlicher Belange einschließlich der Standortgemeinde sowie die anerkannten Naturschutzverbände beteiligte.

Die Auslegung erfolgte nach vorausgehender Bekanntmachung an der gemeindlichen Anschlagtafel am 17.1.2006 in der Zeit vom 25.1.–23.2.2006 zu den üblichen Dienststunden. Als Ende der Einwendungsfrist wurde der 9.3.2006 bezeichnet.

Am 6.3.2006 wurden von dem in Sandhausen wohnenden Hartmut Luft bei der Gemeinde schriftlich Einwendungen gegen das Abbauvorhaben erhoben. Er brachte seine Befürchtung zum Ausdruck, dass infolge des geplanten Kiesabbaus sein für den etwa 1 km entfernten Wildbach bestehendes Fischereirecht beeinträchtigt werden und sich die von ihm eingebrachte Fischbrut unter Umständen dort nicht mehr entwickeln könnte.

Am 14.3.2006 wandte sich der einheimische Landwirt Karl Pflüger schriftlich gegen die Maßnahme. Er trug vor, dass durch das geplante Abbauvorhaben wiederum landwirtschaftliche Flächen verloren gingen und dadurch ein erneuter Beitrag zum allgemeinen Niedergang der Landwirtschaft geleistet würde.

Nach Eingang sämtlicher Stellungnahmen sowie nach entsprechend rechtzeitiger Bekanntmachung wurde am 28.3.2006 die Erörterung durchgeführt.

Im Erörterungstermin lehnte die Gemeinde Sandhausen das Abbauvorhaben auf den Grundstücken FlNr. 211–214 nochmals ausdrücklich ab. 1. Bürgermeister Reiser verwies darauf, dass der Gemeinderat in seiner Sitzung am 7.3.2006 die Zustimmung zu dem Vorhaben einstimmig verweigert habe. Im Übrigen betonte er, dass man nicht gewillt sei, eine weitere Verschandelung der Gemeinde, insbesondere in einem Bereich, der landschaftlich noch intakt ist, einfach hinzunehmen. Notfalls werde man gerichtlich vorgehen und sich auf die Planungshoheit berufen. Der 1. Bürgermeister wies zudem darauf hin, dass der im Eigentum der Gemeinde stehende Weg FlNr. 22 in keiner Weise dazu geeignet sei, von tonnenschweren Kieslastwagen befahren zu werden. Dies lasse man als Eigentümer auf keinen Fall zu.

Die höhere Landesplanungsbehörde erklärte, dass von dem beabsichtigten Abbauvorhaben keine raumbedeutsamen Auswirkungen ausgingen.

Das Wasserwirtschaftsamt erhob weder gegen die Nassauskiesung selbst noch gegen das Belassen des Sees wasserwirtschaftliche Bedenken. Es wies darauf hin, dass sich durch den Abbau die Fließgeschwindigkeit und der Wasserstand im benachbarten Wildbach ändern würden. Erfahrungsgemäß sei bei einem Abbauvorhaben in der geplanten Größenordnung und der gegebenen Entfernung mit einem Zurückgehen des Wasserstandes um 50 cm zu rechnen. Damit würde der Wasserstand im Wildbach zwar nur noch durchschnittlich 50 cm betragen, aus wasserwirtschaftlicher Sicht sei dies aber nicht von Bedeutung.

Die untere Naturschutzbehörde hatte gegen das Vorhaben grundsätzlich keine Einwände, forderte jedoch in Abstimmung mit ihr die Bereitstellung von Ausgleichs- und Ersatzflächen in einer Größe von 3 ha, sowie bestimmte, im Einzelnen näher beschriebene Rekultivierungsmaßnahmen auf dem wiederzuverfüllenden Teil.

Der Bund Naturschutz e.V. brachte seine generellen Bedenken gegen solche Vorhaben vor.

Der Antragsteller sagte noch im Erörterungstermin die Erfüllung der Forderungen der unteren Naturschutzbehörde zu.

Private Einwendungsführer sind zu der Erörterung nicht erschienen.

Am 27.3.2006 ging im Landratsamt ein Schreiben des Hartmut Luft ein, mit dem er sich nochmals in aller Entschiedenheit gegen das geplante Vorhaben wandte. Beigefügt war ein

Gutachten des Instituts für Fischwesen der Technischen Universität Kiel, woraus sich unter anderem Folgendes ergab:

Der auf dem Gebiet der Gemeinde Sandhausen fließende Wildbach ist in diesem Bereich aufgrund der Fließgeschwindigkeit, seines durchschnittlichen Wasserstandes von 1 m und des damit zusammenhängenden Sauerstoffkreislaufs ein besonders gut geeigneter natürlicher Lebensraum für Bachforellen und Saiblinge sowie andere kleinere Süßwasserfische, wie beispielsweise Bachneunaugen oder Gründlinge. Entsprechend gut entwickelt sich eine eingebrachte Fischbrut.

Für die Erhaltung des Lebensraumes dieser Fische ist ein durchschnittlicher Wasserstand von 70 cm unabdingbar. Andernfalls ist eine natürliche Nahrungsaufnahme nicht mehr gewährleistet, sodass das Gewässer letztlich als Lebensraum für die dort regelmäßig vorkommenden Süßwasserfische verlorengeht. Diese Folge könnte auch mithilfe einer künstlichen Nahrungszufuhr nicht verhindert werden.

Mit Planfeststellungsbeschluss vom 10.4.2006 ließ das Landratsamt Wallstadt die Nassauskiesung auf den Grundstücken FlNr. 211–214, einschließlich der teilweisen Wiederverfüllung auf den Grundstücken FlNr. 213, 214 entsprechend den Planunterlagen zu und wies sämtliche erhobene Einwendungen zurück.

Der Planfeststellungsbeschluss wurde folgendermaßen begründet:

Notwendig sei insgesamt nur der Erlass eines Planfeststellungsbeschlusses, auch im Hinblick auf die wiederzuverfüllende Teilfläche von 1,7 ha, da die Maßnahme als Einheit gesehen werden müsse und der Schwerpunkt eindeutig bei der Herstellung und Belassung eines Gewässers liege.

Dem Vorhaben entgegenstehende öffentlich-rechtliche Vorschriften seien nicht gegeben.

Dies gelte insbesondere für das Bauplanungsrecht. Bei dem Vorhaben handele es sich um ein nach § 35 I BauGB privilegiertes Vorhaben, das keine öffentlichen Belange nach § 35 III BauGB verletze. Für das Vorhaben spreche vor allem der Regionalplan 18, der grundsätzlich Ziele der Raumordnung und Landesplanung bestimme und im fraglichen Bereich eine Vorbehaltsfläche für die Gewinnung von Kies vorsehe. Diese regionale und damit überörtliche Planung überlagere auf alle Fälle die kommunale Bauleitplanung, also die insoweit getroffene Darstellung als Fläche für Forst- und Landwirtschaft im geltenden Flächennutzungsplan der Gemeinde Sandhausen. Darüber hinaus könne eine so allgemeine Darstellung einem privilegierten Vorhaben in keinem Falle entgegengehalten werden.

Auf die Zustimmung der Gemeinde komme es im Übrigen im Planfeststellungsverfahren nicht an.

Auch soweit die Gemeinde auf eine unzureichende wegemäßige Erschließung des Abbauvorhabens abstelle, greife dieser Einwand nicht. Im Außenbereich seien an die wegemäßige Erschließung weit geringere Anforderungen zu stellen als bei Vorhaben im Innenbereich. Durch die entsprechende Nutzung mit Kieslastwagen werde sich erfahrungsgemäß eine geeignete Spur einfahren. Zudem könne die Gemeinde nicht den Landwirten die Nutzung des Weges gestatten, dem Vorhabensträger gegenüber aber ablehnen. Auf das Eigentum iSv Art. 14 GG könne sich eine Gemeinde ohnehin nicht berufen. Die Einwendungen der Gemeinde seien daher insgesamt zurückzuweisen gewesen.

Den Belangen des Naturschutzes werde durch die Zusage des Vorhabensträgers im Erörterungstermin in ausreichendem Maße Rechnung getragen. Eine zusätzliche und eigenständige Umweltverträglichkeitsprüfung sei nicht erforderlich, da nicht davon ausgegangen werden könne, dass dabei etwas anderes herauskomme. Auch die Bedenken des Bundes Naturschutz e.V. seien deshalb zurückzuweisen gewesen.

Das Gleiche gelte für die Einwendungen der Einwendungsführer Luft und Pflüger.

Da die Einwendungen des Herrn Karl Pflüger zu spät vorgebracht worden seien, durften sie unberücksichtigt bleiben.

Auch die Einwendungen des Herrn Hartmut Luft könnten das Vorhaben nicht hindern. Luft sei zwar Inhaber eines Fischereirechts. Dies könne aber nicht bedeuten, dass Veränderungen am entsprechenden Gewässer nicht zulässig seien. Da die Absenkung des Wasserstandes im Wildbach infolge des Kiesabbaus aus wasserwirtschaftlicher Sicht unbeachtlich sei, sei dies hinzunehmen. Daran ändere auch das zwischenzeitlich vorgelegte Gutachten nichts.

Da dem Vorhaben öffentlich-rechtliche Vorschriften offensichtlich nicht entgegenstünden, sei eine Abwägung vorzunehmen. Dabei überwiege das Interesse des Antragstellers am Kiesabbau, dem volkswirtschaftlich eine so große Bedeutung zukomme, dass alle sonst irgendwie betroffenen Belange jedenfalls zurücktreten müssten.

Der Planfeststellungsbeschluss wurde dem Vorhabensträger und den Einwendungsführern Pflüger und Luft am 11.4.2006 zugestellt. Die Gemeinde erhielt den Beschluss am 18.4.2006. Der Planfeststellungsbeschluss wurde nach vorheriger ordnungsgemäßer Bekanntmachung in der Zeit vom 25.4.–8.5.2006 zur allgemeinen Einsicht in der Gemeinde Sandhausen ausgelegt.

In Vertretung von Hartmut Luft erhob Rechtsanwalt Dr. Fischer unter Vorlage einer entsprechenden Vollmacht mit Schriftsatz vom 10.5.2006 Klage beim zuständigen Verwaltungsgericht in Würzburg und beantragte, den Planfeststellungsbeschluss vom 10.4.2006 aufzuheben. Dies begründete er damit, dass die Entscheidung fehlerhaft zustande gekommen sei. Neben dem Vorliegen einer Reihe von Verfahrensfehlern habe das Landratsamt vor allem die Bedeutung des Fischereirechts als eigentumsähnliches Recht völlig verkannt. Zudem sei die Zulassung des Vorhabens seinem Mandanten gegenüber äußerst rücksichtslos. Daher sei der Planfeststellungsbeschluss aufzuheben.

Mit Schriftsatz vom 12.5.2006 erhob Rechtsanwalt Bauer für Karl Pflüger ebenfalls Klage zum Verwaltungsgericht Würzburg mit dem Antrag, den Planfeststellungsbeschluss aufzuheben. Er berief sich darauf, dass die Einwendungen seines Mandanten von der Planfeststellungsbehörde – auch wenn sie verfristet gewesen sein sollten – zu beachten gewesen wären und in die Entscheidung mit eingestellt hätten werden müssen. Ein Ausschluss von Einwendungen könne seinem Verständnis nach jedenfalls dann nicht in Betracht kommen, wenn Fehler im Verfahren unterlaufen seien, die er noch im Einzelnen nachweisen werde. Jedenfalls sei seiner Auffassung nach die Dauer der Auslegung zu kurz gewesen.

Für die Gemeinde Sandhausen erhob Rechtsanwalt Schöne-Schmid am 15.5.2006 Klage gegen den Planfeststellungsbeschluss und beantragte, diesen aufzuheben. Er führte aus, dass das Abbauvorhaben schon aus bauplanungsrechtlichen Gründen hätte abgelehnt werden müssen. Der Flächennutzungsplan sei in seiner Gesamtschau hier ausreichend konkret und standortbezogen, um auch ein privilegiertes Vorhaben verhindern zu können. Die Gemeinde habe sich bei Aufstellung ihres Flächennutzungsplanes schon etwas gedacht. Vor allem sei mithilfe der Darstellungen beabsichtigt gewesen, einer weiteren „Verkraterung" des Gemeindegebietes entgegenzuwirken, nachdem die Gemeinde ohnehin mehr als genug mit Kiesabbau belastet sei und deswegen wenigstens die letzten geschlossenen und natürlichen Flächen bewahrt bleiben sollen. Darauf könne sich die Gemeinde berufen, die hier den gesamten Außenbereich in ihr Konzept miteinbezogen habe. Daran könne auch der Regionalplan nichts ändern. Offensichtlich habe die Planfeststellungsbehörde die Bedeutung einer Vorbehaltsfläche verkannt. Die Darstellungen des Flächennutzungsplanes seien daher zulässig und nicht durch verbindliche Ziele der Raumordnung und Landesplanung ausgeschlossen. Hinzu komme, dass keine ausreichend gesicherte wegemäßige Erschließung der Abbaugrundstücke gegeben ist. Zum einen grenzen diese nicht unmittelbar an eine öffentliche Straße und seien insoweit auch nicht anderweitig gesichert. Zum anderen dürfe der Vorhabensträger den Privatweg nicht ohne Zustimmung des Eigentümers nutzen. Der Weg sei allenfalls für die Aufnahme von landwirtschaftlichem Verkehr geeignet, jedoch in keiner Weise für Schwerkraftverkehr. Diese Gesichtspunkte seien zumindest im Rahmen einer ordnungsgemäßen Abwägung zu berücksichtigen gewesen.

Mit Beschluss vom 22.5.2006 lud das Verwaltungsgericht den Vorhabensträger Steinbeis zum Verfahren bei.

Mit Schreiben des Verwaltungsgerichts vom 23.5.2006 wurde das Landratsamt Wallstadt aufgefordert, zu den Klageanträgen bis 21.6.2006 Stellung zu nehmen und die Verfahrensunterlagen vorzulegen.

Mit Schreiben vom 20.6.2006 beantragte das Landratsamt, sämtliche Klagen abzuweisen. Es führte aus, dass seiner Auffassung nach die Feststellung des Planes rechtmäßig gewesen sei und selbst für den Fall, dass Verfahrensfehler unterlaufen sein sollten, diese für die Entscheidung sicherlich nicht entscheidend gewesen seien.

Bearbeitervermerk:

In einem Gutachten sind die Erfolgsaussichten der erhobenen Klagen umfassend zu prüfen. Dabei ist jeweils auf alle berührten Rechtsfragen einzugehen.

Der Sachbericht ist erlassen.

Es ist davon auszugehen, dass eine weitere Sachverhaltsaufklärung nicht notwendig ist und dass für das Vorhaben, das einer Umweltverträglichkeitsprüfung bedarf, diese ordnungsgemäß durchgeführt worden ist.

Lösung

A. Vorüberlegung

1 Im vorliegenden Fall sind die Erfolgsaussichten dreier voneinander unabhängiger und selbstständiger Klagen zu prüfen. Dies ist zum einen dadurch möglich, dass jede der Klagen getrennt auf ihre Zulässigkeit und Begründetheit untersucht wird. Andererseits ist es gleichermaßen vertretbar, die Klagen gemeinsam auf die Erfolgsaussichten hin zu überprüfen. Dabei ist aber darauf zu achten, dass die Übersichtlichkeit der Darstellung nicht verloren geht und insbesondere die Behandlung von Problemen nicht vergessen wird.

Für eine gemeinsame Prüfung (vgl. § 93 VwGO) spricht vorliegend, dass es um die Rechtmäßigkeit eines Planfeststellungsbeschlusses geht, der aus einem „Bündel“ von Einzelentscheidungen besteht und der vor allem eine umfassende Abwägung aller betroffener Belange enthält oder enthalten sollte. Unter Berücksichtigung der Besonderheiten des Planfeststellungsrechts erscheint es daher angebracht, die gutachterliche Überprüfung ebenfalls umfassend vorzunehmen und damit die Klagen gemeinsam zu prüfen.

B. Gutachten zu den Erfolgsaussichten der Klagen

2 I. Zulässigkeit der Klagen

3 **1.** Der Verwaltungsrechtsweg ist nach § 40 I VwGO eröffnet, da es um die Anwendung von Normen aus dem öffentlichen Baurecht und dem Wasserrecht geht.[1]

4 **2.** Zulässige Klageart ist in allen Fällen die Anfechtungsklage nach § 42 I Alt. 1 VwGO. Begehrt wird die Aufhebung eines Planfeststellungsbeschlusses, bei dem es sich um einen VA in Form einer Allgemeinverfügung nach Art. 35 S. 2 BayVwVfG handelt.[2]

5 **3.** Die Durchführung eines Vorverfahrens ist gem. § 68 I 2 Alt. 1 VwGO, § 70 I WHG, Art. 69 BayWG, Art. 74 I 2, 70 BayVwVfG entbehrlich.[3]

6 **4.** Klagebefugnis, § 42 II VwGO

7 Die Kläger begehren als Dritte die Aufhebung eines nicht an sie gerichteten Verwaltungsakts. Es handelt sich daher um eine sog. Nachbaranfechtungs- oder Drittanfechtungsklage. In diesen Fällen ist für die Klagebefugnis notwendig, dass sich die Kläger auf Normen berufen können, die zumindest auch ihrem Schutz zu dienen bestimmt sind. Sie müssen also die Verletzung von dritt- bzw. nachbarschützenden Rechtspositionen geltend machen können.[4]

8 Klagebefugnis des Karl Pflüger

9 Die Klagebefugnis fehlt nicht deshalb, weil der Kläger mit seinem Vorbringen auch im verwaltungsgerichtlichen Verfahren präkludiert ist, nachdem er im Verwaltungsverfahren keine Einwendungen erhoben hat.

1 Umstritten ist, ob die Prüfung des Verwaltungsrechtsweges als allgemeine Zulässigkeitsvoraussetzung im Rahmen der Zulässigkeit der Klage behandelt wird oder vorgezogen als eigenständiger Prüfungspunkt; einerseits: HAGMH ÖffVerw-Station 99; andererseits: Hufen VerwProzR 161 ff. (daher beides vertretbar). Da der Verwaltungsrechtsweg hier unproblematisch gegeben ist, reicht der angeführte (Einleitungs-)Satz dazu aus.

2 BVerwGE 38, 152 = BeckRS 1971, 30438872.

3 Kopp/Ramsauer/Wysk VwVfG § 74 Rn. 93.

4 BVerwG DVBl. 1999, 1373; BayVBl. 1996, 732; NJW 1995, 1628; BayVBl. 1994, 90.

Exkurs zur Präklusion: 10

Die in den Fachplanungs- und Verwaltungsverfahrensgesetzen ursprünglich vorgesehene materielle Präklusion findet aus unionsrechtlichen Gründen im Rahmen von umweltrelevanten Vorhaben keine Anwendung mehr. Die materielle Präklusion trat in den bisher ausdrücklich angeordneten Fällen ein, wenn ein Betroffener eines Fachplanungsverfahrens innerhalb der maßgeblichen Frist keine Einwendungen erhoben hat. Folge war ein materieller Rechtsverlust auch in einem nachfolgenden verwaltungsgerichtlichen Verfahren. Auf nicht oder nicht rechtzeitig vorgebrachte Einwendungen konnte danach eine Klage nicht mit Erfolg gestützt werden; vielmehr war sie infolge des eingetretenen materiellen Rechtsverlustes unbegründet.[5] Seit der Entscheidung des EuGH vom 15.10.2015 über die Unvereinbarkeit der nationalen Regelungen, die eine materielle Präklusion vorsahen, mit Art. 11 der UVP-RL 2011/92/EU ist die materielle Präklusion diesen Fällen nicht mehr anwendbar.[6] In UVP-pflichtigen Verfahren und anschließenden verwaltungsgerichtlichen Verfahren entfällt nach § 7 UmwRG die materielle Präklusion.[7]

bb) Pflüger müsste mithin die Möglichkeit der Verletzung eigener, subjektiver Rechte substantiiert geltend machen können. Daran scheitert vorliegend seine Klagebefugnis. Es ist unter keinem rechtlichen Gesichtspunkt erkennbar, inwieweit der angegriffene Planfeststellungsbeschluss ihn in subjektiv-öffentlichen Rechten verletzen kann. Sein Vorbringen erschöpft sich in allgemeinen Ausführungen zur Situation der Landwirtschaft, ohne, dass ein konkreter Bezug zwischen seinen eigenen (potentiell verletzten) Rechten und der angefochtenen Entscheidung aufgezeigt wird. 11

Seine Klagebefugnis lässt sich auch nicht aus dem Recht auf eine gerechte Abwägung ableiten. Das Abwägungsgebot schützt zwar auch private Interessen, soweit sie schutzwürdig und nicht objektiv geringwertig sind.[8] Allerdings kann es sich dabei nur um die eigenen Interessen des Klägers handeln, nicht um Interessen Dritter oder der Allgemeinheit.[9] Da er hier aber nur allgemeine Interessen vorbringt, ist die Klage des Karl Pflüger wegen fehlender Klagebefugnis unzulässig.

b) Klagebefugnis der Gemeinde Sandhausen 12

Die Gemeinde kann sich möglicherweise auf ihre von Art. 28 II GG geschützte Planungshoheit berufen, weil das Vorhaben entgegen der Darstellungen des Flächennutzungsplanes zugelassen worden ist. Eine Rechtsverletzung ist nicht von vorneherein und unter jedem rechtlichen Gesichtspunkt ausgeschlossen.[10] 13

Zudem ist im Rahmen der Abwägung möglicherweise dem Umstand, dass die Gemeinde Eigentümerin des Weges FlNr. 22 ist, nicht ausreichend Rechnung getragen worden, sodass ihr Recht auf eine gerechte Abwägung ihrer einfach-gesetzlichen Eigentumsinteressen gem. § 903 BGB verletzt sein kann.[11]

Auf die Verletzung ihres Eigentumsgrundrechts aus Art. 14 GG, weil die Entscheidung die Benutzung des Weges FlNr. 22 ohne ihre Zustimmung festlegt, kann sich die Gemeinde allerdings nicht berufen. Hierbei ist zu berücksichtigen, dass Gemeinden als Gebietskörperschaften juristische Personen des öffentlichen Rechts sind. Das Bundesverfassungsgericht[12] hat die Grundrechtsfähigkeit juristischer Personen generell, auch für den Bereich außerhalb der Wahrnehmung öffentlicher Aufgaben, abgelehnt. Begründet wird dies damit, dass sich eine

5 BVerwG NVwZ 1997, 171; DVBl. 1997, 51.
6 EuGH NVwZ 2015, 1665.
7 BVerwG NVwZ-RR 2017, 685; Kopp/Ramsauer/Wysk VwVfG § 73, Rn. 62 ff.
8 BVerwG NVwZ 2000, 567; NVwZ-RR 1989, 241; NVwZ 1988, 363; VGH München BayVBl. 2000, 82.
9 S. etwa BVerwG NVwZ 1988, 534.
10 BVerwG UPR 1999, 146; VGH München NVwZ 1986, 679; VGH Mannheim VBlBW 1990, 100.
11 S. auch BVerwGE 90, 96 = BeckRS 9998, 48802; VGH Mannheim VBlBW 1995, 388; Konrad JA 2001, 975.
12 BVerfGE 61, 62 = BeckRS 1982, 05975.

kommunale Gebietskörperschaft dem Staat gegenüber nicht in einer „grundrechtstypischen Gefährdungslage" befinde wie der einzelne Bürger.

Dies schließt zwar grundsätzlich nicht aus, dass sich eine Gemeinde auf das in Art. 103 I BV verankerte landesrechtliche Eigentumsgrundrecht berufen kann. Insoweit ist zwischen den beiden sich selbstständig gegenüberstehenden Verfassungskreisen auf Bundes- und Landesebene zu unterscheiden, jedoch gilt dies nur, wenn sich gleich geordnete Träger privater Rechte gegenüber stehen, also die Gemeinde wie ein Privater am Rechtsverkehr teilnimmt. Dies ist hier nicht der Fall.[13]

Die Gemeinde Sandhausen ist klagebefugt.

14 c) Klagebefugnis des Hartmut Luft

15 Luft ist klagebefugt, da möglicherweise in seinem Recht auf gerechte Abwägung seiner eigenen schützenswerten Belange mit Blick auf sein von Art. 14 GG geschütztes Fischereirecht verletzt wird, es in der Entscheidung nicht oder nicht ausreichend berücksichtigt worden ist.

16 II. Begründetheit der Klagen der Gemeinde Sandhausen und des Fischereiberechtigten Luft

17 Die Anfechtungsklagen sind nach § 113 I 1 VwGO begründet, wenn der Planfeststellungsbeschluss rechtswidrig ist, und die Kläger dadurch jeweils in ihren eigenen Rechten verletzt werden.

18 Gemäß § 78 I Nr. 1 VwGO ist der Freistaat Bayern passivlegitimiert als Rechtsträger des hier nach Art. 63 I BayWG staatlich handelnden Landratsamts.

19 **Exkurs:**

Entsprechend dem Bearbeitervermerk ist im Rahmen des Gutachtens auf alle berührten Rechtsfragen einzugehen. Daraus ergibt sich, dass auch im Falle einer Nachbarklage – wie hier – die Prüfung nicht allein auf die Verletzung nachbar- bzw. drittschützender Vorschriften beschränkt bleiben darf. In gleicher Weise sind etwa verfahrensrechtliche Probleme zu erörtern oder ist die Verletzung (nur) objektiven Rechts zu untersuchen.
Dafür bieten sich drei verschiedene, gleichermaßen vertretbare Wege an.
Zum einen kann die Prüfung zunächst nur auf die Verletzung drittschützender Vorschriften beschränkt werden, um anschließend im Rahmen eines Hilfsgutachtens zu allen sonstigen Problemen Stellung zu nehmen.
Denkbar ist auch, das formelle und materielle Recht „am Stück" zu prüfen und beim jeweiligen Prüfungspunkt gleich zu untersuchen, ob sich daraus Nachbarschutz ergeben kann.
Zudem – und hier aus Gründen der Erzielung eines besseren Lerneffekts wegen gewählt – kann zunächst umfassend die Rechtswidrigkeit des jeweiligen VAs geprüft werden und anschließend – getrennt davon – im Rahmen der Prüfung der Rechtsverletzung der Frage des Drittschutzes der jeweils verletzten Vorschrift nachgegangen werden.

20 1. Rechtsgrundlage für die Zulassung der Abbaumaßnahme

21 a) Rechtsgrundlage für den vom Landratsamt erlassenen Planfeststellungsbeschluss sind §§ 67, 68 WHG.

22 Da durch die beabsichtigte Auskiesung das Grundwasser als Gewässer nach § 2 I Nr. 3 WHG, Art. 1 I BayWG betroffen ist, ist der Anwendungsbereich der Wassergesetze jedenfalls eröffnet.

13 Vgl. BVerwG UPR 2001, 189 = NVwZ 2001, 1160; VerfGH Bayern BayVBl. 2001, 339.

Die Nassauskiesung könnte zunächst die Benutzung eines Gewässers gem. § 9 WHG darstellen. Jede Benutzung eines Gewässers bedarf nach § 8 I WHG regelmäßig einer wasserrechtlichen Gestattung. Die Nassauskiesung hat zur Folge, dass Grundwasser zu Tage geleitet bzw. gefördert wird. Dies erfüllt grundsätzlich den Benutzungstatbestand des § 9 I Nr. 5 WHG.[14] Allerdings könnte hier die Regelung des § 9 III 1 WHG eingreifen, wenn es sich bei der Maßnahme um den Ausbau eines Gewässers handelt, mit der Folge, dass dann für einen selbstständigen Benutzungstatbestand kein Raum bleibt. Die Unterscheidung zwischen Benutzung und Ausbau eines Gewässers beurteilt sich danach, ob ein Gewässer auf Dauer geschaffen wird oder entsprechend § 67 II 2 WHG nur für einen begrenzten Zeitraum entstehen soll.[15] Trifft ersteres zu, gilt der Vorrang der Planfeststellung, sodass ein entsprechendes Verfahren durchzuführen ist, an dessen Ende regelmäßig ein Planfeststellungsbeschluss steht. 23

Vorliegend soll als Folge der Nassauskiesung eine offene Wasserfläche von 5,1 ha dauerhaft bestehen bleiben. Insoweit wird ein Gewässer iSv § 67 II WHG hergestellt und der (gleichzeitig erfüllte) Benutzungstatbestand verdrängt. Da das Vorhaben zwingend UVP-pflichtig ist (laut Bearbeitervermerk), kommt eine Plangenehmigung nach § 68 II WHG nicht in Betracht. Richtigerweise ist ein Planfeststellungsverfahren nach § 68 WHG durchgeführt worden.

Fraglich ist jedoch, ob der Planfeststellungsbeschluss – wie hier –, sozusagen als umfassende Genehmigung, die gesamte Maßnahme erfassen darf. Von der insgesamt vorgesehenen Abbaufläche von 6,8 ha soll ein Teil mit 1,7 ha entsprechend einem detaillierten Plan wiederverfüllt werden. Insoweit fehlt es am Merkmal der Dauerhaftigkeit, sodass dies keinen Ausbau darstellt und der Benutzungstatbestand des § 9 I Nr. 5 WHG nicht verdrängt wird. Auch ist nicht insgesamt von nur einem Herstellungsvorgang auszugehen, in dem die wieder zu verfüllende Fläche als Ganzes aufgeht, mit der Folge, dass der Benutzungstatbestand des § 9 I Nr. 5 WHG verdrängt würde. Zwar könnte man, ausgehend von den Planunterlagen, faktisch nur einen Abbauvorgang annehmen, dies muss aber nicht zwangsläufig zur Konsequenz haben, dass auch rechtlich lediglich eine Maßnahme vorliegt. Dagegen spricht zum einen, dass der wieder zu verfüllende Teil im Hinblick auf den als Gewässer zu belassenden Teil flächenmäßig nicht nur von untergeordneter Bedeutung ist, sondern ein Viertel der Gesamtmaßnahme ausmacht. Entscheidend aber ist, dass der Abbau einschließlich Wiederverfüllung zunächst vollständig auf den Grundstücken FlNr. 213, 214 abgeschlossen wird, und dies aus technischen Gründen entsprechend den Antragsunterlagen auch notwendig ist, bevor der Abbau auf den Flächen beginnt, auf denen danach der See belassen werden soll. Die Wiederverfüllung erfolgt zudem anhand eines gesonderten Planes, sodass der Kiesabbau mit anschließender Wiederverfüllung auf den Grundstücken FlNr. 213 und 214 zumindest als rechtlich eigene und nicht im Planfeststellungsverfahren aufgehende Maßnahme zu betrachten ist.[16] Insoweit ist dann aber die falsche Genehmigung erteilt worden. Erforderlich wäre, da wegen des Fehlens eines gesteigerten Investitionsinteresses eine Bewilligung nach §§ 10 I, 14 WHG und wegen des Fehlens eines öffentlichen Interesses eine gehobene Erlaubnis nach §§ 10 I, 15 WHG nicht in Betracht kommen, die Erteilung einer beschränkten wasserrechtlichen Erlaubnis gem. § 10 I WHG, Art. 15 BayWG gewesen.[17] 24

b) Zu prüfen bleibt, ob über das Wasserrecht hinaus zusätzlich noch andere behördliche Genehmigungen für die Nassauskiesung notwendig sind. 25

Gedacht werden könnte für beide Fälle (Wiederverfüllung und Belassen des Sees) zunächst an eine Abgrabungsgenehmigung nach Art. 9 I 1 BayAbgrG.[18] Aufgrund ihrer jeweiligen Größe (5,1 ha und 1,7 ha) unterfällt sie nicht der Genehmigungsfreiheit des Art. 6 II Nr. 1 BayAbgrG, sondern ist gem. Art. 6 I BayAbgrG genehmigungspflichtig. Was den von der Plan-

14 Zu den einzelnen Benutzungstatbeständen Decker JA 1996, 797.

15 Grundlegend BVerwGE 55, 220 = NJW 1978, 2308.

16 S. auch VGH München BayVBl. 1987, 751.

17 S. aber auch Guckelberger NuR 2003, 469 unter dem Hinweis darauf, dass Planfeststellungsverfahren als das weitergehende Verfahren alles andere mit umfasst, insbes. bei langjährigen Abbauvorhaben, die sich auf die Gewässerökologie auswirken können; von daher aA vertretbar.

18 Vgl. Beispielsfall bei Decker/Konrad BayBauR 314, 315; Hinweis: Abgrabungen sind aus europarechtlichen Gründen aus dem Anwendungsbereich der BayBO herausgenommen worden und jetzt im Bayerischen Abgrabungsgesetz (Z/T Nr. 61) geregelt.

feststellung betroffenen Teil mit einer Fläche von 5,1 ha auf den Grundstücken FlNr. 211 und 212 angeht, wird eine gesonderte Abgrabungsgenehmigung infolge der Konzentrationswirkung des Planfeststellungsbeschlusses nach § 70 I WHG, Art. 69 BayWG iVm Art. 75 I 1 BayVwVfG nicht erteilt, sondern vom Planfeststellungsbeschluss ersetzt. Zudem würde auch Art. 6 II Nr. 2 BayAbgrG insoweit eingreifen, und auch danach eine gesonderte Abgrabungsgenehmigung nicht erforderlich sein.

26 **Exkurs:**

Bei der von Art. 75 I 1 BayVwVfG ausgelösten Konzentrationswirkung handelt es sich nach hM um eine sog. formelle Konzentration mit der Folge einer Zuständigkeits- und Verfahrenskonzentration. Danach wird zwar die sachliche Zuständigkeit auf die Planfeststellungsbehörde verlagert, und es ist nur ein Planfeststellungsverfahren durchzuführen, an das den ersetzten Genehmigungen zugrunde liegende materielle Recht bleibt die Planfeststellungsbehörde aber gebunden.[19]

27 Soweit der wieder zu verfüllende Teil auf den Grundstücken FlNr. 213 und 214 betroffen ist, greift eine Konzentrationswirkung nicht, weil (nur) eine beschränkte wasserrechtliche Erlaubnis notwendig ist. Einschlägig ist aber die Kollisionsregelung des Art. 6 II Nr. 2 BayAbgrG, nach der eine Abgrabungsgenehmigung entfällt, weil hier eine beschränkte wasserrechtliche Erlaubnis – als andere öffentlich-rechtliche Zulassung – erforderlich ist.[20]

28 c) Weitere in Betracht kommende Genehmigungen, sind nicht ersichtlich, insbesondere nicht nach Naturschutzrecht, da der betroffene Bereich keinem speziellen Gebietsschutz unterliegt.

29 **Zwischenergebnis:**[21]

Richtige Gestattungsart für die Nassauskiesung auf den Grundstücken FlNr. 211 und 212 mit anschließend zu belassender Wasserfläche ist ein Planfeststellungsbeschluss auf Grundlage von § 68 I WHG, der hier vorliegt.

Richtige Gestattungsart für die Nassauskiesung mit anschließender Wiederverfüllung auf den Grundstücken FlNr. 213 und 214 ist eine beschränkte wasserrechtliche Erlaubnis auf Grundlage von § 10 I WHG, Art. 15 BayWG, die hier nicht erteilt worden ist.

30 2. Formelle Rechtmäßigkeit des Planfeststellungsbeschlusses

31 a) Zuständig zum Erlass des Planfeststellungsbeschlusses ist gem. Art. 63 I BayWG das Landratsamt Wallstadt.

32 b) Der Planfeststellungsbeschluss ist entsprechend § 70 I WHG, Art. 69 BayWG iVm Art. 74 I, 69 II BayVwVfG schriftlich ergangen.

33 c) Die Ordnungsmäßigkeit des Verfahrens bestimmt sich nach § 70 I WHG, Art. 69 BayWG iVm Art. 72 ff. BayVwVfG.

34 aa) Der Vorhabensträger hat den nach Art. 67 I, II BayWG erforderlichen Antrag gestellt und die notwendigen Pläne vorgelegt.

19 BVerwG NVwZ 1993, 572; DVBl. 1990, 589; NVwZ 1985, 414; VGH Kassel NVwZ 1987, 987; VGH München NuR 1999, 585; SZDK WHG § 31 Rn. 339 ff.

20 Vgl. Vollzugshinweise zum Bay. Abgrabungsgesetz Nr. 1.6.2.1.2, abgedruckt in Simon/Busse BayBO Anhang 239c.

21 Auch in der Klausur oder im Examen sollten bei der gutachterlichen Überprüfung eines, insbesondere wie hier, mit Problemen „gefüllten“ Sachverhalts durchaus Zwischenergebnisse gebildet werden, wenn Prüfungsabschnitte beendet sind. Zum einen dienen diese der eigenen Kontrolle, zum anderen aber stellt sich die Prüfungsreihenfolge für die jeweiligen Korrektoren viel übersichtlicher dar, was erfahrungsgemäß gleich einen besseren Eindruck macht und hinterlässt. Hingewiesen sei noch einmal darauf, dass die Konsequenz aus der fehlenden bzw. falschen Genehmigung für den Drittschutz gesondert geprüft wird.

bb) Nach § 70 I WHG, Art. 69 BayWG iVm Art. 73 II BayVwVfG sind die Stellungnahmen der betroffenen Behörden eingeholt worden. Die anerkannten Naturschutzverbände wurden entsprechend § 63 BNatSchG beteiligt. 35

cc) Die öffentliche Auslegung wurde § 70 I WHG, Art. 69 BayWG, Art. 73 II, III BayVwVfG in der von dem Vorhaben betroffenen Gemeinde Sandhausen veranlasst. 36

Fraglich ist, ob die Auslegung ordnungsgemäß erfolgt ist. Die ortsübliche Bekanntmachung der Auslegung erfolgte gem. Art. 73 V BayVwVfG am 17.1.2006.

Die Pläne selbst lagen in der Zeit vom 25.1.2006–23.2.2006 öffentlich aus. Notwendig wäre, dass die Dauer der Auslegung nach Art. 73 III 1 BayVwVfG einen Monat betragen hat. Dies trifft vorliegend nicht zu. Da es sich bei der Auslegungsfrist des Art. 73 III 1 BayVwVfG um eine sog. Ablauffrist handelt,[22] berechnet sich ihr Lauf gem. Art. 31 I BayVwVfG iVm §§ 187 II, 188 II Alt. 2 BGB. Danach ist bereits der erste Tag der Auslegung in die Frist mit einzuberechnen mit der Folge, dass die Frist vorliegend am 25.1.2006 zu laufen begann und mit Ablauf des 24.2.2006 endete.

Damit war die Auslegungsfrist zu kurz und das Verfahren infolgedessen fehlerhaft.

Die Einsichtsmöglichkeit zu den allgemeinen Dienststunden war dagegen aus verfahrensrechtlicher Sicht nicht zu beanstanden.[23] 37

Infolge des unterlaufenen Auslegungsfehlers konnte auch kein Einwendungsausschluss eintreten.[24] 38

dd) Die notwendige Umweltverträglichkeitsprüfung ist durchgeführt worden. 39

ee) Die Einwendungsfrist, die ebenfalls eine sog. Ablauffrist darstellt, beträgt nach Art. 73 IV 1 BayVwVfG zwei Wochen, die hier – 24.2.– 9.3.2006 – im Anschluss an die fehlerhafte Auslegung eingehalten sind.[25] 40

ff) Entsprechend Art. 73 VI BayVwVfG wurde nach ordnungsgemäß vorheriger Bekanntmachung die Erörterung durchgeführt. 41

Zwischenergebnis:

Das Planfeststellungsverfahren ist fehlerhaft, weil die Auslegungsfrist zu kurz bemessen war. 42

3. Materielle Rechtmäßigkeit des Planfeststellungsbeschlusses 43

§ 68 III WHG bestimmt den materiell-rechtlichen Prüfungsmaßstab im wasserrechtlichen Planfeststellungsverfahren. 44–45

Maßgeblich für den insoweit konkret anzulegenden Prüfungsmaßstab und die entsprechende Prüfungsabfolge ist zunächst die Beantwortung der Frage, um welche Art von Planfeststellung es sich handelt, ob das Vorhaben allein im privaten Interesse oder, ob es zur unmittelbaren Wahrnehmung öffentlicher Aufgaben zum Wohl der Allgemeinheit durchgeführt wird. Zu unterscheiden ist zwischen sog. privatnützigen und sog. gemeinnützigen Ausbauvorhaben.[26]

Dabei ist zu beachten, dass die privatnützige Planfeststellung – im Gegensatz zur gemeinnützigen Planfeststellung – wegen des Fehlens eines sie tragenden öffentlichen Interesses nicht

22 BVerwGE 40, 363 = BeckRS 1972, 104261; Kopp/Ramsauer/Wysk VwVfG § 73 Rn. 49.
23 Vgl. Kopp/Ramsauer/Wysk VwVfG § 73 Rn. 52.
24 S. etwa BVerwG NVwZ 1996, 895.
25 Zur Einwendungsfrist als sog. Ablauffrist nach §§ 187 II, 188 II Alt. 2 BGB vgl. BVerwG UPR 1997, 471. **Hinweis:** Kein anderes Ergebnis ergibt sich, wenn – was vom Wortlaut der Norm gedeckt ist – auf den 25.2.2006 für den Beginn der Einwendungsfrist abgestellt und diese dann und Ablauf des 10.3.2006 endet.
26 Grundlegend hierzu BVerwGE 55, 220 = NJW 1978, 2308; s. auch BVerwG UPR 1994, 24; NVwZ 1985, 340; VGH München BayVBl. 2012, 47; ZfW 2009, 45; UPR 2007, 397; OVG Münster NVwZ-RR 1994, 494; OVG Hamburg NVwZ 2001, 1173 zum Luftverkehrsrecht; Herrmann NuR 2001, 551; Bamberger BayVBl. 1999, 622.

den Eingriff in Rechte Dritter rechtfertigt, sondern für den Vorhabensträger nur die Funktion einer Genehmigung in Form einer Unbedenklichkeitsbescheinigung erfüllt.

Aus dieser Bedeutung und Funktion heraus ist bei der privatnützigen Planfeststellung daher vor der auch hier grundsätzlich gebotenen Abwägung zu fragen, ob dem Ausbauvorhaben zwingende Versagungsgründe iSv § 68 III Nr. 1 oder Nr. 2 WHG aus dem Wasserrecht oder aus anderen Rechtsgebieten entgegenstehen.

46 Da im vorliegenden Fall der Kiesabbau allein den wirtschaftlichen Interessen des Steinbeis dient, liegt eine privatnützige Planfeststellung vor.[27]

47 **Exkurs zur Prüfung von privat- und gemeinnütziger Planfeststellung:**

Bevor mit der Prüfung der materiell-rechtlichen Voraussetzungen einer Planfeststellung begonnen wird, ist zunächst zu bestimmen, um welche Art von Vorhaben es sich handelt. In der Klausurlösung ist daher (am besten) an dieser Stelle zu klären, ob eine privatnützige oder gemeinnützige Planfeststellung in Rede steht.

48 Bei der privatnützigen Planfeststellung ist die Prüfung folgendermaßen vorzunehmen:

- Stehen zwingende Versagungsgründe des Wasserrechts oder aus sonstigen Rechtsgebieten entgegen?

Wenn nicht:

- Ist eine ordnungsgemäße Abwägung erfolgt?

49 Bei der gemeinnützigen Planfeststellung ist folgendermaßen zu prüfen:

- Erforderlichkeit der Maßnahme = Planrechtfertigung?

Erforderlich ist die Maßnahme grundsätzlich dann, wenn sie vernünftigerweise geboten ist.[28]

- Stehen Planungsleitsätze entgegen?

Planungsleitsätze sind gesetzliche Regelungen, die strikt zu beachten sind und durch die Abwägung nicht überwunden werden können.[29] Die Terminologie ist insoweit nicht einheitlich. Teilweise werden auch bei der gemeinnützigen Planfeststellung entgegenstehende zwingende Versagungsgründe[30] oder entgegenstehendes zwingendes oder striktes Recht geprüft.[31]

- Ordnungsgemäße Abwägung?

Nach den grundlegenden Entscheidungen des Bundesverwaltungsgerichts[32] – als Abwägungsfehlerlehre bezeichnet – ist das Gebot gerechter Abwägung dann verletzt,

- wenn eine Abwägung überhaupt nicht stattfindet = Abwägungsausfall[33]
- wenn Belange in die Abwägung nicht eingestellt werden, die nach Lage der Dinge hätten eingestellt werden müssen = Abwägungsdefizit[34]
- wenn die Bedeutung der betroffenen Belange verkannt wird = Abwägungsfehleinschätzung[35]
- wenn der Ausgleich zwischen den von der Planung berührten Belangen in einer Weise vorgenommen wird, die zur objektiven Gewichtung einzelner Belange erkennbar außer Verhältnis steht = Abwägungsdisproportionalität.[36]

50 Diese Grundsätze sind, zunächst ausgehend von der Bauleitplanung, auf die straßenrechtliche Planfeststellung und dann allgemein auf die Fachplanung übertragen worden.[37] Das Gebot gerechter Ab-

27 Vgl. BVerwG NVwZ 1991, 362.
28 S. etwa BVerwGE 56, 110 = NJW 1979, 64; OVG Koblenz ZfW 2006, 241.
29 BVerwG DVBl. 1992, 1435; NJW 1986, 82.
30 Vgl. etwa BVerwG NuR 1996, 143.
31 VGH Mannheim VBlBW 1996, 265; NuR 1996, 147; s. auch Peine JZ 1996, 350 ff., 398 ff.
32 BVerwGE 34, 301 = BeckRS 1969, 30426362 und BVerwGE 45, 309 = NJW 1975, 70 (sog. Flachglas-Urteil); s. auch Schultze-Fielitz JURA 1992, 201.
33 S. etwa VGH Mannheim BRS 33 Nr. 6.
34 S. etwa VGH Mannheim VBlBW 1980, 24.
35 S. etwa OVG Koblenz BauR 1988, 179.
36 S. etwa OVG Lüneburg BRS 47 Nr. 16.
37 Vgl. BVerwGE 55, 220 = NJW 1978, 2308; NJW 1975, 1373.

wägung ist nach der Rechtsprechung des Bundesverwaltungsgerichts letztlich Ausdruck des in Art. 20 III GG verankerten Rechtsstaatsprinzips.[38]

a) Zwingende Versagungsgründe des Wasserrechts 51

aa) Solche könnten sich daraus ergeben, dass das Wohl der Allgemeinheit nach § 68 III Nr. 1 WHG durch das Vorhaben beeinträchtigt wird. 52

Exkurs zum Begriff des Wohls der Allgemeinheit: 53

Die Bezugnahme in § 68 III Nr. 1 WHG auf das Wohl der Allgemeinheit in Abgrenzung zu Nr. 2 sowie der Begriffsdefinition der schädlichen Gewässerveränderungen in § 3 Nr. 10 WHG, führt dazu, dass davon nur wasserwirtschaftliche Belange erfasst sein können.

Anhaltspunkte für die Betroffenheit von wasserwirtschaftlichen Belangen liegen nicht vor. 54

bb) Zwingende wasserrechtliche Versagungsgründe könnten sich allerdings wegen nachteiliger Einwirkungen auf das Recht eines Dritten, hier des Fischereirechts des Luft, aus §§ 68 III Nr. 2, 70 I Hs. 1, 14 III WHG ergeben. Bei einem Fischereirecht handelt es sich um ein eigentumsähnliches, von Art. 14 GG geschütztes Aneignungsrecht, wie die Regelungen in Art. 9, 14, 16 BayFiG zeigen.[39] Rechte iSd § 14 III 1 WHG sind die absoluten Rechte des bürgerlichen Rechts, wie Eigentum, Nießbrauch, auch Besitz. Davon umfasst ist auch das Fischereirecht.[40] 55

Folge der Nassauskiesung ist unbestrittener maßen ein Rückgang des Wasserstands im benachbarten Wildbach, für den das Fischereirecht besteht. Das Wasser wird dort gemäß dem vorgelegten und unzweifelhaften Gutachten soweit zurückgehen, dass der Wildbach als natürliche Lebensgrundlage für die dort vorkommenden Fische (Bachforellen, Saiblinge etc.) verloren geht und das Fischereirecht nicht mehr ausgenutzt werden kann. Darin liegt eine nachteilige Einwirkung auf dieses Recht. Dies ist vom Fischereiberechtigten Luft im Planfeststellungsverfahren vorgebracht worden. Die Folgen sind weder verhinder- noch ausgleichbar, sodass – wie § 14 III WHG zeigt – die privatnützige Planfeststellung aus diesem Grunde zu versagen war.[41]

cc) Zudem wird dadurch auch gegen das wasserrechtliche Rücksichtnahmegebot verstoßen. 56

Das wasserrechtliche Rücksichtnahmegebot ist (ebenso wie das baurechtliche Gebot der Rücksichtnahme, vgl. Aufgabe 4) aus einfachgesetzlichen Regelungen abzuleiten, die der Behörde den Schutz bestimmter nachbarlicher Belange auferlegen. Nach §§ 14 III, 15 II WHG ist bei wasserrechtlichen Gestattungen gem. §§ 14, 15 WHG entsprechend dem Wortlaut auf individuelle Interessen Dritter Rücksicht zu nehmen. §§ 14 III, 15 II WHG ist daher in diesem Umfang nachbarschützend.[42] Wie die ausdrückliche Verweisung in § 70 I zeigt, kommt das wasserrechtliche Rücksichtnahmegebot auch im Planfeststellungsverfahren nach § 68 I WHG zur Anwendung.

Dadurch, dass infolge der Nassauskiesung das Fischereirecht des Luft ins Leere geht, ist die Zulassung des Vorhabens diesem gegenüber rücksichtslos und beeinträchtigt ihn unzumutbar. Dies ist bei der Entscheidung der Zulassungsbehörde nicht berücksichtigt worden.

38 Vgl. BVerwG NJW 1982, 1473.
39 VGH München BayVBl. 1977, 699; s. auch OVG Münster NVwZ-RR 1996, 129; BGH DÖV 2001, 644.
40 SZDK WHG § 14 Rn. 81.
41 SZDK BayWG Art. 14 Rn. 85.
42 BVerwG BayVBl. 1988, 22; NJW 1981, 434.

57 **b) Zwingende Versagungsgründe außerhalb des Wasserrechts**

58 **aa)** Von naturschutzrechtlichen Hinderungsgründen ist angesichts des insoweit offenen Sachverhalts und der Zustimmung der unteren Naturschutzbehörde nicht auszugehen.

59 **bb)** Zwingende Versagungsgründe könnten sich allerdings aus dem Bauplanungsrecht ergeben.

Die Nassauskiesung in der geplanten Größenordnung stellt eine Abgrabung größeren Umfangs iSv § 29 I BauGB dar, deren planungsrechtliche Zulässigkeit sich als Außenbereichsvorhaben nach § 35 BauGB richtet. Die Anwendung der §§ 29–37 BauGB könnte aber dann ausgeschlossen sein,[43] wenn eine Planfeststellung für ein Vorhaben von überörtlicher Bedeutung gem. § 38 S. 1 BauGB vorläge.

Überörtlichkeit wurde herkömmlicherweise angenommen, wenn das Vorhaben das Gebiet mindestens zweier Gemeinden tatsächlich berührt.[44] Da der Kiesabbau hier ausschließlich auf dem Gebiet der Gemeinde Sandhausen erfolgen soll und auch keine konkreten Auswirkungen darüber hinaus hat, mithin keinen überörtlichen Koordinierungsbedarf auslöst, ist das Vorhaben nicht überörtlich. Die Überörtlichkeit ergibt sich auch nicht daraus, dass die Abbaugrundstücke in einer vom Regionalplan festgesetzten Vorbehaltsfläche liegen.[45] Daher ist das Vorhaben am Maßstab des § 35 BauGB auf seine planungsrechtliche Zulässigkeit hin zu überprüfen.

60 **Exkurs zur Fachplanung nach § 38 BauGB:**

Seit 1.1.1998 muss das Planfeststellungs- oder Plangenehmigungsverfahren ein Vorhaben von überörtlicher Bedeutung zum Gegenstand haben.
Unter der Rechtslage davor sprach das Gesetz von „überörtlicher Planung", die vorlag, wenn das Vorhaben das Gebiet mindestens zweier Gemeinden tatsächlich berührte.
Geht es um linienförmige Planfeststellungsverfahren des Wege- und Verkehrsrechts, lässt sich dieser Ansatz für die Frage der Überörtlichkeit auch weiterhin anwenden.
Bei sog. punktuellen Planfeststellungsverfahren, bei denen ein Vorhaben nur auf dem Gebiet einer Gemeinde ausgeführt wird, ist dagegen fraglich, wann von dessen Überörtlichkeit auszugehen ist. Vertretbar erscheint eine abstrakt-typisierende Betrachtung, nach der die Überörtlichkeit generell indiziert ist, wenn durch das einschlägige Fachplanungsrecht eine nichtgemeindliche, überörtliche Planungszuständigkeit begründet wird. Zum anderen kommt eine konkrete Sichtweise in Betracht, nach der auf die konkreten Auswirkungen des Vorhabens über den Bereich der planbetroffenen Gemeinde hinaus abgestellt wird.[46]
Soweit vorliegend die abstrakt-typisierende Betrachtung vertretbarerweise zugrunde gelegt wird, würde der Vorrang des Fachplanungsrechts gelten mit der Folge, dass die städtebaulichen Belange der §§ 29 ff. BauGB keine zwingenden Versagungsgründe für das überörtliche Vorhaben wären, sondern lediglich im Rahmen der Abwägung angemessene Berücksichtigung finden müssten und gegebenenfalls weggewogen werden könnten.

61 Beim Kiesabbau handelt es sich um einen ortsgebundenen, gewerblichen Betrieb und damit um ein nach § 35 I Nr. 3 BauGB privilegiertes Vorhaben. Der Kiesabbauunternehmer ist auf die geologische Eigenart eines ganz bestimmten Standorts angewiesen, weil der Abbau nur dort möglich ist.[47]

43 Vgl. BVerwG BayVBl. 1985, 246; Decker/Konrad BayBauR 269–271.
44 BVerwG NJW 1989, 242.
45 S. VGH München BayVBl. 1994, 273.
46 Vgl. zum einen Gaentzsch NVwZ 1998, 899; Dippel NVwZ 1999, 921; zum anderen Grigoleit/Otto DÖV 2000, 182; s. auch BVerwG UPR 2001, 33; BauR 2001, 928; VGH München BayVBl. 1999, 147.
47 BVerwG NVwZ 1988, 54; VGH München NuR 1993, 326; s. auch BVerwG BauR 2002, 41; Gaentzsch NVwZ 1998, 889.

Privilegierte Vorhaben sind dann unzulässig, wenn ihnen öffentliche Belange gem. § 35 III BauGB entgegenstehen oder die ausreichende Erschließung nicht gesichert ist.

Vorliegend kommen als entgegenstehende öffentliche Belange die Darstellung des Flächennutzungsplanes nach § 35 III 1 Nr. 1 BauGB iVm dem öffentlichen Belang des § 35 III 3 BauGB in Betracht. Dargestellt wird im Abbaubereich eine Fläche für Forst- und Landwirtschaft. Darstellungen eines Flächennutzungsplanes können einem privilegierten Vorhaben aber nur dann entgegengehalten werden, wenn sie eine konkrete und standortbezogene Aussage treffen.[48] Eine derartige Standortzuweisung enthält die Darstellung als Fläche für Forst- und Landwirtschaft regelmäßig nicht, weil es sich dabei um diejenige Nutzung handelt, die dem Außenbereich nach dem Willen des Gesetzgebers ohnehin zugewiesen ist.[49]

Etwas anderes kann sich ausnahmsweise aber dann ergeben, wenn der Flächennutzungsplan neben der Darstellung einer Fläche für Forst- und Landwirtschaft andere Darstellungen enthält, aus denen sich zusammen eine standortbezogene Aussage ergeben kann. So ist die Situation im vorliegenden Fall. Die Gemeinde Sandhausen hat in ihrem Flächennutzungsplan Kiesabbauflächen auf einen bestimmten Bereich des Gemeindegebietes konzentriert und insoweit Positivflächen ausgewiesen. Nach ihrem ausdrücklichen planerischen Willen, der sich aus dem Erläuterungsbericht zum Flächennutzungsplan ergibt, soll außer in dementsprechend gekennzeichneten Bereich mit einer Größe von insgesamt 30 ha der Kiesabbau ansonsten ausgeschlossen sein. Eine solche Abgrabungskonzentrationsfläche iSv § 35 III 3 BauGB – ein schlüssiges Planungskonzept der Gemeinde, das den gesamten Außenbereich erfasst, liegt vor – kann mit ihrer negativen Aussage das Gewicht eines öffentlichen Belangs haben, welcher der Abgrabung auf einer für Zwecke der Forst- und Landwirtschaft dargestellten Fläche entgegensteht.[50]

Die Darstellung derartiger Abgrabungsflächen ist auf Grundlage von § 5 II Nr. 8 BauGB zulässig. Angesichts der schon bisherigen Betroffenheit der Gemeinde durch Kiesabbau stellt sich eine solche Darstellung auch als Ergebnis einer sachgerechten Abwägung iSv § 1 VII BauGB dar. Dabei ist zu berücksichtigen, dass sich die Gemeinde, wie sich aus dem Erläuterungsbericht entnehmen lässt, durchaus der volkswirtschaftlichen Bedeutung des Kiesabbaus bewusst war und dies auch, indem etwa ein Drittel des Gemeindegebietes dafür zur Verfügung gestellt wird, angemessen berücksichtigt hat.[51]

An dieser zulässigen Darstellung ändert auch der aktuelle Regionalplan aus dem Jahre 1995 nichts, der für diesen Bereich eine Vorbehaltsfläche gem. Art. 14 II 1 Nr. 2 BayLplG für den Abbau von Kies vorsieht. Es liegt kein Verstoß gegen Ziele der Raumordnung (und Landesplanung) gem. § 1 IV BauGB vor.[52] Ziele der Raumordnung und Landesplanung werden zwar nach Art. 2 Nr. 2 BayLplG unter anderem nach Art. 21 BayLplG im Regionalplan dargestellt. Der fragliche Bereich ist allerdings nur als Vorbehaltsfläche für Kiesabbau vorgesehen. Vorbehaltsflächen sind räumlich abgegrenzte Bereiche, in denen einer bestimmten Zweckbestimmung ein besonderes Gewicht zukommt, ohne dass aber für diese Fläche eine abschließende Entscheidung über die Art der Bodennutzung getroffen worden ist. Die Abwägung bleibt vielmehr der Gemeinde im Rahmen der Bauleitplanung vorbehalten, die jedoch diesen Belang gegenüber den anderen Belangen entsprechend stark gewichten muss, wovon hier ausweislich des Erläuterungsberichts ausgegangen werden kann. Die Ausweisung einer Vorbehaltsfläche im Regionalplan beinhaltet daher nicht die Festsetzung eines verbindlichen Zieles der Raumordnung iSv Art. 2 Nr. 2 BayLplG.[53]

48 BVerwG NVwZ 1998, 960; BauR 1984, 269.
49 BVerwG NVwZ 1991, 161; VG München VwRR-BY 1997, 24.
50 BVerwG NVwZ 2004, 858; NVwZ 1998, 960; NVwZ 1988, 54; OVG Schleswig NVwZ-RR 1997, 14.
51 S. auch Decker/Konrad BayBauR 96.
52 VGH München BayVBl. 1995, 66.
53 VGH München BayVBl. 1996, 81; 1998, 436; s. aber VGH München BayVBl. 1997, 178; Schroeder UPR 2000, 52.

62 **Exkurs zum Regionalplan:**

Der Regionalplan nach Art. 21 BayLplG kann als fachliches Ziel iSv Art. 3 I BayLplG sog. Vorrangflächen für die Gewinnung von Bodenschätzen ausweisen. Die Ausweisung von Vorrangflächen ist – im Gegensatz zu Vorbehaltsflächen – eine abschließende landesplanerische Letztentscheidung mit der Folge, dass in dementsprechend räumlich bezeichneten Bereich einer standortspezifischen Art der Bodennutzung der absoluten Vorrang gegenüber allen anderen Nutzungsansprüchen einzuräumen ist.[54]
Durch die Ausweisung einer Vorrangfläche wird ein Ziel der Raumordnung und Landesplanung konkret und verbindlich festgelegt.[55]
Regionalpläne, die verbindliche Ziele enthalten, werden nach Art. 22 I 2 BayLplG als Verordnung beschlossen und fallen daher unter landesrechtliche Normen iSv § 47 I Nr. 2 VwGO, die Gegenstand einer Normenkontrolle sein können.[56]

63 Die Abgrabungskonzentrationszone verbunden mit der Darstellung einer Fläche für Forst- und Landwirtschaft im Flächennutzungsplan der Gemeinde Sandhausen setzt sich auch im konkreten Einzelfall gegenüber dem beabsichtigten Kiesabbau durch.[57] Zwar ist zu berücksichtigen, dass privilegierte Vorhaben dem Außenbereich „planartig" zugewiesen sind und daher ein besonders starkes Gewicht besitzen. Andererseits stehen dem hier die berechtigten Belange der Gemeinde gegenüber, wie sie sich im Einzelnen aus dem Erläuterungsbericht ergeben, insbesondere die Verhinderung einer weiteren „Verkraterung" des Gemeindegebietes und die hier die Interessen des Vorhabensträgers überwiegen. Daher ist der Kiesabbau bauplanungsrechtlich unzulässig, sodass zwingende Versagungsgründe entgegenstehen.

64 Ob dem privilegierten Vorhaben darüber hinaus noch andere öffentliche Belange des § 35 III BauGB entgegenstehen, lässt sich dem Sachverhalt nicht abschließend entnehmen. Jedenfalls ist insoweit zu berücksichtigen, dass öffentliche Belange, die nur für die Dauer der Abgrabung bis zur Rekultivierung nachteilig berührt werden, der Abgrabung gegenüber regelmäßig ein geringeres Gewicht besitzen und nicht entgegenstehen.[58]

65 Zwingende Versagungsgründe könnten sich zudem daraus ergeben, dass das Vorhaben iSv § 35 BauGB nicht ausreichend gesichert erschlossen ist.

Zwar sind die Erschließungsanforderungen im Außenbereich für privilegierte Vorhaben weit weniger hoch als etwa für Vorhaben im Innenbereich. Gewisse Mindestanforderungen, insbesondere im Hinblick auf die Zuwegung, müssen aber auch hier erfüllt werden.[59] Diese Mindestanforderungen hängen dabei wesentlich von der Art des jeweiligen Außenbereichsvorhabens ab.[60] Landwirtschaftliche Flächen werden herkömmlicherweise über Feldwege erschlossen. Der Weg mit der FlNr. 22 wird für diesen Zweck zur Verfügung gestellt und ist geeignet, den landwirtschaftlichen Verkehr aufzunehmen, ohne dass er allerdings entsprechend gewidmet worden ist. Demgegenüber ist er nicht geeignet zum Befahren mit schwerem Gerät und Kieslastkraftwagen, die ein Vielfaches im Verhältnis zu landwirtschaftlichen Nutzfahrzeugen wiegen und größere Ausmaße haben. Insoweit wird der Weg weder von seiner Breite[61] noch von seiner Beschaffenheit als Kiesweg ausreichen.

54 BVerwG NVwZ 1994, 683; VGH München BayVBl. 1996, 81; Busse BayVBl. 1998, 293.
55 S. auch VGH München BayVBl. 1992, 529.
56 VGH München BayVBl. 1990, 306; NJW 2001, 2905.
57 S. BVerwG BauR 2002, 41; NVwZ 1984, 367; DÖV 1979, 905, wonach die Beantwortung der Frage, ob einem privilegierten Vorhaben nach § 35 I BauGB öffentliche Belange entgegenstehen, eine Abwägung im Einzelfall zwischen dem jeweils berührten öffentlichen Belang und dem Interesse des Antragstellers an der Verwirklichung des privilegierten Vorhabens voraussetzt; mit Abwägung ist dabei aber keine planerische Abwägung gemeint, sondern nur das Erfordernis, dass die gesetzgeberische Wertung des § 35 BauGB auf den Einzelfall übertragen und nachvollziehbar gemacht wird, vgl. BVerwG BayVBl. 2003, 664; s. auch Decker/Konrad BayBauR 292.
58 BVerwG NVwZ 1984, 303.
59 BVerwG NVwZ 1986, 38; DÖV 1976, 561.
60 BVerwG BauR 1985, 661.
61 S. OVG Lüneburg BRS 48 Nr. 79, das einen 3 m breiten, befestigten Weg für die Erschließung eines großen Mastbetriebes im Außenbereich nicht ausreichen lässt; VGH Mannheim VBlBW 1988, 23.

Zudem liegt auch keine gesicherte Erschließung vor. Diese ist regelmäßig dann gegeben, wenn die betroffenen Grundstücke einen unmittelbaren Zugang zur öffentlichen Straße haben. Trifft dies – wie hier – nicht zu, muss die Erschließung über fremden Grund gesichert werden. Sofern es das jeweilige Landesrecht zulässt, kann dies mithilfe einer Baulast erfolgen, ansonsten mittels einer Grunddienstbarkeit.[62] Da der Weg mit der FlNr. 22 keine Straße iSd Straßen- und Wegegesetzes ist, fehlt ein unmittelbarer Zugang zu einer öffentlichen Straße. Dingliche Berechtigungen zur Benutzung fremder Grundstücke sind nicht vorhanden. Die Gemeinde ist auch nicht verpflichtet, die Nutzung des Weges für gewerbliche Zwecke zu dulden. Aus der Zurverfügungstellung für landwirtschaftliche Zwecke ergibt sich keine entsprechende Verpflichtung, da insoweit jedenfalls keine vergleichbaren Sachverhalte gegeben sind und die konkrete Gefahr einer Beschädigung zu befürchten ist. Die Gemeinde ist auch sonst nicht aus Rechtsgründen verpflichtet, die gewerbliche Nutzung hinzunehmen.[63]

Daher ist das Vorhaben auch mangels ausreichend wegemäßig gesicherter Erschließung planungsrechtlich unzulässig.

Auch das von der Gemeinde verweigerte Einvernehmen steht dem planfestzustellenden Abbauvorhaben entgegen, da nach § 38 S. 1 BauGB das Einvernehmen nur für Vorhaben, die überörtlich sind, nicht zu erteilen ist. Im Falle der beschränkten wasserrechtlichen Erlaubnis für den wieder zu verfüllenden Teil wäre das Einvernehmen nach § 36 I 2 Hs. 1 BauGB notwendig zu erteilen gewesen.[64] 66

67

c) Abwägung

Über das Entgegenstehen zwingender Versagungsgründe hinaus ist auch die vom Landratsamt vorgenommene Abwägung fehlerhaft. 68

Offensichtlich einseitig sind die (volks-)wirtschaftlichen Interessen am Kiesabbau vor alles andere gestellt worden. Dies entspricht in keinerlei Weise den Anforderungen an eine sachgerechte Abwägung, sondern stellt sich als defizitär dar.

Zwischenergebnis:

Der Planfeststellungsbeschluss ist objektiv rechtswidrig, weil zwingende Versagungsgründe des Wasserrechts und des Bauplanungsrechts entgegenstehen. Zudem verstößt der Planfeststellungsbeschluss auch gegen das Gebot der gerechten Abwägung. 69

4. Rechtsverletzung 70

a) Verfahrensrechtliche Verstöße 71

Aus der Wahl des falschen Verfahrens, soweit es wie hier um den wiederzuverfüllenden Teil auf den Grundstücken FlNr. 213 und 214 geht, können subjektive Rechte Dritter grundsätzlich nicht hergeleitet werden.[65] 72

Im Hinblick auf die Gemeinde ist allerdings zu berücksichtigen, dass insoweit ihr Einvernehmen notwendig war. § 36 BauGB sichert als einfach gesetzliche Ausprägung der Planungshoheit in verfahrensrechtlicher Hinsicht die Beachtung der gemeindlichen Planungshoheit als materielles Recht. Wird eine Baugenehmigung ohne oder gegen den Willen der Gemeinde erteilt, erhält diese ein aus ihrer Planungshoheit abgeleitetes Anfechtungsrecht. Dies gilt selbst dann, wenn die Genehmigungsbehörde irrigerweise von der Genehmigungsfreiheit des Vorhabens ausgeht und die Gemeinde aus diesem Grunde nicht beteiligt.[66] Damit erhält der Verfahrensfehler bezüglich der Gemeinde einen materiell-rechtlichen Einschlag mit

62 BVerwG NJW 1991, 713; s. auch VGH München BayVBl. 1999, 662; VGH Mannheim VBlBW 1999, 349.
63 BVerwG DVBl. 1991, 217.
64 S. auch VGH München BayVBl. 1987, 752.
65 BVerwG BayVBl. 1988, 22; BayVBl. 1982, 154; s. auch VGH Mannheim NVwZ-RR 2000, 87.
66 StRspr. seit BVerwGE 31, 263 = BeckRS 1969, 30430191; NVwZ 1992, 878; VGH Mannheim NVwZ 1999, 442; s. auch Schlichter/Stich/Driehaus, Berliner Kommentar zum BauGB, Stand: Mai 2016, BauGB § 36 Rn. 23; Konrad JA 2001, 588.

der Folge, dass die Gemeinde sich mit Erfolg darauf berufen kann, dass sich die Genehmigungsbehörde über das (verweigerte) Einvernehmen hinweggesetzt hat.

b) Materiell-rechtliche Verstöße

73 **aa)** Rechtsverletzung des Fischereiberechtigten Luft

74 Der Planfeststellungsbeschluss verletzt sein Recht auf gerechte Abwägung der eigenen schützenswerten Belange mit Blick auf sein von Art. 14 GG umfasstes Fischereirecht, das als Recht eines anderen der privatnützigen Planfeststellung entgegensteht.

Zudem wird er durch die Zulassung des Vorhabens auch in dem hier zu seinen Gunsten eingreifenden wasserrechtlichen Rücksichtnahmegebot aus §§ 14 III, 15 II WHG verletzt.

75 **bb)** Rechtsverletzung der Gemeinde Sandhausen

76 Die Zulassung des Kiesabbaus verletzt sie in ihrer durch Art. 28 II GG geschützten Planungshoheit, weil dem Vorhaben die hinreichend konkretisierte Bauleitplanung in Gestalt des Flächennutzungsplanes aus dem Jahre 1993 entgegensteht[67] und gegen bzw. ohne das gemeindliche Einvernehmen iSv § 36 BauGB durch das Landratsamt entschieden wurde.

Darüber hinaus ist auch ein Verstoß gegen das Gebot gerechter Abwägung gegeben, auf das die Gemeinde sich berufen kann, weil jedenfalls ihre Belange als Eigentümerin des Weges FlNr. 22 nicht in die Abwägung eingestellt worden sind.[68]

77 **Ergebnis:** Die Klagen des Fischereiberechtigten Luft und der Gemeinde Sandhausen werden zur Aufhebung des Planfeststellungsbeschlusses führen.

Weiterführende Literatur:

1. Berkemann, Planerische Lenkung des Abbaus von oberflächennahen Bodenschätzen – Zulässigkeit und Grenzen, DVBl. 1989, 625
2. Brandt, Präklusion im Verwaltungsverfahren, NVwZ 1997, 233
3. Erbguth, Der Transrapid: Planungsverfahren und Umweltverträglichkeitsprüfung, NVwZ 1997, 116
4. Hermanns/Hönig, Fachplanungsrecht in der Fallbearbeitung, JA 1998, 993
5. Hien, Die Umweltverträglichkeitsprüfung in der gerichtlichen Praxis, NVwZ 1997, 422
6. Hoppe, Die Rechtswirkungen eines Flächennutzungsplanes gegenüber nach § 35 I BauGB privilegierten Außenbereichsvorhaben in der Rechtsprechung des Bundesverwaltungsgerichts, DVBl. 1991, 1277
7. Hösch, Die privatnützige Planfeststellung, ZfW 1997, 79
8. Keppeler, Zur Versagung wasserrechtlicher Gestattungen nach § 6 WHG, NVwZ 1992, 137
9. Knopp, Die Umweltverträglichkeitsprüfung im wasserrechtlichen Verfahren, NuR 1993, 401
10. Ladeur, Rechtsdogmatische Grundlagen des Nachbarschutzes im Wasserrecht, UPR 1992, 81
11. Leist/Tams, Einführung in das Planfeststellungsrecht, JuS 2007, 995 ff., 1093 ff.
12. Steinberg, Neue Entwicklungen in der Dogmatik des Planfeststellungsrechts, DVBl. 1992, 1501
13. Stuer/Hermanns, Fachplanungsrecht 1997 und 1998 – Rechtsprechungsübersicht, DVBl. 1999, 513
14. Thiel, Zur verfassungsrechtlichen Zulässigkeit der (materiellen) Präklusion im Fachplanungsrecht, DÖV 2001, 814
15. Vallendar, Das Abwägungsgebot – ein alter Hut mit neuen Federn, UPR 1999, 121

67 S. insoweit BVerwG NvwZ 1991, 362.

68 S. auch BVerwG NVwZ-RR 1994, 381, wonach die Weigerung der Gemeinde als Eigentümerin unter anderem von Wegen in einem Gebiet, das ein Unternehmer für die Nassauskiesung in Anspruch nehmen will, ein schlechterdings unausräumbares Hindernis sein kann, das der privatnützigen Planfeststellung entgegensteht und das Sachbescheidungsinteresse entfallen lässt.

6. Klausur: „Auf den Hund gekommen"*

Themenbereiche: Sicherheitsrecht; Hundehaltungsverordnung; formelle und materielle Voraussetzungen einer Verordnung; Rechtswirksamkeit von Beschlüssen eines Gemeindegremiums; Normenkontrollentscheidung, Berufungsentscheidung

Auszug aus den Akten des Bayer. Verwaltungsgerichtshofes, Az.: 27 N 21.3694 und 27 B 21.4577

Teil 1

Rechtsanwalt Friedhelm Frunkel – Oberer Worthhagen 27 – 58507 Lüdenscheid

An den Bayer. Verwaltungsgerichtshof
Ludwigstraße 23
80539 München

Bayer. Verwaltungsgerichtshof
Eingang: 23.7.2021

Lüdenscheid, den 22.7.2021

Normenkontrollantrag

In der Verwaltungsstreitsache

Lucio Lavendel
Altmühlweg 15d
93309 Kelheim

gegen

die Stadt Kelheim a.d. Donau,
vertreten durch den 1. Bürgermeister
Rathaus, 93309 Kelheim

wegen

Unwirksamkeit der Hundehaltungsverordnung vom 28.12.2020

zeige ich unter Vorlage einer entsprechenden Vollmacht an, dass ich den Antragsteller anwaltschaftlich vertrete. Namens und im Auftrag meines Mandanten erhebe ich hiermit gegen die als Anlage 1 beigefügte Verordnung der Antragsgegnerin Normenkontrollklage. In der mündlichen Verhandlung werde ich beantragen, wie folgt zu erkennen:

I. Die Hundehaltungsverordnung vom 28.12.2020 ist unwirksam.

II. Die Antragsgegnerin trägt die Kosten des Verfahrens.

Zur Begründung trage ich vor was folgt:

1. Die Antragsgegnerin ist eine kreisangehörige Stadt im Landkreis Kelheim, Regierungsbezirk Niederbayern. Der Gemeinderat der Antragsgegnerin beschloss in seiner Sitzung vom 17.12.2020 den Erlass einer Verordnung über das freie Umherlaufen von großen Hunden und Kampfhunden (Hundehaltungsverordnung). Da sich im Bereich der Stadt Kelheim zu diesem Zeitpunkt sieben Hundevereine befanden, und der Vorsitzende des Hundevereins „Gut gebellt Waldi", Franz Ferdinand Frisch, Mitglied des Stadtrates der Stadt Kelheim war (und ist), beschloss der Gemeinderat zunächst, Herrn Frisch gem. Art. 49 BayGO von der weiteren

---

* Diese Klausur ist unserem Hund Flatley gewidmet, der am 28.7.2016 verstorben ist. Danke für mehr als 13 tolle Jahre. Wir vermissen Dich.

Beratung und Abstimmung auszuschließen, da er persönlich beteiligt sei. Nach einer zum Teil lebhaften Diskussion wurde die angegriffene Hundehaltungsverordnung beschlossen. Im Folgenden fertigte der Bürgermeister Lindinger die Verordnung aus, zeigte sie dem Landratsamt Kelheim am gleichen Tag an und machte sie am 28.12.2020 bekannt, indem er die Verordnung in der Verwaltung der Gemeinde niederlegte und die Niederlegung durch Anschlag an den Gemeindetafeln und durch Mitteilung in der örtlichen Tagespresse publik machte. Die Verordnung trat zum 1.1.2021 in Kraft.

Der Antragsteller ist am 12.1.2021 in die Stadt Kelheim gezogen und besitzt einen schwarzen Labrador – Schulterhöhe 60 cm – mit dem Namen Luke. Mit diesem Hund geht er gewöhnlich auf gemeindlichen Feld- und Waldwegen, die zur Stadt Kelheim gehören, spazieren. Er lässt dabei den Hund dort (und nur dort; in bewohnten Bereichen ist der Hund stets angeleint mit einer Leine bis zu 3m) frei laufen bzw. führt ihn an einer Flexileine mit einer Länge von 8 Metern. Deswegen wurde er wiederholt von Bediensteten der Stadt Kelheim bzw. von deren Bürgermeister angesprochen und auf die Hundehaltungsverordnung hingewiesen. Da der Antragsteller sein Verhalten jedoch nicht änderte, verhängte die Stadt Kelheim auf der Grundlage ihrer Hundehaltungsverordnung gegen den Antragsteller einen Anlein- und einen Maulkorbzwang. Die Verfügung vom 5.2.2021 ist Gegenstand des Antrages auf Zulassung der Berufung des Antragstellers vom 14.6.2021 (Az.: 27 ZB 21.2114).

2. Die rechtliche Beurteilung dieses Sachverhaltes ergibt, dass die Verordnung vom 28.12.2020 unwirksam und der Normenkontrollantrag daher begründet ist.

a) Die Verordnung ist bereits formell nichtig.

aa) Franz Ferdinand Frisch wurde in der Sitzung vom 17.12.2020 zu Unrecht ausgeschlossen. Die Voraussetzungen des Art. 49 BayGO lagen nicht vor. Es handelte sich nur um einen Gruppennachteil, denn die Regelungen in der Hundehaltungsverordnung treffen alle Hundehalter in der Stadt Kelheim gleichermaßen. Folglich ist schon der Verordnungsbeschluss nichtig und damit notwendigerweise auch die Verordnung.

bb) Vorstehende Ausführungen gelten in gleicher Weise bezüglich des Gemeinderatsmitgliedes Edwin Erb-Lasser. Wie die Witwe Lasser mitgeteilt hat, wurde ihr Mann zur seinerzeitigen Sitzung am 17.12.2020 nicht geladen, weil er sich im Krankenhaus befand, auf der Intensivstation. An der Sitzung hat ihr Mann damals auch nicht teilgenommen. Auch dieser Mangel führt zur Nichtigkeit des Verordnungsbeschlusses und damit der Verordnung.

cc) Die Verordnung ist im Übrigen gar nicht in Kraft getreten, weil sie nicht ordnungsgemäß bekanntgemacht worden ist. Die Stadt Kelheim verfügt über ein Amtsblatt. Sie hätte daher zwingend die Verordnung im Amtsblatt bekannt machen müssen (Art. 26 II BayGO).

dd) Schließlich ist die Verordnung auch deshalb nichtig, weil sie ausgefertigt wurde, bevor sie dem Landratsamt Kelheim angezeigt worden ist (Art. 26 II 1 BayGO). Nach der Rechtsprechung darf die Verordnung jedoch erst dann ausgefertigt werden, wenn ein etwaiges Anzeigeverfahren durchgeführt wurde.

b) Ungeachtet dieser formellen Mängel ist die Verordnung in jedem Fall materiell unwirksam; sie wird von der Ermächtigungsnorm des Art. 18 BayLStVG nicht gedeckt.

Nachdem die Verordnung für alle öffentlichen Straßen, Wege und Plätze sowie in allen öffentlichen Anlagen zu jeder Tages- und Nachtzeit gilt, weiß niemand – ohne Einblick in das Wegebestandsverzeichnis der Gemeinde zu nehmen – wo sie nicht gilt. Darüber hinaus verstößt die Verordnung auch gegen die Grundsätze der artgerechten Hundehaltung, denn Hunde brauchen Auslauf und ohne entsprechenden Auslauf kann der Hund nicht artgerecht gehalten werden (vgl. § 2 Nr. 2 TierSchG).

Die geschilderten Mängel führen zur Gesamtunwirksamkeit der angegriffenen Verordnung, weshalb sie insgesamt aufzuheben ist.

Mit freundlichen Grüßen

Friedhelm Frunkel, Rechtsanwalt

Anlage 1

Verordnung der Stadt Kelheim über das freie Umherlaufen von großen Hunden und Kampfhunden (Hundeverordnung) vom 28.12.2020

Die Stadt Kelheim erlässt aufgrund von Art. 18 I des Landesstraf- und Verordnungsgesetzes – BayLStVG – folgende Verordnung:

§ 1 Begriffsbestimmungen
1. Große Hunde sind Hunde mit einer Schulterhöhe von mind. 50 cm. Zu den großen Hunden gehören insbesondere erwachsene Hunde der Rassen Schäferhund, Dobermann, Rottweiler, Boxer und Deutsche Dogge.
2. Die Eigenschaft eines Kampfhundes bestimmt sich nach Art. 37 I 1 BayLStVG in Verbindung mit der Verordnung über Hunde mit gesteigerter Aggressivität und Gefährlichkeit vom 10.7.1992 (GVBl. 286) in der jeweils geltenden Fassung.

§ 2 Anleinpflicht
1. Große Hunde und Kampfhunde sind auf öffentlichen Straßen, Wegen und Plätzen sowie in allen öffentlichen Anlagen zu jeder Tages- und Nachtzeit an der Leine zu führen.
2. Die Leine muss reißfest sein und darf eine Länge von drei Metern nicht überschreiten. Die Gesamtlänge flexibler Leinen darf drei Meter ebenfalls nicht überschreiten.
3. Weitergehende Pflichten auf Grund sicherheitsrechtlicher Anordnungen für den Einzelfall bleiben unberührt.

§ 3 Ausnahmen von der Anleinpflicht
Von der Anleinpflicht ausgenommen sind:
a) Blindenhunde,
b) Diensthunde der Polizei, des Strafvollzugs, des Bundesgrenzschutzes, der Zollverwaltung und der Bundeswehr im Einsatz,
c) Hunde, die zum Hüten einer Herde eingesetzt sind,
d) Hunde, die die für Rettungshunde vorgesehenen Prüfungen bestanden haben und als Rettungshunde für den Zivildienst, den Katastrophenschutz oder den Rettungsdienst eingesetzt sind sowie
e) im Bewachungsgewerbe eingesetzte Hunde, soweit der Einsatz dies erfordert.

§ 4 Inkrafttreten
Diese Verordnung tritt am 1.1.2021 in Kraft. Sie gilt 20 Jahre.

Ausgefertigt am: 17.12.2020	Unterschrift: *Lindinger*
Anzeigeverfahren durchgeführt am: 18.12.2020	Unterschrift: *Lindinger*
Bekannt gemacht durch Niederlegung in der Stadtverwaltung am 28.12.2020 und Anschlag an den Gemeindetafeln von 28.12.2020 bis 11.2.2021	Unterschrift: *Lindinger*

Anlage 2: Vollmacht

Stadt Kelheim, 93309 Kelheim | Rechtsreferat

An den
Bayer. VGH
Ludwigstraße 23
80539 München

Bayer. Verwaltungsgerichtshof
Eingang: 16.8.2021

Kelheim, den 13.8.2021

Az. 27 N 21.3694

Normenkontrollantrag des Lucio Lavendel

gegen

die Stadt Kelheim

wegen Hundehaltungsverordnung.

Sehr geehrte Damen und Herren,

in obiger Angelegenheit beantragt die Stadt Kelheim unter Vorlage der vollständigen Verfahrensakten, den Normenkontrollantrag zurückzuweisen und dem Antragsteller die Kosten des Verfahrens aufzuerlegen.

1. Der Antrag ist bereits unzulässig.

a) Nach § 47 II 1 VwGO kann ein Normenkontrollantrag nur erhoben werden, wenn der Antragsteller durch eine unterlandesgesetzliche Norm in einem Recht verletzt ist. Welches Recht dies sein soll, vermag die Stadt Kelheim nicht zu erkennen.

b) Ein Bekanntmachungsfehler liegt nicht vor. Die Bekanntmachung entspricht Art. 26 II 2 BayGO iVm der Bekanntmachungsverordnung. Zwischen Art. 26 II 1 und S. 2 BayGO besteht nach dem eindeutigen Wortlaut der Vorschrift ein Wahlrecht. Die Stadt Kelheim hat sich im Fall der verfahrensgegenständlichen Verordnung für die Alternative nach S. 2 entschieden. Im Übrigen wäre der Normenkontrollantrag im Falle eines Bekanntmachungsfehlers unzulässig, weil es dann an einer erlassenen Norm iSv § 47 I VwGO fehlt.

2. Ungeachtet dessen ist der Antrag auch unbegründet.

a) Zunächst ist darauf hinzuweisen, dass Herr Stadtrat Franz Ferdinand Frisch zu Recht am 17.12.2020 von der weiteren Beratung und Abstimmung über die gegenständliche Verordnung ausgeschlossen wurde. Er war zum damaligen Zeitpunkt Vorsitzender eines von sieben örtlichen Hundevereinen; er hat selbst drei Hunde. Folglich lag ein individueller Nachteil für ihn vor. Im Übrigen wurde der Verordnungsbeschluss in der Sitzung vom 17.12.2020 einstimmig gefasst. Nach Art. 49 IV BayGO wäre daher der möglicherweise zu Unrecht erfolgte Ausschluss des Frisch unbeachtlich. Schließlich hat sich Frisch auch nicht über seinen Ausschluss beschwert.

b) Bezüglich des Gemeinderatsmitglieds Edwin Erb-Lasser ist darauf hinzuweisen, dass dieser schwerst an Corona erkrankt war und am 15.12.2020 im Krankenhaus verstarb. Im Hinblick darauf, dass er auf der Intensivstation lag, ist eine Ladung unterblieben, weil Erb-Lasser mit Sicherheit nicht hätte zur Sitzung erscheinen können. Es ist uns neu, dass auch „Todgeweihte“ geladen werden müssen.

c) Da die Durchführung des Anzeigeverfahrens nicht Wirksamkeitsvoraussetzung für eine gemeindliche Verordnung ist, ist die vorher erfolgte Ausfertigung durch den Bürgermeister unbeachtlich.

d) Im Übrigen haben wir keinen Zweifel, dass unsere Verordnung von Art. 18 BayLStVG gedeckt ist. Es darf als bekannt unterstellt werden, dass die Stadt Kelheim eine der schönsten Gemeinden in Niederbayern und bei Naherholungssuchenden sehr beliebt ist. Diese sowie

Kinder und Spaziergänger vor freilaufenden und damit unkontrollierbaren „Beißmaschinen" zu schützen, war Zweck unserer Verordnung. Die Ausführungen des Rechtsanwalts sind nichts anderes als das Übliche Gejammere der Hundebesitzer. Wenn diese ihre Hunde frei laufen lassen wollen, dann sollen sie doch in eine andere Gemeinde gehen.

e) Da – wie bereits ausgeführt – eine Rechtsverletzung des Antragstellers durch unsere Verordnung nicht zu erkennen ist, wäre aber auch im Falle eines formellen oder materiellen Fehlers der Verordnung der Normenkontrollantrag abzuweisen, denn dem deutschen Verwaltungsprozessrecht ist eine Popularklage fremd. Der Antrag wäre daher in jedem Fall mangels Rechtsverletzung unbegründet.

Dementsprechend ist antragsgemäß der Normenkontrollantrag abzulehnen.

Mit freundlichen Grüßen

Dr. Schneitzelreuther, Verwaltungsdirektor

Anlage: Auszug aus dem Sitzungsprotokoll der Stadtratssitzung vom 17.12.2020

Vor Beginn der Sitzung wird eine Gedenkminute zu Ehren des am 15.12.2020 an Corona verstorbenen Gemeinderates Edwin Erb-Lasser abgehalten. Der Nachrücker von Herrn Erb-Lasser, Herr Werner Weigert, soll in der Sitzung vom 18.1.2021 ernannt werden.

...

TOP 5: Erlass einer Hundehaltungsverordnung für das Stadtgebiet

...

Einstimmig wird beschlossen, dass Stadtrat Frisch an der weiteren Beratung und Abstimmung nicht teilnehmen kann, da er durch den Erlass der Hundehaltungsverordnung einen unmittelbaren Nachteil zu erwarten hat.

...

Zusammenfassend stellt Bürgermeister Lindinger folgendes fest: Der Erlass einer Hundehaltungsverordnung ist dringend erforderlich, um das freie Umherlaufen von Hunden im Stadtgebiet zu unterbinden und die Bewohner, vor allem aber die Besucher der Stadt Kelheim zu schützen.

Beschluss: Die Hundehaltungsverordnung wird entsprechend dem Entwurf der Verwaltung beschlossen:

einstimmig angenommen.

Teil 2

Rechtsanwalt Friedhelm Frunkel – Oberer Worthhagen 27 – 58507 Lüdenscheid

An den Bayer. Verwaltungsgerichtshof
Ludwigstraße 23
80539 München

Bayer. Verwaltungsgerichtshof
Eingang: 14.6.2021

Lüdenscheid, den 14.6.2021

Antrag auf Zulassung der Berufung

In der Verwaltungsstreitsache

Lucio Lavendel
Altmühlweg 15d
93309 Kelheim

gegen

die Stadt Kelheim a.d. Donau,
vertreten durch den 1. Bürgermeister
Rathaus, 93309 Kelheim

wegen

Anlein- und Maulkorbzwang

zeige ich unter Vorlage einer entsprechenden Vollmacht an, dass ich den Kläger anwaltschaftlich vertrete. Namens und im Auftrag meines Mandanten stelle ich hiermit gegen das als Anlage 1 beigefügte Urteil des Verwaltungsgerichts Regensburg vom 3.6.2021 (Az.: RN 14 K 21.251) Antrag auf Zulassung der Berufung.

Diesen Antrag begründe ich wie folgt. …

Mit freundlichen Grüßen

Friedhelm Frunkel, Rechtsanwalt

Anlage 1
Urteil des Verwaltungsgerichts Regensburg vom 3.6.2021

RN 14 K 21.251

Im Namen des Volkes
Urteil

In der Verwaltungsstreitsache

Lucio Lavendel
Altmühlweg 15d
93309 Kelheim

– Kläger –

gegen

die Stadt Kelheim a.d. Donau,
vertreten durch den 1. Bürgermeister
Rathaus, 93309 Kelheim

– Beklagte –

wegen

Anlein- und Maulkorbzwang

erlässt das Bayerische Verwaltungsgericht Regensburg, 14. Kammer,

…

aufgrund der mündlichen Verhandlung vom 3.6.2021 am 3.6.2021 folgendes

Urteil:

1. Die Klage wird abgewiesen.
2. Der Kläger hat die Kosten des Verfahrens zu tragen
3. Das Urteil ist im Kostenpunkt vorläufig vollstreckbar.

Tatbestand:

... Da der Kläger wiederholt der Verpflichtung aus § 2 der Hundehaltungsverordnung der Stadt Kelheim vom 28.12.2020 zuwider handelte, ordnete die Beklagte mit Bescheid vom 5.2.2021 an, dass der Hund nurmehr angeleint ausgeführt werden dürfe. Diese Anordnung sei erforderlich, weil es allgemeiner Lebenserfahrung entspreche, dass große Hunde immer gefährlich sind. Einen Ermessensspielraum habe die Gemeinde dabei nicht. Zur Unterstützung der Anleinanordnung sei zudem ein Maulkorbzwang zu verfügen gewesen, denn ein schwarzer großer Hund, wie der des Klägers, sorge immer für Angst und Schrecken bei anderen Menschen. Dieser Angst könne nur dadurch begegnet werden, indem für den Hund ein Maulkorbzwang verhängt werde und daher Passanten schon auf größere Distanz erkennen könnten, dass sie von dem Hund nicht gebissen werden können. Die Maßnahme sei damit auch verhältnismäßig. Der Bescheid ging dem Kläger am 6.2.2021 zu.

Mit Schriftsatz seines Bevollmächtigten vom 4.3.2021 an den Bayerischen Verwaltungsgerichtshof, dort eingegangen am 5.3.2021, erhob der Kläger gegen den Bescheid vom 5.2.2021 Klage.

Durch Beschluss vom 26.3.2021 verwies der Bayerische Verwaltungsgerichtshof die Klage an das zuständige Verwaltungsgericht Regensburg. Dort ging sie am 29.3.2021 ein. ...

Entscheidungsgründe:

Die Klage gegen Nr. 1, 2 und 4 des Bescheids vom 5.2.2021 ist bereits unzulässig, da sie nicht innerhalb der am 5.3.2021 endenden Klagefrist beim zuständigen Verwaltungsgericht Regensburg erhoben wurde (§ 74 I VwGO). Die Einreichung der Klage beim Bayerischen Verwaltungsgerichtshof genügt zur Fristwahrung nicht, da der BayVGH sachlich unzuständig gewesen ist. Bei Eingang der Klage am 29.3.2021 aufgrund des Verweisungsbeschlusses des BayVGH vom 26.3.2021 war aber die Klagefrist längst abgelaufen.

Anhaltspunkte für die Gewährung einer Wiedereinsetzung in den vorigen Stand (§ 60 VwGO) sind weder vorgetragen noch sonst ersichtlich.

Kosten: § 154 I VwGO.

Vorläufige Vollstreckbarkeit: § 167 VwGO iVm §§ 708 ff. ZPO

Unterschrift Unterschrift Unterschrift

Rechtsmittelbelehrung (ordnungsgemäß)

Nachdem sich die Beklagte zum Zulassungsantrag geäußert hatte, ließ der Bayerische Verwaltungsgerichtshof mit Beschluss vom 22.7.2021 im Verfahren 27 ZB 21.2114 die Berufung gegen das Urteil des Verwaltungsgerichts Regensburg vom 3.6.2021 (Az.: RN 14 K 21.251) zu (neues Az.: 27 B 21.4577). Die Zulassungsentscheidung wurde den Beteiligten am 26.7.2021 zugestellt.

Rechtsanwalt Friedhelm Frunkel – Oberer Worthhagen 27 – 58507 Lüdenscheid

An den Bayer. Verwaltungsgerichtshof
Ludwigstraße 23
80539 München

Bayer. Verwaltungsgerichtshof
Eingang: 20.8.2021

Lüdenscheid, den 19.8.2021

Az.: 27 B 21.4577

Berufungsbegründung

In der Verwaltungsstreitsache

Lucio Lavendel
Altmühlweg 15d
93309 Kelheim

gegen

die Stadt Kelheim a.d. Donau,
vertreten durch den 1. Bürgermeister
Rathaus, 93309 Kelheim

wegen

Anlein- und Maulkorbzwang

begründe ich die mit Beschluss vom 22.7.2021 zugelassene Berufung wie folgt:

Die Berufung ist zulässig und begründet, denn das Urteil des Verwaltungsgerichts Regensburg vom 3.6.2021 ist rechtsfehlerhaft und daher aufzuheben (§ 129 VwGO); der Bescheid der Beklagten vom 5.2.2021 ist rechtswidrig und verletzt den Kläger in seinen Rechten (§ 113 I 1 VwGO).

1. Die ursprünglich erhobene Klage war zulässig, insbesondere wurde die Klagefrist (§ 74 I VwGO) gewahrt, denn dem Kläger ist Wiedereinsetzung in den vorigen Stand zu gewähren (§ 60 VwGO). Entgegen meiner ausdrücklichen Anweisung hat meine sonst absolut zuverlässige Bürovorsteherin den Klageschriftsatz an den Bayerischen Verwaltungsgerichtshof adressiert sowie dorthin geschickt und nicht an das zuständige Verwaltungsgericht Regensburg. Zum Beweis hierfür lege ich eine entsprechende eidesstattliche Versicherung meiner Bürovorsteherin, Frau Herlinde Herz-Hoffmann, vor (Anlage 1).

2. Die Klage war und ist auch begründet.

Der Bescheid der Stadt Kelheim vom 5.2.2021 – s. Anlage 2 – ist in mehrfacher Hinsicht rechtswidrig und verletzt den Kläger in seinen Rechten, weshalb der Bescheid aufzuheben ist.

1. Die Hundehaltungsverordnung der Stadt Kelheim ist unwirksam, weshalb es dem Bescheid vom 5.2.2021 bereits an einer Rechtsgrundlage fehlt. Zur Begründung wird auf die Ausführungen im Normenkontrollantrag vom 22.7.2021 verwiesen.
2. Unabhängig von meinen Ausführungen unter 1., ist der Bescheid vom 5.2.2021 jedenfalls deshalb rechtswidrig, weil

a) nicht ersichtlich ist, auf welche Rechtsgrundlage der Bescheid gestützt wird. Die Verordnung kann es jedenfalls nicht sein, weil diese keine Befugnis für Einzelfallanordnungen enthält;

b) es sich um eine sicherheitsrechtliche Anordnung handelt und eine solche nur zur Gefahrenabwehr möglich ist. Eine Gefahr geht aber vom Hund meines Mandanten nicht aus. Das liegt vor allem daran, dass der Kläger und sein Hund Luke erfolgreich die sog. Begleithundeprüfung abgelegt haben. Hierbei handelt es sich um eine Prüfung, in der nicht nur Grundkenntnisse über Verhalten, gesetzliche Regelungen sowie über die Anatomie des Hundes beim Hundeführer geprüft werden, sondern auch der Gehorsam des Hundes und dessen Verkehrstauglichkeit, insbesondere beim Zusammentreffen mit anderen Hunden. Als Labrador mit dieser Ausbildung ist Luke jegliche Art von Aggression fremd. Dementsprechend ist es bisher auch zu keinerlei Zwischenfällen mit dem Hund gekommen. Das Argument der Gemeinde, große Hunde seien „immer gefährlich" und ein schwarzer großer Hund würde immer für Angst und Schrecken sorgen, ist folglich geradezu absurd;

   Beweis: Sachverständigengutachten

c) die Entscheidung ermessensfehlerhaft ist. Die Stadt hat gar nicht erkannt, dass sie einen Ermessensspielraum besitzt und ist von einer gebundenen Entscheidung ausgegangen. Im Sicherheitsrecht sind aber grundsätzlich alle Befugnisnormen „Ermessensnormen". Im Übrigen hat die Beklagte bisher einen Maulkorbzwang nur bei Vorliegen besonderer Anzeichen (wie zB Beißerei, aggressives Verhalten des Hundes etc.) angeordnet. Das Vorgehen gegen den Kläger widerspricht daher auch der bisherigen Praxis der Beklagten.

3. Vor dem Hintergrund, dass die Anordnung unter Nr. 1 aufzuheben ist, kann selbstverständlich auch die „Fälligstellung" eines Zwangsgeldes keinen Bestand haben, ungeachtet des Umstandes, dass ein Zwangsgeld zunächst anzudrohen ist und dann erst fällig gestellt werden kann. Im Übrigen erscheint die Fälligstellung eines Zwangsgeldes für jeden Fall der Zuwiderhandlung als unverhältnismäßig.

In der mündlichen Verhandlung werde ich daher beantragen wie folgt zu erkennen:

1. Das Urteil des Verwaltungsgerichts Regensburg vom 3.6.2021 (Az.: RN 14 K 21.251) wird aufgehoben.
2. Der Bescheid der Stadt Kelheim vom 5.2.2021 wird aufgehoben.
3. Die Beklagte trägt die Kosten des Verfahrens.

Mit freundlichen Grüßen

Friedhelm Frunkel, Rechtsanwalt

Anlage 1
Eidesstattliche Versicherung von Frau Herlinde Herz-Hoffmann, die den vom Rechtsanwalt mitgeteilten Sachverhalt bestätigt.

Anlage 2
Bescheid der Stadt Kelheim vom 5.2.2021

Stadt Kelheim a.d. Donau, Rathaus, 93309 Kelheim

Gegen Postzustellungsurkunde
An Herrn
Lucio Lavendel
Altmühlweg 15d
93309 Kelheim

Kelheim, den 5.2.2021

Anordnung aufgrund der Verordnung über das freie Umherlaufen von großen Hunden und Kampfhunden (Hundeverordnung) vom 28.12.2020

Sehr geehrter Herr Lavendel,

die Stadt Kelheim erlässt folgenden Bescheid:

1. Hiermit wird angeordnet, dass sie ihren Hund Luke außerhalb ihres Grundstückes nur noch angeleint ausführen dürfen, wobei die Leine nicht länger als 3 Meter sein darf; ferner muss in diesem Fall der Hund stets mit einem Maulkorb versehen sein. Diese Anordnung ist auf das Gebiet der Stadt Kelheim beschränkt.
2. Für jeden Fall der Zuwiderhandlung gegen Nr. 1 dieses Bescheids ab seiner Bekanntgabe wird ein Zwangsgeld in Höhe von 100 EUR fällig
3. Hiermit wird gegen Sie ein Bußgeld in Höhe von 500 EUR verhängt.
4. An Kosten fallen für diesen Bescheid an …

Gründe:

Sie sind Anfang 2021 in die Stadt Kelheim zugezogen und besitzen einen schwarzen Labrador – Schulterhöhe 60 cm – mit dem Namen Luke. Mit diesem Hund wurden sie wiederholt auf Feld- und Waldwegen im Gebiet der Stadt Kelheim angetroffen. Dabei musste – im Unterschied zu ihrer Praxis in den bewohnten Gebieten der Stadt – festgestellt werden, dass sie ihren Hund frei laufen ließen bzw. ihn an einer Flexileine mit einer Länge von 8 Metern führten. Obwohl sie wiederholt von Bediensteten der Stadt Kelheim darauf hingewiesen wurden, dass der Hund anzuleinen ist und dass die Leine nicht länger als 3 Meter sein dürfe aufgrund der entsprechenden Hundehaltungsverordnung der Stadt, ließen sie ihren Hund auch am 25.1.2021 im Bereich des Kelheimer Hochwaldes wieder frei laufen.

Da sie somit wiederholt der Verpflichtung aus § 2 der Hundehaltungsverordnung zuwider gehandelt haben, musste die Stadt sie – nach entsprechender Anhörung – nunmehr durch eine Einzelfallanordnung zum Anleinen ihres Hundes zwingen. Dies gilt insbesondere deshalb, weil es allgemeiner Lebenserfahrung entspricht, dass große Hunde immer gefährlich sind. Einen Ermessensspielraum hat die Stadt dabei nicht. Zur Unterstützung der Anleinanordnung war zudem ein Maulkorbzwang zu verfügen, denn ein schwarzer großer Hund, wie der ihrige, sorgt immer für Angst und Schrecken bei anderen Menschen. Dieser Angst kann nur dadurch begegnet werden, indem für den Hund ein Maulkorbzwang verhängt wird und daher Passanten schon auf größere Distanz erkennen können, dass sie von dem Hund nicht gebissen werden können. Die Maßnahme ist damit auch verhältnismäßig.

Die Entscheidung über die Zwangsgeldandrohung folgt aus Art. 19, 20, 31, 36 BayVwZVG.

Da sie gegen die Anleinpflicht nach § 2 der Hundehaltungsverordnung verstoßen haben, war zudem eine Geldbuße gegen sie in Höhe von 500 EUR zu verhängen (§ 18 III Alt. 1 BayLStVG iVm § 17 I OWiG).

Die Kostenentscheidung folgt aus …

Rechtsmittelbelehrung
(ordnungsgemäß)

Dr. Schneitzelreuther, Verwaltungsdirektor

Stadt Kelheim, 93309 Kelheim — Rechtsreferat

An den
Bayer. VGH
Ludwigstraße 23
80539 München

Bayer. Verwaltungsgerichtshof Eingang: 13.9.2021

Kelheim, den 10.9.2021

Az.: 27 B 21.4577

In der Verwaltungsstreitsache

Lucio Lavendel
Altmühlweg 15d
93309 Kelheim

gegen

die Stadt Kelheim a.d. Donau,
vertreten durch den 1. Bürgermeister
Rathaus, 93309 Kelheim

wegen

Anlein- und Maulkorbzwang

hier: Berufung gegen das Urteil des Verwaltungsgerichts Regensburg vom 3.6.2021

beantragt die Stadt Kelheim die Berufung zurückzuweisen.

1. Die Berufung ist bereits deshalb unzulässig, weil der Kläger vergessen hat, eine solche nach Zulassung der Berufung durch den Senat mit Beschluss vom 22.7.2021 einzulegen. Die bloße Abgabe einer Berufungsbegründung genügt den Formalien nicht.

2. Aber selbst wenn die Berufung zulässig sein sollte, dann ist sie jedenfalls unbegründet, denn zum einen war die Klage – wie das Verwaltungsgericht zutreffend festgestellt hat – bereits unzulässig. Der nunmehr gestellte Antrag auf Wiedereinsetzung kommt mit Blick auf § 128a VwGO zu spät.

Zum anderen wäre die Klage aber auch unbegründet gewesen. Die Anordnungen im verfahrensgegenständlichen Bescheid sind von der Hundehaltungsverordnung bzw. von den im Bescheid genannten Regelungen im BayVwZVG gedeckt. Rechtsgrundlage für unseren Bescheid ist jedenfalls Art. 7 II Nr. 3 BayLStVG, der die Anordnung abdeckt.

Mit freundlichen Grüßen

Dr. Schneitzelreuther, Verwaltungsdirektor

Mit Beschluss vom 16.9.2021 hat der Bayerische Verwaltungsgerichtshof angeordnet, Beweis zu der Frage zu erheben, ob von dem Hund des Klägers konkrete Gefahren für die Allgemeinheit ausgehen. Das mit der Begutachtung des Hundes beauftragte staatliche Veterinäramt Kelheim erstattete dieses Gutachten auftragsgemäß unter dem 27.9.2021:

Staatliches Veterinäramt im
Landratsamt Kelheim
Regensburger Landstraße 2
93309 Kelheim

Bayer. Verwaltungsgerichtshof
Eingang: 28.9.2021

An den Bayer. Verwaltungsgerichtshof
Ludwigstraße 23
80539 München

Kelheim, den 27.9.2021

Labrador Rüde Luke, Hundehalter Lucio Lavendel,
Beweisbeschluss vom 16.9.2021

Zu den im Beweisbeschluss des Bayerischen Verwaltungsgerichtshofs aufgeworfenen Fragen nehmen wir gutachterlich wie folgt Stellung:

Der Labrador Retriever ist ein sehr kräftig gebauter Hund. Phänotypisch ist er allerdings lange nicht so beeindruckend und abschreckend, wie etwa ein Rottweilerrüde, der eine ähnliche Schulterhöhe hat, aber wesentlich massiger und vor allem fast doppelt so schwer ist, sodass der Labrador mit einem solchen Hund nicht gleichgesetzt werden kann.

Der Schädel des Labradors ist breit, seine Brust tief und gewölbt, sein Rippenkorb faltförmig. Er hat eine kurze Lendenpartie sowie eine breite und starke Lende und Hinterhand. Die Schulterhöhe reicht bei der Hündin von 54 bis 56 cm, beim Rüden von 56 bis 60 cm; das Gewicht beträgt je nach Größe und Statur des Hundes zwischen 25 und 40 kg. Der Labrador Retriever ist ein sehr ausgeglichener, unerschrockener, äußerst aufgeweckter und lernfreudiger Hund mit einem großen Bewegungsbedürfnis. Wird seinen spezifischen Ansprüchen genügend Rechnung getragen, ist er relativ leicht zu erziehen und auszubilden. Ausreichend gefordert und rassegerecht beschäftigt, wird dieser freundliche und stark menschenbezogene Hund alles daran setzen, seinen Zweibeinern beim gemeinsamen Arbeiten zu gefallen.

Da der Labi, so wird der Labrador Retriever von seinen Fans liebevoll genannt, auch ein sehr feinfühliger und ausgesprochen anpassungsfähiger Hund ist, kann er mit den verschiedensten Anforderungen gut zurechtkommen. Nicht umsonst ist er als Blindenführ- oder Behindertenbegleithund hoch geschätzt und auch im Einsatz als Rettungs-, Drogenspür- oder Therapiehund nicht mehr wegzudenken. Sein auffallend friedfertiges und sicheres Wesen ist neben seiner ausgeprägten Spielfreude ebenfalls Grund für seinen großen Erfolg und seine fast weltweite Verbreitung.

Von Labrador Retrievern, die wie Luke die Begleithundeprüfung erfolgreich abgelegt haben, geht nach meiner Einschätzung keinerlei Gefahr aus. Das gilt insbesondere für den Hund Luke. Aufgrund einer eingehenden Untersuchung und Analyse des Verhaltens dieses Hundes komme ich zum dem Ergebnis, dass von diesem Hund keinerlei Gefahren für die Allgemeinheit ausgehen. Das gilt selbstverständlich auch dann, wenn der Hund frei umher läuft.

Dr. Sorglos
Veterinär

Auszug aus dem Protokoll über die mündliche Verhandlung vom 10.2.2022 vor dem Bayer. VGH, Az. 27 N 21.3694 und 27 B 21.4577

Es ergeht zunächst folgender Beschluss:

Die Verfahren 27 N 21.3694 und 27 B 21.4577 werden zur gemeinsamen Verhandlung verbunden.

...

Als erstes wird über den Normenkontrollantrag verhandelt.

Mit den Beteiligten wird zunächst die Frage der Antragsbefugnis nach § 47 II 1 VwGO diskutiert.

Der Vertreter des Antragstellers erklärt, es sei seinem Mandanten nicht zumutbar, ständig gegen die unberechtigten Maßnahmen der Stadt in Bezug auf die Hundehaltungsverordnung vorgehen zu müssen, um seinen Hund artgerecht halten zu können. Das gilt umso mehr, als der Antragsteller ein begeisterter Turnierhundesportler sei. Um dem Bewegungsbedürfnis des Hundes zu entsprechen, aber auch um für Turnierveranstaltungen angemessen trainieren zu können, sei es erforderlich, Luke ohne Leine bzw. an einer langen, ca. 8 Meter messenden sog. Flexileine laufen zu lassen. Bei Befolgung der Verordnung sei beides aber nicht möglich. Folglich liege zumindest ein Eingriff in die allgemeine Handlungsfreiheit vor.

Daraufhin erklärt der Bürgermeister der Antragsgegnerin, es sei ihm neu, dass sich Tiere auf Art. 2 I GG berufen könnten. Es fehle daher an einer Rechtsverletzung.

...

Im Verfahren 27 B 21.4577 erklärt der Bevollmächtigte des Klägers, Art. 7 II Nr. 3 BayLStVG tauge als Rechtsgrundlage nicht, weil die Norm subsidiär sei und von der Hundehaltungsverordnung verdrängt werde.

...

Auf Frage erklärt der Bürgermeister der Beklagten, es sei richtig, dass ein Maulkorbzwang bisher nur aufgrund entsprechender Vorfälle angeordnet worden sei. Da sich der Kläger aber beharrlich weigere, seinen Hund auch auf Wiesen und Feldern, insbesondere im Bereich des Kelheimer Hochwaldes, anzuleinen, habe ein Exempel statuiert werden müssen.

Der Bevollmächtigte des Antragstellers bzw. Klägers stellt die Anträge aus seinen Schriftsätzen vom 22.7.2021 und vom 19.8.2021.

Die Antragsgegnerin bzw. Beklagte beantragt, den Antrag bzw. die Berufung zurückzuweisen.

Nachdem keiner der Beteiligten mehr das Wort wünscht, schließt die Vorsitzende die mündliche Verhandlung und verkündet folgenden Beschluss:

Die Entscheidung(en) wird/werden zugestellt.

Bearbeitervermerk:

Die Entscheidung(en) des Bayer. Verwaltungsgerichtshofes ist/sind zu entwerfen. Rubrum, Tatbestand, Streitwertbeschluss und Rechtsmittelbelehrung sind erlassen.

Ladungen, Zustellungen, Vollmachten und sonstige Formalien, auch in Bezug auf den Gemeinderatsbeschluss vom 17.12.2020, sind in Ordnung, soweit sich aus dem Sachverhalt nicht etwas anderes ergibt. Wenn das Ergebnis der mündlichen Verhandlung nach Ansicht des Bearbeiters zu einer Entscheidung nicht ausreicht, ist zu unterstellen, dass trotz Wahrnehmung der richterlichen Aufklärungspflicht keine weitere Sachaufklärung zu erzielen war.

Soweit in den Entscheidungsgründen ein Eingehen auf alle berührten Rechtsfragen nicht erforderlich erscheint, sind diese in einem Hilfsgutachten zu erörtern.

Es ist zu unterstellen, dass das Widerspruchsverfahren – soweit dies für erforderlich gehalten wird – ordnungsgemäß, aber erfolglos durchgeführt wurde.

Ein Labrador ist kein Kampfhund iSd Verordnung über Hunde mit gesteigerter Aggressivität und Gefährlichkeit – Kampfhundeverordnung – vom 10.7.1992 (GVBl. 268).

Lösungsvorschlag

I. Vorüberlegungen

1 Im vorliegenden Fall wurde gegen das Urteil des Verwaltungsgerichts Regensburg, mit welchem die Klage des Lucio Lavendel (L) gegen den Bescheid der Stadt Kelheim vom 5.2.2021 abgewiesen worden war, mit Beschluss vom 22.7.2021 durch den BayVGH die Berufung zugelassen und anschließend vom Bevollmächtigten des Klägers die Berufung begründet. Daneben wurde ein Normenkontrollantrag nach § 47 VwGO gestellt, die Hundehaltungsverordnung der Stadt Kelheim für unwirksam zu erklären. L verfolgt somit zwei unterschiedliche Ziele, womit sich die Frage stellt, in welchem Verhältnis beide Verfahren zueinander stehen und ob durch eine Entscheidung möglicherweise beide Verfahren ihre Erledigung finden können. Letzteres wäre allerdings wegen der unterschiedlichen Verfahrensgegenstände[1] und der unterschiedlichen Wirkungen der entsprechenden Entscheidungen wenig praxisgerecht. Es sind daher zwei getrennte Entscheidungen zu fertigen.

2 Im Berufungsverfahren des L kommt es auf die Wirksamkeit der Hundehaltungsverordnung nur dann an, wenn die Anordnung vom 5.2.2021 allein in der Hundehaltungsverordnung ihre Rechtsgrundlage findet und von dieser Rechtsgrundlage gedeckt ist, oder die Verletzung der von ihr normierten Pflichten zur Erfüllung der Voraussetzungen einer entsprechenden Befugnisnorm führt. Da die Stadt Kelheim ihre Anordnung ausdrücklich auf einen Verstoß gegen die Hundehaltungsverordnung gestützt hat, kann diese Möglichkeit nicht von vorneherein ausgeschlossen werden. Das wiederum hätte zur Folge, dass im Berufungsverfahren inzident die Wirksamkeit der Hundehaltungsverordnung zu überprüfen wäre. Die Wirksamkeit der Hundehaltungsverordnung ist aber – alleiniger – Gegenstand des Normenkontrollantrages des L. Käme der Bayerische Verwaltungsgerichtshof daher in diesem Verfahren zu dem Ergebnis, dass die Hundehaltungsverordnung unwirksam ist, dann wäre diese Entscheidung, da allgemeinverbindlich (vgl. § 47 V 2 VwGO), für das Berufungsverfahren bindend; die Wirksamkeit der Hundehaltungsverordnung müsste dann im Berufungsverfahren nicht mehr inzident geprüft werden. Folglich bietet es sich an, **zuerst die Entscheidung über den Normenkontrollantrag** zu fertigen und danach die Berufungsentscheidung.

II. Normenkontrollentscheidung

3 Az. 27 N 21.3694

Bayerischer Verwaltungsgerichtshof

Im Namen des Volkes[2]

(Rubrum erlassen)

folgendes

Urteil:[3]

1. Die Verordnung der Stadt Kelheim über das freie Umherlaufen von großen Hunden und Kampfhunden (Hundehaltungsverordnung) vom 28.12.2020 ist unwirksam.

1 Daher keine doppelte Rechtshängigkeit.

2 Dieser „Vorspann“ gehört eigentlich zum Rubrum (vgl. § 117 I, II VwGO) und ist erlassen. Zum besseren Verständnis werden hier gleichwohl Aktenzeichen und „Überschrift“ wiedergegeben.

3 Da mündlich verhandelt worden ist, entscheidet der Verwaltungsgerichtshof durch Urteil: § 47 V 1 Alt. 1 VwGO; hält das OVG/der VGH dagegen eine mündliche Verhandlung nicht für erforderlich und wird folglich ohne eine solche entschieden, so ergeht die Entscheidung durch Beschluss.

2. Die Antragsgegnerin trägt die Kosten des Verfahrens.
3. Die Kostenentscheidung ist vorläufig vollstreckbar.
4. Die Revision wird nicht zugelassen.

Tatbestand:
(erlassen)

Entscheidungsgründe:

Der Normenkontrollantrag hat Erfolg.

A. Der Antrag ist zulässig.

1. Für die Feststellung der Unwirksamkeit der Verordnung der Stadt Kelheim über das freie Umherlaufen von großen Hunden und Kampfhunden (im folgenden „Hundehaltungsverordnung“) vom 28.12.2020 ist der Verwaltungsrechtsweg gegeben (§ 47 I, § 40 VwGO). 4

Nach § 47 I VwGO entscheidet der Verwaltungsgerichtshof über einen Normenkontrollantrag im Rahmen seiner Gerichtsbarkeit. Das setzt voraus, dass der Verwaltungsrechtsweg nach § 40 VwGO eröffnet sein muss, dh, ein Normenkontrollantrag ist nur zulässig hinsichtlich solcher Rechtssätze, zu deren Vollzug im Verwaltungsrechtsweg anfechtbare oder mit der Verpflichtungsklage erzwingbare Verwaltungsakte ergehen können oder aus deren Anwendung sonstige öffentlich-rechtliche Streitigkeiten entstehen können, für die der Verwaltungsrechtsweg gegeben ist.[4] 5

Diese Voraussetzungen liegen bezüglich sämtlicher Regelungen der Hundehaltungsverordnung vor, weil es sich hierbei um öffentlich-rechtliche Regelungen im Zusammenhang mit einer Anleinpflicht für große Hunde handelt. Eine Bußgeldvorschrift enthält die Hundehaltungsverordnung nicht.[5] 6

2. Der Antrag ist gem. § 47 I Nr. 2 VwGO iVm Art. 5 S. 1 BayAGVwGO statthaft.

a) Nach § 47 I Nr. 2 VwGO können andere im Rang unter den (förmlichen) Landesgesetzen stehende Rechtsvorschriften, also sonstige Satzungen und Verordnungen, dann Gegenstand der Normenkontrolle sein, wenn das Landesrecht dies bestimmt.[6, 7] Gemäß Art. 5 S. 1 BayAGVwGO entscheidet der Verwaltungsgerichtshof im Rahmen seiner Gerichtsbarkeit auf Antrag über die Gültigkeit von Rechtsvorschriften, die im Rang unter dem Landesgesetz stehen. Art. 5 S. 2 BayAGVwGO enthält Beschränkungen der Überprüfbarkeit von Satzungen nach Art. 81 I BayBO.[8] 7

---

4 HM; vgl. nur Eyermann/Hoppe VwGO § 47 Rn. 27; Schoch/Schneider VwGO § 47 Rn. 33 aE; Kopp/Schenke/W.-R. Schenke/R. P. Schenke VwGO § 47 Rn. 17; BVerwG BayVBl. 2013, 637; s. auch OVG Magdeburg LKV 2021, 420.

5 Streitigkeiten über den Vollzug von Bußgeldvorschriften sind nach § 68 OWiG den Amtsgerichten zugewiesen. Eine verwaltungsgerichtliche Normenkontrolle gegen Ordnungswidrigkeitenbestimmungen, auch wenn sie in einem im Übrigen öffentlich-rechtlichen Regelungswerk stehen, ist daher ausgeschlossen; vgl. BVerwGE 99, 88 (96, 97); BVerwG NVwZ 2005, 695; OVG Berlin-Brandenburg Urt. v. 29.9.2015 – 9 A 7.14 Rn. 54; OVG Schleswig NVwZ-RR 2013, 816; s. auch Kopp/Schenke/W.-R. Schenke/R. P. Schenke VwGO § 47 Rn. 20; Eyermann/Hoppe VwGO § 47 Rn. 28.

6 Zu beachten ist, dass § 47 I Nr. 2 VwGO allein die Möglichkeit der Normenkontrolle nicht begründet, sondern diese in die Entscheidungsbefugnis des Landesgesetzgebers stellt. Erst durch eine entsprechende landesrechtliche Regelung wird daher gegen unterlandesgesetzliche Normen, die nicht unter § 47 I Nr. 1 VwGO fallen, die Normenkontrolle eröffnet. Die entsprechende landesrechtliche Regelung ist daher immer mitzuzitieren.

7 Die Normenkontrolle **uneingeschränkt** eingeführt haben **Baden-Württemberg** (§ 4 AGVwGO), **Brandenburg** (§ 4 Abs. 1 AGVwGO), **Bremen** (Art. 7 AGVwGO), **Hessen** (§ 15 AGVwGO), **Mecklenburg-Vorpommern** (§ 13 AGGerStrG), **Niedersachsen** (§ 7 VwGG), **NRW** (§ 109a JustG NRW), **Saarland** (§ 18 AGVwGO), **Sachsen** (§ 24 SächsJG), **Sachsen-Anhalt** (§ 10 AGVwGO), **Schleswig-Holstein** (§ 5 AGVwGO) und **Thüringen** (§ 4 AGVwGO); in *beschränktem* Umfang hat neben *Bayern* auch *Rheinland-Pfalz* (§ 4 AGVwGO) die Normenkontrolle eingeführt; keinen Gebrauch von der Befugnis des § 47 I Nr. 2 VwGO haben Berlin und Hamburg gemacht.

8 Die von Geiger (BayVBl. 1995, 363) und Kopp/Schenke/W.-R. Schenke/R. P. Schenke (VwGO § 47 Rn. 24) geäußerten verfassungsrechtlichen Bedenken teilt der VGH München (BayVBl. 2014, 666) nicht und schließt sich der Auffassung von Allesch (BayVBl. 1996, 331) an; offengelassen vom VGH München ZfB 2021, 299.

8 Bei der angegriffenen Verordnung handelt es sich um eine solche unter dem Landesgesetz stehende Rechtsvorschrift.

b) Die Verordnung der Stadt Kelheim ist auch „erlassen" iSv § 47 I VwGO.

9 Eine Normenkontrollklage ist nur gegen bereits erlassene Normen möglich. Rechtsvorschriften, die erst im Entstehen sind, können nach allgemeiner Meinung[9] nicht Gegenstand eines Normenkontrollantrages sein, denn § 47 VwGO dient nicht der vorbeugenden, präventiven Überprüfung werdenden Rechts,[10] sondern der dem Normerlass nachfolgenden Kontrolle.[11] Eine Norm ist iSv § 47 I VwGO dann erlassen, wenn die Tätigkeit der am Rechtsetzungsverfahren Beteiligten aus ihrer Sicht beendet ist und wenn die Norm aus der Sicht des Normgebers formelle Geltung beansprucht,[12] wenn die Norm mithin nach dem Willen des Normgebers entstehen soll.[13] Folglich ist ein Normenkontrollantrag möglich, wenn gerade streitig ist, ob eine Norm bereits Geltung beansprucht.[14] Ein anderes Verständnis würde zu dem widersinnigen Ergebnis führen, dass ein Antragsteller, der sich zu Recht auf die mangelhafte Bekanntmachung und damit auf die fehlende Wirksamkeit einer Verordnung beruft, diesen Fehler im Normenkontrollverfahren nicht geltend machen könnte, weil es dann an einer „erlassenen" Norm fehlt. Eine Überprüfung der Norm wäre nur inzident im Klageverfahren gegen einen auf der Grundlage dieser Norm erlassenen Verwaltungsakt möglich. Das wiederum würde eine Vielzahl von Prozessen provozieren und die mit der Einführung des Normenkontrollverfahrens verfolgte Zielsetzung (Klärung der Rechtswirksamkeit einer unterlandesgesetzlichen Norm über das konkrete Verfahren hinaus aus Gründen der Verfahrensökonomie[15]) konterkarieren.

10 Im vorliegenden Fall ist die Hundehaltungsverordnung der Stadt Kelheim in diesem Sinne erlassen. Die Antragsgegnerin geht nach ihrem eigenen Vortrag davon aus, dass die Verordnung wirksam, insbesondere ordnungsgemäß bekanntgemacht worden ist und damit formelle Geltung beansprucht. Die Verordnung wird von ihr auch seit 2021 offensichtlich vollzogen (sonst wäre sie nicht auf dieser Grundlage gegen L eingeschritten). Nach dem soeben Ausgeführten reicht dies aus, um die Anforderungen nach § 47 I VwGO auf der Zulässigkeitsebene zu erfüllen. Ob die Verordnung tatsächlich ordnungsgemäß bekanntgemacht wurde oder ob ein Bekanntmachungsfehler vorliegt, ist eine Frage der Begründetheit des vorliegenden Antrages.[16]

11 **3.** Ein formgerechter (§§ 81, 82 VwGO) Antrag liegt im Schriftsatz vom 22.7.2021 vor.

4. Der Antragsteller ist auch antragsbefugt nach § 47 II VwGO.

12 Gemäß § 47 II 1 VwGO kann einen Normenkontrollantrag jede natürliche oder juristische Person stellen, die geltend macht, durch die Rechtsvorschrift oder deren Anwendung in ihren Rechten verletzt zu sein oder in absehbarer Zeit verletzt zu werden. Die Regelung lehnt sich an die Fassung des § 42 II VwGO an und will die Antragsbefugnis im Normenkontrollverfahren der Klagebefugnis in sonstigen öffentlich-rechtlichen Streitigkeiten gleichstellen. Infolgedessen kann zur Bestimmung der Antragsbefugnis nach § 47 II VwGO auf die zu § 42 II VwGO ergangene Rechtsprechung zurückgegriffen werden, denn nach der Rechtsprechung des BVerwG können an die Geltendmachung einer Rechtsverletzung iSv § 47 II 1 VwGO

9 Vgl. Wolff/Decker/Wolff VwGO § 47 Rn. 16, 17.

10 Daher ist ein Antrag auf **Normerlass** im Normenkontrollverfahren unzulässig (vgl. BVerwG NVwZ-RR 2010, 578); Auch eine Normenkontrolle gegen (vermeintlich) **funktionslos** gewordene unterlandesgesetzliche Regelungen ist idR – wegen Ablaufs der Antragsfrist – nicht möglich (vgl. BVerwG NVwZ 2013, 1547 für eine Landkreisverordnung Entsorgung von pflanzlichen Gartenabfällen; BVerwG NVwZ 2015, 1542 für eine Baumschutzverordnung; BVerwG ZfBR 2016, 473 = BauR 2016, 1296 für Bebauungspläne).

11 S. etwa BVerwG BayVBl. 1993, 58 = NVwZ 1992, 1088; OVG Schleswig NVwZ 1994, 916 jew. mwN.

12 BVerwG BayVBl. 1993, 58 = NVwZ 1992, 1088; BVerwG BauR 2002, 445; Eyermann/Hoppe VwGO § 47 Rn. 11.

13 BVerwGE 152, 379 Rn. 7 = BeckRS 2015, 51673.

14 Eyermann/Hoppe VwGO § 47 Rn. 11; BVerwGE 120, 82.

15 Kopp/Schenke/W.-R. Schenke/R. P. Schenke VwGO § 47 Rn. 3.

16 Vgl. BVerwG Buchholz 310 § 47 VwGO Nr. 114; BVerwGE 120, 82 Rn. 29 = BeckRS 2004, 20834.

keine höheren Anforderungen gestellt werden, als sie für die Klagebefugnis nach § 42 II VwGO gelten.[17]

Dementsprechend ist die Antragsbefugnis dann gegeben, wenn die aus der Rechtsvorschrift selbst oder aus ihrer Anwendung geltend gemachte Rechtsverletzung aus tatsächlichen oder aus rechtlichen Gründen möglich ist oder in absehbarer Zeit möglich erscheint, dh nicht offensichtlich und eindeutig nach jeder Betrachtungsweise unmöglich ist (sog. Möglichkeitstheorie).[18] Das wird immer dann der Fall sein, wenn der Antragsteller unter den Geltungsbereich einer unterlandesgesetzlichen Rechtsvorschrift fällt, und sich hieraus für ihn unmittelbar Einschränkungen seiner Rechte ergeben oder er mit dem Erlass eines Verwaltungsaktes aufgrund dieser Verordnung, der in seine Rechte eingreift, zu rechnen hat.[19] Dabei wird nicht ohne einen Rückgriff auf die objektiv gegebene materielle Rechtslage auszukommen sein, um beurteilen zu können, ob eine Verletzung der Rechte des Antragstellers immerhin möglich ist, da die bloße Behauptung einer derartigen Rechtsverletzung nicht ausreicht.[20] Die Antragsbefugnis ist dann nicht gegeben, wenn die vom Antragsteller behaupteten Rechte offensichtlich und eindeutig nach keiner Betrachtungsweise bestehen oder ihm zustehen können.[21]

Im vorliegenden Fall ist eine solchermaßen erforderliche Antragsbefugnis des Antragstellers gegeben. Als Halter eines Hundes im Gemeindegebiet der Stadt Kelheim, der gem. § 1 Nr. 1 der Hundehaltungsverordnung als großer Hund gilt, ist er gem. § 2 Nr. 1 und 2 der Hundehaltungsverordnung verpflichtet, den Hund stets angeleint zu führen, wobei die Leine bestimmte Mindestanforderungen erfüllen muss. Es ist daher durchaus möglich, dass der Antragsteller durch die angegriffene Verordnung zumindest in seinem Grundrecht aus Art. 2 I GG verletzt wird. 13

5. Auch die Frist zur Erhebung des Normenkontrollantrages nach § 47 II 1 VwGO ist gewahrt.

Gemäß § 47 II 1 VwGO kann ein Normenkontrollantrag nur innerhalb eines Jahres nach Bekanntmachung der Rechtsvorschrift gestellt werden. 14

Vorliegend wurde die Verordnung der Antragsgegnerin nachweislich[22] am 28.12.2020 bekannt gemacht. Damit lief die Antragsfrist am 29.12.2020 an und endete erst am 28.12.2021, 24.00 Uhr, einem Dienstag (§§ 47 II 1, 57 II VwGO, § 222 I ZPO iVm §§ 187 ff. BGB). Der vorliegende Normenkontrollantrag ging am 23.7.2021 beim Verwaltungsgerichtshof und damit rechtzeitig ein.

B. Der Normenkontrollantrag ist auch begründet. Die Verordnung der Antragsgegnerin ist unwirksam.

1. Antragsgegner ist die Stadt Kelheim als diejenige Körperschaft, die die angegriffene Verordnung erlassen hat (§ 47 II 2 VwGO). 15

2. Die angegriffene Hundehaltungsverordnung ist insgesamt unwirksam.

---

17 StRspr seit BVerwGE 107, 215 = NJW 1999, 592; s. etwa BVerwG BeckRS 2018, 34331 Rn. 5; BVerwG ZfBR 2016, 263; BVerwGE 146, 217 Rn. 16 = BeckRS 2013, 51599; BVerwG Buchholz 310 § 47 VwGO Nr. 183; BVerwG BeckRS 2009, 42536, Rn. 3; BVerwG NVwZ-RR 2006, 36; BVerwG NVwZ 2000, 1413 = BauR 2000, 1834; VGH Kassel BauR 2021, 811.

18 S. zB BVerwGE 95, 133 (134) = NVwZ 1994, 999 mwN; BVerwG NVwZ-RR 2006, 36; Kopp/Schenke/W.-R. Schenke/R. P. Schenke VwGO § 47 Rn. 46; BeckOK VwGO/Giesberts VwGO § 47 Rn. 36 ff.; ausführlich zur Antragsbefugnis nach § 47 II VwGO Wolff/Decker/Wolff VwGO § 47 Rn. 27–45.

19 Kopp/Schenke/W.-R. Schenke/R. P. Schenke VwGO § 47 Rn. 47, 56.

20 Vgl. zu § 42 II VwGO etwa BVerwG Buchholz 406.19 Nachbarschutz Nr. 72 = NJW 1988, 1228; BVerwG Buchholz 316 § 54 VwVfG Nr. 6 = NVwZ 1991, 574; BVerwG BayVBl. 1994, 90.

21 StRspr; vgl. etwa BVerwG NVwZ 2021, 1794 Rn. 10; BVerwG BeckRS 2012, 46361; BVerwG BauR 2011, 1641; BVerwG BeckRS 2005, 25540; BVerwGE 107, 215 = NJW 1999, 592. ZB BVerwGE 44, 1 (3) = NJW 1974, 203; BVerwGE 75, 147 (154) = NJW 1987, 1837; BVerwGE 82, 246 (249) = NVwZ 1990, 262; BVerwG NVwZ 1995, 165 jew. mwN; BVerwG NVwZ-RR 2006, 36.

22 Ließe sich dagegen eine Bekanntmachung der Verordnung nicht nachweisen, dann würde die Frist des § 47 II 1 VwGO nicht zu laufen beginnen; vgl. BVerwG LKV 2004, 413.

16 Bei einem Normenkontrollverfahren handelt es sich (auch) um ein objektives Rechtsbeanstandungsverfahren.[23] Hat der Antragsteller daher die subjektive Zulässigkeitsschwelle der Antragsbefugnis überwunden, so prüft der Verwaltungsgerichtshof die Norm insgesamt auf ihre Übereinstimmung mit höherrangigem Recht, also in Bezug auf das gesamte Bundesrecht einschließlich der Grundrechte des Grundgesetzes sowie das gesamte Landesrecht. Bei der gerichtlichen Kontrolle, ob sich der Verordnungsgeber im Rahmen der Ermächtigungsgrundlage bewegt, muss sich die Prüfung darauf beschränken, ob die Abwägungen und Wertungen des Verordnungsgebers sachlich vertretbar sind und mit der verfassungsrechtlichen Werteordnung in Einklang stehen.[24] Prüfungsmaßstab ist im Hinblick auf § 47 III VwGO das Grundgesetz, weil in Bayern dem Bayer. Verfassungsgerichtshof gem. Art. 98 S. 4 BV iVm Art. 53 I VerfGHG eine ausschließliche Überprüfungsbefugnis auf die Vereinbarkeit mit den Grundrechtsbestimmungen der Bayer. Verfassung zusteht. Stimmen Landesgrundrechte mit den Bundesgrundrechten überein, so schließt dies allerdings eine Überprüfung der untergesetzlichen Rechtsvorschrift am Maßstab von Bundesgrundrechten selbst dann nicht aus, wenn hinsichtlich der Überprüfung der Rechtsvorschriften am Maßstab des Landesrechts eine ausschließliche Prüfungskompetenz des Landesverfassungsgerichts besteht. Inhaltsgleiche Verfassungssätze von Grundgesetz und Bayer. Verfassung und zugleich allgemeine Grundsätze des Verwaltungsrechts sind zB das Rechtsstaatsprinzip, das Übermaßverbot und das Willkürverbot.[25]

17 Stellt der Verwaltungsgerichtshof bei dieser Prüfung fest, dass die angegriffene unterlandesgesetzliche Norm einen Fehler aufweist, so ist weiter zu prüfen, ob dieser Fehler zur Gesamtunwirksamkeit oder nur zur Teilunwirksamkeit der angegriffenen Norm führt.[26] Der Verstoß gegen zwingendes Verfahrensrecht hat dabei zur Folge, dass die angegriffene Norm formell gar nicht wirksam zustande gekommen ist, womit sie insgesamt unwirksam ist[27]. Dagegen folgt aus der Unwirksamkeit einzelner Bestimmungen einer unterlandesgesetzlichen Norm die Unwirksamkeit weiterer Bestimmungen oder der gesamten Verordnung nur dann, wenn sich aus dem objektiven Sinn der Restnormen ergibt, dass sie keine Bedeutung haben, oder wenn die unwirksame Bestimmung mit den übrigen so verflochten ist, dass sie eine untrennbare Einheit bilden, die nicht in ihre einzelnen Bestandteile zerlegt werden kann oder wenn schließlich anzunehmen ist, dass der Normgeber die Norm ohne die unwirksame Bestimmung nicht erlassen hätte.[28] Oder positiv formuliert: Von einer Teilunwirksamkeit kann nur ausgegangen werden, wenn – erstens – der verbleibende Rest noch ein sinnvolles Ganzes darstellt und – zweitens – anzunehmen ist, dass die Gemeinde nach ihrem im Rechtssetzungsverfahren zum Ausdruck gekommenen Willen im Zweifel auch eine Rechtsnorm dieses eingeschränkten Inhalts beschlossen hätte.[29]

18 Aus Vorstehendem folgt, dass es entgegen der Ansicht der Antragsgegnerin für die Begründetheit des Antrages nicht darauf ankommt, ob der Antragsteller durch die Hundehaltungsverordnung tatsächlich in seinen Rechten verletzt wird, wie dies etwa nach § 113 I, V VwGO erforderlich ist.

---

23 BVerwGE 56, 174 = NJW 1978, 2522; BVerwGE 68, 12 (14) = NJW 1984, 881; BVerwGE 78, 85 (91) = NJW 1988, 839; BVerwGE 82, 225 (230) = BeckRS 9998, 169937; BVerwG DVBl. 1992, 36; s. auch VGH München NVwZ 1999, 785 = BayVBl. 1999, 275; VGH München BayVBl. 1998, 80; aus neuerer Zeit: BVerwG NVwZ 2021, 331 Rn. 12, 14; das Normenkontrollverfahren dient aber auch dem subjektiven Rechtsschutz, es ist mithin auch ein Rechtsschutzverfahren: s. Kopp/Schenke/W.-R. Schenke/R. P. Schenke VwGO § 47 Rn. 3 mwN; Eyermann/Hoppe VwGO § 47 Rn. 5, 6; Wolff/Decker/Wolff VwGO § 47 Rn. 3.

24 VerfGH BayernE 31, 167 = BeckRS 1978, 1969.

25 Vgl. VGH München BeckRS 2001, 25333.

26 S. hierzu etwa BVerwGE 166, 378 = BeckRS 2019, 30316; zu den Folgen der Rechtswidrigkeit von Rechtsnormen s. etwa Zimmermann JA 2018, 249.

27 S. aber auch BVerwGE 82, 225 = BeckRS 9998, 169937, wonach ein Verfahrensfehler nicht immer zur Gesamtunwirksamkeit führen muss. Je nach den Umständen kann ein solcher Fehler auch nur zur Unwirksamkeit des davon betroffenen Teils der Norm führen.

28 BVerwG ZfBR 1993, 238; BVerwG NVwZ 1994, 1009; 1997, 896 = BauR 1997, 603; VGH München VGH nF 43, 166; VGH Mannheim Rspr. Dienst 1998, Beilage 12 B 6; s. auch Wolff/Decker/Wolff VwGO § 47 Rn. 65.

29 Vgl. zB BVerwG ZfBR 2015, 58 = BauR 2015, 221 Rn. 26 mwN.

Exkurs: Prüfungsschema zur Überprüfung der Wirksamkeit einer unterlandesgesetzlichen Norm 19

1. Formelle Wirksamkeit (bei Verordnungen s. Art. 42 ff. BayLStVG):
   a) Ordnungsgemäßes Zustandekommen (zB wirksamer Beschluss) durch das hierfür zuständige Organ
   b) Ggf. Wahrung staatlicher Mitwirkungsrechte
   c) Ausfertigung
   d) Bekanntmachung
   e) Inkrafttreten
2. Materielle Wirksamkeit:
   a) Gültigkeit der Ermächtigungsnorm
   b) Übereinstimmung mit der Ermächtigungsnorm
   c) Vereinbarkeit mit höherrangigem Recht im Übrigen[30]

Gemessen an diesen Grundsätzen ergibt sich vorliegend, dass die Verordnung bereits formell rechtlich nicht wirksam ist, weil sie nicht ordnungsgemäß bekannt gemacht worden ist. 20

Nach Art. 51 I BayLStVG iVm Art. 26 II 1 BayGO sind Verordnungen auszufertigen und im Amtsblatt der Gemeinde amtlich bekannt zu machen. Hat die Gemeinde kein Amtsblatt, so sind die Verordnungen im Amtsblatt des Landkreises oder des Landratsamtes, sonst in anderen regelmäßig erscheinenden Druckwerken amtlich bekannt zu machen; die amtliche Bekanntmachung kann auch dadurch bewirkt werden, dass die Verordnung in der Verwaltung der Gemeinde niedergelegt und die Niederlegung durch Anschlag an den Gemeindetafeln[31] oder durch Mitteilung in einer Tageszeitung bekannt gegeben wird (Art. 26 II 2 BayGO). Wie der Einleitungsteil des Art. 26 II 2 BayGO („Hat die Gemeinde kein Amtsblatt …") eindeutig belegt, steht der Gemeinde kein Wahlrecht zwischen der Bekanntmachung in ihrem Amtsblatt und der Bekanntmachung durch Niederlegung und Aushang der Verordnung zu.[32] Ein solches Wahlrecht besteht nur, wenn die Gemeinde kein Amtsblatt hat. Sie kann dann zwischen der Bekanntmachung im Amtsblatt des Landkreises oder des Landratsamtes und der Bekanntmachung durch Niederlegung wählen. Verfügt die Gemeinde aber über ein Amtsblatt, so kann eine Verordnung nur im Amtsblatt der Gemeinde wirksam bekannt gemacht werden, denn Art. 26 II BayGO schreibt bindend die Bekanntmachungsformen vor.[33] 21

Die Antragsgegnerin verfügte zum Zeitpunkt der Bekanntmachung der Hundehaltungsverordnung über ein eigenes Amtsblatt. Folglich konnte sie die Verordnung nur durch Veröffentlichung in ihrem Amtsblatt wirksam bekannt machen. Der Weg über eine Niederlegung der Verordnung in der Verwaltung der Gemeinde und Aushang an der Gemeindetafel war ihr versperrt. Da sie diesen Weg gleichwohl gewählt hat, ist die Verordnung nicht wirksam bekannt gemacht worden und damit unwirksam. 22

3. Aufgrund des genannten Mangels ist die angegriffene Verordnung insgesamt unwirksam und der Normenkontrollantrag damit begründet. Ihm war daher mit der Kostenfolge aus § 154 I VwGO vollinhaltlich zu entsprechen. 23

30 Die folgende Lösung orientiert sich an der Praxis. Danach wird ein – möglichst leicht zu begründender – Fehler, der zur Unwirksamkeit führt – so ein solcher gegeben ist –, herausgegriffen; alle übrigen Fragen sind dann nicht mehr entscheidungserheblich, weshalb im Urteil hierzu regelmäßig auch nicht Stellung genommen wird. Diese eingeschränkte Prüfung hat neben der Arbeitsersparnis zudem den Vorteil, dass die Angreifbarkeit des Urteils auf ein Minimum reduziert wird. In der Klausur kann und soll durchaus in gleicher Weise verfahren werden, wobei die dann offen gebliebenen Fragen im Hilfsgutachten zu erörtern sind.

31 Nach Auffassung des OVG Münster (s. ZfBR 2008, 802; OVGE 21, 311 [319]; ferner OVG Münster Urt. v. 7.7.2011 – 2 D 137/09.NE – juris Rn. 43 und v. 15.6.2012 – 2 A 2630/10 – juris Rn. 99) ist die Bekanntmachung durch Anschlag an den Gemeindetafeln bzw. Aushang jedenfalls für größere Gemeinden (> 35.000 Einwohner) eine absolut ungeeignete Form der Bekanntmachung von Ortsrecht und verstößt gegen das Rechtsstaatsprinzip. Dem ist zuzustimmen; s. aber auch VGH München BayVBl.2015, 275.

32 Bauer/Böhle/Ecker BayGO Art. 26 Rn. 11, 12.

33 S. etwa VGH München BeckRS 2013, 52489 Rn. 37.

24 Die Entscheidung über die vorläufige Vollstreckbarkeit folgt aus § 167 VwGO iVm §§ 708 ff. ZPO.

25 Die Revision war nicht zuzulassen, da die Voraussetzungen hierfür nicht vorliegen (§ 132 II VwGO).

26 Rechtsmittelbelehrung:
(erlassen)[34]

Unterschrift Unterschrift Unterschrift

Streitwertbeschluss:
(erlassen)

III. Berufungsentscheidung

27 Az. 27 B 21.4577

Bayerischer Verwaltungsgerichtshof

Im Namen des Volkes[35]

(Rubrum erlassen)

folgendes

Urteil:

1. Das Urteil des Verwaltungsgerichts Regensburg vom 3.6.2021 (Az.: RN 14 K 21.251) wird aufgehoben. Der Bescheid der Stadt Kelheim vom 5.2.2021 wird in Nr. 1, 2 und 4 aufgehoben.[36]
2. Die Beklagte trägt die Kosten des Verfahrens in beiden Rechtszügen.[37]
3. Die Kostenentscheidung ist vorläufig vollstreckbar.
4. Die Revision wird nicht zugelassen.

Tatbestand:
(erlassen)

Entscheidungsgründe:

28 Die Berufung gegen das Urteil des Verwaltungsgerichts Regensburg vom 3.6.2021 hat Erfolg.

I. Die Berufung ist zulässig.

1. Sie ist statthaft.

29 Das Urteil des Verwaltungsgerichts Regensburg vom 3.6.2021 ist ein Endurteil und damit eine mit der Berufung anfechtbare Entscheidung (§ 124 I VwGO). Die Berufung wurde vom Verwaltungsgerichtshof mit Beschluss vom 22.7.2021 zugelassen (§ 124 I VwGO).

2. Auch die übrigen Zulässigkeitsvoraussetzungen sind erfüllt.[38]

34 S. hierzu etwa Waldvogel/Schmidt JA 2021, 233 (235 ff.).

35 Dieser „Vorspann" gehört eigentlich zum Rubrum (vgl. § 117 I, II VwGO) und ist erlassen. Zum besseren Verständnis werden hier gleichwohl Aktenzeichen und „Überschrift" wieder gegeben.

36 § 129 VwGO lässt vom Wortlaut eigentlich nur eine Änderung des erstinstanzlichen Urteils zu. Wenn aber das OVG/der VGH genau gegenteilig zum Verwaltungsgericht entscheidet, ist es auch zulässig (und wohl auch klarer), die erstinstanzliche Entscheidung aufzuheben, da diese keinen Bestand haben kann.

37 Da das Urteil des Verwaltungsgerichts Regensburg aufgehoben worden ist, muss in der Berufungsentscheidung auch über die Kosten der 1. Instanz entschieden werden; das gilt im Übrigen in gleicher Weise, wenn das Urteil geändert wird.

38 S. hierzu den Überblick bei Wolff/Decker/Decker VwGO § 124 Rn. 6.

Da die Berufung durch den Beschluss des Senats vom 22.7.2021 zugelassen worden ist, bedurfte es – entgegen dem Vorbringen der Beklagten – der Einlegung der Berufung nicht (§ 124a V 5 VwGO). Vielmehr wird das Zulassungsverfahren in einem solchen Fall als Berufungsverfahren fortgesetzt. 30

Schließlich wurde die Berufung form- und fristgerecht begründet; die Berufungsbegründung enthielt auch die nach § 124a VI VwGO erforderlichen Berufungsanträge. 31

Letztlich ist der Kläger ordnungsgemäß nach § 67 IV VwGO durch einen Rechtsanwalt vertreten. 32

II. Die Berufung ist begründet.

1. Die Klage gegen den Bescheid der Beklagten vom 5.2.2021 war zulässig.

a) Deren Rechtsschutzziel bedarf allerdings zunächst der Klarstellung.

Nach dem vom Bevollmächtigten des Klägers gestellten Antrag in der 1. Instanz richtete sich die Klage[39] gegen Nr. 1, 2 und 4 des Bescheids vom 5.2.2021 und nicht gegen den gesamten Bescheid. Ausweislich der Begründung der Berufung wendet sich L hier auch nur gegen Nr. 1, Nr. 2 und Nr. 4 des Bescheids, nicht aber gegen Nr. 3. Gegen das in dieser Nummer verhängte Bußgeld muss er vielmehr Einspruch einlegen (§ 67 I OWiG); ob dies geschehen ist, lässt sich den Akten nicht entnehmen. Damit ist Nr. 3 erkennbar nicht Gegenstand des Berufungsverfahrens.[40] Dies gilt umso mehr, als die Verhängung eines Bußgeldes als insoweit eigenständige Regelung von der Rechtmäßig- bzw. Rechtswidrigkeit der übrigen Regelungen des Bescheids vom 5.2.2021 nicht tangiert wird. 33

b) Die Klage gegen Nr. 1, Nr. 2 und Nr. 4 des Bescheids vom 5.2.2021 ist in der Form der Anfechtungsklage nach § 42 I Alt. 1 VwGO statthaft.

Grundvoraussetzung der Statthaftigkeit einer Anfechtungsklage ist das Vorliegen eines Verwaltungsakts gegenüber dem Kläger. Was unter einem Verwaltungsakt zu verstehen ist, bestimmt Art. 35 S. 1 BayVwVfG.[41] Danach ist Verwaltungsakt jede Verfügung, Entscheidung oder andere hoheitliche Maßnahme, die eine Behörde zur Regelung eines Einzelfalles auf dem Gebiet des öffentlichen Rechts trifft und die auf unmittelbare Rechtswirkung nach außen gerichtet ist. 34

Die Anordnungen unter Nr. 1, Nr. 2 und Nr. 4 des Bescheids sind unproblematisch Verwaltungsakte. Die Regelungswirkung der Nr. 1 liegt in der Verpflichtung des L, seinen Hund Luke außerhalb seines Grundstücks und innerhalb des Gemeindegebietes nur stets angeleint und mit einem Maulkorb versehen ausführen zu dürfen. Die „Fälligkeit eines Zwangsgeldes" unter Nr. 2 des Bescheids bei Missachtung der Nr. 1 des Bescheids stellt sich als Androhung eines Zwangsgeldes für den Fall der Nichtbeachtung der Nr. 1 dar. Die Androhung ist selbst ein Verwaltungsakt[42] (s. im Übrigen auch Art. 38 I BayVwZVG). Schließlich begründet Nr. 4 des Bescheids für L die Pflicht, die festgesetzten Kosten zu tragen. 35

c) Das Widerspruchsverfahren entfällt nach § 68 I 2 Alt. 2 iVm Art. 15 I, II AGVwGO.[43] 36

d) Die Klage wurde auch fristgerecht erhoben; einer Wiedereinsetzung in den vorigen Stand nach § 60 VwGO bedarf es nicht.

Gemäß § 74 I 2 VwGO ist die Anfechtungsklage gegen einen Verwaltungsakt, sofern ein Widerspruchsverfahren nicht durchzuführen ist, innerhalb eines Monats nach dessen Bekannt- 37

---

39 S. den Einleitungssatz in den Entscheidungsgründen des VG-Urteils.

40 **Achtung:** Streitigkeiten über den Vollzug von Bußgeldvorschriften sind nach § 68 I OWiG den Amtsgerichten zugewiesen. Hätte daher das Verwaltungsgericht auch über die Rechtmäßigkeit der Nr. 3 des Bescheids vom 5.2.2021 geurteilt, obwohl hierfür der Verwaltungsrechtsweg nicht gegeben ist, wäre das OVG/der VGH aber hieran wegen § 17a V GVG gebunden.

41 S. zum Begriff des Verwaltungsakts iSv § 42 I VwGO: Jakel JuS 2016, 410.

42 BVerwG NVwZ-RR 1989, 337.

43 In den Bundesländern, in welche eine Regelung vergleichbar der des Art. 15 BayAGVwGO fehlt, ist nach dem Bearbeitervermerk zu unterstellen, dass das Widerspruchsverfahren ordnungsgemäß, aber erfolglos durchgeführt wurde.

gabe zu erheben. Die Frist berechnet sich nach § 57 II VwGO iVm §§ 222, 224 II, III, 225, 226 ZPO, §§ 187 ff. BGB und setzt eine ordnungsgemäße[44] Rechtsbehelfsbelehrung[45] voraus (§ 58 II VwGO: ansonsten Jahresfrist). Erhoben ist die Klage, sobald die den Mindestanforderungen der §§ 81 f. VwGO genügende Klageschrift bei dem Gericht eingeht, an das die Klageschrift gerichtet ist.[46] Für die Rechtzeitigkeit des Eingangs eines fristwahrenden Schriftsatzes ist dabei entscheidend, dass dieser innerhalb der Frist in die Verfügungsgewalt des betreffenden Gerichts gelangt.[47] Damit ist das Gericht gemeint, an das der Schriftsatz gerichtet ist und das als angerufenes Gericht tätig zu werden hat.[48] Ist das angegangene Gericht für die Klage sachlich, örtlich oder instanziell unzuständig, so ist wie folgt zu unterscheiden:

- Geht die Klage innerhalb offener Klagefrist bei einem unzuständigen Gericht ein, dann ist die Klagefrist gewahrt, wenn der Schriftsatz gerade an dieses Gericht adressiert war.[49]
- Fallen das Gericht, an das die Klage gerichtet war, und das Gericht, bei dem der Klageschriftsatz eingeht, auseinander, ist die Klagefrist nach § 74 VwGO nur dann gewahrt, wenn die Klageschrift noch innerhalb der Klagefrist auch beim angerufenen Gericht eingeht.[50]

38 Im vorliegenden Fall hätte die Klage, da der Bescheid vom 5.2.2021 mit einer ordnungsgemäßen Rechtsbehelfsbelehrung versehen war, spätestens am 5.3.2021 beim zuständigen Verwaltungsgericht Regensburg eingehen müssen. Tatsächlich ging sie jedoch erst am 29.3.2021 und damit an sich zu spät ein. Die Klage war allerdings (fälschlicher Weise) an den Verwaltungsgerichtshof adressiert und ging dort am 5.3.2021, also innerhalb offener Klagefrist ein. Entsprechend obigen Ausführungen ist die Klagefrist damit eingehalten worden. Auf den Zeitpunkt, wann die Klage beim instanziell zuständigen Verwaltungsgericht Regensburg aufgrund des Verweisungsbeschlusses einging, kommt es folglich nicht mehr an. Ist aber die Klagefrist eingehalten, bedarf es der beantragten Wiedereinsetzung in den vorigen Stand nach § 60 VwGO nicht.

39 **e)** Der Kläger ist auch klagebefugt (§ 42 II VwGO), weil er Adressat eines ihn belastenden Verwaltungsakts der Stadt Kelheim ist (Art. 2 I GG). Durch den angefochtenen Bescheid wurden gegen ihn verschiedene Anordnungen (Leinen- und Maulkorbzwang in Bezug auf den Hund Luke, Androhung eines Zwangsgeldes, Kostenauferlegung) getroffen, die ihn zumindest in der allgemeinen Handlungsfreiheit verletzen könnten.

40 **2.** Die Klage ist insgesamt begründet, weshalb das Urteil vom 3.6.2021, das sich konsequenterweise hierzu nicht mehr äußert, aufzuheben war (§ 129 VwGO). Der Bescheid der Beklagten vom 5.2.2021 ist – soweit angefochten – rechtswidrig und verletzt den Kläger in seinen Rechten (§ 113 I 1 VwGO).

41 **a)** Der angefochtene Bescheid ist in **Nr. 1** rechtswidrig und verletzt den Kläger in seinen Rechten (§ 113 I 1, § 114 S. 1 VwGO).

aa) Der Bescheid der Stadt Kelheim vom 5.2.2021 ist bereits formell rechtswidrig

42 **(1)** Die Stadt Kelheim hat zwar laut Sachverhalt die nach Art. 28 I BayVwVfG erforderliche Anhörung des Klägers vor Erlas des angefochtenen Bescheids vorgenommen.

43 **(2)** Der Bescheid der Stadt Kelheim vom 5.2.2021 ist allerdings deshalb formell rechtswidrig, weil er keine ausreichende Begründung enthält, insbesondere der Ermessensentscheidung über die Anordnung der Leinenpflicht und des Maulkorbzwangs (Art. 39 I 1, S. 3 BayVwVfG).

44 S. hierzu jüngst BVerwG NVwZ 2019, 167 zum Hinweis auf die Abfassung der Klage in „deutscher Sprache"; ferner BVerwGE 165, 299 zur Frage, ob es eines Hinweises auf den abstrakten Beginn der Rechtsbehelfsfrist (zB ab Bekanntgabe) bedarf (verneint), weiter BVerwG NVwZ 2021, 1061: keine Unrichtigkeit der Rechtsbehelfsbelehrung, wenn sie nicht auf die Möglichkeit einer Übermittlung der Klage als elektronisches Dokument hinweist.

45 Zur Rechtsbehelfsbelehrung in der Assessorklausur s. Waldvogel/Schmidt JA 2021, 233 (insb. 235 ff.).

46 Kopp/Schenke/W.-R. Schenke VwGO § 74 Rn. 8.

47 BVerfG NJW 1991, 2076; BGH NJW 1992, 1074.

48 BVerwG Buchholz 310 § 74 VwGO Nr. 13; OVG Münster NJW 1996, 334 mwN.

49 BVerwG Buchholz 310 § 74 VwGO Nr. 13; Kopp/Schenke/W.-R. Schenke VwGO § 74 Rn. 8; Koehl VR 2018, 220.

50 BVerwG BayVBl. 2002, 611; BVerwG Buchholz 310 § 74 VwGO Nr. 13.

Alle vorliegend in Betracht kommenden Befugnisnormen (Art. 18 II, Art. 7 II Nr. 1 und Nr. 3 BayLStVG) eröffnen der Sicherheitsbehörde – hier der Stadt Kelheim – einen Ermessensspielraum. Ausweislich des Bescheids vom 5.2.2021 ging die Gemeinde aber davon aus, dass ihr kein Ermessen zustand. Es liegt damit ein Fall des Ermessensausfalls vor. 44

Dieser Mangel ist von der Stadt Kelheim nicht gem. Art. 45 I Nr. 2 BayVwVfG behoben worden. Selbst in ihrer Stellungnahme zur Berufungsbegründung hat sie keinerlei Ermessenserwägungen angestellt. 45

bb) Der Bescheid der Stadt Kelheim vom 5.2.2021 ist in Nr. 1 auch materiell rechtswidrig, denn es fehlt an einer die Anordnung tragenden Befugnisnorm.

(1) Die Hundehaltungsverordnung trägt die Anordnung nicht.

Zum einen ist die Hundehaltungsverordnung unwirksam (s. die Entscheidung im Normenkontrollverfahren Az.: 27 N 21.3694). Zum anderen kann die Anordnung auch deshalb nicht auf die Hundehaltungsverordnung gestützt werden, weil diese keine entsprechende Befugnisnorm enthält (nach § 2 Nr. 3 der Hundehaltungsverordnung bleiben lediglich Pflichten aufgrund sicherheitsrechtlicher Anordnungen für den Einzelfall unberührt; die Vorschrift ist also keine Befugnisnorm, sondern setzt eine solche voraus). Der Regelungsgehalt der Verordnung beschränkt sich zudem auf die Begründung einer Anleinpflicht für große Hunde und ermächtigt ersichtlich nicht zur Anordnung eines Maulkorbzwanges. 46

(2) Die Anordnung kann auch nicht auf Art. 18 II BayLStVG gestützt werden.

Nach Art. 18 II BayLStVG[51] können die Gemeinden zum Schutz von Leben, Gesundheit, Eigentum oder der öffentlichen Reinlichkeit Anordnungen für den Einzelfall zur Haltung von Hunden treffen. Zweck der Vorschrift ist es, die genannten Schutzgüter vor Gefahren zu schützen. Dabei ist die Befugnis aus Art. 18 II BayLStVG – im Unterschied zu der aus Art. 18 I BayLStVG – sachlich nicht auf Einschränkungen des freien Umherlaufens von Hunden (sog. Leinenzwang) beschränkt, sondern deckt auch andere hundebezogene Anordnungen (zB einen Maulkorbzwang), Anforderungen an den Ort der Hundehaltung (zB Anbringung von Warnhinweisen, Schließvorrichtungen, Einzäunungen) oder die Person des Hundehalters.[52] Der Erlass der Einzelfallanordnungen ist insoweit auch nicht auf Kampfhunde iSd Kampfhundeverordnung beschränkt, sondern für alle Hunde möglich, insbesondere auch große Hunde.[53] 47

Eine Anordnung nach Art. 18 II LStVG darf allerdings nur erlassen werden, wenn im jeweils gesondert zu betrachtenden Einzelfall eine **konkrete Gefahr** für die betreffenden Schutzgüter vorliegt.[54] Dies ist dann der Fall, wenn in dem zu beurteilenden konkreten Einzelfall in überschaubarer Zukunft mit dem Schadenseintritt hinreichend wahrscheinlich gerechnet werden kann.[55] An die Wahrscheinlichkeit des Schadenseintritts sind dabei umso geringere Anforderungen zu stellen, je größer der zu erwartende Schaden ist.[56] Die an das Vorliegen einer Gefahr zu stellenden Anforderungen hängen sonach (auch) von der Wertigkeit des betroffenen Rechtsguts ab.[57] Die Feststellung einer konkreten Gefahr verlangt mithin eine in tatsächlicher Hinsicht genügend abgesicherte Prognose des Schadenseintritts, wobei die Anforderungen an die Wahrscheinlichkeit umso geringer ausfallen, je schutzwürdiger das bedrohte Schutzgut und/oder je höher der zu erwartende Schaden ist. Ist die Behörde dagegen mangels genügen- 48

51 Zur Vereinbarkeit der Norm mit dem Bestimmtheitsgebot (Art. 20 III GG) und dem Zitiergebot (Art. 19 I 2 GG) s. VGH München BeckRS 2012, 25625.

52 VGH München BeckRS 2003, 31544; VGH München BeckRS 2015, 45075 Rn. 27.

53 VGH München BeckRS 1994, 16489; VGH München BeckRS 2003, 31544; VGH München BeckRS 2003, 27384; VGH München BeckRS 2009, 40966; VGH München BeckRS 2009, 40945.

54 VGH München BayVBl. 2004, 727 mwN; VGH München BeckRS 2005, 25952; VGH München BeckRS 2009, 40945; VGH München NVwZ-RR 2011, 193; VGH München BeckRS 2013, 50693 Rn. 4; VGH München BeckRS 2014, 59676 Rn. 20; VGH München BeckRS 2015, 43088 Rn. 5; VGH München NVwZ-RR 2017, 784 mAnm Waldhoff JuS 2018, 93; **VerfGH Bayern** BeckRS 2019, 12467 Rn. 35.

55 S. etwa BVerwG Buchholz 402.41 Nr. 73; BVerwGE 116, 347 = NVwZ 2003, 95.

56 So schon BVerwGE 88, 348 (351) = NVwZ-RR 1992, 470.

57 VGH München BayVBl. 2004, 727 mwN; VGH München BeckRS 2009, 40966; VGH München NVwZ-RR 2011, 193; VGH München BeckRS 2012, 47037.

der Kenntnisse über die Einzelheiten der zu regelnden Sachverhalte und/oder über die maßgeblichen Kausalverläufe zu der erforderlichen Gefahrenprognose nicht im Stande, so liegt keine Gefahr, sondern – allenfalls – eine mögliche Gefahr oder ein Gefahrenverdacht vor.[58] Daraus folgt, dass es zu Bissen durch einen Hund vor dem Erlass einer entsprechenden Anordnung noch nicht notwendigerweise gekommen sein muss.[59] Eine konkrete Gefahr kann deshalb nicht nur dann angenommen werden, wenn ein Hund bereits öfter und gegenüber verschiedenen Personen oder Hunden „auffällig" geworden ist.[60] Vielmehr können sich Anhaltspunkte für eine konkrete Gefahr schon aufgrund des Erscheinungsbildes eines Hundes, der bereits aufgrund seiner Erscheinung einem Durchschnittspassanten einen gewissen Respekt einflößt, und der Kraft, die das Tier entwickeln kann, ergeben.[61]

48a Vor diesem Hintergrund **differenziert** die Rechtsprechung bezüglich Anordnungen gegenüber Hundehaltern danach, ob die Anordnung „zusammenhängend bebaute Gebiete" oder Bereiche außerhalb von bewohnten Gebieten betrifft.[62] Hinsichtlich ersterer Bereiche nimmt der BayVGH[63] an, dass von großen Hunden, wenn sie auf öffentlichen Straßen, Wegen und Plätzen mit relevantem Publikumsverkehr frei umherlaufen, in der Regel eine konkrete Gefahr für Leib und Leben Dritter ausgeht,[64] die die Anordnung eines Anleingebotes[65] rechtfertigt, und zwar auch dann, wenn es vor dem Erlass der Anordnung noch nicht zu entsprechenden Beißzwischenfällen gekommen ist.[66] Es entspricht danach dem natürlichen Bewegungsdrang eines nicht an der Leine geführten Hundes, dass er sich nicht immer in der Nähe seines Halters aufhält, sondern voraus läuft oder zurückbleibt. Bei dieser Gelegenheit kommt der Hund aber auch mit anderen Hunden oder Personen in Kontakt, was sowohl bei Fehlverhalten des Hundes als auch bei Fehlverhalten von Passanten zu Gefahrensituationen führen kann. So kommt es immer wieder vor, dass Hunde auf unbeteiligte Passanten zulaufen und sie anspringen. Auch wenn ein Hund dabei durchaus friedliche Absichten hat und dadurch allein seiner Lebensfreude Ausdruck verleiht, kann das Anspringen bei größeren Hunden dazu führen, dass die betreffende Person zu Boden fällt und sich dabei erhebliche gesundheitliche Schäden zuzieht. Dies trifft insbesondere dann zu, wenn Hunde zB kleinere Kinder regelrecht umrennen. Der regelmäßig erhobene Einwand der Hundebesitzer „er will ja nur spielen" mag zwar insofern zutreffen, als der Hund das Zulaufen und Anspringen tatsächlich als Spiel ansieht, jedoch verkennen viele Hundebesitzer, welche Gefahren ein solches „Spiel" birgt, gerade wenn es sich um größere und kräftigere Hunde handelt. Eine konkrete Gefahr geht demnach von einem größeren Hund bereits dann aus, wenn er das beschriebene hundetypisch[67] freundliche und verspielte Verhalten zeigt. Erst recht kommt es zu erheb-

---

58 Vgl. zu den Gefahrbegriffen und zum Gefahrverdacht BVerwGE 116, 347 = NVwZ 2003, 95.

59 VGH München BeckRS 2012, 47037 Rn. 18 und 22; VGH München BeckRS 2013, 50693 Rn. 4 und 12; VGH München BeckRS 2014, 55873 Rn. 5; VGH München BeckRS 2015, 43088 Rn. 5.

60 S. auch VGH München BeckRS 2003, 31544.

61 VGH München BeckRS 2004, 34225 für einen Rottweiler-Rüden mit einer Schulterhöhe von 65 cm und einem Gewicht von ca. 70 kg; VGH München BayVBl. 2004, 535 = NVwZ-RR 2005, 37 für einen Bullterrier; VGH München BeckRS 2005, 25952 für eine Rottweilerhündin; VGH München KommPrax Bayern 2006, 230; s. auch VGH München NVwZ-RR 2016, 665.

62 S. etwa VGH München BeckRS 2017, 110437 Rn. 8 ff.; VGH München BeckRS 2018, 28749 Rn. 13, 14.

63 VGH München BeckRS 2018, 30636 Rn. 10 für einen Deutschen Boxer; VGH München BeckRS 2018, 28749 Rn. 18; VGH München BeckRS 2017, 110437 Rn. 5 ff.; VGH München BeckRS 2012, 47037; VGH München NVwZ-RR 2011, 193; VGH München BeckRS 2006, 33349; VGH München NVwZ-RR 2005, 35 = BayVBl. 2004, 535; vgl. auch BVerwG BeckRS 2006, 20278; VGH München NVwZ-RR 2016, 665 = BayVBl. 2017, 95.

64 Vgl. grundlegend VGH München NVwZ-RR 2011, 193.

65 S. auch VGH München NVwZ-RR 2016, 665 = BayVBl. 2017, 95, wonach ein bayernweiter Maulkorbzwang für einen „großen" Hund außerhalb im Zusammenhang bebauter Ortsteile nur dann rechtmäßig ist, wenn eine in tatsächlicher Hinsicht hinreichend abgesicherte Prognose vorliegt, dass der betreffende Hund die in Art. 18 I LStVG genannten Schutzgüter (auch) im Außenbereich konkret gefährdet. Die Zugehörigkeit zu einer bestimmten Rasse oder die bloße entfernte Möglichkeit, gelegentlich auf Spaziergänger oder Freizeitsportler zu treffen, reicht hierfür nicht aus; ebenso VGH München BayVBl. 2021, 122; s. ferner VGH München NVwZ-RR 2017, 784, wonach die Befugnisnorm für Einzelfallanordnungen in Art. 18 II LStVG bayernweite Geltung beansprucht mAnm Waldhoff JuS 2018, 93.

66 StRspr, vgl. VGH München BeckRS 2018, 28749 Rn. 13; VGH München BeckRS 2020, 2670 Rn. 4; VGH München BeckRS 2020, 14551 Rn. 5.

67 Vgl. etwa VGH München BeckRS 2018, 28749 Rn. 15 mwN.

lichen Gefahrensituationen, wenn der Hund aus welchen Gründen auch immer aggressiv agiert oder reagiert. Bei frei umherlaufenden größeren Hunden kommt es auch häufig vor, dass unerfahrene und ängstliche Personen, insbesondere Kinder oder auch ältere Menschen, allein durch das Herannahen von großen Hunden in Angstzustände versetzt werden,[68] was bereits als eine Beeinträchtigung der Gesundheit anzusehen ist. Auch wenn der einzelne Hund gutmütig und von friedlicher Wesensart ist, sehen sich diese Personen nicht selten durch den Hund bedroht und fürchten, von ihm gebissen zu werden. Da viele Menschen keine Erfahrung im Umgang mit Hunden haben und nicht einschätzen können, ob ein Hund friedlich auf sie zuläuft oder ob er sich in aggressiver Weise nähert, reagieren sie falsch. Typische Verhaltensweisen in diesen Fällen sind das unkontrollierte Ausweichen oder das Davonlaufen. Beide Reaktionen führen zu erheblichen Gefahren. Zum einen kommt es immer wieder vor, dass Passanten, insbesondere Kinder, aus Angst vor einem auf sie zulaufenden Hund ohne auf den Verkehr zu achten vom Fußweg auf die Straße ausweichen und von einem dort befindlichen Fahrzeug erfasst werden oder stolpern und sich dabei gesundheitliche Schäden zuziehen. Im schlimmsten Fall werden sie auch noch von dem heranlaufenden Hund attackiert; er sieht dann im Kind den Partner zum Spielen und Balgen, oder im schlimmsten Fall animiert ihn diese Situation zum Beißen. Für die hier beispielhaft aufgeführten Gefahrensituationen, die beim freien Umherlaufen eines großen Hundes entstehen können, spielen Rasse und Beißkraft allerdings eine untergeordnete Rolle, denn der Passant, der sich vor einem Hund ängstigt, kann die Rassen häufig nicht unterscheiden und vom äußeren Eindruck des Hundes auch nicht auf dessen Beißkraft schließen. Diese ist aber letztendlich bei einem großen und massigen Hund naturgemäß stärker als bei kleinen Hunden, wie beispielsweise einem Dackel oder einem Spaniel, oder auch generell bei Welpen. Daher kommt es bei der Frage, ob von einem Hund eine konkrete Gefahr für Dritte ausgeht, nicht entscheidend auf das Kriterium der Rasse oder der Beißkraft an. Auch wenn ein Schaden durch den Hund dadurch herbeigeführt wird, dass er durch ein „Fehlverhalten" einer anderen Person entstanden ist, sind solche Vorfälle dennoch dem Hund zuzurechnen, da die Gefahr ausschließlich von diesem ausgeht. Von einem Passanten kann kein hundegerechtes Verhalten erwartet werden, vielmehr steht der Hundehalter in der Pflicht, wenn er den Hund öffentlich ausführt.[69] Das folgt aus dem Schutzzweck des Art. 18 II BayLStVG. Vor diesem Hintergrund liegt die für ein Anleingebot erforderliche konkrete Gefahr regelmäßig dann vor, wenn große und kräftige Hunde in bewohnten Gebieten frei umher laufen.[70]

Außerhalb von bewohnten Gebieten kann nach der Rechtsprechung des BayVGH eine wie soeben beschriebene Gefahr indessen nicht ohne Weiteres angenommen werden, weil es dort gerade nicht zwangsläufig zu den die konkrete Gefahrenlage begründenden Kontakten mit anderen Menschen oder Hunden kommt bzw. kommen muss; die bloß entfernte oder abstrakte Möglichkeit, dass ein Hund außerhalb bewohnter Gebiete auf Menschen oder andere Hunde trifft und diese angreift und von seinem Halter in einer solchen Situation nicht oder nicht rechtzeitig zurückgehalten werden kann, reicht für das Erfordernis einer konkreten Gefahr im dargestellten Sinne nicht aus.[71] Hierfür bedarf es vielmehr konkreter Anhaltspunkte in der Vita des Hundes, wie zB die Beteiligung des Hundes an (Beiß-)Zwischenfällen, die zur Verletzung von anderen Hunden und einem Menschen führten.[72] **48b**

Im vorliegenden Fall geht von dem Hund Luke keine konkrete Gefahr im Sinne der oben dargestellten Grundsätze aus, die einen **Maulkorbzwang** rechtfertigen würden. Bisher ist es noch zu keinen Beißereien gekommen, in die Luke verwickelt gewesen wäre. Entsprechende Vorkommnisse werden noch nicht einmal von der Stadt Kelheim angeführt. Dass es zu solchen Zwischenfällen mit anderen Hunden oder gar mit Menschen kommt, erscheint zudem vergleichsweise unwahrscheinlich. Nach den unwidersprochenen Angaben des Bevollmächtigten des Klägers hat Luke die Begleithundeprüfung abgelegt und scheint seinem „Herrchen" zu gehorchen. Aggressivität liegt zudem nicht im Wesen eines Labrador. Der Labrador ist ein **49**

68 VGH München BeckRS 2004, 34225; VGH München BeckRS 2015, 43083 Rn. 6.
69 VGH München BeckRS 2019, 2239 Rn. 3.
70 Grundlegend VGH München NVwZ-RR 2011, 193
71 Vgl. VGH München BeckRS 2016, 45082 Rn. 20 mwN.
72 VGH München BeckRS 2018, 28749 Rn. 14; VGH München BeckRS 2017, 110437 Rn. 10.

typischer Familienhund mit einem ausgeglichenen Wesen, der zudem oftmals als Rettungshund oder als sog. Therapiehund eingesetzt wird (vgl. Gutachten des stattlichen Veterinärs in Kelheim vom 27.9.2021, das der Senat für überzeugend hält; § 108 I VwGO[73]). Auch aufgrund seiner Erscheinung verbreitet Luke weder „Angst" noch „Schrecken", womit auch unter diesem Gesichtspunkt von einer konkreten Gefahr, die einen Maulkorbzwang rechtfertigt, nicht ausgegangen werden kann. Der Hund weist zwar eine Schulterhöhe von 60 cm auf, ist aber bei einem Gewicht von ca. 35 kg vergleichsweise wenig beeindruckend im Unterschied etwa zu einem Rottweilerrüden, der bereits phänotypisch so beeindruckend ist, dass er grundsätzlich mit anderen Hunderassen von ähnlicher Schulterhöhe (zB Labrador, Golden-Retriever, Schnauzterrier, Jagdhund) nicht gleichgesetzt werden kann[74] und bei dessen Anblick, insbesondere wenn dieser Hund unangeleint auf einen Passanten zukommt, zwangsläufig zumindest ein „ungutes Gefühl" aufkommt.

49a Aber auch in Bezug auf die **Anleinanordnung** fehlt es an einer konkreten Gefahr. Zwar ist auch Luke ein großer und kräftiger Hund (Schulterhöhe 60 cm) im Sinn der oben dargestellten Rechtsprechung.[75] Vorliegend bestehen jedoch keine Anhaltspunkte dafür, dass der Labrador in bewohnten Gebieten unangeleint und damit frei herum läuft. Wie die Beteiligten übereinstimmend vorgetragen haben, lässt der Kläger den Hund nur auf freien Feldern, vorzugsweise im Bereich des Kelheimer Hochwaldes unangeleint laufen, nicht aber in bewohnten Gebieten der Beklagten. Damit kann zur Begründung einer konkreten Gefahr nicht auf die oben dargestellte Rechtsprechung zurückgegriffen werden, zumal der „Publikumsverkehr" in Feld und Flur in keiner Weise vergleichbar ist mit dem in bewohnten Gebieten. Daher bedürfte es konkreter Anhaltspunkte, weshalb von dem Hund Luke eine konkrete Gefahr ausgehen soll, wenn er im freien Gelände unangeleint herum läuft. Solche Umstände sind aber weder vorgetragen noch sonst ersichtlich. Das gilt umso mehr, als kein Grund dafür erkennbar ist, warum der Kläger hier nicht auch eine über 3 Meter lange Flexileine verwenden soll dürfen.

49b Fehlt es aber an einer konkreten Gefahr, dann ist auch der Tatbestand des Art. 18 II BayLStVG nicht erfüllt.

50 Ungeachtet vorstehender Ausführungen ist die Anordnung unter Nr. 1 aber auch deshalb rechtswidrig ist, weil es sich bei Art. 18 II BayLStVG um eine **Ermessensnorm** handelt, die Stadt Kelheim aber diesbezüglich keinerlei Ermessen ausgeübt hat und dieses auch nicht mit heilender Wirkung nachgeholt werden kann, denn § 114 S. 2 VwGO ermöglicht nur die Ergänzung von Ermessensentscheidungen, nicht aber deren erstmalige Begründung.[76] Von einem Fall der Ermessensreduzierung auf null kann zudem aufgrund der konkreten Umstände des vorliegenden Falles nicht ausgegangen werden.

50a In besonderer Weise ermessensfehlerhaft ist zudem die Anordnung des Maulkorbzwanges. Insofern hat die Beklagte den allgemeinen Gleichheitssatz des Art. 3 I GG dadurch verletzt, dass sie den klägerischen Hund im Vergleich zu anderen großen Hunden anders behandelt, obwohl zwischen beiden Gruppen keine Unterschiede von solcher Art und solchem Gewicht bestehen, dass sie die Ungleichbehandlung sachlich rechtfertigen könnten.[77] Wie die Beklagte selbst eingeräumt hat, entspricht es ihrer Verwaltungspraxis, einen Maulkorbzwang nur dann anzuordnen, wenn es zu entsprechenden „Zwischenfällen" (Beißereien etc.) mit dem Hund gekommen ist. An einem solchen „Zwischenfall" fehlt es jedoch vorliegend. Wie der Bürgermeister der Beklagten selbst erklärt hat, sollte gegenüber dem Kläger, weil er die Anleinver-

73 S. aber VGH München BeckRS 2018, 2295, wonach es bei einer durch einen Beißvorfall zutage getretenen extremen Gefährlichkeit von Hunden für die Frage, ob von ihnen eine Gefahr ausgeht, nicht auf die Einschätzung eines vom Halter in Auftrag gegebenen Privatgutachtens zur Frage der Wesenseigenschaft seiner Hunde ankommt.

74 VGH München BeckRS 2004, 34225.

75 Vgl. VGH München BeckRS 2011, 30473 – für einen Labrador.

76 StRspr: BVerwG NJW 1999, 2912; BVerwGE 106, 351 (365) = BeckRS 1998, 30013151; BVerwGE 107, 164 (169); 121, 297 = NVwZ 2005, 220; BVerwG NVwZ 2007, 470; NVwZ-RR 2009, 604 (606); 2010, 550 = BayVBl. 2010, 672 = SächsVBl. 2010, 191; BVerwG BauR 2013, 78; Schoch/Schneider/Gerhardt VwGO § 114 Rn. 12e; BeckOK VwGO/Decker VwGO § 114 Rn. 41; Schenke NJW 1997, 81 (88 f.); Redeker NVwZ 1997, 625; Löhnig JA 1998, 700.

77 S. zur Selbstbindung der Verwaltung nach Art. 3 I GG etwa Kluckert JuS 2019, 536.

ordnung beharrlich ignorierte, vielmehr ein Exempel statuiert werden. Das ist willkürlich und mit Art. 3 I GG, der im Rahmen der Ermessensausübung zu beachten ist, nicht vereinbar.

(3) Die Anordnung unter Nr. 1 wird auch nicht von Art. 7 II Nr. 1 BayLStVG getragen.

Nach Art. 7 II Nr. 1 BayLStVG können Verwaltungsakte erlassen werden, um rechtswidrige Taten, also ein Tun oder Unterlassen, die den Tatbestand eines Strafgesetzes oder einer Ordnungswidrigkeit verwirklichen, zu verhüten oder zu unterbinden. Die Vorschrift ermöglicht ein Handeln der Sicherheitsbehörde also grundsätzlich nur dann, wenn ein Strafgesetz oder ein Gesetz, das eine Handlung als Ordnungswidrigkeit qualifiziert, einschlägig ist. Eine rechtswidrige Tat ist eine solche, die den Tatbestand eines Strafgesetzes oder einer Ordnungswidrigkeit erfüllt und für deren Begehung keine Rechtfertigungsgründe (zB Notwehr nach § 32 StGB) vorliegen. Auf ein etwaiges Verschulden kommt es dabei genauso wenig an, wie auf das Fehlen etwaiger Schuld- oder Strafausschließungsgründe.[78] **51**

Im vorliegenden Fall hat L weder den Tatbestand eines Strafgesetzes (hierfür fehlen jegliche Anhaltspunkte) noch den einer Ordnungswidrigkeit erfüllt. Bezüglich letzterer fehlt es an einer entsprechenden Ahndungsnorm in der Hundehaltungsverordnung. Zwar sieht Art. 18 III BayLStVG die Möglichkeit der Verhängung einer Geldbuße im Falle der Zuwiderhandlung gegen eine Verordnung nach Art. 18 I BayLStVG vor.[79] Bei Art. 18 III BayLStVG handelt es sich aber um eine sog. unselbstständige Ahndungsnorm, auf die gem. Art. 4 I BayLStVG in einer aufgrund des Art. 18 I BayLStVG erlassenen Verordnung verwiesen werden muss, um die darin enthaltenen Gebote und Verbote wirksam zu bewehren.[80] Mit anderen Worten, die Gemeinde muss die Ahndbarkeit des nach der Verordnung verbotenen Verhaltens in der Verordnung selbst – unter Hinweis auf Art. 18 III BayLStVG – festlegen. Fehlt es an einer solchen Ahndungsnorm, wie bei der Hundehaltungsverordnung der Stadt Kelheim, liegt bei Verstößen gegen die entsprechende Verordnung keine Ordnungswidrigkeit vor, womit auch ein Einschreiten nach Art. 7 II Nr. 1 BayLStVG ausscheidet. **52**

(4) Letztlich trägt auch Art. 7 II Nr. 3 BayLStVG die Anordnung Nr. 1 im Bescheid vom 5.2.2021 nicht.

Nach Art. 7 II Nr. 3 BayLStVG können die Sicherheitsbehörden zur Abwehr von Gefahren oder zur Beseitigung von Störungen, die Leben, Gesundheit oder Freiheit von Menschen oder Sachwerten, deren Erhaltung im öffentlichen Interesse geboten erscheint, bedrohen oder verletzten, die erforderlichen Einzelfallanordnungen erlassen. Zu beachten ist in diesem Zusammenhang, dass Art. 7 II Nr. 3 BayLStVG subsidiär ist, dh nicht zur Anwendung kommt, sofern sich aus dem BayLStVG oder aus anderen Rechtsvorschriften eine entsprechende Befugnis ergibt (vgl. Einleitungssatz des Art. 7 II BayLStVG), selbst wenn die Voraussetzungen einer solchen Befugnisnorm nicht vorliegen. **53**

Entsprechend diesen Grundsätzen wird vorliegend Art. 7 II Nr. 3 BayLStVG zumindest von Art. 18 II BayLStVG, der spezielle Befugnisse zum Einschreiten gegen Hunde enthält, verdrängt.[81] Nur der Vollständigkeit halber wird darauf hingewiesen, dass auch Art. 7 II Nr. 3 BayLStVG eine konkrete Gefahr für in der Norm bezeichnete Schutzgüter erfordert, eine konkrete Gefahr (s. oben) aber von dem Hund Luke nicht ausgeht. Zudem eröffnet Art. 7 II Nr. 3 BayLStVG der Gemeinde ein Ermessen, das diese – s. oben –nicht ausgeübt hat.[82] **54**

cc) Damit ist die Anordnung unter Nr. 1 sowohl hinsichtlich der Anleinanordnung als auch in Bezug auf den Maulkorbzwang rechtswidrig und verletzt den L in seinen Rechten (Art. 2 I GG). **55**

78 VGH München BeckRS 2017, 104012 Rn. 9.

79 Vgl. etwa VGH München BeckRS 2008, 27618 Rn. 18.

80 BayObLG BayVBl. 1990, 158.

81 Dagegen wäre Art. 7 II Nr. 3 LStVG die richtige Befugnisnorm, wenn es um ein Hundehaltungs-, -wiederinbesitznahme oder -betreuungsverbot ginge; vgl. VGH München BeckRS 2018, 2295 Rn. 13; VGH München BeckRS 2016, 40756 Rn. 26; ferner zu den Anforderungen an ein umfassendes Hundehaltungsverbot VGH München BeckRS 2015, 43087 Rn. 8; VGH München BeckRS 2014, 48658 Rn. 4; VGH München BeckRS 2011, 34049 Rn. 13.

82 Womit es keiner Entscheidung bedarf, ob eine Ermessensausübung im Rahmen von Art. 18 II BayLStVG auch eine Anordnung nach Art. 7 II Nr. 3 BayLStVG trägt; dafür: Bengl/Berner/Emmerig/Neumüller BayLStVG Art. 18 Rn. 49; offen gelassen in VGH München BeckRS 2009, 42944.

c) Der Bescheid der Stadt Kelheim vom 5.2.2021 ist auch in **Nr. 2** rechtswidrig und verletzt den Kläger in seinen Rechten (§ 113 I 1 VwGO).

56 Die Zwangsgeldandrohung ist zwar formell ordnungsgemäß ergangen, insbesondere musste der Kläger nicht vor deren Erlass angehört werden (vgl. Art. 28 II Nr. 5 BayVwVfG). Auch war die Beklagte gem. Art. 30 I iVm Art. 20 Nr. 1 BayVwZVG zuständig.

57 Die Zwangsgeldandrohung ist jedoch unter mehreren Gesichtspunkten materiell rechtswidrig.

57a **aa)** Die Androhung eines Zwangsgeldes in Ziff. 2 des Bescheids bildet gegenüber der zu vollstreckenden Grundverfügung zwar einen selbstständigen Streitgegenstand. Sie ist jedoch insoweit akzessorisch, als mit der (gerichtlichen) Aufhebung des Grundverwaltungsakts dessen Wirksamkeit als die Grundvoraussetzung jeglicher Maßnahmen der Verwaltungsvollstreckung entfällt.[83] Hat der Grundverwaltungsakt – wie hier – als Grundlage einer Vollstreckungsmaßnahme keinen Bestand, gilt gleiches für die Zwangsgeldandrohung.

58 **bb)** Voraussetzung für die Vollstreckung von Verwaltungsakten nach dem BayVwZVG ist zunächst, dass diese unanfechtbar (Art. 19 I Nr. 1 BayVwZVG) oder jedenfalls (sofort) vollziehbar sind (Art. 19 I Nr. 2 und Nr. 3 BayVwZVG). Nach hM[84] müssen die Voraussetzungen des Art. 19 I BayVwZVG zwar nicht bei der Androhung des Zwangsmittels vorliegen, aber jedenfalls in dem Zeitpunkt, in dem ein angedrohtes Zwangsmittel angewendet werden soll. Die Zwangsgeldandrohung ist daher nur dann rechtmäßig, wenn der in der Anordnung Verpflichtete zu dem Zeitpunkt, zu dem er der Anordnung nachzukommen hat, auch rechtlich dazu in der Lage ist. Infolgedessen sind Fristsetzung und Zwangsmittelandrohung rechtswidrig, wenn im Zeitpunkt des Ablaufs der Frist des Art. 36 I 2 BayVwZVG nicht sichergestellt ist, dass der Verwaltungsakt zwangsweise durchgesetzt werden kann, zB weil sein Vollzug aufgrund einer Klage suspendiert ist.[85]

59 Vorliegend soll ab der Bekanntgabe bei Zuwiderhandlungen gegen Nr. 1 des Bescheids ein Zwangsgeld fällig werden. Da die Nr. 1 des Bescheids vom 5.2.2021 aber weder für sofort vollziehbar erklärt wurde noch kraft Gesetzes ab Bekanntgabe (§ 80b I VwGO greift erst ein, wenn die Anfechtungsklage im ersten Rechtszug abgewiesen wurde und eine Frist von drei Monaten nach Ablauf der gesetzlichen Begründungsfrist des gegen die abweisende Entscheidung gegebenen Rechtsmittels verstrichen ist) sofort vollziehbar ist, womit der vorliegenden Anfechtungsklage gem. § 80 I 1 VwGO aufschiebende Wirkung zukommt, kann Nr. 1 des Bescheids vom 5.2.2021 ab seiner Bekanntgabe nicht zwangsweise durchgesetzt werden. Damit ist die Zwangsmittelandrohung auch aus diesem Grund rechtswidrig.

60 **cc)** Das Zwangsgeld (Art. 29 I, II Nr. 1, 31 BayVwZVG) ist zwar gem. Art. 36 I 1 und S. 2 BayVwZVG ordnungsgemäß angedroht worden. Die Formulierung „wird fällig" ist dabei ausreichend, da sie auf die Folgen der nicht fristgerechten Erfüllung der in Ziff. 1 des Bescheids genannten Verpflichtung hinweist (Art. 31 III 2 BayVwZVG). Die Androhung bezieht sich auch auf ein bestimmtes Zwangsmittel (Zwangsgeld) und ist der Höhe nach angemessen. Sie verstößt aber gegen Art. 36 VI 2 BayVwZVG, weil hier die Androhung neuer Zwangsmittel zu einem Zeitpunkt erfolgt, zu dem das erste Zwangsgeld noch gar nicht verwirkt ist (wegen der Formulierung: „für jeden Fall der Zuwiderhandlung").[86]

61 Damit ist die Zwangsmittelandrohung ebenfalls rechtswidrig und verletzt den L in seinen Rechten (Art. 2 I GG).

62 **c)** Der Bescheid der Stadt Kelheim vom 5.2.2021 ist letztlich in Nr. 4 rechtswidrig und verletzt den Kläger in seinen Rechten (§ 113 I 1 VwGO analog), weil gem. Art. 16 V BayKG Kosten grundsätzlich nur für rechtmäßiges Handeln erhoben werden können.[87]

4. Die Kostenentscheidung folgt für beide Instanzen aus § 154 I VwGO.

83 Vgl. BVerwG Buchholz 345 § 6 VwVG Nr. 1 Rn. 12; BVerwG NVwZ-RR 2015, 566 Rn. 28.
84 VGH München BayVBl. 1977, 403; 1978, 54.
85 Simon/Busse/Decker BayBO Art. 76 Rn. 378.
86 VGH München BayVBl. 1987, 563; VGH München BeckRS 2016, 46951 Rn. 2 und 31; OVG Lüneburg AuR 2016, 227; VG Düsseldorf BeckRS 2016, 49083; s. auch BVerwG NVwZ 1998, 393.
87 S. ausführlich zum Problem in Klausur Nr. 3.

Die Entscheidung über die vorläufige Vollstreckbarkeit ergibt sich aus § 167 VwGO iVm §§ 708 ff. ZPO. **63**

Die Revision war nicht zuzulassen, da die Voraussetzungen hierfür nicht vorliegen (§ 132 II VwGO). **64**

Rechtsmittelbelehrung: **65**
(erlassen)[88]

Unterschrift Unterschrift Unterschrift

Streitwertbeschluss:
(erlassen)

IV. Hilfsgutachten:

1. Formell-rechtliche Wirksamkeit der Hundehaltungsverordnung

Die Verordnung ist formell rechtlich aus mehreren Gründen nicht wirksam. **66**

a) Es fehlt bereits an einem ordnungsgemäßen Beschluss des Stadtrats der Antragsgegnerin.

Gemeindliche Verordnungen sind vom Gemeinde- bzw. Stadtrat zu beschließen (Art. 42 I 1 BayLStVG). Der Gemeinderat beschließt in Sitzungen (Art. 47 I BayGO). Er ist beschlussfähig, wenn sämtliche Mitglieder ordnungsgemäß geladen sind und die Mehrheit der Mitglieder anwesend und stimmberechtigt ist (Art. 47 II BayGO). **67**

Unter diesen Voraussetzungen ergeben sich vorliegend zwei Probleme:
1. Die Nichtladung des Gemeinderatsmitgliedes Erb-Lasser;
2. Der Ausschluss des Frisch.

aa) Die Nichtladung des Erb-Lasser führt nicht zur Unwirksamkeit des Beschlusses vom 17.12.2020.

Gemäß Art. 47 II BayGO ist jedes Gemeinderatsmitglied zu den Gemeinderatssitzungen zu laden. Das gilt unabhängig davon, ob zu erwarten steht, dass das Gemeinderatsmitglied zur Sitzung erscheinen kann oder nicht, zB infolge Krankheit oder Urlaubs etc.[89] Die Nichtladung eines Gemeinderatsmitgliedes führt zur Beschlussunfähigkeit des Gemeinderates. Etwas anderes gilt nur dann, wenn das nicht geladene Gemeinderatsmitglied zur Sitzung erscheint und den Ladungsmangel nicht rügt.[90] Das war vorliegend jedoch nicht der Fall, da Erb-Lasser vor der Sitzung verstorben war. **68**

Verstirbt ein Gemeinderatsmitglied, so endet sein Mandat. In diesem Fall weicht die Ist- von der Soll-Stärke des Gemeinderates ab und zwar solange bis die listennachfolgende Person im Amt ist (vgl. Art. 37 GLkrWG).[91] Die listennachrückende Person ist dabei erst dann zu Gemeinderatssitzungen zu laden, wenn sie den Status eines Gemeinderatsmitgliedes erhalten hat, was gem. Art. 33 V BayGO ihre Berufung und die Vereidigung in feierlicher Form in öffentlicher Sitzung des Gemeinderates voraussetzt. **69**

Im vorliegenden Fall war Erb-Lasser zwar nicht zur Sitzung geladen worden (weil er sehr schwer an Corona erkrankt war). Er verstarb aber am 15.12.2020, mithin vor der Sitzung am 17.12.2020. Da ein Listennachfolger (Werner Weigert) für Erb-Lasser noch nicht in den Gemeinderat nachgerückt war, lag die Ist-Stärke des Gemeinderats am 17.12.2020 um einen Gemeinderat unter der Soll-Stärke gem. Art. 31 II BayGO. Dementsprechend ist der Ladungsfehler vor dem Hintergrund des Art. 47 II BayGO unbeachtlich geworden, weil nunmehr alle (amtierenden) Gemeinderatsmitglieder ordnungsgemäß geladen waren. **70**

88 S. hierzu etwa Waldvogel/Schmidt JA 2021, 233 (235 ff.).
89 Vgl. Huber/Wollenschläger LandesR Bayern § 3 Rn. 131.
90 VGH München BayVBl. 2015, 85; BayVBl. 1988, 83 mwN.
91 Vgl. Huber/Wollenschläger LandesR Bayern § 3 Rn. 131.

bb) Der Ausschluss des Frisch erfolgte zu Unrecht; dieser Fehler führt zur Unwirksamkeit des Beschlusses vom 17.12.2020.

71 Nach Art. 49 I BayGO kann ein Gemeinde-/Stadtratsmitglied nicht an Beratung und Abstimmung teilnehmen, wenn der Beschluss unter anderem ihm selbst, seinem Ehegatten, einem Verwandten oder Verschwägerten bis zum dritten Grad einen unmittelbaren Vorteil oder Nachteil bringen kann. Die Regelung trägt dem Umstand Rechnung, dass auf kommunaler Ebene ein Spannungsverhältnis besteht zwischen der durch die Selbstverwaltung gerade gewollten Nähe zu den zu entscheidenden Fragen und der Distanz der Entscheidungsfindung.[92] Der Vor- oder Nachteil kann wirtschaftlicher, ideeller oder auch persönlicher Art sein,[93] sofern er jedenfalls unmittelbar ist. Das bedeutet zum einen, dass zwischen dem Gemeinderatsbeschluss und dem Vorteil/Nachteil eine adäquate Kausalität bestehen muss.[94] Der Vor- oder Nachteil muss sich aus dem Gemeinderatsbeschluss selbst, aus seinem Vollzug oder aus einem durch den Beschluss in Gang gesetzten Verfahren ergeben.[95] Zum anderen muss es sich um ein individuelles Sonderinteresse[96] handeln und nicht etwa nur um das Interesse einer Berufsgruppe. Letzteres, das sog. Gruppeninteresse, ist dann gegeben, wenn nicht nur über Einzelinteressen der betroffenen Mitglieder entschieden wird, sondern wenn diese lediglich als Angehörige einer ganzen Berufs- oder Bevölkerungsgruppe beteiligt sind, deren gemeinsame Belange durch die Angelegenheit berührt werden. Dementsprechend soll Art. 49 BayGO auf den Erlass von Verordnungen wegen ihres generell-abstrakten Regelungscharakters im Regelfall keine Anwendung finden.[97] Ob diese Voraussetzungen vorliegen, entscheidet der Gemeinderat durch Beschluss (Art. 49 III BayGO).

72 Nimmt der Gemeinderat zu Unrecht eine persönliche Beteiligung eines seiner Mitglieder an, und schließt dieses daher zu Unrecht von der Beratung und der Abstimmung aus, so ist der in der Sache gefasste Beschluss rechtsunwirksam infolge Beschlussunfähigkeit des Gemeinderates. Das gilt unabhängig von der Frage, ob die Stimme des Ausgeschlossenen iSv Art. 49 IV BayGO sich auf das Abstimmungsergebnis ausgewirkt hätte oder nicht, denn Art. 49 IV BayGO regelt nur den umgekehrten Fall (Nichtausschluss eines befangenen Gemeinderatsmitgliedes) und ist auf den Fall des zu Unrecht ausgeschlossenen Gemeinderatsmitgliedes nicht entsprechend anwendbar.[98] Das folgt daraus, dass es sich bei Art. 49 IV BayGO um eine eng auszulegende Ausnahmevorschrift handelt und ansonsten der Gemeinderat ohne die größere Gefahr einer Sanktion missliebige Gemeinderatsmitglieder von Beratung und Abstimmung ausschließen könnte.[99]

73 Im vorliegenden Fall ergibt sich damit, dass der Beschluss vom 17.12.2020 rechtsunwirksam ist, weil der Stadtrat der Antragsgegnerin den Frisch zu Unrecht ausgeschlossen hat. Frisch war nicht persönlich beteiligt iSv Art. 49 I BayGO.

74 Beratungsgegenstand war der Erlass einer Hundehaltungsverordnung. Hierbei handelt es sich um ein materielles Gesetz, welches alle Hundehalter im Gemeindegebiet betrifft. Deshalb wäre Art. 49 I BayGO nicht anzuwenden gewesen, denn der Erlass einer solchen Verordnung ver-

92 Vgl. Röhl JURA 2006, 725 (726); Waldhoff JA 2014, 1150 (1151).
93 Vgl. Widtmann/Grasser/Glaser BayGemeindeO Art. 49 Rn. 11, 13.
94 VGH München VGH nF 19, 80 (86).
95 VGH München BayVBl. 1960, 21; VGH München BeckRS 2013, 57754 Rn. 10; BBEK BayKommG BayGO Art. 49 Rn. 11.
96 Borchmann NVwZ 1982, 177; von Arnim JA 1986, 1 (3); Waldhoff JA 2014, 1150 (1151); s. auch OVG Koblenz UPR 2017, 116 (117).
97 VGH München VGH nF 39, 59 (61), allerdings ohne nähere Begründung; VGH Kassel NVwZ 1982, 44 = DÖV 1982, 904; von Arnim JA 1986, 1 (4); BBEK BayKommG BayGO Art. 49 Rn. 7; **anders nach ganz hM aber für den Erlass von Bebauungsplänen**; hier besteht ein Mitwirkungsverbot für Grundstückseigentümer, da der Bebauungsplan grundstücksbezogene Sonderregelungen enthält; vgl. etwa VGH München BeckRS 2001, 24946; VGH Mannheim Rspr.Dienst 1996, Beilage 10, B 6-7; VGH Mannheim Rspr.Dienst 1997, Beilage 2, B 5-6; OVG Münster NVwZ-RR 1996, 220; VGH Mannheim NVwZ-RR 1995, 154; VGH Kassel NVwZ-RR 1993, 156; OVG Münster DÖV 1989, 27 = NVwZ-RR 1988, 113; OVG Koblenz NVwZ-RR 1988, 114; VGH Mannheim NVwZ 1987, 1103; OVG Koblenz DÖV 1986, 981 = NVwZ 1986, 1048; s. auch BVerwGE 79, 200 = NVwZ 1988, 916.
98 Vgl. auch Schmitz AL 2015, 61 (63) zum ähnlichen § 31 VI GO NRW.
99 VGH München BayVBl. 1976, 753; von Arnim JA 1986, 1 (6).

mittelt keinen individuellen Sondernachteil, sondern allenfalls einen Gruppennachteil.[100] Das gilt auch in Bezug auf Personen, die ein besonderes Verhältnis zu Hunden haben, zB weil sie – wie Frisch – Vorsitzende von Hundevereinen sind oder mehrere Hunde besitzen. Damit hätte Frisch nicht ausgeschlossen werden dürfen. Da der Stadtrat der Beklagten den Frisch gleichwohl durch Beschluss von der weiteren Beratung und Abstimmung ausschloss, war der Stadtrat bei der anschließenden Beratung und Beschlussfassung über die Verordnung nicht ordnungsgemäß besetzt iSv Art. 49 I, 47 II BayGO und damit beschlussunfähig; der in der Sache gefasste Beschluss ist damit ungültig.[101] Nach dem soeben Ausgeführten kommt es dabei nicht darauf an, dass die Stimme des Frisch auf das Abstimmungsergebnis ohne Einfluss gewesen wäre, weil der Verordnungsbeschluss einstimmig gefasst wurde. Folglich ist die angegriffene Verordnung der Antragsgegnerin unwirksam, weil es an dem hierfür erforderlichen wirksamen Stadtratsbeschluss fehlt.

b) Die Hundehaltungsverordnung der Antragsgegnerin bedarf aber weder der Genehmigung noch der Anzeige, da Art. 47 BayLStVG aufgehoben worden ist. Damit konnte die Hundehaltungsverordnung vom Bürgermeister am 17.12.2020 ausgefertigt werden. 75

c) Darüber hinaus ist die Verordnung der Beklagten auch deshalb nicht wirksam, weil sie nicht ordnungsgemäß bekanntgemacht worden ist (s. hierzu die Ausführungen im Urteil). 76

d) Die Inkrafttretensregelung ist nicht zu beanstanden.

Nach Art. 50 I 1 BayLStVG treten bewehrte Verordnungen eine Woche nach ihrer Bekanntmachung in Kraft. In der Verordnung kann ein anderer Zeitpunkt bestimmt werden.[102] Bewehrt ist eine Verordnung dann, wenn sie eine Bußgeldregelung enthält. Für nicht bewehrte Verordnungen gilt diese Regelung nicht. 77

Vorliegend handelt es sich um eine nicht bewehrte Verordnung, weil diese keinen Bußgeldtatbestand enthält. Damit konnte sie zum 1.1.2021 in Kraft gesetzt werden. 78

2. Materielle Wirksamkeit der Hundehaltungsverordnung

Die Hundehaltungsverordnung ist auch materiell fehlerhaft, denn sie wird von der Ermächtigungsnorm nicht gedeckt.

Gemäß Art. 18 I BayLStVG[103] können die Gemeinden zur Verhütung von Gefahren für Leben, Gesundheit, Eigentum oder die öffentliche Reinlichkeit durch Verordnung das freie Umherlaufen von großen Hunden und Kampfhunden im Sinne des Art. 37 I 2 BayLStVG[104] in öffentlichen Anlagen sowie auf öffentlichen Wegen, Straßen oder Plätzen einschränken. Der räumliche und zeitliche Geltungsbereich der Verordnung ist auf die örtlichen Verhältnisse abzustimmen, wobei auch dem Bewegungsbedürfnis der Hunde ausreichend Rechnung zu tragen ist (Art. 18 I 2 BayLStVG). 79

Verordnungen, die eine Anleinpflicht vorsehen, dienen unter anderem dem präventiven Schutz von Personen und Tieren, die sich in der Öffentlichkeit bewegen; sie sollen als sicherheitsrechtliche Verordnungen **abstrakte Gefahren**[105] verhindern, die dadurch entstehen, dass Hunde Menschen oder Tiere angreifen, anspringen oder sich sonst gefährdend verhalten. Derartige Beschränkungen verstoßen nicht gegen den Verhältnismäßigkeitsgrundsatz. Die Festlegung des Umfangs ist im Einzelfall Sache der die Verordnung erlassenden Gemeinde. 80

100 Huber/Wollenschläger LandesR Bayern § 3 Rn. 141.
101 Huber/Wollenschläger LandesR Bayern § 3 Rn. 143.
102 Zur grundsätzlichen Möglichkeit eine Verordnung rückwirkend in Kraft zu setzen, s. etwa VGH München NVwZ 1995, 1242.
103 Zur Verfassungsmäßigkeit des Art. 18 I BayLStVG am Maßstab der Grundrechte der Bayerischen Verfassung s. VerfGH Bayern BayVBl. 1995, 76 (109); VerfGH Bayern BeckRS 2019, 12467 Rn. 25 = BayVBl. 2020, 334; ferner VGH München BayVBl. 2021, 751 Rn. 42 mwN.
104 Zur Verfassungsmäßigkeit des Art. 37 I BayLStVG und des § 1 I der bayer. KampfhundeVO s. VGH München BeckRS 2019, 7296.
105 VerfGH Bayern BeckRS 2019, 12467 Rn. 29 = BayVBl. 2020, 334; VGH München NVwZ-RR 2017, 784 mAnm Waldhoff JuS 2018, 93; zum Begriff der abstrakten Gefahr s. in Klausur Nr. 3 sowie BVerwGE 116, 347 (351 f.) = BeckRS 2002, 23999.

81 Mit ihrer Hundehaltungsverordnung vom 28.12.2020 und der darin normierten generellen Anleinpflicht für Hunde im gesamten Gemeindegebiet bewegt sich die Stadt Kelheim als Verordnungsgeberin nicht mehr im Rahmen der gesetzlichen Ermächtigung, denn sie hat den Ermächtigungsrahmen unter dem Gesichtspunkt des räumlichen und zeitlichen Geltungsbereichs nicht eingehalten und damit den Grundsatz der Verhältnismäßigkeit bzw. des Übermaßverbots verletzt. Das ergibt sich aus Folgendem:

82 **a)** Schutzzweck für den Erlass einer Verordnung aufgrund Art. 18 I 1 BayLStVG muss die Verhütung von (abstrakten) Gefahren für Leben, Gesundheit, Eigentum oder die öffentliche Reinlichkeit sein. Gegenstand der Verordnung können große Hunde sein. Als große Hunde gelten, die an Höhe und Länge das durchschnittliche übliche Maß von Hunden überragen, die als Haustiere gehalten werden. Auf eine Schulterhöhe von 50 cm abzustellen, wie dies hier die Stadt in § 1 I der Hundehaltungsverordnung getan hat, erscheint grundsätzlich nicht unangemessen.[106]

83 Der Schutzzweck der Verordnung der Stadt Kelheim wurde bei deren Erlass berücksichtigt. Hintergrund war den (abstrakten) Gefahren vorzubeugen, die von frei umherlaufenden Hunden für Passanten und auch andere Hunde bzw. Tiere ausgehen können. Art. 18 I LStVG ermächtigt dabei auch zum Erlass näherer Regelungen hinsichtlich der Eigenschaften der zu verwendenden Hundeleinen, denn hierdurch wird letztlich nur eine notwendige Einzelheit der Anleinpflicht konkretisiert.[107] Dem entsprechend ist eine Regelungen, wie sie hier in § 2 Nr. 2 der VO getroffen wurde, im Rahmen einer auf Art. 18 II LStVG gestützten Verordnung grundsätzlich möglich.

b) Die Voraussetzungen des Art. 18 I BayLStVG liegen aber nicht vor.

84 **aa)** Eine sicherheitsrechtliche, die Handlungsfreiheit einschränkende Verordnung auf der Grundlage des Art. 18 I 1 BayLStVG setzt zunächst eine Gefahr für die öffentliche Sicherheit und Ordnung voraus. Entsprechend ihrem Charakter als abstrakte Rechtsvorschrift **genügen** dabei **abstrakte Gefahren.**[108] Eine abstrakte Gefahr ist dann gegeben, wenn bei bestimmten Arten von Verhaltensweisen oder Zuständen nach allgemeiner Lebenserfahrung oder fachlichen Erkenntnissen mit hinreichender Wahrscheinlichkeit ein Schaden für die (polizeilichen) Schutzgüter im Einzelfall einzutreten pflegt[109] und daher Anlass besteht, diese Gefahr mit generell-abstrakten Mitteln, also einem Rechtssatz zu bekämpfen; das hat zur Folge, dass auf den Nachweis der Gefahr eines Schadenseintritts im Einzelfall – also einer konkreten Gefahr – verzichtet werden kann.[110] Die Feststellung einer abstrakten Gefahr verlangt aber eine in tatsächlicher Hinsicht genügend abgesicherte Prognose: Es müssen – bei abstrakt-genereller Betrachtung – hinreichende Anhaltspunkte vorhanden sein, die den Schluss auf den drohenden Eintritt von Schäden rechtfertigen.[111] Geht es um den Schutz besonders hochwertiger Rechtsgüter, wie etwa Leben und Gesundheit von Menschen, so kann auch die entferntere Möglichkeit eines Schadenseintritts zum Erlass einer sicherheitsrechtlichen Verordnung ausreichen.[112]

85 Die Rechtsprechung nahezu aller Obergerichte[113] geht davon aus, dass von unangeleinten Hunden aufgrund der Unberechenbarkeit ihres Verhaltens Gefahren für Menschen an Leib

106 VGH München BayVBl. 2021, 751 Rn. 51 mit Verweis auf Nr. 18.1 der Vollzugsbekanntmachung zum LStVG; ferner VGH München BeckRS 2001, 25333 Rn. 24.

107 VGH München BayVBl. 2021, 751 Rn. 53; OVG Weimar BeckRS 2008, 30279 Rn. 77.

108 S. zum Problem auch BVerwGE 116, 347 = BeckRS 2002, 23999, wonach ein bloßer Gefahrenverdacht (hier: rassebezogene Gefährlichkeitsvermutung) kein Einschreiten in der Form einer Rechtsverordnung rechtfertigt; ferner VGH Kassel NVwZ-RR 2002, 651; Caliskan LKV 2008, 501.

109 VGH München BayVBl. 2021, 751 Rn. 44.

110 BVerwG Buchholz 418.9 TierSchG Nr. 10; OVG Münster BeckRS 2015, 51532 Rn. 56.

111 BVerwGE 116, 347 = NVwZ 2003, 95; BVerwG LKV 2013, 464.

112 BVerwGE 45, 51 (61) = NJW 1974, 807; BVerwGE 47, 31 (40) = NJW 1975, 130; BVerwGE 57, 61 (65 f.) = NJW 1979, 506; VerfGH Bayern BeckRS 2019, 12467 Rn. 25 = BayVBl. 2020, 334.

113 VGH München BeckRS 2001, 25333; VGH München BayVBl. 2021, 751 Rn. 45 mwN; OVG Berlin LKV 1993, 169; OVG Brandenburg NVwZ 2001, 223; OVG Brandenburg BeckRS 2002, 17861; OVG Berlin-Brandenburg BeckRS 2010, 52668, nachgehend BVerwG BeckRS 2011, 49137; VGH Mannheim VBlBW 2008, 134; DVBl 1989, 1007; OVG Münster BeckRS 2008, 40045; VGH Kassel NVwZ-RR 1995, 687; OVG Koblenz DÖV 2007, 82; OVG Weimar ThürVBl 2008, 34, nachfolgend BVerwG Buchholz 402.41 Allgemeines Polizeirecht Nr. 85; OVG Schleswig NVwZ 2001, 1300; ferner OLG Karlsruhe BeckRS 2013, 00657 Rn. 20; **aA** soweit ersichtlich nur OVG Lüneburg NdsVBl 2005, 130.

und Leben sowie für andere Hunde ausgehen können, die geeignet sind, die allgemeine Anordnung eines Leinenzwangs zu rechtfertigen. Dabei bedarf es auch insofern keines Nachweises einer entsprechenden Gefahrenlage durch statistische Zahlen oder gar verlässlich dokumentierte Vorfälle mit unangeleinten Hunden im Geltungsbereich der Verordnungen, denn schon die allgemeine Lebenserfahrung belegt aufgrund der (potentiellen) Konfliktträchtigkeit einer Begegnung von Hunden und Menschen die erforderliche abstrakt-generelle Gefahrenlage.[114] Dementsprechend ist davon auszugehen, dass vorliegend die für den Verordnungserlass erforderliche abstrakte Gefahr gegeben ist.

bb) Jedoch wurde Art. 18 I 2 BayLStVG nicht beachtet. Diese Norm sieht vor, dass der räumliche und zeitliche Geltungsbereich der Verordnung auf die örtlichen Verhältnisse abzustimmen ist, wobei auch dem Bewegungsbedürfnis der Hunde ausreichend Rechnung zu tragen ist. Die Hundehaltungsverordnung der Stadt Kelheim sieht weder im räumlichen noch im zeitlichen Geltungsbereich eine Differenzierung vor, sondern schreibt generell für alle öffentlichen Straßen, Wege und Plätze sowie alle öffentlichen Anlagen eine Anleinpflicht vor und zwar zu jeder Tages- und Nachtzeit. Damit ist die in Art. 18 I 2 BayLStVG enthaltene Schranke für das normgeberische Ermessen nicht beachtet.[115] **86**

Hinzuweisen ist allerdings noch darauf, dass die Rücksichtnahme auf tierschutzrechtliche Erfordernisse ihrerseits keine absolute Barriere ist, die dazu führt, hinsichtlich der Sicherheit der Passanten Zugeständnisse machen zu müssen. Nummer 18.2 der Vollzugsbekanntmachung des Bayer. Staatsministeriums des Innern vom 2. Juli 1992 sieht zwar unter Hinweis auf § 2 Nr. 2 Tierschutzgesetz vor, dass in größeren zusammenhängenden Siedlungsgebieten der Grundsatz der Verhältnismäßigkeit gebietet, in ausreichendem Maße geeignete öffentliche Flächen vom Leinenzwang auszunehmen, um dem Bewegungsbedürfnis der Hunde Rechnung zu tragen.[116] Dem ist jedoch entgegenzuhalten, dass nicht die staatliche Gemeinschaft dem Bürger das artgerechte Halten von Tieren zu ermöglichen hat, sondern hierfür in erster Linie der Hundehalter selbst zu sorgen hat. Dieser ist auch primär von § 2 Nr. 2 Tierschutzgesetz angesprochen.[117] **87**

cc) Die generell verordnete Anleinpflicht von großen Hunden für alle öffentlichen Straßen, Wege und Plätze sowie alle öffentlichen Anlagen ist auch unter Beachtung des Schutzzweckes von Art. 18 I 1 BayLStVG nicht nachvollziehbar. Der Hinweis der Stadt Kelheim, durch frei umherlaufende Hunde könnten Menschen gefährdet werden, weil große Hunde immer für „Angst und Schrecken“ sorgen würden bzw. „unkontrollierbare Beißmaschinen“ seien, rechtfertigt keine so umfassende Anleinpflicht. Es fehlt an konkreten Feststellungen, welche Gebiete besonders häufig von zB Spaziergängern und Kindern oder Naherholungssuchenden besucht werden und zu welchem Zeitpunkt. Es mag zwar sein, dass das Gebiet der Stadt Kelheim große Teile aufweist, die der Naherholung dienen. Dies führt jedoch nicht zwangsläufig dazu, dass das gesamte Gemeindegebiet zu jeder Tages- und Nachtzeit gleichmäßig häufig besucht wird. Ein Zustrom von Spaziergängern und Naherholungssuchenden ist hauptsächlich an den Wochenenden und zu Ferienzeiten zu erwarten, nicht jedoch wochentags, zu den üblichen Arbeitszeiten bzw. Schulzeiten. Einem etwaigen unberechenbaren Verhalten freilaufender Hunde kann auch mit einer zeitlich und räumlich beschränkten Anleinpflicht begegnet werden, sodass auch aufgrund dieser Differenzierung bei den Haltern der Hunde ein entsprechendes Verantwortungsbewusstsein geweckt wird. Die generelle Anleinpflicht von großen Hunden mag zwar zur Erreichung des gesetzlichen Zwecks geeignet und erforderlich sein. Sie verletzt jedoch das im Grundsatz der Verhältnismäßigkeit[118] enthaltene Übermaßverbot, weil **88**

114 OVG Berlin-Brandenburg BeckRS 2011, 52648.
115 Grundlegend VGH München BeckRS 2001, 25333; ferner VGH München BayVBl. 2021, 751 Rn. 61; s. auch OLG Dresden LKV 2007, 527, wonach ein durch Rechtsverordnung angeordneter Leinenzwang gegen den Grundsatz der Verhältnismäßigkeit verstößt, wenn die Rechtsverordnung keine Ausnahme vom allgemeinen Leinenzwang vorsieht.
116 S. auch VGH München BeckRS 2003, 27349; ferner VGH München BeckRS 2014, 59676 Rn. 33; VGH München BayVBl. 2021, 751 Rn. 61.
117 Grundlegend VGH München BeckRS 2001, 25333.
118 S. zum Grundsatz der Verhältnismäßigkeit allgemein: Michaelis JA 2021, 573.

die Handlungsfreiheit der Halter in unzumutbarer Weise eingeschränkt wird. Mit den in der Verordnung angesprochenen Hunden haben sie keine Möglichkeit mehr, im Gemeindegebiet spazieren gehen zu können, ohne den Hund anleinen zu müssen. Dies bedeutet eine Einschränkung der Handlungsfreiheit in unzumutbarer Weise, die von der Ermächtigungsgrundlage nicht gedeckt ist.[119]

89 **dd)** Unabhängig davon ist die Hundehaltungsverordnung auch **zu unbestimmt.**

Exkurs: Zur Bestimmtheit des räumlichen Geltungsbereichs von Hundehaltungsverordnungen

89a Der Bestimmtheitsgrundsatz fordert, dass für den Normadressaten in ausreichender und zumutbarer Weise erkennbar ist, welches Verhalten von ihm wo gefordert wird. Für die Frage, welche Bestimmtheitsanforderungen im Einzelnen erfüllt sein müssen, ist auch die Intensität der von der Regelung ausgehenden oder durch sie zugelassenen Einwirkungen auf die Normadressaten von Belang. Lässt sich der Tatbestand eines Verbots oder Gebots aufgrund der Eigenart des Sachbereichs mit beschreibenden Merkmalen nicht ausreichend kennzeichnen, darf der Normgeber auf unbestimmte Rechtsbegriffe zurückgreifen. In jedem Fall müssen sich aus Wortlaut, Zweck und Zusammenhang der Regelung objektive Kriterien entwickeln lassen, die eine willkürliche Handhabung der Norm durch die für die Vollziehung zuständigen Behörden ausschließen. Mögliche Nachteile einer dennoch verbleibenden Unbestimmtheit können bis zu einem gewissen Grad durch ein rechtsstaatliches Verfahren, insbesondere durch die gerichtliche Kontrolle, ausgeglichen werden.[120]

89b Danach ist etwa die Formulierung „innerhalb geschlossener Ortschaft" hinreichend bestimmt, weil sich der Normgeber damit an einem Begriff aus dem Straßenverkehrsrecht orientiert (vgl. § 3 Abs. 3 Nr. 1 StVO, Zeichen 310 und 311 der Anlage 3 zur StVO), für den ein hoher Bekanntheitsgrad angenommen werden kann.[121] Beginn bzw. Ende der geschlossenen Ortschaft ergeben sich in der Regel anhand der Ortstafeln. Eine parzellenscharfe Abgrenzung ist nicht erforderlich; etwaige noch bestehende Unklarheiten würden im Vollzug zu Lasten des Normgebers gehen.

89c Ferner wird in der Rechtsprechung auch bei vergleichbaren Formulierungen eine hinreichende Bestimmtheit des räumlichen Geltungsbereichs gesehen, ohne eine detaillierte kartenmäßige Bestimmung zu verlangen. Nach der ständigen Rechtsprechung des BayVGH genügen etwa die aus baurechtlichen Begriffen abgeleiteten Formulierungen „innerhalb zusammenhängend bebauter Ortsteile" bzw. „in zusammenhängend bebauten Gebieten" den Anforderungen des Bestimmtheitsgebots.[122] Gleiches gilt für „innerhalb der bebauten Ortsteile (§§ 30 und 34 BauGB)", „innerhalb bebauter Ortslagen" oder „Ortslage".[123]

89d Hinreichend bestimmt ist auch die Bezeichnung „auf Geh- und Radwegen". Denn damit sind keineswegs alle für Fußgänger und Radfahrer benutzbaren Straßen und Wege (außerhalb der geschlossenen Ortschaften) gemeint, sondern nur solche, die aufgrund einer eindeutigen Kennzeichnung (insbesondere durch eines der Verkehrszeichen 237 bis 241 der Anlage 2 zur StVO) als solche bestimmt und ohne weiteres erkennbar sind.[124]

89e Sie schreibt vor, dass große Hunde auf allen öffentlichen Straßen, Wegen und Plätzen sowie allen öffentlichen Anlagen stets anzuleinen sind. Durch die Formulierung „auf allen öffentlichen Straßen … und öffentlichen Anlagen" will die Stadt offensichtlich den Bezug zum BayStrWG herstellen. Mit anderen Worten: Öffentliche Straßen etc. sind solche, die gem. Art. 6 BayStrWG entsprechend gewidmet sind. Um den Umfang des angeordneten Leinenzwanges feststellen zu können, ist es folglich erforderlich, einen Blick in das gemeindliche

119 Grundlegend VGH München BeckRS 2001, 25333.
120 Vgl. OVG Koblenz Urt. v. 21.9.2006 – 7 C 10539/06 – juris Rn. 17 unter Bezugnahme auf BVerfGE 59, 104 = NJW 1982, 1275.
121 VGH München BayVBl. 2021, 751 Rn. 55 f.
122 ZB VGH München BayVBl. 2021, 122 Rn. 45; VGH München BeckRS 2020, 14551 Rn. 6; VGH München NVwZ-RR 2017, 784 Rn. 8.
123 Zusammenfassend VGH München BayVBl. 2021, 751 Rn. 57 mwN.
124 VGH München BayVBl. 2021, 751 Rn. 58.

Wegebestandsverzeichnis zu nehmen. Nur auf dieser Grundlage kann beurteilt werden, ob es sich etwa bei einem Feldweg um einen öffentlichen Feldweg iSv Art. 53 Nr. 1 BayStrWG handelt, für den die Anleinpflicht gilt, oder nicht. Die Verordnung ist damit nicht aus sich heraus verständlich und befolgbar, mithin zu unbestimmt.

3. Antrag auf Wiedereinsetzung in den vorigen Stand (§ 60 VwGO)

Der entsprechende Antrag des Rechtsanwaltes hätte keine Aussicht auf Erfolg gehabt, denn er kommt zu spät. Entschuldigung und Nachholung der versäumten Rechtshandlung müssen innerhalb von zwei Wochen nach Wegfall des Hindernisses erfolgen (§ 60 II 1 Hs. 1 VwGO) bzw. in den Fällen des § 60 II 1 Hs. 2 VwGO innerhalb eines Monats. Die Frist beginnt mit dem Wegfall des Hindernisses. Es ist behoben, sobald das Fortbestehen der Verhinderung nicht mehr unverschuldet ist. Diese Frist war zur Zeit der Berufungsbegründung längst abgelaufen, weil jedenfalls aufgrund des Urteils des Verwaltungsgerichts Regensburg der Rechtsanwalt wissen musste, dass seine Klage (möglicherweise) zu spät erhoben worden ist. **90**

4. Adressat und Bestimmtheit der Anordnung

Der Bescheid vom 5.2.2021 ist an den richtigen Adressaten gerichtet und im Übrigen bestimmt genug (Art. 37 I BayVwVfG). **91**

Nach Art. 9 II 1 BayLStVG können Maßnahmen nach Art. 18 BayLStVG an den Inhaber der tatsächlichen Gewalt gerichtet werden. Der Halter ist der Inhaber der tatsächlichen Gewalt über den Hund. Es ist daher maßgeblich darauf abzustellen, wer die tatsächliche Verfügungs- und Bestimmungsmacht über das Tier ausübt. Eigentum und Eigenbesitz sind für die Bejahung der Haltereigenschaft nicht Voraussetzung. Die Tatsache, dass eine Person die Hundesteuer bezahlt und daher steuerrechtlich als Halter des Hundes angesehen wird, macht diese nicht automatisch zum Halter iSd Art. 18 bzw. 9 BayLStVG.[125] Vorliegend bestehen nach dem Sachverhalt keine Zweifel daran, dass L der Halter des Hundes ist und damit Adressat der Anordnungen sein konnte. **92**

Das Bestimmtheitsgebot des Art. 37 I BayVwVfG verlangt, dass für den Adressaten des Verwaltungsakts aus der Verfügung selbst – wenn auch gegebenenfalls erst im Zusammenhang mit den Gründen des Bescheids und den zugrundeliegenden Umständen – die Regelung, die den Zweck, Sinn und Inhalt des Verwaltungsakts ausmacht, so vollständig, klar und unzweideutig erkennbar sein muss, dass er sein Verhalten danach ausrichten kann.[126] Das bedeutet, dass der Adressat in die Lage versetzt werden muss, zu erkennen, was von ihm gefordert wird. Bei einer Anordnung nach Art. 18 II LStVG zur Haltung von Hunden ist daher der betreffende Hund eindeutig zu bezeichnen.[127] Dem genügt die Anordnung vom 5.2.2021, weil darin der betroffene Hund Luke namentlich benannt wird und damit hinreichend identifiziert ist. **93**

125 Vgl. VGH München BeckRS 2013, 59021 Rn. 25; VGH München BeckRS 2017, 105419 Rn. 11.
126 VGH München BeckRS 1999, 20763 – juris Rn. 34.
127 VGH München BeckRS 2017, 105419 Rn. 7.

Weiterführende Literatur:

I. Zum Problembereich „Hundehaltung"

1. Zur Verfassungsmäßigkeit der Regelungen über Kampfhunde im BayLStVG und in der Kampfhundeverordnung: VerfGH Bayern v. 12.10.1994, VerfGHE 47, 207 = BayVBl. 1995, 76 und 1995, 109; VerfGH Bayern BeckRS 2019, 12467 Rn. 25 = BayVBl. 2020, 334; s. auch Schmitt Glaeser BayVBl. 1996, 417 [418–420] sowie zur Regelung in
   - Baden-Württemberg: VGH Mannheim NVwZ 1999, 1016,
   - Nordrhein-Westfalen: OVG Müster NVwZ 1997, 806 und
   - Niedersachsen: BVerwGE 116, 347 (Die Hunderegelung in der Niedersächsischen Gefahrtierverordnung ist für nichtig erklärt worden.).
2. Hölscheidt, Kampfhunde als Rechtsproblem, NdsVBl. 2000, 1
3. Scheider, Anordnungen zur Abwehr von Gefahren durch Kampfhunde, BayVBl. 2004, 715
4. Käsberger, Sicherheitsrechtliche Anordnungen zur Hundehaltung – Eigener oder übertragener Wirkungskreis im Sicherheitsrecht –, KommPrax Bayern 2004, 288
5. Scheider, Gefährliche Tiere als sicherheitsrechtliches Problem, KommPrax Bayern 2007, 131
6. Haurand, Der Hund im Recht, DVP 2010, 52
7. Gassner, Der gefährliche Hund – Maßnahmen der Ortspolizeibehörde in Baden-Württemberg auf dem Prüfstand, VBlBW 2011, 376
8. Schwabenbauer, Die Haltung von gefährlichen Hunden und Kampfhunden nach Art. 18 und 37 LStVG, KommunalPraxis BY 2013, 374
9. Köhl, Methodik der Fallbearbeitung: Probleme mit der Hundehaltung, VR 2014, 272
10. Waldhoff, Polizei- und Ordnungsrecht: Gefahrenverordnung und Einzelfallanordnung, JuS 2018, 93
11. Michaelis, Der Grundsatz der Verhältnismäßigkeit – Gebrauchsanweisung für die Waage der Justizia, JA 2021, 573

II. Zum Ausschluss von Gemeinderatsmitgliedern

1. Von Arnim, Ausschluss von Ratsmitgliedern wegen Interessenkollision, JA 1986, 1
2. Müller-Franken, Der unberechtigte Ausschluss eines Mitglieds des Gemeinderates wegen persönlicher Beteiligung, BayVBl. 2001, 136
3. Schäfer, Zur Befangenheit von Gemeinderatsmitgliedern, VBlBW 2003, 271
4. Schmitz, Der Ausschluss von der Sitzung des Gemeinderats, VR 2007, 372
5. Schmitz, Rechtsfolgen der Mitwirkung befangener Ratsmitglieder bei Ratsbeschlüssen, AL 2015, 61

III. Sonstige Themen der Klausur

1. Decker, Die Ausfertigung von formellen und materiellen Gesetzen, JA 2001, 247
2. Schlette, Die Klagebefugnis – § 42 Abs. 2 VwGO, JURA 2004, 90 (zugleich ein Beitrag zu § 47 Abs. 2 VwGO)
3. Swierczyna, Die Ausfertigung und Bekanntmachung von Verordnungen – Stiefkinder der Verwaltung, ThürVBl. 2004, 149
4. Ehlers, Die verwaltungsgerichtliche Normenkontrolle, JURA 2005, 171
5. Hebeler, Wiedereinsetzung in den vorigen Stand bei Versäumung der Antragsfrist nach § 47 II 1 VwGO, JA 2013, 959
6. Voßkuhle/Wischmeyer, Grundwissen Öffentliches Recht: Die Rechtsverordnung, JuS 2015, 311
7. Hufen, Annahme der fehlenden Klagebefugnis als Verfahrensmangel, JuS 2015, 479
8. Hufen, Verwaltungsprozessrecht: Statthaftigkeit der Normenkontrolle, JuS 2016, 287
9. Voßkuhle/Wischmeyer, Grundwissen – Öffentliches Recht: Verwaltungsvollstreckung, JuS 2016, 698

7. Klausur: „Keine Grünkompostierungsanlage in Fichtenhausen"

Themenbereiche: Genehmigung einer Abfallentsorgungsanlage nach BImSchG; Anordnung des Sofortvollzugs; § 38 S. 1 BauGB und § 31 KrW-/AbfG; Einvernehmensverweigerung durch Gemeinde; (Negativ)-Bebauungsplan und Veränderungssperre; Entscheidung nach § 80a VwGO

Sachverhalt

Auszug aus den Akten des VG München, M 30 S 06.110, M 30 S 06.113, M 30 S 06.117

Rechtsanwalt
Waldemar Wacker
Bergstraße 12
88877 Fichtenhausen

16.2.2006

Verwaltungsgericht
Eingang: 21.2.2006

An das
Verwaltungsgericht München

Betreff: Antrag auf vorläufigen Rechtsschutz nach § 80 VwGO

Anlagen: 6 (einschließlich nochmals der dem Gericht bereits vorliegenden Klageschrift)

Unter Vorlage einer Prozessvollmacht zeige ich die anwaltliche Vertretung der Gemeinde Fichtenhausen an und beantrage:

1. Die sofortige Vollziehung des Bescheides des Landratsamtes Tannheim vom 7.2.2006 über die Genehmigung einer Grüngutkompostieranlage wird ausgesetzt.

2. Der Antragsgegner trägt die Kosten des Verfahrens.

Begründung:

Unter dem Datum vom 7.2.2006 erhielt der Landkreis Tannheim die Genehmigung zur Errichtung und zum Betrieb einer Grüngutkompostieranlage mit einer max. täglichen Durchsatzleistung von 15 t an Einsatzstoffen auf dem Grundstück FlNr. 221 der Gemarkung und Gemeinde Fichtenhausen. Das im Eigentum des Landkreises stehende Grundstück liegt im Außenbereich und befindet sich etwa 2 km von den bebauten Bereichen Fichtenhausens entfernt. Es ist ca. 6 ha groß, wobei auf einer Fläche von 5 ha durch den Landkreis selbst noch Kies abgebaut wird. Die genehmigte Anlage soll in dem bereits ausgebeuteten Teil errichtet werden. Der Flächennutzungsplan sieht in dem betreffenden Bereich noch eine Fläche für Forst- und Landwirtschaft vor.

In der Gemeinderatssitzung am 12.12.2005 hat der Gemeinderat, nach Durchsicht der Antragsunterlagen, die das Landratsamt mit Schreiben vom 30.11.2005, eingegangen am 2.12.2005, zwecks Stellungnahme der Gemeinde übersandt hatte, dem Vorhaben zugestimmt und ausdrücklich das gemeindliche Einvernehmen erteilt. Infolge einer danach in der Bevölkerung entstandenen Besorgnis – die sogar in der Gründung einer Bürgerinitiative mündete –, dass nach Realisierung des Vorhabens mit Gestank oder unter Umständen gesundheitsbeeinträchtigenden Immissionen zu rechnen ist, hat der 1. Bürgermeister Waldmann mit Schreiben vom 3.2.2006 an das Landratsamt, dort eingegangen am 6.2.2006, das Einvernehmen wieder zurückgenommen. Dies ist vom Gemeinderat in seiner Sitzung am 1.2.2006 ausdrücklich so beschlossen worden.

In der gleichen Sitzung wurde zudem die Aufstellung eines Bebauungsplanes sowie eine Veränderungssperre für oben genanntes Grundstück beschlossen, die dem Vorhaben gegebenenfalls entgegengehalten werden können.

Gegen den der Gemeinde Fichtenhausen am 13.2.2006 bekannt gegebenen Genehmigungsbescheid vom 7.2.2006 wurde mit Schreiben vom 17.2.2006 Klage erhoben.

Der Genehmigungsbescheid des Landratsamtes vom 7.2.2006 und der gleichzeitig angeordnete Sofortvollzug sind rechtswidrig und verletzen die Gemeinde in eigenen Rechten.

Die Genehmigung hätte nicht erteilt werden dürfen, weil schon die erforderliche Zustimmung der Gemeinde nach § 36 BauGB nicht vorgelegen hat. Nach § 36 I 2 BauGB ist dies auch in einem anderen als in einem Baugenehmigungsverfahren erforderlich. Zwar ist die gemeindliche Zustimmung zunächst erteilt, aber rechtzeitig und damit wirksam auf Grundlage des Gemeinderatsbeschlusses vom 4.2.2002 wieder zurückgenommen worden.

Selbst wenn man dies aber anders sehen wollte, würde der Errichtung der Grüngutkompostieranlage jedenfalls die am 1.2.2006 beschlossene und am 8.2.2006 bekannt gemachte Veränderungssperre entgegenstehen.

Die Veränderungssperre muss auch nach Genehmigung noch Geltung beanspruchen können, da es sich um ein Ortsgesetz handelt und gegen die Genehmigung Klage erhoben wurde.

Die Veränderungssperre soll die beabsichtigte Planung absichern. Beabsichtigt ist die Ausweisung eines Gewerbegebietes ausschließlich zum Zwecke des Kiesabbaus und unter Ausschluss jeglicher sonstiger Nutzungen, was zulässig ist. Die Formalien, insoweit verweise ich auf die Anlagen, sind beachtet.

Die Genehmigung verletzt die Gemeinde Fichtenhausen in ihrer Planungshoheit, sodass sie aufgehoben werden muss. Da am Vollzug einer offensichtlich rechtswidrigen Genehmigung kein öffentliches Interesse bestehen kann, kann auch der angeordnete Sofortvollzug keinen Bestand haben. Zudem hatte die Gemeinde nicht einmal Gelegenheit, zu dem angeordneten Sofortvollzug Stellung zu nehmen.

Da der zuständige Abteilungsleiter im Landratsamt Oberregierungsrat Brummer auf Anruf des 1. Bürgermeisters am 16.2.2006 erklärt hat, dass das Landratsamt den Sofortvollzug nicht aufheben wird, ist die Gemeinde jetzt auf die Hilfe des Gerichts angewiesen.

Hochachtungsvoll

Wacker
Rechtsanwalt

Anlage 1 zum Antrag der Gemeinde Fichtenhausen:

Auszug aus dem Protokoll der Gemeinderatssitzung vom 12.12.2005

TOP 2: Beratung und Abstimmung über den Antrag des Landkreises auf Errichtung einer Grüngutkompostieranlage auf dem Grundstück FlNr. 221

1. Bürgermeister Waldmann verliest das Schreiben des Landratsamtes vom 30.11.2006, mit dem die Gemeinde über das Vorhaben des Landkreises informiert und um Stellungnahme aus ihrer Sicht, insbesondere um eine Entscheidung über das gemeindliche Einvernehmen gebeten wird.

Gemeinderat Pfund stellt die Frage, wie es möglich sein kann, dass der Landkreis bei sich selbst eine Genehmigung beantragt. Die anschließende Diskussion hierzu brachte kein Ergebnis. Der 1. Bürgermeister wurde beauftragt, bei nächster sich bietender Gelegenheit den Landrat dazu persönlich zu befragen.

Anschließend wurde Einblick in die Pläne und Antragsunterlagen genommen.

Danach wurde folgender einstimmiger Beschluss gefasst:

Das Einvernehmen der Gemeinde Fichtenhausen zur Errichtung und zum Betrieb einer Grüngutkompostieranlage durch den Landkreis Tannheim auf dem Grundstück FlNr. 221 wird erteilt.

Anlage 2 zum Antrag der Gemeinde Fichtenhausen:

Gemeinde Fichtenhausen 3.2.2006
Hauptstraße 1
88877 Fichtenhausen

An das
Landratsamt Tannheim
z. Hd. Herrn Landrat Manfred Müller

Sehr geehrter Herr Landrat,

lieber Manfred,

leider muss ich Dir auf diesem Wege eine schlechte Nachricht zukommen lassen.

Es geht um die Zustimmung der Gemeinde zur geplanten Grüngutkompostieranlage, die der Gemeinderat in der Sitzung am 12.12.2005 einstimmig erteilt hatte.

Diese Zustimmung muss ich hiermit offiziell zurücknehmen, da dies der Gemeinderat am 1.2.2006 so beschlossen hat.

Wenn du die Gründe dafür erfährst, hoffe ich, dass Du ein klein wenig Verständnis für die Gemeinde aufbringen kannst.

Vorweg möchte ich aber nochmals ausdrücklich betonen, dass die Errichtung einer Grüngutkompostieranlage eine gute und eigentlich auch von der Bevölkerung unterstützte Sache ist. Nur leider gibt es bei uns Probleme mit dem vorgesehenen Standort.

Nachdem die Pläne des Landkreises und die Zustimmung des Gemeinderates in Fichtenhausen bekannt wurden, kam es zu großer Aufregung unter den Bürgern. Es bildete sich eine Bürgerinitiative, deren Schreiben ich als Anlage beigefügt habe. Befürchtet werden vor allem Geruchs- und Gesundheitsbeeinträchtigungen durch Pilzsporenflug, die auch nicht durch Hinweis auf die durchgeführten Begutachtungen ausgeräumt werden konnten. Im Gegenteil, die Bürgerinitiative erhielt immer mehr Zulauf. Derzeit gehören ihr fast zwei Drittel meiner Gemeindebürger an. Durch ständige Veranstaltungen werden die Emotionen weiter geschürt, sodass mir gar nichts anderes übrig bleibt, als die gemeindliche Zustimmung zu widerrufen.

Ich hoffe, Du kannst mich als Politiker verstehen.

Dein

Toni (Waldmann)

Anlage 3 zum Antrag der Gemeinde Fichtenhausen

Bürgerinitiative 18.1.2006
„Kompostieren ja – hier nein" e.V. (BIK)
Vorstand: Wunna Lederer-Zickig, Jan Kempski, Olga Hauer

An die
Gemeinde Fichtenhausen
z. Hd. Herrn 1. Bürgermeister Waldmann

Sehr geehrter Herr Bürgermeister Waldmann,

die Bürger von Fichtenhausen sind empört und haben Angst. Deshalb haben wir uns zu einer Bürgerinitiative zusammengeschlossen und uns auch satzungsgemäß zum Ziel gesetzt, für eine gesunde Umwelt einzutreten und speziell die geplante Grüngutkompostieranlage des Landkreises zu verhindern.

Es ist schlichtweg unverantwortbar, dass Sie und der Gemeinderat den Plänen des Landkreises so ohne Weiteres zugestimmt haben, obwohl sich das Vorhaben in nur etwa 2 km Entfernung von Fichtenhausen befinden wird.

Sind Sie nicht auf den Gedanken gekommen, dass dies erst der Anfang sein könnte und der Kreis später weitere Anlagen, vielleicht sogar eine Mülldeponie dazu baut? Der Landkreis hätte schließlich schon einen Fuß in der Tür und die Standortfrage wäre mehr oder weniger entschieden.

Sind Sie nicht auf den Gedanken gekommen, dass es sich der Landkreis zu einfach macht, indem er nur der Gemeinde die Unterlagen zur Verfügung stellt und keine Öffentlichkeitsbeteiligung durchführt?

Auch wir halten selbstverständlich als umweltbewusste Bürger eine Kompostierung für den richtigen Weg, aber nicht am vorgesehenen Standort. Sicherlich gibt es in anderen Landkreisgemeinden geeignetere Standorte. Unter Umständen muss der Landkreis eben höhere Kosten aufbringen. Jedenfalls ist uns die Gesundheit unserer Kinder wichtiger.

Wir fordern Sie als unsere (noch) gewählten Vertreter daher auf, die erteilte Zustimmung zurückzunehmen und alles dafür zu tun, dass die Anlage am vorgesehenen Standort nicht gebaut wird.

Wir selbst werden über unseren Anwalt, wenn nötig, bis zur letzten gerichtlichen Instanz gegen die Anlage vorgehen.

Mit freundlichen Grüßen

Lederer-Zickig *Kempski* *Hauer* als Vertreter der BIK

Anlage 4 zum Antrag der Gemeinde Fichtenhausen:

Auszug aus dem Protokoll der Gemeinderatssitzung vom 1.2.2006

Gemeinderäte: 12 anwesend: 12

TOP 1: Grüngutkompostieranlage des Landkreises

1. Bürgermeister Waldmann verliest das Schreiben der BIK vom 18.1.2006.

Anschließend wird in die Diskussion über das weitere Verhalten der Gemeinde wegen der geplanten Grüngutkompostieranlage eingetreten.

Gemeinderat Häcksler führt aus, dass man in der heutigen Zeit froh sein solle, dass eine derartige Anlage überhaupt gebaut werde. Dies sei ein bedeutender Schritt auf dem Gebiet des Umweltschutzes. Für ihn stehe nach sorgfältiger Durchsicht der Antragsunterlagen, insbesondere der diesen beigefügten Gutachten fest, dass weder Geruchsbelästigungen noch Gesundheitsbeeinträchtigungen irgendwelcher Art zu erwarten seien. Das Gutachten sei, auch für ihn als Laien erkennbar, in sich schlüssig und stimmig und zudem von einem bekanntermaßen objektiven und anerkannten Büro erstellt. Man sei zwar gewählter Vertreter der Bürger, aber man sollte „Manns und Fraus" genug sein, sich wegen einer künstlich erzeugten und grundlosen Hysterie nicht gängeln zu lassen.

Nachdem es aufgrund des Beitrages von Gemeinderat Häcksler im Zuhörerbereich zu tumultartigen Unmutsäußerungen kam, unterbrach der 1. Bürgermeister die Sitzung für 15 Minuten und kündigte eine Fortsetzung in nichtöffentlicher Sitzung an, falls keine Ruhe eintreten würde.

Nach Fortsetzung der Sitzung wurde dann folgender Beschluss gefasst:

Der Gemeinderat beschließt mit 12 : 1 Stimmen die Rücknahme der Zustimmung zur Errichtung der Grüngutkompostieranlage. Der 1. Bürgermeister wird beauftragt, alle notwendigen rechtlichen Schritte vorzunehmen oder zu veranlassen.

Im Anschluss daran wurde darüber diskutiert, welche sonstigen Möglichkeiten die Gemeinde haben könnte, um die Anlage zu verhindern.

Gemeinderat Dr. Denk schlug vor, einen Bebauungsplan für das Grundstück aufzustellen, und die Planung bis zum Abschluss des Verfahrens durch eine Veränderungssperre zu sichern.

Nach eingehender Beratung wurde mit 12 : 1 Stimmen folgender Beschluss gefasst:

1. Für das Grundstück FlNr. 221 wird ein Bebauungsplan aufgestellt. Ausgewiesen wird ein Gewerbegebiet iSv § 8 BauNVO. Ausschließlich zulässige Nutzung ist der Kiesabbau samt Kiesaufbereitung. Alle sonstigen Nutzungen, insbesondere der Betrieb von Abfallentsorgungsanlagen, sind ausgeschlossen.

Begründung:

Der Bebauungsplan soll sicherstellen, dass der volkswirtschaftlich bedeutsame Rohstoff Kies nach wie vor am betreffenden Standort und vollständig abgebaut werden kann, ohne dass der Kiesabbau durch andere Nutzungen, insbesondere durch Abfallentsorgungsanlagen, beeinträchtigt wird oder Einschränkungen unterworfen sein kann.

2. Zur Sicherung dieser Planungsabsichten wird eine Veränderungssperre zunächst für die Dauer von zwei Jahren beschlossen.

Anlage 5 zum Antrag der Gemeinde Fichtenhausen:

Bekanntmachungsvermerk:

Die Bekanntmachung des Aufstellungsbeschlusses erfolgte durch Anschlag an die Gemeindetafel am 7.2.2006, die Bekanntmachung der Veränderungssperre durch Anschlag am 8.2.2006.

Anlage 6 zum Antrag der Gemeinde Fichtenhausen:

Gemeinde Fichtenhausen
Hauptstraße 1
88877 Fichtenhausen

17.2.2006

Eingang: 20.2.2006

An das
Bay. Verwaltungsgericht München

Betreff: Klage gegen die Genehmigung einer Grüngutkompostieranlage

Gegen die Genehmigung des Landratsamtes Tannheim vom 7.2.2006 zur Errichtung und zum Betrieb einer Grüngutkompostieranlage, uns zugegangen am 13.2.2006, legen wir hiermit Klage ein.

Diese Genehmigung verletzt die Planungshoheit der Gemeinde Fichtenhausen in eklatanter Weise. Weder wurde in der Entscheidung berücksichtigt, dass das gemeindliche Einvernehmen nicht (mehr) wirksam vorlag. Vor allem aber ist seit 8.2.2006 eine Veränderungssperre in Kraft, aufgrund derer die Anlage unzulässig wird, was jedenfalls von ihnen noch berücksichtigt werden müsste.

Waldmann, 1. Bürgermeister

Mit Beschluss des Verwaltungsgerichts vom 24.2.2006 wurde der Landkreis Tannheim zum Verfahren beigeladen.

Rechtsanwalt 27.2.2006
C.J. Wimmer
Waldstraße 1
87872 Eggenheim

Verwaltungsgericht
Eingang: 28.2.2006

An das
Verwaltungsgericht München

Betreff: Vorläufiger Rechtsschutz gegen den Bau einer Grüngutkompostieranlage durch den Landkreis Tannheim

Anlagen:

1) Vollmacht

2) Klageschrift

Namens und im Auftrag der Bürgerinitiative „Kompostieren ja – hier nein" e.V., vertreten durch den Vorstand, beantrage ich,

1. Die aufschiebende Wirkung der Klage der „BIK" e.V. gegen die Genehmigung zur Errichtung und zum Betrieb einer Grüngutkompostieranlage wird wiederhergestellt.

2. Der Landkreis Tannheim trägt die Kosten des Verfahrens.

Begründung:

Es ist schlichtweg eine Unverschämtheit, dass das Landratsamt sozusagen sich selbst eine Anlagengenehmigung unter Ausschluss der Öffentlichkeit erteilt.

Richtigerweise wäre ein Planfeststellungsverfahren nach dem Abfallgesetz, im Rahmen dessen dann meine Mandanten ihre Einwendungen hätten vorbringen können, durchzuführen gewesen. Die vorgesehene Kompostierung entspricht eher einem Deponiebetrieb, weil das Grüngut über längere Zeit zu lagern ist.

Selbst wenn man, für mich dann aber unverständlicherweise, dieser Auffassung nicht folgen will, hätte bei einer Anlage mit derartigen Auswirkungen jedenfalls die Öffentlichkeit beteiligt werden müssen.

Durch diese Mängel im Verfahren wird meine Mandantschaft in eigenen Rechten verletzt, insbesondere wenn man die Auswirkungen auf die Umwelt bedenkt, deren Bewahrung das satzungsgemäße Ziel meiner Mandanten ist.

Meine Mandanten befürchten gesundheitliche Beeinträchtigungen, nicht zuletzt für die Kinder in Fichtenhausen.

Mit freundlichen Grüßen

C.J. Wimmer
Rechtsanwalt

Anlage 2 zum Antrag der „BIK“ auf vorläufigen Rechtsschutz

Bürgerinitiative „Kompostieren ja – hier nein“ e.V.

Vorstand: Wunna Lederer-Zickig, Jan Kempski, Olga Hauer

An das
Verwaltungsgericht München 20.2.2006

Betreff: Anfechtung der Genehmigung für die Errichtung einer Grüngutkompostieranlage durch den Landkreis Tannheim

Sehr geehrte Damen und Herren,

wir haben erfahren, dass dem Landkreis Tannheim vom Landratsamt am 7.2.2006 die Genehmigung zur Errichtung einer Grüngutkompostieranlage auf dem Grundstück FlNr. 221 in Fichtenhausen erteilt worden ist.

Dagegen wenden wir uns und legen hiermit Klage ein, weil von der Anlage Geruchsbelästigungen und Gesundheitsbeeinträchtigungen durch Pilzsporenflug ausgehen werden.

Mit freundlichen Grüßen

Lederer-Zickig *Kempski* *Hauer*

Rechtsanwalt 6.3.2006
Dr. Heino Hahn
Am Weiher 5
80809 München

Verwaltungsgericht
Eingang: 7.3.2006

An das
Verwaltungsgericht München

Betreff: Vorläufiger Rechtsschutz

Anlagen: Vollmacht Klage vom 24.2.2006

Es wird beantragt,

die sofortige Vollziehung des Genehmigungsbescheids vom 7.2.2006 zur Errichtung einer Grüngutkompostieranlage durch den Landkreis Tannheim auf dem Grundstück FlNr. 221 der Gemeinde Fichtenhausen auszusetzen. Das Landratsamt hat sich bei einer persönlichen Vorsprache meiner Mandanten am 1.3.2006 geweigert, insoweit abzuhelfen.

Meine Mandantschaft, Käthe und Ewald Schön, wohnhaft in München, Erlenweg 4, sind gemeinsame Eigentümer des Grundstückes FlNr. 220 in Fichtenhausen. Ihr Grundstück grenzt unmittelbar an das Standortgrundstück für die Grüngutkompostieranlage an und ist etwa 1,5 km von der genehmigten Anlage entfernt. Auf ihrem Grundstück befindet sich ein Wochenendhäuschen, das zwar nicht genehmigt ist, allerdings schon 8 Jahre steht. Das Landratsamt betreibt zwar – aus meiner Sicht nicht gerechtfertigt – dessen Beseitigung. Wir haben allerdings eine Eingabe an den Petitionsausschuss im Landtag gerichtet in der guten Hoffnung, dass das Häuschen nicht beseitigt werden muss.

Die Errichtung und der Betrieb der Grüngutkompostieranlage wäre in außerordentlichem Maße rücksichtslos gegenüber meinen Mandanten. Eine Nutzung des Grundstückes und des Gebäudes auch an Wochenenden wäre kaum mehr möglich, da man es vor lauter Gestank nicht mehr aushalten würde. Unter der Woche käme neben dem Verkehr durch die Kieslastkraftwagen der An- und Abfahrtverkehr zur Kompostieranlage hinzu, auf einer Straße, die nur 20 m vom Wochenendhaus entfernt vorbeiführt.

Alle diese Gesichtspunkte sind bei der Genehmigungserteilung nicht berücksichtigt worden. Deshalb haben meine Mandanten bereits mit Schreiben vom 23.2.2006, eingegangen beim

Verwaltungsgericht am 24.2.2006, Klage gegen diese Entscheidung eingelegt und um vorläufigen Rechtsschutz nachgesucht. Geschehen ist bisher nichts.

Ich bitte, die dargelegten Gesichtspunkte entsprechend in der gerichtlichen Eilentscheidung zu berücksichtigen.

Mit freundlichen Grüßen

Dr. Hahn

Rechtsanwalt

Die Antragsschriften der Gemeinde Fichtenhausen, der Bürgerinitiative und der Eheleute Schön wurden dem Antragsgegner am 14.3.2006 mit der Aufforderung um Vorlage der Akten und Stellungnahme bis 24.3.2006 übersandt.

Landratsamt Tannheim 13.3.2006

An das
Verwaltungsgericht München

Verwaltungsgericht Eingang: 23.3.2006

Betreff: Anträge auf vorläufigen Rechtsschutz (Az.: M 30 S 06.110, M 30 S 06.113 und M 30 S 06.117)

Anlagen: Genehmigungsbescheid und Verfahrensakten

In oben genannter Verwaltungsstreitsache wird beantragt, die Anträge auf Aussetzung der Vollziehung des Genehmigungsbescheids vom 7.2.2006 abzulehnen.

Die streitige Grüngutkompostieranlage ist in rechtmäßiger Weise genehmigt worden.

Die Genehmigungsvoraussetzungen der §§ 4, 6 BImSchG waren erfüllt, sodass der Vorhabensträger einen Rechtsanspruch auf Zulassung hatte. Die Voraussetzungen richteten sich ausschließlich nach den Bestimmungen des BImSchG, sodass insbesondere auch keine Abwägung stattfinden musste. Dies ergibt sich schon aus dem Wortlaut der genannten Regelungen und der 4. BImSchV. Ein Planfeststellungsbeschluss ist danach ebenfalls nicht vorgesehen. Regelungen des Abfallrechts finden keine Anwendung. Bei der Anlage handelt es sich auch nicht um eine Deponie, da das Grüngut nicht endgültig dort verbleiben soll, sondern behandelt und nur für gewisse Zeit gelagert wird.

Die verfahrensrechtlichen Anforderungen sind angesichts des Umfanges der Anlage voll erfüllt worden. Im Übrigen könnten aus den verfahrensrechtlichen Bestimmungen sowieso keine Rechte abgeleitet werden, wobei an dieser Stelle zu fragen ist, auf welche Rechte sich die „BIK" überhaupt berufen kann.

Das Vorhaben ist auch unter bauplanungsrechtlichen Gesichtspunkten nicht zweifelhaft. Unserer Auffassung nach ist eine Prüfung der bauplanungsrechtlichen Regelungen von vorneherein ausgeschlossen, die Anwendung unterstellt jedenfalls nicht entgegenstehend.

Daran ändert auch der Gemeinderatsbeschluss vom 1.2.2006 nichts, mit dem die Rücknahme der ursprünglich erteilten Zustimmung beschlossen wurde. Zu diesem Zeitpunkt war die Genehmigung schon verbindlich erteilt.

Keine Auswirkungen hat die ebenfalls am 1.2.2006 beschlossene Veränderungssperre, an deren Rechtmäßigkeit erhebliche Zweifel bestehen, weil offensichtlich nur die Anlage verhindert werden soll. Der Kiesabbau wäre dort ohnehin zulässig. Im Übrigen hat der Landkreis bereits für das gesamte Grundstück im März 1994 eine Abbaugenehmigung für einen abschnittsweisen Kiesabbau erhalten und am vorgesehenen Standort ist der Abbau schon beendet.

Die Antragsteller zu 3.) befinden sich mehr als 1 km von der Anlage entfernt, sodass nicht mit Beeinträchtigungen gerechnet werden muss. Zudem glauben wir, dass sie sich als „Schwarzbauer" nicht auf geschützte Rechte berufen können. Das dort errichtete Wochenendhaus ist weder genehmigt noch im Außenbereich genehmigungsfähig. Als sonstiges Vorhaben beeinträchtigt es öffentliche Belange.

Im Übrigen durfte das staatliche Landratsamt dem Landkreis eine Genehmigung erteilen, da hier unterschiedliche Aufgabenkreise in Rede stehen.

i.A.

Brummer
Oberregierungsrat

Landratsamt Tannheim 7.2.2006
– Abteilung Bau und Umwelt –
An den
Landkreis Tannheim
z. Hd. Herrn Landrat Müller

Gegen Empfangsbestätigung

Betreff: Genehmigung zur Errichtung und zum Betrieb einer Grüngutkompostieranlage auf dem Grundstück FlNr. 221 in der Gemeinde Fichtenhausen

Das Landratsheim Tannheim erlässt folgenden

Bescheid

1. Dem Landkreis Tannheim wird die immissionsschutzrechtliche Genehmigung für die Errichtung und den Betrieb einer Grüngutkompostieranlage mit einer max. Durchsatzleistung von täglich 10 t Einsatzstoffen auf dem Grundstück FlNr. 221 der Gemeinde Fichtenhausen nach Maßgabe der folgenden Ziff. 2–4 dieses Bescheides erteilt.

2. Die Betriebszeit wird an Werktagen (Mo–Fr) auf 8–17 Uhr, an Samstagen auf 8–12 Uhr festgesetzt.

3. Planunterlagen

Die nachfolgend bezeichneten und mit Genehmigungsvermerk des Landratsamtes versehenen Planunterlagen sind Bestandteil dieses Bescheids. (wird ausgeführt)

4. Nebenbestimmungen

a) Baurecht (wird ausgeführt)

b) Wasserwirtschaft (wird ausgeführt)

c) Arbeitsschutz (wird ausgeführt)

d) Luftreinhaltung

Die Kompostierung darf nur innerhalb der beiden dafür vorgesehenen Hallen erfolgen.

Die jeweiligen beiden Ablufteinrichtungen der Hallen sind mit Biofilter (Typ S xy) zu versehen. Der Geruchsminderungsgrad (= technischer Wirkungsgrad) der Biofilter muss bei einer Geruchskonzentration der Abluft von größer als 3.000 GE (Geruchseinheiten)/qm mindestens 95 % betragen. (wird näher ausgeführt)

Die Biofilter sind alle 6 Monate nach Betriebsaufnahme zu warten. Zudem sind alle 3 Monate nach Betriebsaufnahme an den Austrittsschächten der Ablufteinrichtungen Emissionsmessungen zur Feststellung der Wirksamkeit der Biofilter vorzunehmen und die Ergebnisse unverzüglich dem Landratsamt vorzulegen.

Darüber hinaus sind alle 6 Monate nach Betriebsaufnahme Luftmessungen in Absprache mit dem Landesamt für Umweltschutz an zwei noch festzulegenden Messorten vorzunehmen, die mindestens 500 m von der Anlage entfernt sein müssen.

Weitere Auflagen bleiben vorbehalten, insbesondere sind in Absprache mit dem Landesamt für Umweltschutz die jeweils neuesten dem Stand der Technik entsprechenden Filter zu verwenden.

5. Die sofortige Vollziehung dieses Bescheids wird angeordnet.

6. Die Kosten des Verfahrens trägt der Landkreis Tannheim. Gebühren und Auslagen werden keine erhoben.

Gründe

I.

Mit Schreiben vom 18.11.2005 und unter Vorlage der erforderlichen und vollständigen Planunterlagen beantragte der Landkreis Tannheim die Genehmigung zur Errichtung und zum Betrieb einer Grüngutkompostieranlage mit einer max. Durchsatzleistung von jährlich 3.250 t von Einsatzstoffen auf dem kreiseigenen – in erster Linie noch zu Zwecken des Kiesabbaues genutzten – Grundstückes FlNr. 221 in der Gemeinde Fichtenhausen. Eine entsprechende Anlage ist im Landkreis Tannheim bisher nicht vorhanden.

Zweck der Anlage ist es, das im gesamtem Landkreis anfallende Grüngut (nur Gartenabfälle) zentral zu sammeln, zu behandeln und zum Zwecke der Verrottung zu lagern und anschließend als fertigen Kompost wieder in den Wirtschaftskreislauf zurückzuführen. Das Grüngut soll im Annahmebereich – auf einer befestigten Fläche – vor den beiden Hallen angeliefert, sortiert und gehäckselt und anschließend zur Kompostierung in den Hallen gelagert werden (wird weiter ausgeführt). Der Lagerungsvorgang dauert etwa 10 Monate.

Mit Schreiben vom 30.11.2006 wurden die Stellungnahmen der von der Planung berührten Träger öffentlicher Belange unter Übersendung der vollständigen Projektunterlagen eingeholt. In diesem Sinne wurde auch die Gemeinde Fichtenhausen beteiligt und gleichzeitig aufgefordert, über das gemeindliche Einvernehmen zu entscheiden.

Die höhere Landesplanungsbehörde erklärte mit Schreiben vom 12.12.2005, dass der Anlage keine raumbedeutsame Wirkung zukomme und mit den Zielen der Raumordnung und Landesplanung ansonsten vereinbar sei. Das Wasserwirtschaftsamt erklärte mit Schreiben vom 13.12.2005, bei Einhaltung bestimmter Vorgaben, die als Nebenbestimmungen im Bescheid enthalten sind, sei den wasserwirtschaftlichen Belangen Rechnung getragen. Das Landesamt für Umweltschutz, das von der Immissionsabteilung der Regierung von Oberbayern zu Fragen der Luftreinhaltung beigezogen wurde, teilte mit Schreiben vom 16.12.2005 mit, dass bei Beachtung bestimmter technischer Standards grundsätzlich keine Bedenken bestünden.

Die sonst beteiligten Träger öffentlicher Belange stimmten alle vorbehaltlos zu. Die Standortgemeinde Fichtenhausen stimmte mit Beschluss des Gemeinderates vom 12.12.2005 zu.

Unter dem Datum vom 6.2.2006 stellte der Vorhabensträger, nachdem ihm das Schreiben des 1. Bürgermeisters der Gemeinde Fichtenhausen vom 3.2.2006 zwecks Stellungnahme überlassen worden war, Antrag auf sofortige Vollziehung des Genehmigungsbescheides.

(wird weiter ausgeführt)

Wegen der weiteren Einzelheiten des Sachverhalts wird auf den Inhalt der Akten verwiesen.

II.

1. (wird ausgeführt)

2. Rechtsgrundlage der Entscheidung ist § 31 I KrW-/AbfG iVm § 4 BImSchG, 4. BImSchV.

Auf Grundlage von §§ 19, 10 BImSchG war ein immissionsschutzrechtliches Genehmigungsverfahren durchzuführen, was ordnungsgemäß erfolgt ist.

3. Die Genehmigungsvoraussetzungen nach §§ 4 iVm 6 BImSchG für die Zulassung der Kompostieranlage als Abfallentsorgungsanlage liegen vor. Alleiniger Prüfungsmaßstab sind die Bestimmungen des BImSchG. Auf Abfallrecht ist insoweit nicht zurückzugreifen (wird weiter ausgeführt).

Durch die Nebenbestimmung in Ziff. 4.d) des Genehmigungsbescheides wird sichergestellt, dass von der Anlage keine schädlichen Umwelteinwirkungen in Form von Geruchsbeeinträchtigungen, Lärm und Keimimmissionen (Pilzsporenflug) auf die nächst gelegene Wohnbebauung in der Gemeinde Fichtenhausen ausgehen.

Insoweit wird Bezug genommen auf das den Antragsunterlagen beiliegende Gutachten des Umweltinstitutes Luft + Lärm + Sonstiges vom 12.11.2001, dessen Ergebnisse vom Landesamt für Umweltschutz bestätigt worden sind.

Die Nebenbestimmung erfolgte auf Grundlage von § 12 BImSchG.

Dem Vorhaben stehen auch sonstige öffentlich-rechtliche Vorschriften nicht entgegen.

Dies gilt im Besonderen für die Belange des öffentlichen Baurechts, die über § 6 I Nr. 2 BImSchG vollumfänglich zur Anwendung kommen, das Vorhaben aber insbesondere bauplanungsrechtlich nicht unzulässig machen.

Das beantragte Vorhaben ist auf alle Fälle gem. § 35 I Nr. 4 BauGB wegen seiner Auswirkungen im Außenbereich bevorrechtigt zulässig. Öffentliche Belange nach § 35 III BauGB stehen nicht entgegen. Die Darstellung im derzeit geltenden Flächennutzungsplan der Gemeinde Fichtenhausen, die für den fraglichen Bereich „Fläche für Forst- und Landwirtschaft" vorsieht, ist im Hinblick auf die Privilegierung nicht konkret genug.

Zudem hat die Gemeinde mit Beschluss des Gemeinderates vom 12.12.2005 dem Vorhaben zugestimmt. Das Schreiben des 1. Bürgermeisters vom 3.2.2006 konnte nicht mehr zur Aufhebung der Zustimmung führen.

Die Genehmigung schließt nach § 13 BImSchG sämtliche erforderlichen Genehmigungen, Zulassungen, Verleihungen, Erlaubnisse und Bewilligungen mit Ausnahme wasserrechtlicher Erlaubnisse und Bewilligungen nach §§ 14, 15 WHG ein.

4. Sofortvollzug

Die Anordnung der sofortigen Vollziehung der Genehmigung ergeht auf Grundlage von § 80 II Nr. 4 VwGO.

Die sofortige Vollziehung liegt im öffentlichen Interesse. Ein nach § 80 III iVm § 80 II Nr. 4 VwGO besonderes Vollzugsinteresse ist gegeben.

Der Landkreis Tannheim ist als entsorgungspflichtige Körperschaft nach Art. 3 BayAbfG verpflichtet, gem. Art. 1 I Nr. 3 BayAbfG kompostierbare Stoffe weitestgehend in den Stoffkreislauf zurückzuführen, also stofflich zu verwerten. Diesem Verwertungsgebot kommt der Landkreis mit Errichtung der genehmigten Kompostieranlage, die zentral das gesamte Grüngut des Kreises aufnimmt, nach. Eine andere Kompostieranlage ist bisher nicht vorhanden. Mit der Errichtung und dem Betrieb der Grüngutkompostieranlage erfüllt der Landkreis eine öffentliche Aufgabe der Daseinsvorsorge und des Umweltschutzes. Die Antragsteller haben demgegenüber ein Interesse daran, dass die Anlage nicht vor Bestandskraft des Genehmigungsbescheides errichtet wird.

Das öffentliche Interesse an einer den gesetzlichen Vorgaben entsprechenden Abfallentsorgung überwiegt das Interesse der Antragsteller. Insbesondere entstehen durch den vorzeitigen Beginn der Arbeiten und uU der Inbetriebnahme keine irreparablen Nachteile für die Betroffenen. Lärm-, Geruchs- und Keimimmissionen sind nach dem Stand der Technik weder beim Bau noch beim Betrieb der Anlage zu erwarten. Insgesamt überwiegt daher das öffentliche Interesse am Sofortvollzug.

5. Die Kostenentscheidung beruht auf Art. 1, 2, 6 KG. Die Gebührenfreiheit ergibt sich aus Art. 4 KG.

Rechtsbehelfsbelehrung (ordnungsgemäß)

i.A.

Brummer
Oberregierungsrat

Umweltinstitut
Lärm + Luft + Sonstiges
Postfach 3434
88822 Schönblick

14.11.2005

An den
Landkreis Tannheim
z. Hd. Herrn Landrat Müller

Betreff: Gutachten über die Auswirkungen der geplanten Grüngutkompostieranlage insbesondere hinsichtlich Lärm-, Luft- und Keimimmissionen

Anlagen: Gutachten (12-fach)

Sehr geehrter Herr Landrat,

entsprechend Ihrer Auftragserteilung erhalten Sie das von uns erstellte Gutachten.

Sollten Fragen dazu bestehen, werden wir diese selbstverständlich unverzüglich beantworten.

Mit freundlichen Grüßen

Prof. Dr. Dr. h.c. Rein

Anlage zum Schreiben des Umweltinstitutes

Gutachten

1. Ausgangssituation: (wird weiter ausgeführt)

2. Bewertung:

Kompostieranlagen für Grüngut (ausschließlich Gartenabfälle) ab einer Durchsatzleistung von täglich 15 t Einsatzstoffen sind grundsätzlich nicht unproblematisch, was Lärm und Luftreinhaltung angeht.

Bei Einhaltung bestimmter Prämissen, entsprechend dem derzeit aktuellen Stand der Technik, können Beeinträchtigungen durch Lärm, Gestank und Keime mit an Sicherheit grenzender Wahrscheinlichkeit ausgeschlossen und damit auch die Anforderungen der TA-Luft und der TA-Lärm erfüllt werden.

Notwendig ist,

dass der Standort einer derartigen Anlage sich mindestens 1 km entfernt zur nächsten zusammenhängenden Wohnbebauung befindet,

dass die Verrottung in geschlossenen Hallen stattfindet,

dass die jeweiligen Abluftschächte der Hallen mit Biofilter, Typ S xy (wird weiter ausgeführt) ausgestattet und alle 6 Monate auf ihre Wirksamkeit untersucht werden,

dass regelmäßig alle 3 Monate nach Aufnahme des Betriebes an den jeweiligen Abluftaustrittsschächten Emissionsmessungen vorgenommen werden.

Werden diese Voraussetzungen erfüllt, ist weder mit Geruchsbelästigungen noch mit Keimbeeinträchtigungen durch Pilzsporen, noch mit Lärm für die mindestens 1 km entfernte Wohnbevölkerung zu rechnen.

Der vorgesehene Standort auf Grundstück FlNr. 221 in der Gemeinde Fichtenhausen ist insoweit als geeignet zu beurteilen. Er weist die entsprechend notwendige Entfernung zur nächstgelegenen Wohnbebauung im Ortsbereich auf. Eine Anlage in dem beabsichtigten Umfang sollte zudem auch nicht in einem Gewerbe- oder Industriegebiet errichtet werden, da nur durch eine entsprechende Entfernung und die Einhaltung bestimmter technischer Vorgaben auch dort unangenehme Geruchsbelästigungen gegebenenfalls über die Ablufteinrichtungen vermieden werden können.

(Weitere Ausführungen folgen)

Prof. Dr. Dr. h.c. Rein

Landesamt für Umwelt 16.12.2005

Betreff: Grüngutkompostieranlage des Landkreises Tannheim

Das vom Umweltinstitut Lärm + Luft + Sonstiges vorgelegte Gutachten zu den möglichen Auswirkungen einer Grüngutkompostieranlage und den Maßnahmen, um Immissionsbeeinträchtigungen zu vermeiden, ist methodisch in keiner Weise zu bezweifeln.

Unter Einhaltung der dort genannten Prämissen ist mit schädlichen Umwelteinwirkungen iSv § 3 BImSchG für die Bürger in Fichtenhausen und auch ansonsten nicht zu rechnen.

i.A.

Dr. Kühn
Regierungsdirektor

Mit Beschluss des Verwaltungsgerichts wurden die Verfahren M 30 S 06.110, M 30 S 06.113 und M 30 S 06.117 zur gemeinsamen Verhandlung verbunden.

Auszug aus dem Protokoll über die mündliche Verhandlung vom 27.3.2006:

Die Sach- und Rechtslage wird erörtert. Insbesondere werden Fragen des Bauplanungsrechts, vor allem seine Anwendbarkeit im vorliegenden Verfahren im Zusammenhang mit dem sog. Standortprivileg, umfassend behandelt. Auch auf eine an Art. 28 II GG ausgerichtete, verfassungskonforme Auslegung der Zulassungsregelungen wird eingegangen.

Die Antragsteller stellen die Anträge aus ihrer jeweiligen Antragsschrift.

Der Antragsgegner beantragt, die Anträge abzulehnen.

Der beigeladene Landkreis beantragt ebenfalls deren Ablehnung.

Anschließend ergeht folgender Beschluss:

Eine Entscheidung wird den Beteiligten schriftlich zugestellt.

Bearbeitervermerk:

Die Entscheidung des Verwaltungsgerichts ist zu entwerfen.

Streitwertfestsetzung, Sachverhaltsdarstellung und Rechtsbehelfsbelehrung sind erlassen.

Zustellungen, Vollmachten und sonstige Formalien sind in Ordnung. Wenn das Ergebnis der mündlichen Verhandlung nach Ansicht des Bearbeiters zu einer Entscheidung nicht ausreicht, ist zu unterstellen, dass trotz Wahrnehmung der richterlichen Aufklärungspflicht keine weitere Sachverhaltsaufklärung möglich war.

Soweit in den Gründen ein Eingehen auf berührte Rechtsfragen nicht notwendig erscheint, sind diese in einem Hilfsgutachten zu behandeln.

Andere als die in der Angabe enthaltenen Vorschriften des Abfallrechts sind nicht anzuwenden. Es ist davon auszugehen, dass eine Umweltverträglichkeitsprüfung nicht erforderlich ist und, dass die anwaltlichen und behördlichen Schriftsätze sowie Anträge den Vorgaben des § 55d VwGO entsprechen sowie über die jeweiligen elektronischen Postfächer versandt worden und im EGVP eingegangen sind.

Lösung

A. Entscheidung des Gerichts

1 Az.: M 30 S 06.110, M 30 S 06.113, M 30 S 06.117

Bayerisches Verwaltungsgericht München

In der Verwaltungsstreitsache

1. Gemeinde Fichtenhausen
vertreten durch den 1. Bürgermeister
bevollmächtigt:
Rechtsanwalt Waldemar Wacker
Bergstraße 12
88877 Fichtenhausen

2. Bürgerinitiative „Kompostieren ja – hier nein“ e.V.
vertreten durch den Vorstand
bevollmächtigt:
Rechtsanwalt C.J. Wimmer
Waldstraße 1
87872 Eggenheim

3. Käthe und

4. Ewald Schön
wohnhaft: Erlenweg 4
80809 München
bevollmächtigt:
Rechtsanwalt Dr. Heino Hahn
Am Weiher 5
80809 München

– Antragsteller –

gegen

Freistaat Bayern

– Antragsgegner –

vertreten durch das
Landratsamt Tannheim

beigeladen:
Landkreis Tannheim
vertreten durch den Landrat

wegen

Vollzug des BImSchG

hier: Anträge auf vorläufigen Rechtsschutz

erlässt das Bayerische Verwaltungsgericht München, 30. Kammer, unter Mitwirkung von … aufgrund der mündlichen Verhandlung vom 27.3.2006 am 29.3.2006 folgenden

Beschluss:

1. Die Anträge werden abgelehnt.

2. Die Antragsteller zu 1.), zu 2.), zu 3.) und zu 4.) tragen die Kosten des Verfahrens und die außergerichtlichen Kosten des Beigeladenen je zu einem Viertel und ihre außergerichtlichen Kosten jeweils selbst.

Gründe

I.

Sachverhaltsdarstellung (erlassen)

II.

Hinweis: Die Eröffnung des Verwaltungsrechtswegs nach § 40 I VwGO, der infolge des Vollzugs von Normen des Immissionsschutzrechts im Übrigen gegeben ist, wird nicht in den Entscheidungsgründen behandelt. Gegebenenfalls muss ein Verweisungsbeschluss erfolgen. Nach § 101 III VwGO ist die Durchführung einer mündlichen Verhandlung auch im Rahmen von Eilverfahren möglich. 2

Der Antrag der Antragstellerin zu 2.) ist unzulässig, die Anträge der Antragsteller zu 1.), zu 3.) und zu 4.) sind zulässig, aber unbegründet. 3

1. Zulässigkeit der Anträge[1] 4

a) Die Anträge sind nach §§ 80a III 2, 80 V 1 VwGO statthaft. 5

In der Hauptsache ist, da es um die Aufhebung eines Genehmigungsbescheides geht, Anfechtungsklage zu erheben. Damit richtet sich der vorläufige Rechtsschutz gem. § 123 V VwGO ausschließlich nach den §§ 80, 80a VwGO.[2]

Die Anträge sind der Sache nach Anträge auf Wiederherstellung der aufschiebenden Wirkung der Anfechtungsklage nach § 80a III 2 iVm § 80 V 1 Alt. 2 VwGO.

b) Der Antragstellerin zu 2.) fehlt die Antragsbefugnis. 6

Die Antragsbefugnis richtet sich nach den Voraussetzungen für die Klagebefugnis.[3] Dies bedeutet, dass in Fällen, in denen – wie hier – die Genehmigung durch Dritte angefochten wird, diese substantiiert die Möglichkeit einer Verletzung in eigenen Rechten darlegen müssen. Voraussetzung dafür ist das Vorliegen einer zumindest auch Dritte schützenden Rechtsnorm.[4] Das gilt auch, wenn Dritter ein Verband, ein Verein oder eine Interessengemeinschaft ist, deren Ziel der Schutz der Natur, der Umwelt oder sonstiger Belange der Allgemeinheit ist.

Die Antragstellerin zu 2.)[5] kann sich unter keinem rechtlichen Gesichtspunkt auf eine sie selbst schützende Rechtsposition berufen. Soweit der Vereinszweck in der Bewahrung einer gesunden Umwelt besteht, macht sie in eigenem Namen Allgemeininteressen geltend, aus denen keine Klage- bzw. Antragsbefugnis hergeleitet werden kann. Soweit sie eine Beeinträchtigung der Gesundheit der Bewohner von Fichtenhausen und damit insbesondere auch ihrer Mitglieder geltend macht, stützt sie sich auf Rechte anderer, die für sie ebenfalls keine eigene Klagebefugnis begründen.

Eine allgemeine Prozessführungsbefugnis von Verbänden oder Vereinen zur Wahrnehmung der Rechte ihrer Mitglieder in eigenem Namen ist dem Verwaltungsprozessrecht fremd.

Der Verneinung einer Klage- bzw. Antragsbefugnis in Fällen der vorliegenden Art steht auch nicht das Grundrecht des Art. 9 I GG auf Vereinigungsfreiheit entgegen, da die Betätigung als solche nicht behindert wird.[6]

Bei den Antragstellern zu 1.), zu 3.) und zu 4.) ist es dagegen nicht von vorneherein und unter jeglichem rechtlichen Gesichtspunkt ausgeschlossen, dass sie möglicherweise in eigenen Rechten verletzt sein können. 7

1 Infolge der Entscheidung über drei Anträge werden der besseren Übersichtlichkeit wegen die Entscheidungsgründe numerisch nach Zulässigkeit und Begründetheit gegliedert.
2 Vgl. Eyermann/Happ VwGO § 123 Rn. 8 f.; Wolff/Decker/Decker VwGO § 123 Rn. 9.
3 BVerwG NVwZ 1994, 1000; 1993, 565; VGH Mannheim NJW 1990, 61; OVG Weimar UPR 1997, 156.
4 BVerwG NJW 1995, 1628; DVBl. 1994, 1152.
5 Die Bürgerinitiative ist als e.V. gem. § 61 Nr. 1 VwGO beteiligten- und gem. § 62 III VwGO prozessfähig.
6 BVerwG NJW 1981, 362; DÖV 1980, 649; VGH Mannheim DÖV 1999, 165; Jarass BImSchG § 6 Rn. 49; Eyermann/Happ VwGO § 42 Rn. 112 ff.

Die Antragstellerin zu 1.) kann sich möglicherweise auf eine Verletzung ihrer von Art. 28 II GG iVm § 36 BauGB geschützten Planungshoheit berufen. Bei den Antragstellern zu 3.) und zu 4.) ist eine Verletzung des Schutzgebotes aus § 5 I Nr. 1 BImSchG und auch des in § 35 III 1 Nr. 3 BauGB enthaltenen Rücksichtnahmegebotes nicht ausgeschlossen.

8 c) Soweit die Antragsteller antragsbefugt sind, liegt für ihre Anträge auch das allgemeine Rechtsschutzinteresse vor.

Dies gilt insbesondere, soweit als Zugangsvoraussetzung zum Verwaltungsgericht die vorherige behördliche Befassung mit dem Antrag auf vorläufigen Rechtsschutz auch im Falle des § 80a III, I Nr. 2 VwGO gefordert wird.[7]

Die Antragstellerin zu 1.) hat sich vor Anrufung des Gerichts bei der Ausgangsbehörde fernmündlich vergeblich um vorläufigen Rechtsschutz bemüht. Dies wurde glaubhaft dargelegt. Damit ist jedenfalls den Anforderungen an eine vorherige Befassung durch die Behörde genügt. Schriftform wird insoweit nicht gefordert.[8]

Gleiches gilt im Hinblick auf den entsprechenden Antrag der Antragsteller zu 3.) und zu 4.) im Hinblick auf die Vorsprache im Landratsamt am 1.3.2006.

Damit kommt es auf die Frage, ob sich der Antragsgegner insoweit auch rügelos zur Sache eingelassen hat und der Antrag damit zulässig wird, nicht an.[9]

9 **Exkurs:**

Soweit es um die Anforderung von öffentlichen Abgaben und Kosten iSv § 80 II Nr. 1 VwGO geht, ist nach § 80 VI 1 VwGO Voraussetzung für die Zulässigkeit eines Antrages an das Verwaltungsgericht, dass die Behörde damit befasst war und den Antrag abgelehnt hat.
Nach ganz überwiegender Auffassung handelt es sich bei dem Erfordernis eines erfolglos durchgeführten Aussetzungsverfahrens um eine sog. echte Zugangsvoraussetzung, die bereits im Zeitpunkt der Antragstellung bei Gericht erfüllt sein muss und nicht um eine bloße Sachurteilsvoraussetzung, die bis zum Abschluss des gerichtlichen Verfahrens nachgeholt werden kann.[10]
Wird auch im Falle der § 80a III, I Nr. 2 iVm § 80 V VwGO die vorherige Befassung durch die Behörde verlangt, ist es konsequent, bei Annahme einer Zugangsvoraussetzung eine Fehlerheilung durch rügelose Einlassung zur Sache abzulehnen.[11]

10 **Hinweis:** Die Frage des zuständigen Gerichts wird auch im vorläufigen Rechtsschutzverfahren innerhalb des Hilfsgutachtens erfolgen (hier ist das Bayerische Verwaltungsgericht München als Gericht der Hauptsache gem. §§ 45, 52 Nr. 1 VwGO, Art. 1 II Nr. 1 AGVwGO zuständig).

11 2. Begründetheit der Anträge der Antragsteller zu 1.), zu 3.) und zu 4.)

12 Die Anträge sind nicht begründet.

13 Das Verwaltungsgericht gewährt vorläufigen Rechtsschutz nach §§ 80a III, 80 V VwGO aufgrund einer ihm gesetzlich eingeräumten originären Zuständigkeit in selbstständiger Ermessensbetätigung. Das Verwaltungsgericht trifft im Rahmen des § 80 V VwGO eine eigene originäre Ermessensentscheidung unter Abwägung der gegenläufigen Interessen.

7 Dafür VGH München BayVBl. 1993, 565; OVG Lüneburg BauR 1994, 358; OVG Koblenz NVwZ 1994, 1015; Heberlein BayVBl. 1993, 743; dagegen VGH Mannheim NVwZ 1995, 292; 1995, 1004; OVG Hamburg BauR 1995, 379; VGH Kassel NVwZ 1993, 491.
8 OVG Münster DÖV 1996, 1009.
9 Dafür VGH München BayVBl. 1993, 565; 1991, 723; dagegen Heberlein BayVBl. 1993, 743.
10 VGH München BayVBl. 1997, 50; 1992, 148; VGH Mannheim VBlBW 1992, 347; VGH Kassel NVwZ-RR 1995, 235; OVG Koblenz NVwZ 1993, 591.
11 S. insoweit ausdrücklich zu § 80 VI VwGO OVG Koblenz DVBl. 1992, 1296.

Auf einer ersten Stufe der Interessenabwägung werden dabei die Erfolgsaussichten in der Hauptsache beurteilt. Die Interessenabwägung fällt regelmäßig zuungunsten des Antragstellers aus, wenn sich der angefochtene Verwaltungsakt schon bei summarischer Überprüfung als offensichtlich rechtmäßig erweist und der Rechtsbehelf daher offensichtlich erfolglos sein wird. Es kann kein überwiegendes privates Interesse daran bestehen, vom sofortigen Vollzug eines erkennbar rechtmäßigen Verwaltungsaktes verschont zu bleiben.

Exkurs zur gerichtlichen Entscheidung nach § 80 V VwGO: 14

Bei der gerichtlichen Entscheidung nach § 80 V VwGO gilt die Besonderheit, dass das Verwaltungsgericht nicht wie ansonsten nur die Entscheidung der Verwaltung überprüft, sondern originär eine eigene Ermessensentscheidung anstelle der Behörde trifft.[12]
Dies ist beim Entwerfen einer gerichtlichen Entscheidung in der Klausuraufgabe zu beachten und deutlich – etwa in obiger Form – herauszustellen.
Das Gericht wägt die Interessen der Beteiligten ab, wobei zunächst auf die Erfolgsaussichten des Rechtsbehelfs in der Hauptsache abzustellen ist, soweit diese im Rahmen der summarischen Überprüfung „offensichtlich“ sind.[13]
Die Prüfung der Erfolgsaussichten des Hauptsacherechtsbehelfs ist (bereits) Teil der Interessenabwägung (und regelmäßig maßgebend für die Entscheidung des Gerichts nach § 80 V VwGO).[14]
Von Bedeutung ist, den richtigen Rechtsbehelf der Hauptsache zu bestimmen und sich darüber klar zu werden – insbesondere bei Rechtsbehelfen von Dritten –, unter welchen Voraussetzungen diese zulässig und begründet sind.[15]
Lassen sich die Erfolgsaussichten in der Hauptsache nicht eindeutig bestimmen, liegt damit der Fall eines sog. „non liquet“ vor, ist dann auf der „zweiten Stufe“ der Interessenabwägung eine Folgenbetrachtung anzustellen. Danach sind die Auswirkungen des Vollzugs oder seiner Aussetzung für die Beteiligten gegenüberzustellen und zu bewerten. Dabei ist insbesondere zu beachten, ob durch den Vollzug des Verwaltungsaktes irreparable Zustände geschaffen werden.[16]
In der Klausursituation wird ein Fall des „non liquet“ eher die Ausnahme sein. Vielmehr werden regelmäßig die Erfolgsaussichten des Hauptsacherechtsbehelfs zu prüfen sein und dann bereits auf dieser Stufe der Interessenabwägung eine gerichtliche Entscheidung getroffen werden können.

a) Die Anordnung des Sofortvollzugs ist formell ordnungsgemäß erfolgt. 15

Dem Begründungserfordernis des § 80 III 1 VwGO ist in ausreichendem Maße genüge getan. Es liegt eine auf den konkreten Einzelfall abstellende, substantiierte und nicht lediglich formelhafte Begründung des besonderen Vollzugsinteresses vor.[17]

Exkurs zu den Folgen einer fehlerhaften Begründung: 16

Streit besteht darüber, welches die Folgen einer fehlenden oder fehlerhaften Begründung iSv § 80 III 1 VwGO sind. Nach der wohl hM hebt das Verwaltungsgericht in diesen Fällen die Anordnung der sofortigen Vollziehung ohne weitere Sachprüfung auf.[18] Die Folge davon ist, dass die Behörde erneut die sofortige Vollziehung anordnen kann. Nach anderer Auffassung kommt in diesen Fällen

12 BVerwG DVBl. 1994, 314; VGH München BayVBl. 2003, 58; 2004, 343; OVG Hamburg NVwZ 1990, 591; VG München NVwZ-RR 2001, 154; Loos JA 2001, 698.

13 BVerwG DVBl. 1994, 341; VGH München NVwZ 1995, 237; BauR 1991, 720; VGH Kassel NVwZ-RR 1995, 922; VGH Mannheim NVwZ 1990, 186; s. auch BVerfG BauR 2009, 1285.

14 VGH München NVwZ 1989, 685; VGH Mannheim VBlBW 1992, 268; OVG Münster NVwZ-RR 1990, 23.

15 Wolff/Decker/Decker VwGO § 80a Rn. 16.

16 VGH München NJW 1984, 2784; OVG Schleswig NVwZ 1992, 687; OVG Münster NVwZ-RR 2003, 637.

17 VGH München BayVBl. 2005, 565; 1999, 465; 1994, 722; VGH Mannheim NVwZ 1996, 281; VBlBW 1990, 386; Kaltenborn DVBl. 1999, 828.

18 VGH München BayVBl. 1996, 633; NVwZ 1985, 663; VGH Mannheim NVwZ 1991, 1195; OVG Schleswig NVwZ-RR 1996, 148; Kopp/Schenke/W.-R. Schenke VwGO § 80 Rn. 87; Eyermann/Hoppe VwGO § 80 Rn. 98; s. auch VGH München BayVBl. 1998, 373; OVG Bautzen NVwZ-RR 1999, 409 und dagegen VGH München BayVBl. 1999, 465.

nur die Wiederherstellung der aufschiebenden Wirkung in Betracht, mit der Konsequenz, dass eine neuerliche Vollzugsanordnung nicht erlassen werden kann.[19]

17 Vor Erlass der Anordnung des Sofortvollzugs durch das Landratsamt war die Anhörung der Antragsteller nicht erforderlich. Bei der Vollziehbarkeitsanordnung handelt es sich nicht um einen Verwaltungsakt iSv Art. 35 BayVwVfG, da sie keinen in Bestandskraft wachsenden Regelungsgehalt besitzt. § 80 III 1 VwGO stellt eine abschließende Regelung der formellen Rechtmäßigkeitsvoraussetzungen der Vollziehbarkeitsanordnung dar, sodass insoweit auch keine analoge Anwendung des Art. 28 BayVwVfG in Betracht kommt.[20]

18 **b)** Die Anlagengenehmigung des Landratsamtes vom 7.2.2006 ist schon bei summarischer Betrachtung rechtmäßig, sodass die Klagen der Antragsteller zu 1.), zu 3.) und zu 4.) aller Voraussicht nach unbegründet sein werden.

19 Die Klagen sind zulässig, insbesondere war die Durchführung eines Vorverfahrens nach § 68 I 2 Alt. 1 VwGO, Art. 15 II AGVwGO entbehrlich.[21]

Die Genehmigung konnte auf Grundlage von §§ 4, 6 BImSchG erlassen werden.

20 **c)** In verfahrensrechtlicher Hinsicht sind keine Fehler feststellbar und wird ohnehin kein Nachbar- bzw. Drittschutz vermittelt.

Das Landratsamt war nach Art. 1 I Nr.3 BayImSchG für die Erteilung der Genehmigung zuständig.

Nach § 19 I BImSchG iVm der 4. BImSchV war über die Erteilung der immissionsschutzrechtlichen Genehmigung im vereinfachten Verfahren zu entscheiden. Es handelt sich um eine Anlage, die unter Nr. 8.5.2 Buchst. V des Anhanges zur 4. BImSchV aufgeführt ist, da die Grüngutkompostieranlage eine Durchsatzleistung von täglich 10 t an Einsatzstoffen hat.

Das vereinfachte Genehmigungsverfahren ist gem. § 19 II BImSchG iVm der 9. BImSchV ordnungsgemäß durchgeführt worden. Der Landkreis Tannheim hat mit Schreiben vom 20.11.2001 die Genehmigung zur Errichtung und zum Betrieb einer Grüngutkompostieranlage unter Vorlage der vollständigen Antragsunterlagen entsprechend den §§ 19 II, 10 BImSchG iVm §§ 2, 3, 4 und 7 der 9. BImSchV beantragt. Nach §§ 19 II, 10 V BImSchG, § 11 der 9. BImSchV ist die notwendige Behördenbeteiligung einschließlich der Beteiligung der Standortgemeinde erfolgt.

Ein Anhörungsverfahren mit Öffentlichkeitsbeteiligung findet im vereinfachten Verfahren nicht statt. Dies wird durch § 19 II BImSchG gerade ausgeschlossen, der die Regelungen in § 10 III, IV und VI BImSchG für nicht anwendbar erklärt.

21 **Exkurs zum immissionsschutzrechtlichen Genehmigungsverfahren:**

Ein förmliches Genehmigungsverfahren nach § 10 BImSchG ist immer dann durchzuführen, wenn es sich um eine Anlage handelt, die im Anhang zur 4. BImSchV mit dem Buchstaben G bezeichnet ist. Bei der Bezeichnung mit Buchstabe V ist grundsätzlich ein vereinfachtes Verfahren ausreichend, es sei denn der Anlagenbetreiber beantragt nach § 19 III BImSchG die Durchführung eines förmlichen Verfahrens. Ist die Anlage in der 4. BImSchV überhaupt nicht genannt, handelt es sich um eine nicht genehmigungsbedürftige Anlage nach § 22 BImSchG.
Aus § 4 BImSchG iVm der 4. BImSchV ergibt sich also, ob eine Anlage überhaupt nach immissionsschutzrechtlichen Regelungen genehmigungspflichtig ist und soweit dies zutrifft, welche Art von Genehmigungsverfahren durchzuführen ist.

---

19 OVG Bremenen DÖV 1980, 180.

20 VGH München BayVBl. 1988, 369; VGH Mannheim NVwZ 1995, 292; OVG Münster BauR 1995, 69.

21 Da vorliegend die Zulässigkeit der Klagen ansonsten unproblematisch ist, wird im Folgenden sofort auf deren Begründetheit eingegangen. Seit 1.7.2007 ergibt sich die Entbehrlichkeit des Vorverfahrens in Bayern aus § 68 I 2 Alt. 1 VwGO, Art. 15 II AGVwGO.

Im Rahmen des förmlichen Genehmigungsverfahrens ist die ursprünglich in § 10 III 5 BImSchG enthaltene materielle Präklusion aus unionsrechtlichen Gründen entfallen; ausdrücklich enthält § 10 III 5 BImSchG nunmehr eine bloße verfahrensrechtliche Präklusion.[22] 22

Es liegt auch kein Verstoß gegen Art. 20 BayVwVfG vor, weil das (sachlich) zuständige Landratsamt dem Landkreis eine Anlagengenehmigung erteilt hat. Der Gesetzgeber hat die Doppelnatur des Landratsamtes als Kreis- und Staatsbehörde (vgl. Art. 37 I BayLKrO) berücksichtigt und eine sog. funktionelle oder institutionelle Befangenheit in Art. 20 I Nr. 5 Hs. 2 BayVwVfG ausdrücklich ausgeschlossen.[23] 23

d) Die Anlagengenehmigung entspricht den materiell-rechtlichen Anforderungen. 24

Der Beigeladene hat einen Rechtsanspruch auf Zulassung der Anlage, da die Genehmigungsvoraussetzungen nach § 6 I BImSchG erfüllt sind.

aa) Bei summarischer Betrachtung ist davon auszugehen, dass die Grüngutkompostieranlage keine schädlichen Umwelteinwirkungen und sonstigen Gefahren, erhebliche Nachteile und erhebliche Belästigungen für die Allgemeinheit und die Nachbarschaft entsprechend § 6 I Nr. 1 iVm § 5 I Nr. 1, 3 I BImSchG hervorruft. 25

Zwar vermittelt die Schutzpflicht des § 5 I Nr. 1 BImSchG als besondere gesetzliche Ausprägung des Rücksichtnahmegebotes[24] Drittschutz für die Nachbarschaft,[25] sodass sich die Antragsteller zu 3.) und zu 4.) als Eigentümer des an das Standortgrundstück angrenzenden Grundstückes FlNr. 220 grundsätzlich auf eine entsprechende Verletzung berufen könnten. Eine solche ist aber aufgrund des vorliegenden Sachverhalts offensichtlich nicht gegeben.

Exkurs zum Drittschutz aus § 5 BImSchG: 26

Von den Grundpflichten des § 5 I BImSchG kommt lediglich dem Schutz- und Abwehrgrundsatz in Nr. 1 nachbarschützende Wirkung zu, weil dort ausdrücklich auf die Nachbarschaft abgestellt wird.[26] Der sog. Vorsorgegrundsatz in Nr. 2, der Entsorgungsgrundsatz in Nr. 3 und der Abwärmenutzungsgrundsatz in Nr. 4 sind nicht drittschützend.

Nachbarn iSd Immissionsschutzrechts sind im Übrigen nur diejenigen Personen, die im Einwirkungsbereich der Anlage dauerhaft an einen bestimmten Ort gebunden und daher wegen einer engeren räumlichen und zeitlichen Beziehung zur Anlage qualifiziert betroffen sind. Neben den Eigentümern und eigentumsähnlich Berechtigten eines Grundstücks im Einwirkungsbereich der Anlage gehören daher – im Gegensatz zum rein grundstücksbezogenen Baurecht – auch Mieter und Pächter solcher Grundstücke oder Arbeitnehmer, die dort ihren ständigen Aufenthalt haben, zur Nachbarschaft im Immissionsschutzrecht. Nicht dazu zählen dagegen solche Personen, die sich nur gelegentlich im Einwirkungsbereich der Anlage aufhalten, um dort etwa ihre Freizeit zu verbringen.[27]

Entsprechend dem vom Beigeladenen eingeholten und unzweifelhaften Gutachten ist bei Einhaltung bestimmter technischer Vorgaben und der Wahl des geeigneten Standortes nicht mit schädlichen Umwelteinwirkungen für die Wohnbevölkerung zu rechnen. 27

Diese Vorgaben werden durch die Regelungen im Genehmigungsbescheid erfüllt. Der Standort der Anlage befindet sich etwa 2 km von Fichtenhausen und etwa 1,5 km vom Grundstück

22 Vgl. EuGH NVwZ2015, 1665.
23 Kopp/Ramsauer/Ramsauer VwVfG § 20 Rn. 28; VGH Mannheim NVwZ 1995, 292.
24 BVerwG UPR 1988, 344; VGH Mannheim NVwZ 1990, 985; VGH München BayVBl. 2004, 122.
25 BVerwG NVwZ-RR 2004, 335; BauR 2000, 1019; VGH München NVwZ-RR 1998, 25; VGH Mannheim NVwZ 1999, 439; OVG Lüneburg NVwZ-RR 2005, 401; Heitsch JA 2001, 258.
26 BVerwGE 65, 313 = NVwZ 1983, 32; VGH Mannheim NVwZ 1995, 292; VGH München NVwZ-RR 1991, 463; s. auch Jarass BImSchG § 5 Rn. 120 ff.
27 BVerwG DVBl. 1996, 1192; NJW 1983, 1507; OVG Lüneburg BauR 1996, 697; NVwZ 1985, 357; Schlotterbeck NJW 1991, 2669; Konrad JA 2002, 967.

der Antragsteller zu 3.) und zu 4.) entfernt. Der mindestens einzuhaltende Abstand von 1 km wird damit nicht unterschritten. Darüber hinaus wird der Anlagenbetreiber, insbesondere durch die Nebenbestimmung in Ziff. 4 des Bescheides, verpflichtet, die technisch notwendigen und dem jeweiligen Stand der Technik entsprechenden Vorkehrungen zu treffen. Damit wird auch gewährleistet, dass die Vorgaben der TA-Luft und der TA-Lärm eingehalten sind.

28 **Exkurs zur TA-Luft und TA-Lärm:**

Bei der TA-Luft und der TA-Lärm handelt es sich um Verwaltungsvorschriften, die auf Grundlage der §§ 48, 51 BImSchG erlassen werden. Die dort festgelegten Immissions- bzw. Lärmwerte konkretisieren den Schutzgrundsatz des § 5 I Nr. 1 BImSchG im Rahmen eines immissionsschutzrechtlichen Genehmigungsverfahrens.
Anfangs ging die Rechtsprechung davon aus, dass es sich bei den genannten Regelwerken um sog. „antizipierende Sachverständigengutachten" handelt, aufgrund derer die (sachverständige) Feststellung von Sachverhalten, wie etwa typischerweise der Obergrenze bestimmter Immissionswerte, ermöglicht wird. Für die Entscheidung der Verwaltung wurden sie als verbindlich betrachtet, für die Verwaltungsgerichte sollten sie lediglich Erfahrungswerte mit gesteigertem Beweiswert darstellen.[28]
Zwischenzeitlich geht auch das Bundesverwaltungsgericht davon aus, dass in diese Regelwerke auch wertende Beurteilungen eingehen, und sie in diesem Sinne innerhalb des immissionsschutzrechtlichen Genehmigungsverfahrens normkonkretisierenden Charakter haben mit der Folge, dass sie grundsätzlich auch im gerichtlichen Verfahren beachtlich und verbindlich sind.[29]

29 **bb)** Die Antragsteller zu 3.) und zu 4.) sind aber – unabhängig von der Frage des Vorliegens von schädlichen Umwelteinwirkungen – auch nicht in einer sonstigen schutzwürdigen Rechtsposition betroffen.

Das Gebot der Rücksichtnahme kann ihnen gegenüber nicht verletzt werden, da nur eine baurechtlich genehmigte und tatsächlich ausgeübte Grundstücksnutzung eine Rücksichtnahmepflicht auslöst.[30]

Das zu Wochenendzwecken errichtete Gebäude auf dem Grundstück FlNr. 220 liegt im Außenbereich des § 35 BauGB und ist bauplanungsrechtlich unzulässig. Seine Errichtung und Nutzung sind weder genehmigt noch genehmigungsfähig, da es als sonstiges Vorhaben iSv § 35 II BauGB öffentliche Belange gem. § 35 III BauGB beeinträchtigt.[31] Schon der einfache Widerspruch zu der Darstellung des Flächennutzungsplanes als Fläche für Forst- und Landwirtschaft hindert das nicht privilegierte Vorhaben.[32] Zudem besteht die Gefahr der Entstehung einer Splittersiedlung aufgrund der negativen Vorbildwirkung, die bereits bei der erstmaligen Zulassung eines sonstigen Außenbereichsvorhabens gegeben ist.[33]

An dieser rechtlichen Beurteilung ändert auch das eingeleitete Petitionsverfahren nichts. Daraus kann sich allenfalls eine Verpflichtung der Verwaltung zur gegebenenfalls rechtswidrigen Duldung des Gebäudes ergeben. Auswirkungen für die im Verwaltungsprozessrecht vorzunehmende rechtliche Überprüfung und Würdigung hat dies jedenfalls nicht.[34]

30 **cc)** Die Anlagengenehmigung widerspricht bei summarischer Betrachtung auch nicht nach § 6 I Nr. 2 BImSchG zu prüfender anderer öffentlich-rechtlicher Vorschriften, insbesondere nicht den Vorschriften des Bauplanungsrechts.

28 BVerwG NJW 1978, 1450; Vieweg NJW 1982, 2473.
29 BVerwG UPR 1996, 306; UPR 1995, 196 jeweils ausdrücklich zur TA-Luft; s. schon VGH München NVwZ-RR 1991, 472; OVG Münster DVBl. 1988, 152; jetzt BVerwG DVBl. 2001, 1460; VGH München NVwZ-RR 2000, 661.
30 BVerwG NVwZ 1993, 1184; VGH Mannheim VBlBW 1995, 481.
31 BVerwG ZfBR 2000, 486; NVwZ 1988, 144; OVG Bremen NVwZ 1995, 606.
32 BVerwG NVwZ 1998, 960; Decker/Konrad BayBauR 293.
33 BVerwG BauR 2000, 1173; NVwZ 1985, 747; BRS 40 Nr. 93; OVG Lüneburg BRS 47 Nr. 79.
34 Vgl. § 77 BayLTGeschO.

Die Regelungen der §§ 29–37 BauGB finden vorliegend uneingeschränkt Anwendung. 31

Der sog. Fachplanungsvorbehalt aus § 38 BauGB ist hier nicht einschlägig, da es sich bei der streitgegenständlichen Anlage nicht um eine Abfallbeseitigungsanlage, sondern – entsprechend des zugrunde liegenden Konzepts – um eine Abfallverwertungsanlage handelt.

Die Abfallverwertung ist neben der Abfallbeseitigung nach § 3 XIV, XXIII, XXVI KrWG zwar auch ein Unterfall der Abfallbewirtschaftung. Angesichts des klaren Wortlauts fällt die Abfallverwertung aber nicht in den Anwendungsbereich des § 38 BauGB.[35]

Exkurs: 32

Geht es um die Zulassung sog. immissionsschutzrechtlicher Abfallbeseitigungsanlagen, die öffentlich zugänglich sind, greift wie bei den Planfeststellungs- und Plangenehmigungsverfahren für Vorhaben von überörtlicher Bedeutung der Fachplanungsvorbehalt des § 38 BauGB.
Im Gegensatz zu den genannten Planfeststellungs- und Plangenehmigungsverfahren ist bei der Zulassung von immissionsschutzrechtlichen Abfallbeseitigungsanlagen – im Wesentlichen dürfte es sich um Müllverbrennungsanlagen für nicht verwertbare Stoffe, ohne dass die energetische Nutzung im Vordergrund steht, handeln – allerdings die Berücksichtigung städtebaulicher Belange, wie es § 38 S. 1 Alt. 2 BauGB verlangt, problematisch.
Während dies im Rahmen von Planfeststellungs- und Plangenehmigungsverfahren innerhalb der dort gebotenen Abwägung ohne Weiteres möglich ist, stellt sich die Situation bei den immissionsschutzrechtlichen Abfallbeseitigungsanlagen völlig anders dar. Bei diesen handelt es sich um Anlagen nach den §§ 4, 6 BImSchG (und nicht nach KrWG)genehmigt werden.[36]
Genehmigungen nach § 6 I BImSchG sind gebundene Entscheidungen, auf deren Erlass bei Vorliegen der Tatbestandsvoraussetzungen ein Rechtsanspruch besteht.[37]
Gebundenen Entscheidungen sind aus gesetzsystematischen Gründen planerische Elemente fremd. Eine Abwägung ist nicht vorgesehen.
Von daher stellt sich die Frage, wie die städtebaurechtlichen Bestimmungen der §§ 29–37 BauGB bei der Zulassung immissionsschutzrechtlicher Abfallbeseitigungsanlagen verfahrenstechnisch Berücksichtigung finden können. Diese Frage muss auch dann beantwortet werden, wenn § 38 S. 1 Alt. 2 BauGB als konstitutive Regelung gesehen wird.[38] Wäre ein Weg für eine verfahrenstechnische Umsetzung nicht gegeben und würde der Gesetzgeber von der Exekutive damit etwas (rechtlich) Unmögliches verlangen, müsste über die Wirksamkeit der Regelung nachgedacht werden. Die geltende Rechtslage dürfte eine Berücksichtigung der städtebaulichen Belange bei der Zulassung immissionsschutzrechtlicher Abfallbeseitigungsanlagen gerade noch ermöglichen. In Betracht kommt zum einen die Anwendung der Regelung des § 15 II Nr. 5 KrWG, als andere öffentlich-rechtliche Vorschrift iSv § 6 I Nr. 2 BImSchG,[39] nach der unter anderem die Belange des Städtebaus zu wahren sind. Zum anderen gebietet die gemeindliche Selbstverwaltungsgarantie aus Art. 28 II GG eine verfassungskonforme Auslegung des § 38 BauGB, gegebenenfalls wiederum mithilfe der Regelung des § 15 II Nr. 5 KrW-/AbfG und der Folge, dass das Städtebaurecht der §§ 29–37 BauGB (wohl) über eine tatbestandliche Abwägung in das Prüfprogramm des § 6 I BImSchG mit einfl eßt[40] (was ebenfalls mit Blick auf den sich aus § 6 BImSchG ergebenden Rechtsanspruch des Anlagenbetreibers nicht unproblematisch ist).
Öffentlich zugänglich ist eine Abfallbeseitigungsanlage im Übrigen dann, wenn Abfälle für öffentlich-rechtliche Entsorgungsträger beseitigt werden, unabhängig davon, ob die Anlage selbst von öffentlicher oder privater Hand betrieben wird.[41]

35 Kuchler NuR 1999, 259.
36 Vgl. VGH Kassel GewArch 1997, 81; OVG Koblenz NVwZ 1995, 290.
37 Meyer ZUR 1997, 201; Sandner DÖV 1998, 586.
38 Vgl. Lasotta DVBl. 1998, 255; Sandner DÖV 1998, 255; Konrad JA 1998, 424.
39 Vgl. Schmidt, Einführung in das Umweltrecht, 6. Aufl. 2001, 168 f.; Jarass BImSchG § 6 Rn. 12.
40 Vgl. OVG Koblenz NVwZ 1995, 290, das über eine verfassungskonforme Auslegung des § 38 BauGB sogar zu einer Ermessensentscheidung bei § 6 BImSchG kommt; s. auch Sandner DÖV 1998, 586.
41 Höltscher NVwZ 1998, 1134.

33 Ein Verstoß gegen die Bestimmung des § 36 BauGB über das gemeindliche Einvernehmen liegt nicht vor. Zwar ist das gemeindliche Einvernehmen, das Ausfluss der von Art. 28 II GG geschützten Planungshoheit ist,[42] nach § 36 I 2 BauGB auch im immissionsschutzrechtlichen Verfahren erforderlich. Vorliegend wurde es aber von der Gemeinde Fichtenhausen in verbindlicher Weise erteilt. Seine Rücknahme war nach dem 2.2.2006 nicht mehr möglich.

Dies ergibt sich aus folgenden Umständen:

Mit Schreiben vom 30.11.2005, nachweislich eingegangen bei der Gemeinde am 2.12.2005, wurde diese, neben der Übermittlung der vollständigen Planungsunterlagen, ausdrücklich auch aufgefordert und damit ersucht worden, eine Entscheidung über das gemeindliche Einvernehmen herbeizuführen, das schließlich erteilt worden ist. Zwar ist eine Rücknahme des gemeindlichen Einvernehmens von Gesetzes wegen nicht grundsätzlich ausgeschlossen. Allerdings setzt die in § 36 II 2 BauGB bestimmte Zwei-Monats-Frist dafür eine verbindliche Grenze.

Nach deren Ablauf darf der Bauherr darauf vertrauen, dass im Hinblick auf die Einvernehmensentscheidung klare Verhältnisse geschaffen sind und das formelle Hindernis des fehlenden Einvernehmens einem Vorhaben nicht mehr entgegen gehalten werden kann.[43]

Vorliegend begann die Zwei-Monats-Frist des § 36 II 2 BauGB gem. Art. 31 BayVwVfG, § 187 I BGB nach Eingang der schriftlichen Aufforderung des Landratsamts am 2.12.2005 bei Gemeinde Fichtenhausen mit dem 3.12.2005 zu laufen. Sie endete nach Art. 31 BayVwVfG, § 188 II Alt. 1 BGB mit Ablauf des 2.2.2006. Zwar wurde noch am 1.2.2006 die Rücknahme des Einvernehmens durch den Gemeinderat beschlossen. Da die Rücknahme wie die Versagung des Einvernehmens eine empfangsbedürftige Willenserklärung darstellt, wird sie erst und dann wirksam, wenn sie entsprechend § 130 III, I BGB der Genehmigungsbehörde zugeht.[44]

Hier erfolgte der Zugang der Einvernehmensrücknahme beim Landratsamt am 6.2.2006 und damit außerhalb der Zwei-Monats-Frist des § 36 II 2 BauGB, sodass das Einvernehmen als erteilt gilt.

34 **Exkurs:**

Die Einvernehmensfiktion tritt ein, wenn von der Gemeinde nicht innerhalb der zwei Monate des § 36 II 2 BauGB über das Einvernehmen entscheidet mit der Folge, dass das fehlende (oder zu spät versagte) Einvernehmen dem Vorhaben nicht mehr entgegensteht. Voraussetzung für den Eintritt der Fiktion ist grundsätzlich, dass der Gemeinde vollständige Antragsunterlagen vorgelegen haben.[45] Allerdings hat die Gemeinde eine Mitwirkungslast mit der Folge, dass sie (insbesondere im Baurecht) auf die Vollständigkeit der Antragsunterlagen hinwirken muss; andernfalls kann die Einvernehmensfiktion trotz Unvollständigkeit der Unterlagen eintreten.
Die Zwei-Monats-Frist beginnt nach § 36 II 2 BauGB mit dem (schriftlichen) Ersuchen der Genehmigungsbehörde, was insbesondere im immissionsschutzrechtlichen Genehmigungsverfahren von Bedeutung ist. Soweit das Baugenehmigungsverfahren nach Landesrecht – etwa gem. Art. 64 I BayBO oder § 53 I BWLBO – mit dem Einreichen der Bauantragsunterlagen über die Gemeinde einzuleiten ist, kommt es auf diesen Zeitpunkt an.

35 Bei der Anlage handelt es sich um ein nach § 35 I Nr. 4 BauGB privilegiertes Vorhaben.[46] Sie soll wegen ihrer nachteiligen Auswirkungen auf die Umgebung nur im Außenbereich ausgeführt werden. Entsprechend dem vorgelegten Gutachten sind derartige Anlagen unter anderem nur bei Einhaltung eines bestimmten Abstandes zur nächsten Wohnbebauung zuzulassen und sollen wegen der nicht ausschließbaren Geruchsbelästigung auch nicht in Gewerbegebieten errichtet werden. Damit ist auch unter der von § 35 I Nr. 4 BauGB geforderten wertenden

42 BVerwG BayVBl. 2001, 22; Konrad JA 2001, 558; Lasotta BayVBl. 1998, 609.
43 BVerwG NVwZ 1997, 900; OVG Münster ZfBR 1999, 285 wonach der Gemeinde in einem solchen Fall dann schon die Klagebefugnis fehlt.
44 VGH München UPR 2001, 38.
45 BVerwG NVwZ 2005, 213; VGH Mannheim BauR 1999, 381; VGH München BauR 1999, 1015.
46 Vgl. VGH Mannheim NVwZ 2001, 580.

Betrachtungsweise und einer Abwägung zwischen dem öffentlichen Interesse an der Freihaltung des Außenbereiches vor wesensfremder Bebauung und den Interessen des Anlagenbetreibers, der in Erfüllung einer gesetzlichen Pflicht handelt, die Grüngutkompostieranlage im Außenbereich bevorrechtigt zulässig, zumal es sich um ein singuläres Vorhaben handelt.

Öffentliche Belange iSv § 35 III BauGB stehen der Anlage nicht entgegen.

Weder ist § 35 III Nr. 1 BauGB verletzt, weil die Darstellungen des Flächennutzungsplanes einem privilegierten Vorhaben nur entgegenstehen können, wenn sie eine konkrete und standortbezogene Aussage treffen.[47] Eine solche liegt hier aber in der Darstellung einer Fläche für Forst- und Landwirtschaft aber gerade nicht vor.[48] Noch liegt ein Verstoß gegen § 35 III Nr. 3 BauGB vor, weil das Vorhaben keine schädlichen Umwelteinwirkungen am konkreten Standort hervorrufen kann. Dies wird durch die Einhaltung eines bestimmten Mindestabstandes und bestimmter technischen Vorgaben gerade ausgeschlossen. Im Übrigen ist, da für die Bestimmung des Begriffes der schädlichen Umwelteinwirkung auf § 3 I BImSchG zurückgegriffen werden kann,[49] bauplanungsrechtlich hinzunehmen und zumutbar, was immissionsschutzrechtlich im Rahmen des § 5 I Nr. 1 BImSchG nicht erheblich ist. Materiell vermittelt das Bauplanungsrecht gegenüber schädlichen Umwelteinwirkungen iSv § 3 I BImSchG keinen andersartigen und weitergehenden Schutz als § 5 I Nr. 1 BImSchG.[50]

Über § 6 I Nr. 2 BImSchG steht auch nicht die am 1.2.2006 beschlossene und am 8.2.2006 **36**
bekanntgemachte Veränderungssperre der Antragstellerin zu 1.) der Anlage entgegen.

Zwar ist die Sperrwirkung einer wirksamen Veränderungssperre auch im immissionsschutzrechtlichen Verfahren zu beachten.[51]

Allerdings ist die Veränderungssperre schon bei summarischer Betrachtung unwirksam. Das Verwaltungsgericht überprüft die Rechtmäßigkeit der Veränderungssperre auch im Rahmen des vorläufigen Rechtsschutzverfahrens inzident, wenn es wie vorliegend entscheidungserheblich darauf ankommt.[52]

Voraussetzung einer Veränderungssperre ist unter anderem, dass sie zur Sicherung der künftigen Planung erlassen wird und insoweit erforderlich ist. Grundsätzlich ist zwar eine umfassende und antizipierte Überprüfung des künftigen Bebauungsplanes nicht vorzunehmen. Allerdings muss der Bebauungsplan im Grundsatz zulässig und damit insbesondere iSv § 1 III BauGB erforderlich sowie auf ein bauplanungsrechtlich mögliches Ziel gerichtet sein.[53] Deshalb fehlt das Sicherungsbedürfnis (ausnahmsweise) dann, wenn der beabsichtigte Bebauungsplan einer positiven Planungskonzeption entbehrt und der Förderung von Zielen dient, für deren Verwirklichung die Planungsinstrumente des Baugesetzbuches nicht bestimmt oder wenn rechtliche Mängel schlechterdings nicht behebbar sind.[54]

Unter Zugrundelegung dieser Grundsätze ist das Sicherungsbedürfnis im vorliegenden Fall offensichtlich nicht gegeben.

Der zu sichernde Bebauungsplan ist nicht nach § 1 III BauGB erforderlich. Das alleinige Planungskonzept erschöpft sich nach der gemeindlichen Beratung und Beschlussfassung vom 1.2.2006 darin, das Vorhaben des Beigeladenen zu verhindern. Die im Bebauungsplan vorgesehene Festsetzung ist nach dem Willen der Gemeinde in ihrer eigentlichen, positiven Zielsetzung nicht gewollt und nicht erforderlich und offensichtlich nur vorgeschobenes Mittel, um einen Bauwunsch zu vereiteln.[55] Nach der gemeindlichen Begründung soll das Grundstück

47 BVerwG NVwZ 1998, 960; 1984, 367.
48 S. etwa BVerwG NVwZ 1991, 161; VG München VwRR-BY 1997, 24.
49 BVerwG NVwZ 1983, 609.
50 BVerwG DVBl. 1993, 111; DÖV 1988, 559, s. auch VGH Mannheim NVwZ 2000, 679; OVG Münster NVwZ 2001, 118.
51 VGH Mannheim NVwZ-RR 1990, 369.
52 Zur Inzidentkontrolle s. BVerwG NVwZ-RR 1996, 54; BayVBl. 2009, 204; BauR 2007, 515; VGH München BayVBl. 2002, 86 zu einer Abgabensatzung.
53 BVerwG NVwZ 1994, 685; VGH München BauR 2000, 1836.
54 OVG Münster BRS 56 Nr. 88; OVG Bremen BRS 49 Nr. 112.
55 BVerwG UPR 1999, 352; BayVBl. 1991, 280; VGH Kassel NVwZ 1993, 906; VGH Mannheim VBlBW 1998, 310; NuR 2003, 26.

FlNr. 221 deswegen überplant werden, um dort auch künftig einen ungehinderten und vollständigen Kiesabbau zu gewährleisten. Zu diesem Zweck soll ein Gewerbegebiet unter Ausschluss aller sonstigen möglichen Nutzungen und unter ausdrücklichem Ausschluss von Abfallentsorgungsanlagen ausgewiesen werden.

Der Kiesabbau ist auf Grundstück FlNr. 221 nach § 35 I Nr. 3 BauGB privilegiert zulässig. Darüber hinaus liegt seit 1994 bereits eine Genehmigung für den Kiesabbau vor, der dort auch betrieben wird. Durch den Bebauungsplan kann damit nicht mehr erreicht werden, als ohnehin zulässigerweise genehmigt wurde. Zudem soll die Grüngutkompostieranlage in einem Bereich errichtet werden, der bereits ausgebeutet ist. Der Bebauungsplan wird daher nicht von einer positiven Zielsetzung getragen, sondern soll ausschließlich die Abfallentsorgungsanlage verhindern.

37 **Exkurs zur Veränderungssperre:**

Die Veränderungssperre ist ein Mittel zur Sicherung der gemeindlichen Bauleitplanung. Zwar ist in § 14 I BauGB nur von der Aufstellung eines Bebauungsplanes die Rede, nach § 1 VIII BauGB gilt dies in gleichem Maße auch bei der Änderung, der Ergänzung und der Aufhebung eines Bebauungsplanes. Im Gegensatz zum Bebauungsplan ist der Aufstellungsbeschluss für die Veränderungssperre materielle Rechtmäßigkeitsvoraussetzung nach Bundesrecht. Fehlt der Aufstellungsbeschluss, ist eine dennoch erlassene Veränderungssperre nichtig. Gleiches gilt für die ortsübliche Bekanntmachung des Aufstellungsbeschlusses, da Letzterer nur rechtswirksam wird, wenn er ortsüblich bekannt gemacht worden ist.[56]
Der Aufstellungsbeschluss selbst muss noch keine endgültige Konzeption der künftigen Planung enthalten. Spätestens zum Zeitpunkt des Erlasses der Veränderungssperre muss ein Mindestmaß dessen erkennbar sein, was Inhalt der künftigen Planung sein soll.[57]
Materiell-rechtliche Voraussetzung der Veränderungssperre ist daneben, dass im Hinblick auf die künftige Planung ein Sicherungsbedürfnis gegeben ist („zur Sicherung der Planung", s. oben).
Die Veränderungssperre unterliegt als Mittel zur Sicherung der Bauleitplanung nicht dem allgemeinen Abwägungsgebot des § 1 VII BauGB, sondern allein der Prüfung, ob sie zur Erreichung des mit ihr verfolgten Sicherungszweckes erforderlich ist.[58]

38 Was das Verfahren zum Erlass der Veränderungssperre angeht, kann der Beschluss über die Aufstellung des Bebauungsplanes und der Beschluss über die Veränderungssperre in derselben Gemeinderatssitzung gefasst werden, letzterer zeitlich nach dem Aufstellungsbeschluss.[59]
Der Planaufstellungsbeschluss muss spätestens gleichzeitig mit der Veränderungssperre bekannt gemacht sein.[60]
Die Veränderungssperre ist weder anzeige- noch genehmigungspflichtig, sondern lediglich ortsüblich bekannt zu machen. Soweit beim Erlass der Veränderungssperre Form- oder Verfahrensfehler in Rede stehen, gelten die §§ 214, 215 BauGB.

39 Der mögliche Inhalt einer Veränderungssperre ergibt sich abschließend aus § 14 I BauGB. Nr. 1 gilt durch die uneingeschränkte Bezugnahme auf § 29 BauGB auch für Aufschüttungen und Abgrabungen größeren Umfanges und ist damit auch für Kiesabbauvorhaben bedeutsam.[61]
Nr. 2 erfasst als Veränderungen in dem dort genannten Sinne nur tatsächliche Handlungen.[62]
Damit sind Rechtshandlungen, wie etwa die Bestellung dinglicher Rechte, nicht ausgeschlossen.
Vorhaben, die entgegen einer Veränderungssperre errichtet werden sollen, sind planungsrechtlich unzulässig, sodass ein Antrag auf Erteilung der Baugenehmigung zu versagen ist.

56 BVerwG NVwZ 2008, 437; 1993, 471; DVBl. 1988, 958; OVG Münster NVwZ 1997, 598; NVwZ-RR 1997, 602; VGH München BayVBl. 2000, 722; BGH UPR 2004, 263.
57 BVerwG NVwZ 2004, 858; 1994, 685; 1992, 1090; DÖV 1977, 607; OVG Berlin NVwZ-RR 1996, 313.
58 BVerwG NVwZ 1993, 473, OVG Koblenz BauR 2000, 1308.
59 BVerwG NVwZ 1989, 661; VGH Mannheim VBlBW 1987, 427; 1998, 310; OVG Lüneburg NVwZ-RR 2002, 417.
60 BVerwG NVwZ 1993, 59; VGH Mannheim VBlBW 1987, 427; 1998, 310, OVG Münster NVwZ 1990, 581; VGH München BayVBl. 2000, 598; OVG Weimar NVwZ-RR 2002, 415.
61 BVerwG NVwZ 1991, 20.
62 BVerwG NJW 1973, 1711.

Ein Nachbar kann sich auf eine Veränderungssperre nicht berufen, da diese ausschließlich der gemeindlichen Planungshoheit dient.[63]
Bedeutsam ist die Regelung in § 14 III BauGB, die Ausdruck des von Art. 14 GG umfassten Bestandsschutzes ist. Sie legt fest, welche Vorhaben bzw. Maßnahmen infolge einer Veränderungssperre nicht berührt werden.
Baurechtlich genehmigt vor Inkrafttreten der Veränderungssperre sind Vorhaben unbestrittenermaßen dann, wenn eine Baugenehmigung erteilt worden ist. Das gleiche gilt für die Erteilung eines Bauvorbescheides, soweit dieser einen ausschließlich planungsrechtlichen Inhalt hat, also eine sog. Bebauungsgenehmigung darstellt.[64]
Genehmigt im Sinne dieser Regelung ist ein Vorhaben auch dann, wenn die Genehmigung zwar wirksam, aber infolge des Rechtsbehelfs eines Dritten noch nicht bestandskräftig ist.[65]
Eine Veränderungssperre gilt nach § 17 I 1 BauGB zunächst für die Dauer von 2 Jahren, wenn die Gemeinde in der Satzung nicht einen kürzeren Zeitraum bestimmt hat. Gemäß § 17 I 3 BauGB kann die Gemeinde die Verlängerung der Veränderungssperre ohne Weiteres um 1 Jahr beschließen (1. Verlängerung). Nach § 17 II BauGB ist sie nochmals um ein weiteres Jahr verlängerbar, wenn dies durch besondere Umstände gerechtfertigt wird. Derartige Umstände werden nur ausnahmsweise gegeben sein und dürfen vor allem nicht im Verantwortungsbereich der Gemeinde liegen.[66] 40
Statt der erstmaligen oder wiederholten Verlängerung kann die Gemeinde nach § 17 III BauGB auch eine erneute Veränderungssperre beschließen. Allerdings darf dies nicht zu einer Umgehung der strengen Voraussetzungen des § 17 II BauGB führen. Daher ist eine erneute Veränderungssperre nur unter den Voraussetzungen zulässig, unter denen auch eine Verlängerung möglich wäre. Nach Ablauf von 3 Jahren müssen daher immer besondere Umstände, auch im Falle einer erneuten Veränderungssperre, vorliegen.[67]
Zu beachten ist auch § 17 I 2 BauGB. Danach wird auf die Geltungsdauer der Veränderungssperre die Zeitdauer einer aufgrund von § 15 BauGB erlassenen oder die Zeitdauer einer sog. faktischen Zurückstellung angerechnet. Dies führt zu einer individuellen Berechnung der Geltungsdauer der Veränderungssperre. Damit können Veränderungssperren gegenüber verschiedenen Betroffenen unterschiedlich lange gelten. Allerdings ändert diese individuelle Anrechnung nichts an der Rechtmäßigkeit der allgemein angeordneten Veränderungssperre. Nur gegenüber dem, der sich auf die Anrechnung berufen kann, entfaltet die Veränderungssperre (uU) keine Rechtswirkungen mehr.[68]

Über die mangelnden Erfolgsaussichten der Klagen der Antragsteller zu 1.), zu 3.) und zu 4.) hinaus, würde eine im Sinne einer Folgenbetrachtung anzustellende Interessenabwägung aber auch ergeben, dass das Interesse des Antragsgegners überwiegt. Bedeutsam ist insoweit, dass die Durchführung des Vorhabens einer gesetzlichen Pflicht entspringt und als Vorhaben der Abfallwirtschaft dem Allgemeinwohl dient. Demgegenüber ist nicht damit zu rechnen, dass das Vorhaben zu Beeinträchtigungen und Nachteilen führt. 41

3. Kostenentscheidung

Die Anträge der Antragsteller zu 1.), zu 2.), zu 3.) und zu 4.) waren mit der Kostenfolge aus den §§ 154 I, 3, 159, 162 III VwGO abzulehnen. Es entspricht der Billigkeit, den Antragstellern die außergerichtlichen Kosten des Beigeladenen zu gleichen Teilen aufzuerlegen, da dieser sich durch die Stellung eines Antrages in ein Kostenrisiko begeben hat. 42

4. Rechtsbehelfsbelehrung: erlassen

3 Unterschriften

5. Streitwertfestsetzung: erlassen

63 BVerwG NVwZ 1989, 453.
64 BVerwG BauR 1984, 384.
65 VGH München BayVBl. 1987, 210; OVG Lüneburg NVwZ 1990, 685; s. auch VGH Mannheim VBlBW 1999, 217; 1999, 266.
66 BVerwG NVwZ 1991, 62; NJW 1977, 400; VGH Mannheim BauR 1994, 344.
67 BVerwG DVBl. 1993, 474; VGH Mannheim NVwZ-RR 1995, 135.
68 BVerwG ZfBR 1992, 185; DVBl. 1971, 468.

B. Hilfsgutachten

43 1. Zur nachbarschützenden Wirkung von immissionsschutzrechtlichen Verfahrensbestimmungen

44 Die im Sachverhalt angesprochene Problematik war nicht entscheidungserheblich, weil das Verfahren ordnungsgemäß durchgeführt wurde.

Selbst wenn das Verfahren aber fehlerhaft gewesen wäre oder die nach § 19 BImSchG notwendige Genehmigung überhaupt nicht vorgelegen hätte, wäre daraus aber kein Drittschutz ableitbar. § 19 BImSchG gewährt Drittbetroffenen keinen vorgezogenen Rechtsschutz durch Beteiligung am Verwaltungsverfahren, wie sich durch den ausdrücklichen Ausschluss des § 10 II–4, VI, VIII und IX BImSchG ergibt.[69]

45 2. Zur Veränderungssperre

46 Fraglich ist, ob die unterstellt rechtmäßige Veränderungssperre, da nach Genehmigungserteilung in Kraft getreten, im gerichtlichen Eilverfahren überhaupt zu beachten gewesen wäre. Damit geht es um die Frage des maßgeblichen Zeitpunktes für die Beurteilung der Sach- und Rechtslage.

Als Faustregel gilt im Falle der Anfechtungsklage, die auch hier der richtige Hauptsacherechtsbehelf vor Gericht ist, dass es grundsätzlich auf die Sach- und Rechtslage zum Zeitpunkt der letzten Behördenentscheidung ankommt,[70] vorbehaltlich des zugrunde liegenden materiellen Rechts. In Fällen von Nachbarrechtsbehelfen gelten allerdings Besonderheiten. Zum einen sind inzwischen ergangene Rechtsänderungen zugunsten des Bauherrn zu berücksichtigen,[71] zum anderen sind Änderungen zum Nachteil des Bauherrn nach Erteilung einer rechtmäßigen Bau- oder Anlagengenehmigung unbeachtlich.[72]

Diese Grundsätze auf das vorliegende Eilverfahren übertragen, in dem sich die maßgebliche Sach- und Rechtslage grundsätzlich nach dem Zeitpunkt der Eilentscheidung richtet,[73] haben zur Folge, dass die am 8.2.2006 und damit nach Genehmigungserteilung in Kraft getretene Veränderungssperre nicht zum Erfolg des Antrages der Antragstellerin zu 1.) führen kann.

Zu beachten ist in diesem Zusammenhang insbesondere die materielle Rechtslage, die sich aus § 14 III BauGB entnehmen lässt. Danach kann sich eine Veränderungssperre nicht über eine einmal erteilte Genehmigung hinwegsetzen. Zum einen würde dies zur Berücksichtigung einer zum Nachteil des Bauherrn eingetretenen Rechtsänderung führen, zum anderen ist iSv § 14 III BauGB auch baurechtlich genehmigt, wenn eine Genehmigung wirksam, aber infolge eines Rechtsbehelfs eines Dritten noch nicht bestandskräftig ist.[74] Dies gilt grundsätzlich auch, wenn Dritter eine Gemeinde ist, welche die Verletzung ihrer Planungshoheit geltend macht.[75]

47 3. Zur Beiladung

48 Die Beiladung des Landkreises Tannheim erfolgte auf Grundlage des § 65 II VwGO, da ihn die Entscheidung des Gerichts als Begünstigten der Genehmigungserteilung unmittelbar in seiner Rechtsstellung betrifft.[76]

---

69 BVerwG DÖV 1991, 349; VGH München BeckRS 2009, 36426; OVG Münster NVwZ 2003, 361; OVG Lüneburg ZfBR 1996, 171.
70 BVerwG DVBl. 1998, 139; NVwZ 1996, 66; NVwZ-RR 1991, 236; VGH Mannheim VBlBW 1989, 343; Lemke JA 1999, 240; s. auch VGH Mannheim GewArch 1996, 258; OVG Münster NVwZ-RR 2003, 473.
71 BVerwG NVwZ-RR 1996, 628; OVG Münster NVwZ-RR 1996, 637.
72 BVerwG BauR 1998, 895; OVG Weimar NuR 2000, 478. BRS 22 Nr. 174; VGH Kassel NVwZ-RR 1988, 3; VGH Mannheim VBlBW 1982, 137.
73 Vgl. Eyermann/Hoppe VwGO § 80 Rn. 105.
74 VGH München BayVBl. 1987, 210; BVerwG Buchholz 406.11 § 34 BBauG Nr. 25.
75 VGH München Beschl. v. 25.8.1999 – 1 N 96.2618, BeckRS 1999, 19297.
76 S. Konrad BayVBl. 1982, 481 (517).

Weiterführende Literaturhinweise:

1. Blankenagel, Klagefähige Rechtspositionen im Umweltrecht, Die Verwaltung, 26. Bd., 1993, 1
2. Dippel, Alte und neue Anwendungsprobleme der §§ 36, 38 BauGB, NVwZ 1999, 921
3. Eyermann, Einführung in das Immissionsschutzrecht, VBlBW 2000, 135
4. Hölscher, Die planungsrechtliche Einbindung von immissionsschutzrechtlich genehmigungsbedürftigen Abfallbeseitigungsanlagen nach dem BauROG 1998, NVwZ 1998, 1134
5. Jarass, Bindungswirkung von Verwaltungsvorschriften, JuS 1999, 105
6. Kaltenborn, Die formellen Anforderungen an eine Anordnung der sofortigen Vollziehbarkeit gem. § 80 II 1 Nr. 4, III VwGO, DVBl. 1999, 828
7. Konrad, Das gemeindliche Einvernehmen nach § 36 BauGB, JA 2001, 588; Konrad, Der Nachbar im Baurecht, im Immissionsschutzrecht und im Planfeststellungsrecht, JA 2002, 96
8. Kraft, Kommunale Verhinderungsplanung gegen Fachplanung? VPR 2001, 294
9. Kuhla, Die Veränderungssperre in der Normenkontrolle, NVwZ 1988, 1084
10. Loos, Vorläufiger Rechtsschutz im Verwaltungsrecht: Das Verfahren nach § 80 V VwGO, JA 2001, 698
11. Scheidler, Immissionsschutzrechtliche Genehmigung – Rechtsarten und Wirkungen – Einbindung der Gemeinde, KommPrax. BY 2008, 162
12. Proppe, Die Methodik der gerichtlichen Entscheidung nach § 80 VwGO, JA 1996, 332
13. Sendler, Normkonkretisierende Verwaltungsvorschriften im Umweltrecht, UPR 1993, 321
14. Tietje, Die Heilung von Begründungsmängeln nach § 80 III 1 VwGO im verwaltungsgerichtlichen Verfahren, DVBl. 1998, 124
15. Weinl, Fehler einer Veränderungssperre, KommunalPraxis Bayern 1994, 269

8. Klausur: „Immer Ärger mit den Konkurrenten"

Themenbereiche: Rücknahme eines begünstigenden Verwaltungsaktes; Erledigung des Rechtsstreits; Urteil und Einstellungsbeschluss 1. Instanz; Subvention und Europarecht

---

Auszug aus den Akten des Verwaltungsgerichts München, M 16 K 20.1954 und M 16 K 21.748

Dr. Maximilian Schroeder
Bayerstraße 27
80335 München

Rechtsanwalt

Verwaltungsgericht München
Eingang: 23.6.2020

München, den 22.6.2020

Klage

In Sachen

Fa. Communications-AG, vertreten durch den Vorstand, Herrn Prof. Dr. Karl-Heinz Wendel-Lübke, Laurentiusstraße 25 bis 37, 60388 Frankfurt a.M.

– Klägerin –

gegen den Freistaat Bayern, vertreten durch das Bayerische Staatsministerium für Wirtschaft, Landesentwicklung und Energie, Prinzregentenstraße 28, 80538 München

– Beklagter –

wegen Vergabe eines Grundstückes an die Fa. Tele-Inside Telekommunikations- GmbH, vertreten durch den Geschäftsführer, Herrn Kai Blümlein,

zeige ich unter Vorlage einer entsprechenden Vollmacht an, dass ich die Klägerin vertrete. In der umgehend anzuberaumenden mündlichen Verhandlung werde ich beantragen, wie folgt zu entscheiden:

I. Der Bescheid des Bayerischen Staatsministeriums für Wirtschaft, Landesentwicklung und Energie vom 8.6.2020 wird aufgehoben. Der Beklagte wird verpflichtet, das Grundstück FlNr. 256, Gemarkung Riem, an die Klägerin zu vergeben und zwar im Wege der Erbpacht auf 99 Jahre, wobei in den ersten 10 Jahren kein Pachtzins, in den zweiten 10 Jahren ein Pachtzins von 2 EUR/qm und erst ab dem 21. Jahr der Erbpacht der derzeit übliche Pachtzins von 6 EUR/qm, erhöht um die bis dahin eingetretene Steigerung des Lebenshaltungsindexes für einen 4-Personen-Haushalt (Basis 100 = Jahr 2017), zu zahlen ist.

II. Der Beklagte trägt die Kosten des Verfahrens.

Der Klage liegt im Wesentlichen folgender Sachverhalt zugrunde:

1. Im Jahre 2017 schrieb das Bayerischen Staatsministerium für Wirtschaft, Landesentwicklung und Energie (im folgenden „Wirtschaftsministerium") ein Grundstück im Bereich der Gemarkung Riem (ehemaliges Flughafengelände, Teilfläche zu etwa 1,5 ha) aus, um dort ein Unternehmen der Telekommunikationsindustrie anzusiedeln. Ziel war es in 1. Linie, den Ausbau des Mobilfunknetzes in Oberbayern voran zu bringen. Das Grundstück FlNr. 256, Gemarkung Riem, sollte dabei auf Erbpacht für 99 Jahre vergeben werden, wobei in den ersten 10 Jahren kein Pachtzins, in den zweiten 10 Jahren ein Pachtzins von 2 EUR/qm und erst ab dem 21. Jahr der Erbpacht der derzeit übliche Pachtzins von 6 EUR/qm, erhöht um die bis dahin eingetretene Steigerung des Lebenshaltungsindexes für einen 4-Personen-Haushalt

(Basis 100 = Jahr 2017), gezahlt werden sollte. Angesichts dieses lukrativen Angebots bewarb sich die Klägerin, die auf dem Telekommunikationssektor seit Jahrzehnten eingeführt ist, für das Grundstück.

Mit Bescheid vom 8.6.2020 vergab das Wirtschaftsministerium das fragliche Grundstück jedoch an die Mitbewerberin, Fa. Tele-Inside Telekommunikations-GmbH (im folgenden Tele-Inside) zu den genannten Bedingungen. Die Klägerin erhielt am 9.6.2020 eine Ausfertigung dieses Bescheids per Postzustellungsurkunde zugestellt.

Hiergegen richtet sich die vorliegende Klage.

2. Die Klage ist zulässig und begründet.

a) Die Klage ist zulässig

aa) Bei der Vergabe von Grundstücken zu besonders günstigen Bedingungen handelt es sich um eine staatliche Subvention. Folglich ist die Entscheidung darüber, wer begünstigt werden soll und wer nicht, ein Verwaltungsakt. Dieser ist für die Klägerin belastend, weil sie nicht berücksichtigt wurde. Folglich kann hiergegen Klage erhoben werden.

bb) Die vorliegende Klage ist auch im Übrigen zulässig, insbesondere wird meine Mandantin durch die Nichtberücksichtigung ihrer Bewerbung negativ in ihrem Eigentumsrecht nach Art. 14 GG betroffen.

b) Die Klage ist auch begründet.

Meine Mandantin ist zu Unrecht übergangen worden. Sie hätte anstelle der Fa. Tele-Inside das fragliche Grundstück erhalten müssen. Das ergibt sich im Einzelnen aus folgendem:

(1) Nach dem Grundsatz vom Vorbehalt des Gesetzes darf die öffentliche Verwaltung nur vorbehaltlich einer gesetzlichen Grundlage handeln, dh, sie muss zu ihrem Handeln durch eine gesetzliche Vorschrift ausdrücklich befugt worden sein. Die Verwaltung bedarf somit einer Ermächtigungsgrundlage für ihr Handeln (vgl. Art. 20 III GG).

Vorliegend besteht schon gar keine Rechtsgrundlage dafür, der Tele-Inside das fragliche Grundstück in Riem unter derart günstigen Bedingungen zu überlassen. Allein die Entscheidung des Wirtschaftsministeriums hierüber vermag hierzu nicht auszureichen. Folglich ist schon aus diesem Grunde die Vergabe des Grundstücks rechtswidrig und der Bescheid vom 8.6.2020 an die Fa. Tele-Inside aufzuheben.

(2) Die Berücksichtigung der Fa. Tele-Inside verstößt zudem gegen Art. 3 I GG, da sie gegenüber meiner Mandantin völlig willkürlich ist. Meine Mandantin ist nicht nur leistungsfähiger (über 500 Mitarbeiter in ganz Europa bei einem Jahresumsatz von 400 Millionen EUR), sondern zahlt auch höhere Steuern als der Mitkonkurrent Tele-Inside (rein deutsches Unternehmen mit 80 Mitarbeitern und einem Jahresumsatz von 40 Millionen EUR). Da insbesondere die Leistungsfähigkeit der Bewerber für das Wirtschaftsministerium bei der Entscheidung über die Vergabe von entscheidender Bedeutung war, ist die Vergabe an die Tele-Inside willkürlich und verstößt daher gegen Art. 3 I GG. Die einzig richtige Entscheidung wäre gewesen, das fragliche Grundstück an die Klägerin zu den genannten Bedingungen zu vergeben, womit diese einen entsprechenden Anspruch besitzt.

(3) Schließlich ist darauf hinzuweisen, dass die Subventionierung der Tele-Inside eine nach Art. 107, 108 AEUV genehmigungspflichtige Beihilfe darstellt. Wir haben daher den Vorgang der Vergabe des genannten Grundstücks an die Tele-Inside gleichzeitig zu dieser Klage der Europäischen Kommission angezeigt. Sollte, wovon auszugehen ist, diese ein Beihilfeprüfverfahren einleiten, wird schon jetzt das Ruhen des Verfahrens beantragt.

Mit freundlichen Grüßen

Dr. Schroeder
Rechtsanwalt

Mit Schreiben vom 27.7.2020 teilt Rechtsanwalt Dr. Schroeder dem Gericht mit, dass die Europäische Kommission wegen der Vergabe des Grundstücks an die Tele-Inside ein Beihilfeprüfverfahren eingeleitet habe. Gleichzeitig wiederholte er seinen Ruhensantrag. Nachdem der Beklagte dem Ruhen des Verfahrens mit Schreiben vom 31.7.2020 zustimmte, ordnete das Verwaltungsgericht mit Beschluss vom 6.8.2020 das Ruhen des Verfahrens an.

Franz-Josef von Kammermeier
Prinzregentenstraße 93
81677 München

Rechtsanwalt

Verwaltungsgericht München
Eingang: 23.2.2021

München, den 23.2.2021

Klage

In Sachen

Fa. Tele-Inside Telekommunikations-GmbH (im Folgenden Tele-Inside), vertreten durch den Geschäftsführer, Herrn Kai Blümlein, Balanstraße 234, 81549 München

– Kläger –

gegen

gegen den Freistaat Bayern, vertreten durch das Bayerische Staatsministerium für Wirtschaft, Landesentwicklung und Energie, Prinzregentenstraße 28, 80538 München

– Beklagter –

wegen Aufhebung einer Begünstigung

erhebe ich namens und im Auftrag meiner Mandantin – ordnungsgemäße Bevollmächtigung wird versichert –

Klage.

In der mündlichen Verhandlung werde ich beantragen:

1. Der Bescheid des Beklagten vom 9.2.2021 – zugestellt am 10.2.2021 – wird aufgehoben.

2. Der Beklagte trägt die Kosten des Verfahrens.

I.

Die Klägerin betätigt sich ausschließlich in Deutschland, vorzugsweise im oberbayerischen Raum, und zwar auf dem Mobilfunksektor. Da ihr Gebäude in der Balanstraße in München zwischenzeitlich zu klein geworden war, bewarb sie sich um ein Grundstück in München/Riem. Durch Bescheid vom 8.6.2020 (Anlage 1) hat das Bayerische Staatsministerium für Wirtschaft, Landesentwicklung und Energie (im folgenden „Wirtschaftsministerium") der Klägerin auf ihre Bewerbung hin das Grundstück FlNr. 256, Gemarkung Riem, zu sehr günstigen Konditionen (erste 10 Jahre kostenlos, zweite 10 Jahre zu 2 EUR/qm) zugesagt und dabei andere Bewerber nicht berücksichtigt. Zum Abschluss des entsprechenden Erbbaurechtsvertrages kam es am 26.6.2020. Unmittelbar im Anschluss daran begann die Klägerin mit der Aufnahme der konkreten Planungen für die Bebauung des Grundstückes und die Umsiedlung des Betriebes nach Riem. Aufgrund einer gezielten Denunziation eines Mitkonkurrenten untersagte die Europäische Kommission die Vergabe an die Klägerin (Anlage 2). Infolgedessen hob die Beklagte die Zusicherung vom 8.6.2020 mit dem mit dieser Klage angefochtenen Bescheid vom 9.2.2021 auf (Anlage 3), nachdem sie meine Mandantin zu dieser Absicht mit Schreiben vom 21.12.2020 angehört hatte.

II.

Die Klage ist zulässig.

Die Klägerin ist insbesondere als Adressatin des Bescheids vom 9.2.2021 gem. § 42 II VwGO klagebefugt.

Die Klage ist auch begründet.

Der Bescheid vom 9.2.2021 ist schon deshalb rechtswidrig und aufzuheben, weil die Entscheidung der Europäischen Kommission gegen den Vertrag über die Arbeitsweise der EU (AEUV) verstößt. Die Europäische Kommission übersieht, dass ihr im Falle eines Ratsbeschlusses nach Art. 107 III lit. e AEUV kein Ermessen mehr zusteht, sondern sie hieran nach Art. 288 IV AEUV gebunden ist. Folglich verstößt die Zusicherung (Art. 38 BayVwVfG) vom 8.6.2020 nicht gegen europäisches Recht, ist damit auch nicht rechtswidrig und kann daher schon nicht nach Art. 48 BayVwVfG zurückgenommen werden. Die Nichtigkeit der Entscheidung der Europäischen Kommission vom 17.12.2020 kann das Gericht inzident ohne Weiteres feststellen; rein vorsorglich wird beantragt, dass das Gericht den EuGH im Wege des Vorabentscheidungsverfahrens anruft (vgl. Art. 267 AEUV), um sich die Nichtigkeit der Kommissionsentscheidung bestätigen zu lassen.

Ungeachtet dieses Aspekts ist der Rücknahmebescheid des Beklagten aber auch deshalb rechtswidrig, weil es sich bei der Entscheidung nach Art. 48 BayVwVfG um eine Ermessensentscheidung handelt; Ermessen hat der Beklagte jedoch nicht, jedenfalls nicht ausreichend ausgeübt (§ 114 VwGO). Zudem wurde nicht berücksichtigt, dass meine Mandantin im Hinblick auf das durch den Bescheid vom 8.6.2020 gebildete Vertrauen erhebliche finanzielle Investitionen (Planungskosten, Gutachterkosten, Rechtsanwaltskosten für die Prüfung und den Abschluss des Erbbaurechtsvertrages etc.) getätigt hat, die durch den Rücknahmebescheid frustriert werden. Wird der Erbbaurechtsvertrag nicht durchgeführt, so steht zudem zu befürchten, dass meine Mandantin von einem anderen großen Unternehmen, zB der Communications-AG, „geschluckt“ wird. Die Rücknahme ist daher iSv Art. 48 II BayVwVfG ermessensfehlerhaft. Die einzig richtige Entscheidung wäre gewesen, alles so zu belassen, wie es mit Bescheid vom 8.6.2020 geregelt wurde.

Nach alledem ist der Klage stattzugeben.

von Kammermeier
Rechtsanwalt

Anlage 1

Bayerisches Staatsministerium für Wirtschaft, Landesentwicklung und Energie
Referat für wirtschaftliche Angelegenheiten
Prinzregentenstraße 28
80538 München

Fa. Tele-Inside Telekommunikations- GmbH
z.Hd. des Geschäftsführers, Herrn Kai Blümlein,
Balanstraße 234
81549 München

Tele-Inside
Eingang: 9.6.2020

München, den 8.6.2020

Vergabe des Grundstücks FlNr. 256, Gemarkung Riem, im Wege der Erbpacht.

Sehr geehrte Damen und Herren,

in obiger Angelegenheit danken wir für Ihre Bewerbung. Wir dürfen Ihnen nunmehr mitteilen, dass das Bayerische Staatsministerium für Wirtschaft, Landesentwicklung und Energie entschieden hat, das oben genannte Grundstück an Sie zu den bekannten Bedingungen (Erbbaurechtsvertrag über 99 Jahre, ersten zehn Jahre kostenlos; zweite zehn Jahre zu einem Erbpachtzins von 2 EUR/qm) zu vergeben. Hintergrund hierfür war in erster Linie Ihre örtliche Präsenz in Oberbayern, die beengten Verhältnisse in der Balanstraße sowie die in diesem Zusammenhang von Ihnen vorgelegte Grobplanung zur Bebauung des genannten Grundstücks.

Eine entsprechende Verfügungsbefugnis über das genannte Grundstück ist im Haushaltsplan des Freistaates Bayern für das Jahr 2020 vermerkt.

Wir hoffen auf eine gute und vertrauensvolle Zusammenarbeit. Der in der Sache noch abzuschließende Erbbaurechtsvertrag wird Ihnen in Kürze zugehen.

Mit freundlichen Grüßen

Dr. Hirsch
Ministerialdirigent

Anlage 2

Tele-Inside
Eingang: 18.12.2020

Beschluss der Europäischen Kommission vom 17.12.2020 über eine
vom Bayerische Staatsministerium für Wirtschaft, Landesentwicklung und Energie,
Freistaat Bayern, Bundesrepublik Deutschland,
an die Fa. Tele-Inside Telekommunikations- GmbH in München gewährte Beihilfe
(2020/1067/EU)

DIE EUROPÄISCHE KOMMISSION –

gestützt auf den Vertrag über die Arbeitsweise der Europäischen Union, insbesondere auf Art. 108 II AEUV, nach Einholung der Äußerungen der Beteiligten gem. Art. 108 AEUV und gestützt auf diese Äußerungen,

in Erwägung nachstehender Gründe:

I.

Mit Schreiben vom 21.6.2020 unterrichtete die Fa. Communications-AG die Europäische Kommission darüber, dass der Fa. Tele-Inside Telekommunikations- GmbH vom Freistaat Bayern mit Bescheid des Bayerischen Staatsministeriums für Wirtschaft, Landesentwicklung und Energie vom 8.6.2020 für 10 Jahre unentgeltlich und für weitere 10 Jahre zu einem erheblich unter dem Marktzins liegenden Preis ein Grundstück in München auf Erbpacht überlassen worden ist.

...

Nach einer ersten Prüfung war die Europäische Kommission der Auffassung, dass diese Beihilfegewährung nicht mit dem Binnenmarkt vereinbar sei, weshalb sie ein Beihilfeprüfverfahren nach Art. 108 II iVm Art. 108 III 2 AEUV einleitete ...

Mit Schreiben vom 27.8.2020 forderte sie die Bundesrepublik Deutschland und die übrigen Beteiligten zur Stellungnahme auf.

II.

Das Bayerische Staatsministerium für Wirtschaft, Landesentwicklung und Energie führte in seiner Stellungnahme aus, die Ansiedlung eines Telekommunikationsunternehmens in Oberbayern habe im besonderen Interesse des Freistaates Bayern gelegen, um zum einen den Ausbau des Mobilfunknetzes in Oberbayern zu fördern und zum anderen finanzkräftige Unternehmen an die Region langfristig zu binden, um so Arbeitsplätze zu sichern. Im Übrigen habe der Rat der Europäischen Union mit Beschluss vom 19.11.2020 gem. Art. 107 III lit. e AEUV die Gewährung von Beihilfen zur Ansiedlung von Telekommunikationsunternehmen ausdrücklich für mit dem Binnenmarkt vereinbar erklärt …

III.

Auf dem Telekommunikationsmarkt herrscht derzeit in der Union ein sehr scharfer Wettbewerb … Würde ein einzelnes Unternehmen gegenüber seinen Wettbewerbern im innergemeinschaftlichen Handel durch staatliche Finanzbeihilfen gestärkt, müsste davon ausgegangen werden, dass der innergemeinschaftliche Handel durch die fraglichen Finanzbeihilfen beeinträchtigt wird … (wird ausgeführt).

Die in Art. 107 II AEUV enthaltenen Ausnahmeregelungen sind im vorliegenden Fall nicht einschlägig … (wird ausgeführt).

Art. 107 III AEUV bestimmt, welche Beihilfen als mit dem Binnenmarkt vereinbar angesehen werden können. Die Entscheidung darüber liegt im Ermessen der Europäischen Kommission. Dieses Ermessen ist grundsätzlich sehr weit gefasst. Folglich kann die Europäische Kommission, auch wenn ein Beschluss des Rates iSv Art. 107 III lit. e AEUV vorliegt, im Einzelfall immer noch eine bestimmte Beihilfe für mit dem Binnenmarkt unvereinbar erklären.

Im vorliegenden Fall hält die Europäische Kommission die unentgeltliche bzw. stark verbilligte Vergabe eines Grundstücks, angesichts der besonderen Verhältnisse auf dem Telekommunikationsmarkt, für mit dem Binnenmarkt nicht vereinbar … (wird ausgeführt).

HAT FOLGENDEN BESCHLUSS ERLASSEN:

Artikel 1

Die an die Fa. Tele-Inside Telekommunikations- GmbH durch den Freistaat Bayern, vertreten durch das Bayerische Staatsministerium für Wirtschaft, Landesentwicklung und Energie, gewährte unentgeltliche bzw. stark verbilligte Überlassung des Grundstücks FlNr. 256, Gemarkung Riem, Stadt München, ist iSv Art. 108 AEUV nicht mit dem Binnenmarkt vereinbar. Die fragliche Beihilfe ist vom Bayerischen Staatsministerium für Wirtschaft, Landesentwicklung und Energie zurückzufordern und vom Beihilfeempfänger zurückzugewähren. Das Bayerische Staatsministerium für Wirtschaft, Landesentwicklung und Energie darf das Grundstück an die Fa. Tele-Inside Telekommunikations-GmbH nur zu marktüblichen Konditionen vergeben.

Artikel 2

…

Artikel 3

Diese Entscheidung ist an die Bundesrepublik Deutschland gerichtet.

Brüssel, den 17.12.2020

(Unterschrift)

Anlage 3

Bayerisches Staatsministerium für Wirtschaft, Landesentwicklung und Energie
Referat für wirtschaftliche Angelegenheiten
Prinzregentenstraße 28
80538 München

Tele-Inside
Eingang: 10.2.2021

An die Fa.
Tele-Inside Telekommunikations- GmbH
vertreten durch den Geschäftsführer,
Herrn Kai Blümlein
Balanstraße 234
81549 München

In Abdruck an:
Communications-AG
vertreten durch den Vorstand,
Herrn Prof. Wendel-Lübke
Laurentiusstraße 25 bis 37
60388 Frankfurt/Main

München, den 9.2.2021

Aufhebung der Vergabeentscheidung vom 8.6.2020

Sehr geehrte Damen und Herren,

das Bayerische Staatsministerium für Wirtschaft, Landesentwicklung und Energie hebt hiermit die mit Schreiben vom 8.6.2020 getroffene Zuweisungsentscheidung bezüglich des Grundstücks FlNr. 256, Gemarkung Riem, auf.

Zu dieser Maßnahme fühlen wir uns zu unserem Bedauern verpflichtet, da die Zuweisungsentscheidung vom 8.6.2020 rechtswidrig ist. Sie ist daher gem. Art. 48 I BayVwVfG aufzuheben. Die Rechtswidrigkeit folgt dabei zwar nicht aus Art. 3 I GG und auch nicht aus der Nichtberücksichtigung der Communications-AG (wir halten die Klage – M 16 K 20.1954 – für unbegründet, weshalb wir keine Veranlassung gesehen haben, den Bescheid aus diesem Grunde aufzuheben). Sie ergibt sich aber aus der Entscheidung der Europäischen Kommission vom 17.12.2020, wonach die unentgeltliche bzw. verbilligte Überlassung des Grundstücks FlNr. 256, Gemarkung Riem, mit dem Binnenmarkt nicht vereinbar ist. Dementsprechend kommt eine Überlassung des Grundstücks nur zu marktüblichen Konditionen in Betracht. Der am 26.6.2020 geschlossene Erbbaurechtsvertrag ist daher entweder aufzuheben oder entsprechend anzupassen.

Wir bedauern, Ihnen keine günstigere Mitteilung machen zu können

und verbleiben

mit freundlichen Grüßen

Dr. Hirsch
Ministerialdirigent

Anlage 4: Vollmacht

Bayerisches Staatsministerium für Wirtschaft, Landesentwicklung und Energie
Referat für wirtschaftliche Angelegenheiten
Prinzregentenstraße 28
80538 München

Verwaltungsgericht München
Eingang: 15.3.2021

München, den 15.3.2021

M 16 K 20.1954

Klage der Fa. Communications-AG gegen den Freistaat Bayern

Das Bayerische Staatsministerium für Wirtschaft, Landesentwicklung und Energie beantragt unter Vorlage der Behördenakten dem Verfahren seinen Fortgang zu geben. Zur Klage wird wie folgt Stellung genommen:

Die Klage gegen den Bescheid vom 8.6.2020, soweit es sich hierbei überhaupt um einen Verwaltungsakt handelt, ist jedenfalls deshalb unzulässig, weil dieser Bescheid ausweislich der vorgelegten Behördenakten mit Bescheid vom 9.2.2021 aufgehoben wurde. Es fehlt somit an einem Klagegegenstand.

Das Bayerische Staatsministerium für Wirtschaft, Landesentwicklung und Energie beantragt daher kostenpflichtige Klageabweisung.

Mit freundlichen Grüßen

Dr. Hirsch
Ministerialdirigent

Bayerisches Staatsministerium für Wirtschaft, Landesentwicklung und Energie
Referat für wirtschaftliche Angelegenheiten
Prinzregentenstraße 28
80538 München

Verwaltungsgericht München
Eingang: 16.4.2021

München, den 15.4.2021

Klage der Tele-Inside Telekommunikations- GmbH gegen den Freistaat Bayern

M 16 K 21.748

Sehr geehrte Damen und Herren,

das Bayerische Staatsministerium für Wirtschaft, Landesentwicklung und Energie wird in der mündlichen Verhandlung beantragen, die Klage der Tele-Inside abzuweisen, denn die Klage ist zumindest unbegründet. Der Bescheid vom 9.2.2021 ist rechtmäßig, da das Ministerium aufgrund der Entscheidung der Europäischen Kommission zur Rücknahme verpflichtet war. Für die Berücksichtigung irgendwelcher Vertrauensgesichtspunkte oder die Ausübung eines Ermessensspielraums bleibt angesichts dessen kein Raum.

Mit freundlichen Grüßen

Dr. Hirsch
Ministerialdirigent

Mit Beschluss vom 24.6.2021 hat das Verwaltungsgericht im Verfahren M 16 K 20.1954 die Tele-Inside beigeladen. Mit Beschluss vom gleichen Tag wurde im Verfahren M 16 K 21.748 die Fa. Communications-AG beigeladen. Beide Verfahren wurden zur gemeinsamen Verhandlung verbunden. Schriftsätzliche Äußerungen der Beigeladenen und der übrigen Beteiligten erfolgten nicht mehr.

Auszug aus dem Protokoll über die mündliche Verhandlung vom 10.2.2022

…

In dem Verfahren M 16 K 20.1954 erklären Klägervertreter und Vertreter des Bayerischen Staatsministeriums für Wirtschaft, Landesentwicklung und Energie übereinstimmend, dass der Bescheid vom 8.6.2020 aufgehoben sei. Der Beigeladenenvertreter weist ferner darauf hin, dass die Aufhebung allein aufgrund der Entscheidung der Europäischen Kommission erfolgt sei. Hätte die Europäische Kommission nicht entschieden, wäre die Vergabe an die Tele-Inside nicht aufgehoben worden.

Daraufhin erklärt der Bevollmächtigte der Klägerin die Hauptsache für erledigt, verwahrt sich aber gegen die Kosten, da die ursprüngliche Klage zulässig und begründet gewesen sei.

Der Beklagte stimmt dem zu und stellt die Kostenentscheidung in das Ermessen des Gerichts. Die beigeladene Tele-Inside widerspricht der Hauptsacheerledigung. Der Rechtsstreit habe sich noch nicht erledigt.

Im Verfahren M 16 K 21.748 weist der Bevollmächtigte der Klägerin darauf hin, dass das Verwaltungsgericht entweder selbst die Entscheidung der Europäischen Kommission für nichtig erklären oder aber – wie beantragt – nach Art. 267 AEUV den EuGH anrufen müsse. Klage gegen die Entscheidung der Europäischen Kommission vom 17.12.2020 zum EuGH sei von der Klägerin nicht erhoben worden. Dazu sei sie nicht befugt gewesen, da die Entscheidung an die Bundesrepublik Deutschland gerichtet gewesen sei.

Der Beklagte führt aus, der Vorwurf der mangelhaften Ermessensausübung sei nicht gerechtfertigt. Zum einen habe der Beklagte sehr wohl das Vertrauen der Klägerin berücksichtigt. Da die Europäische Kommission jedoch die Unvereinbarkeit der Vergabe mit dem Binnenmarkt festgestellt habe, sei dem Beklagten letztendlich nur die Möglichkeit geblieben, diese aufzuheben, weil nur auf diese Weise dem Unionsrecht zur Geltung habe verholfen werden können. Es liege somit ein Fall der Ermessensreduzierung auf Null vor.

Der Vertreter der Klägerin erklärt darauf hin, diese Ausführungen vermögen den Aufhebungsbescheid nicht zu retten. Es sei allgemein anerkannt, dass im Verwaltungsprozess Ermessenserwägungen nicht nachgeschoben werden können.

Der Klägervertreter stellt den Antrag aus dem Klageschriftsatz vom 23.2.2021.

Der Beklagte beantragt Klageabweisung.

Die Beigeladene stellt keinen Antrag.

Es ergeht sodann folgender Beschluss:

Eine Entscheidung wird den Beteiligten in den Verfahren M 16 K 20.1954 und M 16 K 21.748 nach § 116 II VwGO zugestellt.

Bearbeitervermerk:

Die Entscheidung(en) des Verwaltungsgerichts München ist/sind zu entwerfen. Rubrum, Tatbestand und Streitwertbeschluss sind erlassen. Bei der Rechtsmittelbelehrung genügt die Angabe des Rechtsmittels.

Ladungen, Zustellungen, Vollmachten und sonstige Formalien sind in Ordnung. Wenn das Ergebnis der mündlichen Verhandlung nach Ansicht des Bearbeiters zu einer Entscheidung nicht ausreicht, ist zu unterstellen, dass trotz der Wahrnehmung der richterlichen Aufklärungspflicht keine weitere Sachaufklärung zu erzielen war.

Soweit in den Entscheidungsgründen ein Eingehen auf alle berührten Rechtsfragen nicht erforderlich erscheint, sind diese in einem Hilfsgutachten zu erörtern.

Lösungsvorschlag

I. Vorüberlegungen

1 Nachdem es sich vorliegend um **zwei unterschiedliche Verfahren** handelt, die nach § 93 VwGO nur zur gemeinsamen Verhandlung und nicht auch zur gemeinsamen Entscheidung verbunden worden sind, darüber hinaus im Verfahren M 16 K 20.1954 die Hauptsache von Klägerin und Beklagtem für erledigt erklärt wurde, ist es sinnvoll, *zwei* Entscheidungen zu fertigen.

Dabei ist zu beachten, dass die Entscheidung im Falle übereinstimmender Erledigungserklärungen nach § 161 II VwGO durch Beschluss ergeht (hier stellt sich allerdings das Problem, dass die Beigeladene der Erledigung widersprochen hat und daher womöglich kein Einstellungsbeschluss ergehen kann), während im Verfahren M 16 K 21.748 – in jedem Fall – durch Urteil zu entscheiden ist.

Der Schwerpunkt der Aufgabe liegt offensichtlich in der Klage der Tele-Inside. Infolgedessen erscheint es aus klausurtaktischen Erwägungen sinnvoll, zuerst das Urteil und anschließend die Entscheidung im Verfahren M 16 K 20.1954 sowie das Hilfsgutachten zu fertigen. Ansonsten besteht die Gefahr, mit der Bearbeitung des Hauptteils in Zeitnot zu geraten und die dortigen Probleme nicht mehr vollständig abhandeln zu können.

II. Urteil des VG München in Sachen M 16 K 21.748 Tele-Inside gegen Freistaat Bayern

2 M 16 K 21.748

Im Namen des Volkes

Rubrum (erlassen)[1]

folgendes

Urteil:

1. Die Klage wird abgewiesen.

2. Die Klägerin trägt die Kosten des Verfahrens. Die Beigeladene trägt ihre außergerichtlichen Kosten selbst.

3. Das Urteil ist im Kostenpunkt vorläufig vollstreckbar. Die Klägerin darf die Vollstreckung durch Sicherheitsleistung in Höhe des zu vollstreckenden Betrags abwenden, wenn nicht der Beklagte vorher Sicherheit in gleicher Höhe leistet.

Tatbestand:
(erlassen)

Entscheidungsgründe:

3 Die zulässige Klage ist unbegründet. Der Bescheid des Beklagten vom 9.2.2021 ist rechtmäßig und verletzt die Klägerin nicht in ihren Rechten (§ 113 I 1, § 114 S. 1 VwGO).

I. Die Klage ist zulässig.

1 Dieser „Vorspann" gehört eigentlich zum Rubrum (vgl. § 117 I, II VwGO) und ist erlassen. Zum besseren Verständnis werden hier gleichwohl Aktenzeichen und „Überschrift" wiedergegeben.

1. Der Verwaltungsrechtsweg ist nach § 40 I VwGO eröffnet.[2] 4

Im Mittelpunkt der vorliegenden Streitigkeit steht die Aufhebung der Entscheidung des Beklagten vom 8.6.2020, wonach die Klägerin das Grundstück FlNr. 256, Gemarkung Riem, zu sehr günstigen Konditionen im Wege des Erbbaurechts erhalten sollte. Bei der Entscheidung vom 8.6.2020 handelt es sich um eine solche über die Vergabe einer Subvention, denn der Klägerin wird vonseiten des Beklagten eine vermögensrechtliche Zuwendung (verbilligte Überlassung eines Grundstückes) gewährt, um auf diese Weise die Interessen der Öffentlichkeit zu fördern.[3] Die Frage nach der rechtlichen Einordnung von Subventionen wird mit der sog. Zwei-Stufen-Theorie[4] beantwortet.[5] Die Zweistufigkeit folgt dabei aus der Unterscheidung zwischen „Ob" und „Wie" der Subventionsgewährung[6]. Während das „Ob", also die Frage der Subventionierung dem Grunde nach, stets dem öffentlichen Recht zugerechnet wird, kann das „Wie", also die konkrete Ausgestaltung der Subventionierung, sowohl privatrechtlich als auch öffentlich-rechtlich ausgestaltet sein. Die Behörde hat insofern ein Wahlrecht.[7]

Im vorliegenden Fall regelt die Entscheidung vom 8.6.2020 das sog. „Ob" der Subventionsgewährung, mithin die Frage, wer von den Konkurrenten das fragliche Grundstück zu den bekannten Konditionen erhalten soll. Damit handelt es sich um eine öffentlich-rechtliche Streitigkeit iSv § 40 I VwGO. Folglich ist auch die Entscheidung über die Aufhebung der Vergabeentscheidung als actus contrarius dem öffentlichen Recht zuzuordnen.[8] Eine abdrängende Sonderzuweisung ist nicht ersichtlich; eine verfassungsrechtliche Streitigkeit ist mangels doppelter Verfassungsunmittelbarkeit nicht gegeben. Der Verwaltungsrechtsweg ist folglich eröffnet.

II. Der Sache nach liegt eine Anfechtungsklage gem. § 42 I Alt. 1 VwGO vor. Deren besondere Zulässigkeitsvoraussetzungen sind gegeben. 5

1. Die angefochtene Entscheidung des Beklagten vom 9.2.2021 ist ein Verwaltungsakt gem. Art. 35 S. 1 BayVwVfG. 6

Die angefochtene Entscheidung erfüllt alle tatbestandlichen Voraussetzungen des Art. 35 S. 1 BayVwVfG. Der Regelungsgehalt liegt in der Aufhebung der ihrerseits einen Verwaltungsakt darstellenden Entscheidung vom 8.6.2020. Denn bei dieser handelt sich um die erste Stufe der Vergabe einer öffentlichen Subvention an ein Privatrechtssubjekt; die Regelungswirkung der Entscheidung ist dabei darin zu sehen, dass die Klägerin das Grundstück FlNr. 256, Gemarkung Riem, zu den bekannten Bedingungen erhalten soll, während die Mitkonkurrenten keine Berücksichtigung fanden (Entscheidung über das „Ob" der Subventionierung; vgl. oben).

2. Die Klage ist formgerecht nach §§ 81, 82 VwGO erhoben worden. 7

3. Die Klägerin hat zwar kein Vorverfahren nach §§ 68 ff. VwGO eingeleitet. Ein solches war 8 aber gem. § 68 I 2 Nr. 1 VwGO nicht erforderlich, denn vorliegend hat mit dem Bayerischen Staatsministerium für Wirtschaft, Landesentwicklung und Energie (im folgenden „Wirtschaftsministerium") eine oberste Landesbehörde den angefochtenen Verwaltungsakt erlassen.[9]

2 Die Erörterung des Verwaltungsrechtsweges kann üblicherweise unterbleiben, da dieser regelmäßig unproblematisch zu bejahen sein wird; im vorliegenden Fall besteht jedoch das Problem, dass es sich auch um eine zivilrechtliche Streitigkeit im Hinblick auf die Vergabe des Grundstücks und den abgeschlossenen Erbbaurechtsvertrag handeln könnte

3 Vgl. etwa Wolff/Decker/Wolff VwGO § 40 Rn. 50; s. auch die Einführung.

4 **Beachte:** Die Zwei-Stufen-Theorie ist nur dann zur rechtlichen Beurteilung eines Vorganges angemessen, wenn dieser durch eine Mehrphasigkeit der Aufgabenwahrnehmung gekennzeichnet ist, vgl. BVerwGE 129, 9 Rn. 15 = NJW 2007, 2275.

5 ZB BVerwGE 1, 308 = NJW 1955, 437; BVerwG NVwZ 1986, 237; BVerwGE 129, 9 Rn. 15 = NJW 2007, 2275; Kopp/Schenke/Ruthig VwGO § 40 Rn. 16; Ossenbühl JuS 1979, 681; von Danwitz JuS 1995, 1; ferner Kothe JURA 2017, 656 (666).

6 BVerwGE 129, 9 Rn. 15 = NJW 2007, 2275; siehe auch Günther VR 2021, 262.

7 BVerwG NVwZ 1986, 237; s. auch Ehlers DVBl. 2014, 1 (7), der dafür plädiert, Subventionsvergaben immer dem öffentlichen Recht zu unterwerfen.

8 Das „Wie" wäre vorliegend durch den Abschluss des Erbbaurechtsvertrages zivilrechtlich geregelt.

9 Damit kommt es nicht darauf an, dass zB in Bayern nach § 68 I 2 Hs. 1 VwGO iVm Art. 15 BayAGVwGO das Widerspruchsverfahren im Grundsatz abgeschafft wurde, denn § 68 I 2 Hs. 2 Nr. 1 VwGO geht als bundesrechtliche Regelung vor.

9 **4.** Die Klägerin ist klagebefugt (§ 42 II VwGO), weil es zumindest möglich erscheint, dass sie durch den sie belastenden Verwaltungsakt in ihrem Grundrecht am eingerichteten und ausgeübten Gewerbebetrieb verletzt wird (Art. 14 iVm Art. 19 III GG).

10 **5.** Die Klage wurde schließlich auch fristgerecht erhoben (Zustellung des Bescheids vom 9.2.2021 am 10.2.2021; Klageerhebung am 23.2.2021).

11 **II.** Die Klage ist jedoch unbegründet. Der Bescheid des Beklagten vom 9.2.2021 ist rechtmäßig und verletzt die Klägerin nicht in ihren Rechten (§§ 113 I 1, 114 S. 1 VwGO).

12 Passiv legitimiert ist der Freistaat Bayern, vertreten durch das Wirtschaftsministerium (§ 78 I Nr. 1 VwGO).

13 **1.** Der Bescheid vom 9.2.2021 ist formell ordnungsgemäß erlassen worden, insbesondere wurde die Klägerin vor Erlass nach Art. 28 I BayVwVfG angehört. Das Wirtschaftsministerium war für die Rücknahme nach Art. 48 V BayVwVfG sachlich und örtlich zuständig.

14 **2.** Der angefochtene Bescheid ist auch materiell-rechtlich nicht zu beanstanden, denn er findet in Art. 48 BayVwVfG eine ausreichende Rechtsgrundlage.

15 Vorliegend geht es um die Rückabwicklung einer nach der Entscheidung der Europäischen Kommission vom 17.12.2020 unionsrechtswidrigen Subvention, also die Rückabwicklung einer gegen Art. 107, 108 AEUV verstoßenden Beihilfe.[10] Zu beachten ist dabei, dass das Unionsrecht für diesen sogenannten indirekten Vollzug des Unionsrechts durch nationale Behörden grundsätzlich keine allgemeinen Regelungen zur Rücknahme von Verwaltungsakten enthält. Dem entsprechend sind die Verfahrensmodalitäten, die den Schutz der dem Bürger aus dem Unionsrecht erwachsenden Rechte gewährleisten sollen, nach dem Grundsatz der Verfahrensautonomie der Mitgliedstaaten Sache der innerstaatlichen Rechtsordnung eines jeden Mitgliedstaats; sie dürfen jedoch nicht ungünstiger sein als diejenigen, die gleichartige Sachverhalte innerstaatlicher Art regeln (**Äquivalenzprinzip**)[11], und die Ausübung der durch die Unionsrechtsordnung verliehenen Rechte nicht praktisch unmöglich machen oder übermäßig erschweren (**Effektivitätsprinzip – sog. effet utile –**[12]). Folglich findet die Rückforderung einer rechtswidrigen Beihilfe grundsätzlich nach Maßgabe des einschlägigen nationalen Rechts statt, vorbehaltlich etwaiger Spezialregelungen also nach § 48 VwVfG.[13] Auch soweit Zuwendungen auf der Grundlage von Unionsrecht gewährt oder aus Unionsmitteln kofinanziert werden, richtet sich die Aufhebung von Zuwendungsbescheiden wegen Fehlens einer umfassenden unionsrechtlichen Rücknahme- bzw. Widerrufsregelung grundsätzlich nach nationalem Recht, wobei jedoch die durch das Unionsrecht gezogenen Grenzen zu beachten sind.[14] Das gilt in gleicher Weise für die Aufhebung von unionsrechtswidrigen Verwaltungsakten, die von deutschen Behörden im Vollzug nationalen Rechts erlassen wurden.[15] Mangels spezialgesetzlicher Rechtsgrundlagen kommt damit vorliegend allein Art. 48 BayVwVfG als Rechtsgrundlage für die Aufhebungsentscheidung in Betracht.

Nach Art. 48 I 1 BayVwVfG kann ein rechtswidriger Verwaltungsakt, auch nachdem er unanfechtbar geworden ist, mit Wirkung für die Zukunft oder die Vergangenheit, zurückgenommen werden. Handelt es sich um einen begünstigenden Verwaltungsakt, so kann er jedoch nur unter den Einschränkungen des Art. 48 II bis IV BayVwVfG zurückgenommen werden (vgl.

10 Allg. hierzu etwa Ehlers DVBl. 2014, 1; Risch DVBl. 2014, 219; Finck/Gurlit JURA 2011, 87; Schwarze DVBl. 2009, 1401; Gellermann DVBl. 2003, 481 mit umfangreichen Nachweisen unter Fn. 2; Oldiges NVwZ 2001, 280 und 626; Fischer JuS 1999, 749; Richter DÖV 1995, 846; Pache NVwZ 1994, 318; allgemein zur europäischen Beihilfekontrolle Schwarze DVBl. 2009, 1401.

11 StRspr des EuGH; vgl. etwa EuGH BeckRS 2019, 12278 Rn. 54 „Luftqualitätsplan Brüssel"; ferner Voßkuhle/Schemmel JuS 2019, 347 (348).

12 StRspr des EuGH; s. zB EuGH EuZW 2000, 565 – Preston ua; NVwZ 2004, 593 – Wells; NVwZ 2006, 1277 – i-21 Germany GmbH, Arcor AG & Co. KG; EuGH BeckRS 2019, 12278 Rn. 54 „Luftqualitätsplan Brüssel"; ferner Voßkuhle/Schemmel JuS 2019, 347 (348).

13 Bei einer rechtmäßigen Subvention nach § 49 VwVfG; EuGH NVwZ 1998, 45 = DVBl. 1997, 951 = NJW 1998, 47; VGH Mannheim DVBl. 2009, 1255; s. auch Erichsen/Buchwald JURA 1995, 84 (87).

14 VGH Mannheim NuR 2015, 48 mwN; BVerwG Buchholz 316 § 49 VwVfG Nr. 44.

15 EuGH NVwZ 1990, 1161; BVerwG NJW 1993, 2764; ausführlich zum Problem Wolff/Decker/Decker VwVfG § 48 Rn. 47 ff.

Art. 48 I 2 BayVwVfG), es sei denn, es liegt ein Fall des Art. 50 BayVwVfG vor. In jedem Fall aber steht die Entscheidung über die Rücknahme eines Verwaltungsaktes im pflichtgemäßen Ermessen (Art. 48 I 1, Art. 40 BayVwVfG) der zuständigen Behörde[16]. Insofern ist allerdings zu beachten, dass, soweit nationale Rechtsvorschriften die Rückforderung erschweren, sich das Unionsrecht im Wege des **Anwendungsvorrangs**[17] durchsetzt, womit die praktische Wirksamkeit des Unionsrechts (sog. effet utile) durch Verdrängung und Modifizierung der mitgliedstaatlichen Bestimmungen gesichert wird.[18]

Im vorliegenden Fall sind die Voraussetzungen für eine Rücknahme des Bescheids vom 8.6.2020 erfüllt:

a) Der Bescheid vom 8.6.2020 war rechtswidrig; er verstieß gegen EU-Recht.

Die Beihilfegewährung ist bereits formell rechtswidrig, weil sie entgegen Art. 108 III 1 AEUV zum einen nicht ordnungsgemäß bei der Europäischen Kommission angemeldet (Verstoß gegen die sog. Notifizierungspflicht) und zum anderen vor einer abschließenden Entscheidung der Europäischen Kommission durchgeführt wurde und damit die Sperrwirkung des unmittelbar anwendbaren Art. 108 III 3 AEUV nicht beachtet worden ist.[19] Sie ist darüber hinaus auch materiell rechtswidrig, da sie aufgrund der bindenden Entscheidung der Europäischen Kommission vom 17.12.2020 als mit dem Binnenmarkt unvereinbar erklärt wurde (Art. 288 IV, Art. 107 AEUV).[20] **16**

Exkurs: Verhältnis Europäische Kommission/nationales Gericht im Beihilfeverfahren:[21]

Art. 108 III AEUV unterwirft nach ständiger Rechtsprechung des EuGH die beabsichtigte Einführung neuer Beihilfen einer vorbeugenden Prüfung. Die damit geschaffene Kontrolle ist darauf gerichtet, dass nur mit dem Binnenmarkt vereinbare Beihilfen durchgeführt werden. Um dieses Ziel zu erreichen, wird die Einführung eines Beihilfevorhabens ausgesetzt, bis die Zweifel an seiner Vereinbarkeit durch die abschließende Entscheidung der Europäischen Kommission beseitigt sind.[22] Die Durchführung dieses Kontrollsystems obliegt zum einen der Europäischen Kommission und zum anderen den nationalen Gerichten, wobei ihnen einander ergänzende, aber unterschiedliche Rollen zufallen.
Während für die Beurteilung der Vereinbarkeit von Beihilfemaßnahmen mit dem Binnenmarkt ausschließlich die Europäische Kommission zuständig ist, die dabei der Kontrolle durch die Unionsgerichte unterliegt, wachen die nationalen Gerichte bis zur endgültigen Entscheidung der Europäischen Kommission über die Wahrung der Rechte des Einzelnen bei eventuellen Verstößen der staatlichen Stellen gegen das in Art. 108 III AEUV aufgestellte Verbot.[23]
Die nationalen Gerichte können daher mit Rechtsstreitigkeiten befasst werden, in deren Rahmen sie den in Art. 107 I AEUV enthaltenen Beihilfebegriff auszulegen und anzuwenden haben, um insbesondere zu bestimmen, ob eine ohne Beachtung des in Art. 108 III AEUV vorgesehenen Vorprüfungsverfahrens eingeführte staatliche Maßnahme diesem Verfahren hätte unterworfen werden müssen.[24]
Das Einschreiten der nationalen Gerichte beruht auf der unmittelbaren Wirkung, die dem in Art. 108 III 3 AEUV ausgesprochenen Verbot der Durchführung von beabsichtigten Beihilfemaßnahmen zuerkannt wird. In diesem Zusammenhang hat der EuGH klargestellt, dass die unmittelbare Anwendbar-

16 Siehe hierzu etwa BVerwG NVwZ-RR 2021, 1078 mAnm Waldhoff JuS 2022, 191: „Die Verfassungs- und Grundrechtsbindung der öffentlichen Gewalt führt nicht dazu, dass das einer Behörde durch eine Ermächtigung zur Rücknahme rechtswidriger Verwaltungsakte eingeräumte Ermessen allein deshalb auf Null reduziert ist, weil der zurückzunehmende Verwaltungsakt verfassungs- oder grundrechtswidrig ist."; ferner BVerwG BeckRS 2021, 7974 Rn. 11, wonach – auch mit Blick auf das Gebot der Wahrung der Haushaltssparsamkeit – kein Fall eines sog. „intendierten Ermessens" gegeben ist.
17 S. zum Anwendungsvorrang etwa Terhechte JuS 2008, 403.
18 Goldmann JURA 2008, 275.
19 Vgl. etwa Richter DÖV 1995, 846 (848); Wolff/Decker/Decker VwVfG § 48 Rn. 48; s. auch EuGH DVBl. 2002, 180; Günther VR 2021, 262 (263).
20 Richter DÖV 1995, 846 (849); Kothe JURA 2017, 656 (657).
21 Vgl. EuGH DVBl. 2016, 42 (43); BGH BayVBl. 2013, 671 (672) Rn. 12.
22 EuGH EuZW 2014, 65 Rn. 26 mwN – Deutsche Lufthansa.
23 EuGH EuZW 2014, 65 Rn. 28 mwN – Deutsche Lufthansa.
24 EuGH NJW 1993, 49 Rn. 9 – Fédération nationale du commerce extérieur des produits alimentaires und Syndicat national des négociants et transformateurs de saumon.

keit des in dieser Bestimmung enthaltenen Durchführungsverbots jede Beihilfe betrifft, die durchgeführt wird, ohne dass sie angezeigt wurde.[25]
Die nationalen Gerichte müssen folglich zugunsten des Einzelnen nach ihrem nationalen Recht sämtliche Konsequenzen aus einem Verstoß gegen Art. 108 III 3 AEUV sowohl hinsichtlich der Gültigkeit der Durchführungsakte als auch hinsichtlich der Beitreibung der unter Verstoß gegen diese Bestimmung gewährten finanziellen Unterstützungen oder eventueller vorläufiger Maßnahmen ziehen. Gegenstand der Aufgabe der nationalen Gerichte ist somit der Erlass von Maßnahmen, die geeignet sind, die Rechtswidrigkeit der Durchführung der Beihilfen zu beseitigen, damit der Empfänger in der bis zur Entscheidung der Europäischen Kommission verbleibenden Zeit nicht weiterhin frei über sie verfügen kann.[26]
Zu diesem Zweck können die nationalen Gerichte, wenn sie feststellen, dass die fragliche Maßnahme eine staatliche Beihilfe im Sinne von Art. 107 AEUV darstellt, die unter Verstoß gegen Art. 108 III 3 AEUV durchgeführt wurde, entweder beschließen, die Durchführung dieser Maßnahme auszusetzen und die Rückforderung der bereits gezahlten Beträge anzuordnen, oder einstweilige Maßnahmen erlassen, um zum einen die Interessen der Betroffenen und zum anderen die praktische Wirksamkeit der späteren Entscheidung der Europäischen Kommission zu wahren.[27]
Hat die Europäische Kommission bereits entschieden, ein Beihilfeprüfverfahren zu eröffnen (oder nicht zu eröffnen), dann fragt sich, ob das nationale Gericht noch befugt ist, über das Vorliegen einer Beihilfe selbständig zu entscheiden oder ob es an die – vorläufige – Entscheidung der Europäischen Kommission gebunden ist. Das ist heftig umstritten.[28] Der EuGH[29] hat insofern ausgesprochen, dass es den nationalen Gerichten entsprechend dem Grundsatz der loyalen Zusammenarbeit (Art. 4 III EUV) nach Ergehen des Eröffnungsbeschlusses nicht möglich sei, trotz dessen Vorläufigkeit, von der Beurteilung durch die Europäische Kommission abzuweichen, weil ansonsten die praktische Wirksamkeit von Art. 108 III AEUV beeinträchtigt würde. Dem sind der BGH[30] und das BVerwG[31] nicht gefolgt und haben entschieden, dass eine normative Bindung an die Rechtsansicht der Europäischen Kommission nicht bestehe.[32] Dem ist schon deshalb zuzustimmen, weil sich eine normative Bindung eines Gerichts an die Rechtsansicht einer Verwaltungsbehörde mit der Unabhängigkeit der Gerichte, mit ihrem gerade auf die Verwaltungskontrolle gerichteten Auftrag, und mit dem Grundsatz der Gewaltenteilung schwerlich vereinbaren lässt.[33]

17 An diesem Ergebnis vermögen auch die Einwendungen der Klägerin nichts zu ändern. Der Beschluss der Europäischen Kommission vom 17.12.2020 (2020/1067/EU), wonach die unentgeltliche bzw. stark verbilligte Überlassung des Grundstücks FlNr. 256, Gemarkung Riem, durch den Beklagten an die Klägerin eine mit dem Binnenmarkt nicht vereinbare staatliche Beihilfe darstellt und diese Leistung daher von dem Beklagten zurückzufordern sowie von der Klägerin zurückzugewähren sei (Art. 1 des Beschlusses), ist zwar an die Bundesrepublik Deutschland gerichtet. Da die Bundesrepublik Deutschland, respektive der Beklagte, aber zur Rückforderung der Beihilfen verpflichtet wurde, ist auch die Klägerin von dieser Entscheidung unmittelbar und individuell betroffen.[34] Das hat gem. Art. 288 IV AEUV zur Folge, dass im Falle der Bestandskraft der Entscheidung der Europäischen Kommission die mit Bescheid vom 8.6.2020 gewährte Vergünstigung schon aus diesem Grunde wieder rückgängig gemacht werden muss und in einem Prozess vor einem deutschen Gericht die Rechtswidrigkeit des Beschlusses der Europäischen Kommission nicht mehr geltend gemacht werden kann.[35]

25 EuGH EuZW 2014, 65 Rn. 29 mwN – Deutsche Lufthansa.
26 EuGH EuZW 2014, 65 Rn. 30, 31 mwN – Deutsche Lufthansa.
27 EuGH Beschl. v. 4.4.2014 – C-27/13, BeckEuRS 2014, 393299 – Flughafen Lübeck.
28 Rennert EuZW 2017, 567 – **lesenswert** zum Problemkomplex –; Ruffert JuS 2017, 1130 (1131); ferner Dorn EWS 2016, 323; Oppen/Schmeichel NVwZ 2017, 974.
29 EuGH EuZW 2014, 65 Rn. 37 ff. – Deutsche Lufthansa.
30 BGH EuZW 2017, 312 mAnm Ruffert JuS 2017, 1130.
31 BVerwG EuZW 2017, 355; siehe auch BVerwG Buchholz 451.55 Subventionsrecht Nr. 122 – juris Rn. 10.
32 Vgl. hierzu ausführlich Rennert EuZW 2017, 567 (569).
33 So zu Recht Rennert EuZW 2017, 567 (569).
34 Streinz EuropaR § 5 Rn. 465.
35 EuGH Urt. v. 17.11.1965 – Rs. 20/65, Slg. 1965, 1112 – Collotti/Gerichtshof; EuGH DVBl. 1994, 1122; s. auch OVG Berlin-Brandenburg BeckRS 2015, 43054.

Exkurs: Folgen von Entscheidungen der Europäischen Kommission über die Unzulässigkeit einer Beihilfe für nationale Gerichtsverfahren

1. Bestandskräftige Entscheidung der Europäischen Kommission

In der Rechtsprechung des EuGH ist geklärt, dass dem Empfänger einer staatlichen Beihilfe, der einen diese Beihilfe betreffenden Kommissionsbeschluss, der unmittelbar nur an den Mitgliedstaat, dem der Beihilfeempfänger angehört, gerichtet war, auf der Grundlage des Art. 263 AEUV hätte anfechten können und der die in Art 263 VI AEUV vorgesehene Ausschlussfrist hat verstreichen lassen, insbesondere aus Gründen der Rechtssicherheit verwehrt ist, die Rechtmäßigkeit dieses Beschlusses vor den innerstaatlichen Gerichten anlässlich einer Klage gegen die nationalen Maßnahmen zur Durchführung des Beschlusses mit Erfolg wieder in Frage zu stellen.[36] Andernfalls würde dem Beihilfeempfänger die Möglichkeit eingeräumt, die Bestandskraft zu umgehen, die einem Beschluss der Europäischen Kommission gemäß dem Grundsatz der Rechtssicherheit nach Ablauf der Klagefristen zukommen muss.[37]

Der EuGH hat ferner entschieden, dass der Ausschluss der Überprüfungsmöglichkeit durch ein nationales Gericht auch dann gerechtfertigt ist, wenn sich der Beihilfeempfänger vor einem innerstaatlichen Gericht auf die Ungültigkeit des Kommissionsbeschlusses beruft, bevor die Frist des Art. 263 VI AEUV für eine Klage gegen diesen Beschluss abgelaufen ist. Denn es kann sich nur derjenige im Rahmen einer Klage vor einem innerstaatlichen Gericht auf die Ungültigkeit von Bestimmungen in einem Unionsrechtsakt, der Grundlage für eine ihm gegenüber ergangene nationale Entscheidung ist, berufen, der auch nach Art. 263 IV AEUV fristgerecht eine Nichtigkeitsklage gegen den betreffenden Unionsrechtsakt erhoben hat oder dies deshalb nicht getan hat, weil er nicht ohne jeden Zweifel dazu befugt war.[38] Ein Beihilfeempfänger ist dann „ohne jeden Zweifel" befugt, die Nichtigkeitsklage gegen einen – regelmäßig an den Mitgliedstaat gerichteten – Beschluss zu erheben, wenn der Beschluss ihn unmittelbar und individuell betrifft (sog. Plaumann-Formel)[39]. Mit dieser Einschränkung wird dem Betroffenen die Obliegenheit zur Klageerhebung somit nur für den Fall auferlegt, dass seine durch Art. 263 IV AEUV begründete Klagebefugnis nicht zweifelhaft ist.[40]

Hieraus folgt, dass sich ein Beihilfeempfänger, der ohne jeden Zweifel zu einer Nichtigkeitsklage iSd Art. 263 IV AEUV gegen einen Beschluss der Europäischen Kommission über die Unzulässigkeit einer Beihilfe befugt war, von dieser Befugnis aber keinen Gebrauch machte, für seine Klage gegen eine nationale Maßnahme zur Durchführung des streitigen Beschlusses vor einem nationalen Gericht nicht auf dessen Ungültigkeit berufen kann. Damit scheidet auch ein Vorlageverfahren nach Art. 267 AEUV aus, weil die Frage, ob die konkrete Beihilfe zulässig ist, aufgrund der Bestandskraft dieser Entscheidung im nationalen Verfahren nicht mehr aufgeworfen werden kann und damit nicht mehr entscheidungserheblich ist;[41] ein gleichwohl gestelltes Vorabentscheidungsersuchen ist unzulässig.[42]

2. Nicht bestandskräftige Entscheidung der Europäischen Kommission

Hat der Beihilfeempfänger gegen den Beschluss der Europäischen Kommission Nichtigkeitsklage nach Art. 263 AEUV und gegen den – nationalen – Rückforderungsbescheid Klage erhoben, dann stellt sich die Rechtslage indessen anders dar. Hängt der Ausgang des nationalen Rechtsstreits von der Gültigkeit des Beschlusses der Europäischen Kommission ab, dann folgt aus der Verpflichtung zur loyaler Zusammenarbeit (Art. 4 III EUV), dass das nationale Gericht, um nicht eine dem Beschluss der Europäischen Kommission zuwiderlaufende Entscheidung zu treffen, das Verfahren aussetzen muss (§ 94 VwGO) bis die Unionsgerichte eine endgültige Entscheidung über die Nichtigkeitsklage getroffen haben, oder es hat dem EuGH eine Vorabentscheidungsfrage nach der Gültigkeit des Beschlusses

36 EuGH EuZW 1994, 250 „TWD Textilwerke Deggendorf"; EuGH NVwZ 2018, 1288 Rn. 14; vgl. auch EuGH EuZW 2001, 181 Rn. 30 „Nachi Europe"; EuGH ABl. EU 2015 C 138, 17 Rn. 28 „Banco Privado Português und Massa Insolvente do Banco Privado Português".

37 EuGH NVwZ 2018, 1288 Rn. 15 mwN.

38 EuGH BeckRS 2010, 90806 Rn. 46 und 48; EuGH BeckRS 2011, 80127 – juris Rn. 22 und 23 „Bolton Alimentari"; EuGH EuZW 2017, 529 Rn. 67 „Rosneft".

39 Vgl. Streinz JuS 2019, 84 (85).

40 Streinz JuS 2019, 84 (85).

41 Streinz JuS 2019, 84 (86).

42 EuGH NVwZ 2018, 1288 Rn. 18.

der Europäischen Kommission zu stellen (Art. 267 AEUV)[43], was faktisch ebenfalls zur Aussetzung des Verfahrens führt.
Im Falle einer Nichtigkeitsklage, für die das EuG zuständig ist, und einem hierzu parallelen Vorabentscheidungsersuchen, das in die Zuständigkeit des EuGH fällt, kann der EuGH indessen von der in Art. 54 III der Satzung des EuGH vorgesehenen Möglichkeit Gebrauch machen und das Vorabentscheidungsverfahren aussetzen bis das EuG über die Wirksamkeit des Kommissionsbeschlusses entschieden hat.[44]

17a Nach ständiger Rechtsprechung des EuGH[45] wird eine Entscheidung, die vom Empfänger nicht innerhalb der in Art. 263 AEUV vorgesehenen Fristen angefochten worden ist, ihm gegenüber bestandskräftig. Dabei hat nach Art. 263 VI AEUV der Ablauf der dort vorgesehenen Klagefrist gegenüber einem Unternehmen, das eine individuelle Beihilfe erhalten hat, dieselbe Ausschlusswirkung wie gegenüber einem Mitgliedstaat, an den die Entscheidung gerichtet war.[46] Die Wahrung der Klagefrist dient der Rechtssicherheit, indem sie verhindert, dass das Rechtswirkungen entfaltende Gemeinschaftshandeln wieder und wieder infrage gestellt wird.[47]

17b Im vorliegenden Fall hat die Klägerin den Beschluss der Europäischen Kommission vom 17.12.2020 nicht gem. Art. 263 VI AEUV innerhalb von zwei Monaten nach seiner Bekanntgabe mit Rechtsmitteln zum EuGH angegriffen, obwohl sie hierzu ohne jeden Zweifel gemäß Art. 263 IV AEUV befugt gewesen wäre. Der Beschluss betrifft sie unmittelbar und individuell, weil er die an die Klägerin gewährte Subvention für mit dem Binnenmarkt unvereinbar erklärt. Die Kommissionsentscheidung ist daher bestandskräftig und damit nicht nur für die Klägerin, sondern auch für das Gericht bindend. Folglich kommt auch eine Vorlage nach Art. 267 AEUV nicht in Betracht.[48] Der hierauf gerichtete Antrag der Klägerin ist daher abzulehnen.

17c Steht aber fest, dass der Bescheid vom 8.6.2020 wegen Verstoßes gegen EU-Recht rechtswidrig ist, so kann offen bleiben, ob er auch gegen Art. 3 I GG verstößt oder ob es für die Vergabeentscheidung an einer Rechtsgrundlage fehlt, wie von der Beigeladenen gerügt wurde.[49]

18 **b)** Art. 48 I 2, II BayVwVfG steht der Rücknahme nicht entgegen. Das folgt bereits aus Art. 50 VwVfG; im Übrigen ist das Vertrauen der Klägerin auch nicht schutzwürdig.

Bei dem Bescheid vom 8.6.2020 handelt es sich um einen begünstigenden Verwaltungsakt iSv Art. 48 I 2 BayVwVfG, der, da er Voraussetzung für eine in Geld bezifferbare Leistung ist (kostenlose Zurverfügungstellung des Grundstücks FlNr. 256, Gemarkung Riem, für 10 Jahre sowie verbilligter Erbbauzins für weitere 10 Jahre), nur unter den Voraussetzungen des Art. 48 II BayVwVfG zurückgenommen werden kann. Nach Art. 50 BayVwVfG gelten allerdings Art. 48 I 2, II–IV BayVwVfG nicht, wenn ein begünstigender Verwaltungsakt, der von einem Dritten angefochten worden ist, während des verwaltungsgerichtlichen Verfahrens aufgehoben wird, soweit dadurch der Klage abgeholfen wird. Von Letzterem ist hier auszugehen, denn der Beklagte hat den Bescheid vom 8.6.2020 aufgehoben, weil dieser eine unionsrechtswidrige Subventionierung der Klägerin beinhaltete. Das Unionsrecht räumt Marktteilnehmern, die mit einem Beihilfeempfänger potenziell im Wettbewerb stehen, aber Ansprüche gegen den Subventionsgeber auf verzinste Rückforderung auch schon bei einem Verstoß gegen formelle Anforderungen des Unionsrechts ein, also ungeachtet der Frage, ob die Beihilfe später von der Europäischen Kommission als mit dem Binnenmarkt für vereinbar erklärt

43 EuGH NVwZ 2018, 1288 Rn. 24 mwN; BGH EuZE 2020, 201.
44 EuGH NVwZ 2018, 1288 Rn. 25.
45 Erstmals etwa EuGH Urt. v. 17.11.1965 – Rs. 20/65, Slg. 1965, 1112 – Collotti/Gerichtshof.
46 Vgl. etwa Calliess/Ruffert AEUV Art. 263 Rn. 75.
47 EuGH DVBl. 1994, 1122; JZ 1997, 722; EuGH BeckRS 2004, 75346 – Nachi; s. auch Gärditz JuS 2009, 385 (386); EuGH NVwZ 2018, 1288.
48 S. zu Einzelheiten im vorstehenden Exkurs; Die von der Klägerin gegen die Rechtmäßigkeit der Kommissionsentscheidung vorgebrachten Argumente sind folglich nicht entscheidungserheblich; die Probleme dürfen damit aber nicht ignoriert werden; sie sind vielmehr im Hilfsgutachten zu erörtern.
49 Diese Fragen sind im Einstellungsbeschluss oder im Hilfsgutachten anzusprechen.

wird.[50] Das ergibt sich aus dem unmittelbare Wirkung entfaltenden Art. 108 III 1 und S. 3 AEUV, die ein subjektiv-öffentliches Recht iSv § 42 II und § 113 I 1 VwGO gewähren.[51] Ist dem aber so, dann erfolgte die Aufhebung des Subventionsbescheides – zumindest auch – um der Klage der C-AG iSv Art. 50 BayVwVfG abzuhelfen.

Unabhängig von Vorstehendem liegen aber auch die Voraussetzungen nach Art. 48 I 2 iVm II BayVwVfG vor. Danach darf ein Verwaltungsakt nicht zurückgenommen werden, soweit der Begünstigte auf den Bestand vertraut hat und sein Vertrauen unter Abwägung mit dem öffentlichen Interesse schutzwürdig ist.[52] Insoweit handelt es sich um eine tatbestandliche Voraussetzung der Rücknahme und nicht – wie die Beteiligte meint – um eine Frage des Ermessens, mithin eine solche auf der Rechtsfolgenseite.[53] 19

Art. 48 II 1 BayVwVfG verlangt eine Abwägung zwischen dem Vertrauensschutz des Betroffenen am Bestand des Verwaltungsaktes gegen das öffentliche Rücknahmeinteresse. Liegt ein Fall des Art. 48 II 3 BayVwVfG vor, so ist das Vertrauen des Begünstigten nicht schutzwürdig. Anderseits ist nach Maßgabe des Art. 48 II 2 BayVwVfG das Vertrauen des Begünstigten in der Regel schutzwürdig, wobei die Wendung „in der Regel" sicherstellt, dass auch in anderen als den in Abs. 2 S. 3 genannten Fällen sich der Betroffene nicht auf Vertrauen berufen kann. Art. 48 II 2 BayVwVfG schließt somit nicht aus, dass sich bei der nach Art. 48 II 1 BayVwVfG gebotenen Abwägung das subjektive Vertrauen auf den Bestand des Verwaltungsaktes als gegenüber dem öffentlichen Interesse minder gewichtig und damit nicht schutzwürdig erweist, obwohl der Begünstigte eine irreversible Vermögensdisposition getroffen hat und kein Fall des Art. 48 II 3 BayVwVfG gegeben ist.[54]

Im vorliegenden Fall ergibt die Abwägung der widerstreitenden Interessen, dass das Interesse der Öffentlichkeit an der Rücknahme das Interesse der Klägerin am Fortbestand des Verwaltungsaktes vom 8.6.2020 überwiegt. Zwar liegt hier kein Fall des Art. 48 II 3 BayVwVfG vor, insbesondere ist Art. 48 II 3 Nr. 3 BayVwVfG nicht gegeben, denn der Klägerin kann nicht unterstellt werden, dass sie die Rechtswidrigkeit der Grundstücksvergabe wegen Verstoßes gegen EU-Recht kannte oder infolge grober Fahrlässigkeit nicht kannte. Folglich ist es der Klägerin grundsätzlich nicht verwehrt, sich auf ein etwaiges Vertrauen zu berufen. Andererseits ist auch ein Fall des Art. 48 II 2 BayVwVfG nicht gegeben.[55] Die Parteien haben zwar auf der Grundlage des Bescheides vom 8.6.2020 am 26.6.2020 einen Erbbaurechtsvertrag über das Grundstück FlNr. 256, Gemarkung Riem, geschlossen. Die Klägerin hat darüber hinaus auch schon konkrete Planungen hinsichtlich der Bebauung dieses Grundstückes erarbeitet. Eine Bebauung, die mit erheblichem finanziellen Aufwand verbunden wäre, ist aber noch nicht erfolgt, weshalb es insofern an einer irreversiblen Vermögensdisposition iSv Art. 48 II 2 BayVwVfG fehlt. Folglich ist allein zwischen den widerstreitenden Interessen abzuwägen.[56] Auf Seiten der Klägerin ist dabei ihr Vertrauen in die ihr gegebene Zusage, die Grundlage für die weiteren Planungen der Klägerin war, zu berücksichtigen. Auf Seiten des öffentlichen Rücknahmeinteresses ist mit Blick auf Art. 4 III EUV, der den Grundsatz der loyalen Zusammenarbeit umfasst, zu beachten, dass die Anwendung des Art. 48 BayVwVfG nicht so erfolgen darf, dass die unionsrechtlich vorgeschriebene Rückforderung praktisch unmöglich gemacht wird („Effektivitätsgrundsatz").[57] Insbesondere muss bei der Anwendung des Art. 48 II BayVwVfG, der die Rücknahme eines rechtswidrigen Verwaltungsakts von der 20

50 S. BVerwG EuZW 2011, 269 = BayVBl. 2011, 703.

51 Zu weiteren Einzelheiten Rn. 27a.

52 **Beachte:** Soweit das Unionsrecht selbst entsprechende Regelungen über den Vertrauensschutz enthält bei der Rückforderung unionsrechtswidriger Beihilfen, sind diese abschließend und verdrängen Art. 48 II–IV BayVwVfG; vgl. BVerwG Buchholz 316 § 48 VwVfG Nr. 112; VGH Mannheim NuR 2015, 48 Rn. 32.

53 Vgl. etwa Wolff/Decker/Decker VwVfG § 48 Rn. 23.

54 Grundlegend BVerwG BayVBl. 1993, 632; s. auch BVerwGE 106, 328 = NJW 1998, 3728; zusammenfassend Ehlers DVBl. 2014, 1 (9).

55 S. hierzu etwa VGH München BeckRS 2009, 43525 im Zusammenhang mit einer unionsrechtswidrigen Subvention.

56 Vgl. auch Kothe JURA 2017, 656 (661).

57 Vgl. → Rn. 15 sowie EuGH EuGHE 1990, I-959 Rn. 61 – Belgien/Kommission; EuGH NVwZ 1990, 1161 – Deutsche Milchkontor ua; EuGH EuGHE 1998, 4767 mwN – Rapsbeihilfe; vgl. auch BVerwGE 106, 328 = NJW 1998, 3728.

Abwägung der verschiedenen widerstreitenden Interessen abhängig macht, das Interesse der Union in vollem Umfang berücksichtigt werden.[58] Das bedeutet, dass bei der Rücknahme unionsrechtswidriger nationaler Beihilfen neben das mitgliedschaftliche öffentliche Interesse an der Wiederherstellung eines rechtmäßigen Zustandes ein öffentliches Interesse der EU an der Durchsetzung der unionsrechtlichen Wirtschaftsordnung tritt.[59] Es widerspricht zwar nicht der Rechtsordnung der Union, wenn das nationale Recht im Rahmen der Rückforderung das berechtigte Vertrauen und die Rechtssicherheit schützt; da die Überwachung der staatlichen Beihilfen durch die Kommission in Art. 107, 108 AEUV zwingend vorgeschrieben ist, darf aber ein beihilfebegünstigtes Unternehmen auf die Ordnungsmäßigkeit der Beihilfe grundsätzlich nur dann vertrauen, wenn diese unter Einhaltung des darin vorgesehenen Verfahrens gewährt wurde,[60] denn einem sorgfältigen Gewerbetreibenden ist es regelmäßig möglich, sich zu vergewissern, dass dieses Verfahren eingehalten worden ist, selbst wenn der betreffende Staat für die Rechtswidrigkeit des Beihilfebewilligungsbescheids in einem solchen Maße verantwortlich ist, dass seine Rücknahme als Verstoß gegen Treu und Glauben erscheint.[61] Hieraus folgt für die Anwendung des Art. 48 II 1 BayVwVfG, dass im Rahmen der Abwägung das Unionsinteresse an der Aufhebung besonders zu gewichten ist („unionsrechtskonforme Auslegung") mit der Folge, dass dem öffentlichen Aufhebungsinteresse in diesen Fällen ein größeres Gewicht zukommt als bei der Aufhebung von Geldleistungs-Verwaltungsakten, die nur gegen nationales Recht verstoßen.[62] Mit anderen Worten, ein etwaiges Vertrauensschutzinteresse des Beihilfeempfängers tritt angesichts des besonderen Gewichts des Rücknahmeinteresses grundsätzlich schon dann zurück, wenn die staatliche Beihilfe unter Missachtung der Art. 107, 108 AEUV gewährt wurde.[63] Das führt dazu, dass sich der Beihilfeempfänger grundsätzlich nicht auf ein schutzwürdiges Vertrauen berufen kann. Folglich muss das Vertrauensschutzinteresse der Klägerin vorliegend zurückstehen. Das gilt umso mehr, als das Vertrauen der Klägerin in der Schutzwürdigkeit herabgesetzt ist. Ein Beihilfe begünstigtes Unternehmen darf auf die Ordnungsmäßigkeit der Beihilfe nach der Rechtsprechung des EuGH grundsätzlich nur dann vertrauen, wenn das im AEUV vorgeschriebene Überwachungsverfahren von ihr durchgeführt wurde.[64]

21 **c)** Auch die Jahresfrist des Art. 48 IV BayVwVfG[65] steht der Aufhebung nicht entgegen. Art. 48 IV BayVwVfG ist gem. Art. 50 BayVwVfG schon nicht anwendbar, im Übrigen ist die Jahresfrist offensichtlich eingehalten. Die Entscheidung der Kommission erging am 17.12.2020; der Rücknahmebescheid datiert vom 9.2.2021 und wurde der Klägerin am 10.2.2021 zugestellt.

22 **d)** Schließlich ist die Entscheidung der Beklagten auch iSv Art. 48 I 1 BayVwVfG ermessensgerecht.[66]

58 EuGH EuZW 1990, 387 – Kommission/Deutschland; EuGH DVBl. 1999, 384; ferner EuGH Urt. v. 6.5.2015 – C-674/13, BeckEuRS 2015, 432802 Rn. 37: „*Die Aufhebung einer rechtswidrigen Beihilfe durch Rückforderung ist die logische Folge der Feststellung ihrer Rechtswidrigkeit. Folglich hat ein Mitgliedstaat, an den eine Entscheidung gerichtet ist, die ihn zur Rückforderung rechtswidriger Beihilfen verpflichtet, nach Art. 288 AEUV alle geeigneten Maßnahmen zu ergreifen, um die Durchführung der Entscheidung sicherzustellen*"; EuGH BeckRS 2013, 80147 – Kommission/Spanien.

59 BVerfG NJW 2000, 2015; s. auch VGH Mannheim DVBl. 2009, 1255 (1259).

60 EuGH NVwZ 1990, 1161.

61 EuGH NVwZ 1998, 45 = DVBl. 1997, 951 = NJW 1998, 47 – Alcan Deutschland GmbH; ferner *Günther* VR 2021, 262 (264).

62 BVerwGE 92, 81 = NJW 1993, 2764.

63 BVerwG BayVBl. 1993, 632 (634); BVerwGE 106, 328 = NJW 1998, 3728; VGH München BayVBl. 2003, 152; VGH München BeckRS 2009, 43525; VGH München BeckRS 2009, 43328.

64 EuGHE 90, 3453 = NVwZ 1990, 1161; Ehlers DVBl. 2014, 1 (8); vgl. zu einem ähnlichen Fall: BVerwG BayVBl. 1993, 632 sowie die Vorlageentscheidung NVwZ 1995, 703, die der EuGH mit Urt. v. 20.2.1997 (JZ 1997, 722 = DÖV 1998, 287) beantwortete; BVerfG DVBl. 2000, 900 = BayVBl. 2000, 655.

65 Nach der Entscheidung EuGH JZ 1997, 722 (mit kritischer Anmerkung von Classen JZ 1997, 724) – auf Vorlage des BVerwG NVwZ 1995, 703 – soll zudem die Jahresfrist des Art. 48 IV BayVwVfG im Falle einer unionsrechtswidrigen Subventionierung keine Anwendung finden; s. auch BVerwGE 106, 328 = NJW 1998, 3728 sowie BVerfG DVBl. 2000, 900 = BayVBl. 2000, 655; kritisch auch Wolff/Decker/Decker VwVfG § 48 Rn. 51; Calliess/Ruffert AEUV Art. 108 Rn. 29; Ehlers EuZW 2011, 583; Günther VR 2021, 262 (264).

66 Hiervon suspendiert Art. 50 BayVwVfG ausweislich seines klaren Wortlauts nicht.

Insoweit besteht die Besonderheit, dass die Rechtswidrigkeit des zurückgenommenen Verwaltungsaktes auf der Verletzung von Unionsrecht beruht. Bei unionsrechtswidrigen Beihilfen besteht jedoch ein gesteigertes Rückforderungsinteresse.[67] Das hat zur Folge, dass die deutsche Behörde grundsätzlich gehalten ist, die rechtswidrige Bewilligung zurückzunehmen. Ein Ermessensspielraum steht ihr entgegen Art. 48 I 1 BayVwVfG nicht mehr zu.[68] Sie ist mithin zur Rücknahme verpflichtet, es sei denn, es ist völlig unmöglich, die Entscheidung durchzuführen, wobei finanzielle Schwierigkeiten des Beihilfeempfängers[69] oder auch reine Zweckmäßigkeitserwägungen[70] nicht ausreichen.

Für den vorliegenden Fall ist daher von einer Ermessensreduzierung auf Null seitens des Beklagten auszugehen, zumal die Klägerin keine Gründe dargetan hat, die ein Abweichen gerade in ihrem Fall rechtfertigen würden. Allein die Berufung auf die „Frustration" der von ihr bereits in die Planung investierten Mittel reicht nach dem soeben Ausgeführten nicht aus. Dies gilt umso mehr, als der Beklagte in der mündlichen Verhandlung eben auf diesen Umstand und die Reduzierung seines Ermessens auf Null verwiesen hat. Es trifft zwar zu, worauf die Klägerin hingewiesen hat, dass nach geltendem Recht ein Nachschieben von Gründen im Verwaltungsprozess, und ein solches ist im Vortrag der Beklagten in der mündlichen Verhandlung vom 10.2.2022 zu sehen, bei Ermessensentscheidungen entweder gar nicht oder allenfalls in sehr eingeschränktem Umfang möglich ist, denn § 114 S. 2 VwGO ermöglicht nur die Ergänzung von Ermessensentscheidungen, nicht aber deren erstmalige Begründung.[71] Da jedoch, wie soeben ausgeführt, ein Fall der Ermessensreduzierung auf Null gegeben ist, bedurfte es insofern gar keiner Begründung im angefochtenen Bescheid.[72]

Nach alledem war die Klage mit der Kostenfolge aus § 154 I VwGO abzuweisen. Da die Beigeladene keinen Antrag gestellt und sich damit keinem Kostenrisiko ausgesetzt hat, entsprach es der Billigkeit, dass sie ihre außergerichtlichen Kosten selbst trägt (§§ 154 III, 162 III VwGO). 23

Die Entscheidung über die vorläufige Vollstreckbarkeit der Kostenentscheidung folgt aus § 167 VwGO iVm §§ 708 ff. ZPO.

Die Berufung war nicht zuzulassen, da die Voraussetzungen hierfür (§§ 124a I 1, 124 II Nr. 3 oder Nr. 4 VwGO) nicht vorliegen.[73]

Rechtsmittelbelehrung:

Gegen dieses Urteil steht den Beteiligten die Berufung zu, wenn sie vom Bayer. Verwaltungsgerichtshof zugelassen wird. Die Zulassung der Berufung … (§§ 124, 124a, 67 VwGO).

Unterschrift Unterschrift Unterschrift

Streitwertbeschluss (erlassen)

67 VGH Mannheim NuR 2015, 48 Rn. 41.

68 Vgl. BVerwG BayVBl. 1993, 632; NVwZ 1995, 703; BVerwGE 105, 55 = NJW 1998, 2233; BVerwGE 106, 328 = NJW 1998, 3728; BVerwG NVwZ-RR 2004, 413.

69 Vgl. etwa EuGH NVwZ 2001, 310 = DVBl. 2000, 1269.

70 BVerwG NVwZ-RR 2004, 413 mwN.

71 Vgl. etwa BVerwG NJW 1999, 2912; BVerwGE 106, 351 (365) = NVwZ 1999, 425; BVerwGE 107, 164 (169) = NVwZ-RR 1999, 124; BVerwGE 121, 297 = NVwZ 2005, 220; BVerwG NVwZ 2007, 470; NVwZ-RR 2009, 604 (606); BVerwG BayVBl. 2010, 672 = SächsVBl. 2010, 191; BVerwG BeckRS 2021, 7974 Rn. 13; OVG Magdeburg NVwZ-RR 2011, 73; OVG Magdeburg BeckRS 2009, 39064; OVG Bautzen BeckRS 2009, 31766; VGH München BeckRS 2007, 30403; OVG Lüneburg NVwZ-RR 2008, 552 (553); VGH Mannheim VBlBW 1998, 28; OVG Koblenz NVwZ-RR 1998, 315; Schoch/Schneider/Gerhardt VwGO § 114 Rn. 12e; Eyermann/Rennert VwGO § 114 Rn. 89; Schenke NJW 1997, 81 (88 f.); Redeker NVwZ 1997, 625; Löhnig JA 1998, 700.

72 Vgl. BVerwGE 72, 1 (6) = NJW 1986, 738; BVerwGE 91, 82 (90); BVerwG Buchholz 451.513 Sonst. Marktordnungsrecht Nr. 1; BVerwGE 105, 55 = NJW 1998, 2233, wonach es beim intendierten Ermessen im Hinblick auf Art. 39 I 3 BayVwVfG keiner das Selbstverständliche darstellenden Begründung bedarf; das muss erst Recht im Fall der Ermessensreduzierung auf Null gelten.

73 Da das Verwaltungsgericht gem. § 124a I 3 VwGO zu einer Nichtzulassung der Berufung nicht befugt ist, erscheint diese Entscheidung nicht im Tenor des Urteils.

III. Beschluss des VG München in Sachen M 16 K 20.1954

24 M 16 K 20.1954

Rubrum (erlassen)

erlässt das Bayer. Verwaltungsgericht München folgenden

Beschluss:[74]

1. Das Verfahren wird eingestellt.

2. Die Kosten des Verfahrens werden gegeneinander aufgehoben. Die Beigeladene trägt ihre außergerichtlichen Kosten selbst.

3. Streitwertentscheidung (erlassen).

Gründe:

25 Die Parteien haben in der mündlichen Verhandlung vom 10.2.2022 übereinstimmend den Rechtsstreit in der Hauptsache für erledigt erklärt.[75] Da die Zustimmung der Beigeladenen nicht erforderlich und deren Verweigerung in der mündlichen Verhandlung damit unerheblich ist,[76] ist das Verfahren in entsprechender Anwendung des § 92 III 1 VwGO einzustellen.[77] Über die Kosten des Verfahrens ist nach billigem Ermessen unter Berücksichtigung des bisherigen Sach- und Streitstandes (§ 161 II VwGO) zu entscheiden.[78] Billigem Ermessen entspricht es im vorliegenden Fall, die Kosten gegeneinander auszuheben, da die Klägerin voraussichtlich teilweise obsiegt hätte, teilweise aber auch unterlegen wäre und das Verhältnis von Obsiegen/Unterliegen in etwa gleich ist (Rechtsgedanke des § 155 I VwGO).

26 Die Klage war zulässig und zumindest teilweise begründet, denn die Vergabe des Grundstücks an die Tele-Inside durch Bescheid vom 8.6.2020 war rechtswidrig und verletzte die Klägerin in ihren Rechten (§ 113 I 1 VwGO). Dagegen hat die Klägerin gegen den Beklagten keinen Anspruch auf die Vergabe des Grundstücks FlNr. 256, Gemarkung Riem (§ 113 V 1 VwGO), auch nicht – als Minus hierzu – auf erneute Verbescheidung (§ 113 V 2 VwGO).

1. Die Klage war insgesamt zulässig.

26a Insofern wird zunächst auf die Ausführungen im Urteil vom heutigen Tag im Verfahren M 16 K 21.748 der Tele-Inside gegen den Freistaat Bayern verwiesen.[79] Die Klagefrist nach § 74 I 2 VwGO ist mit Eingang der Klage am 23.6.2020 (Bekanntgabe des Bescheids per Postzustellungsurkunde am 9.6.2020) unproblematisch gewahrt.

26b Die Klagebefugnis (§ 42 II VwGO) für die Anfechtungsklage folgt aus einem möglichen Anspruch der Klägerin als Konkurrentin eines Beihilfeempfängers (Tele-Inside) gegen den staatlichen Subventionsgeber auf Einhaltung des Verfahrens nach Art. 108 III 1 und S. 3 AEUV,[80]

---

74 Dieser „Vorspann" gehört eigentlich zum Rubrum (vgl. § 117 I, II VwGO) und ist erlassen. Zum besseren Verständnis werden hier gleichwohl Aktenzeichen und „Überschrift" wieder gegeben.

75 Es kommt somit nicht darauf an, ob der Rechtsstreit tatsächlich erledigt ist. Das wäre er im Übrigen vorliegend auch nicht, denn der Aufhebungsbescheid vom 9.2.2021 wurde zwar durch das VG bestätigt (s. Teil 1); die Entscheidung ist aber noch nicht rechtskräftig und könnte, jedenfalls theoretisch und ebenso wie der Aufhebungsbescheid, in der Berufung noch aufgehoben werden.

76 Vgl. statt aller Kopp/Schenke/R. P. Schenke VwGO § 161 Rn. 14 mwN.

77 Die Einstellung ist zwar nur deklaratorisch, da das Verfahren durch die übereinstimmenden Erklärungen der Parteien beendet ist; sie ist aber allgemein üblich; s. hierzu allgemein etwa Schäfer JA 2001, 330; Barczak JA 2014, 778 (782 f.).

78 Referendare haben bei der Kostenentscheidung nach § 161 II VwGO oft Schwierigkeiten, was in Klausuren nicht selten zu Fehlern führt. Die Bearbeiter sind sich oftmals nicht klar darüber, dass Maßstab der Billigkeitsentscheidung der mutmaßliche Prozessausgang ist: Wer wäre – voraussichtlich – unterlegen, wenn die Sache hätte entschieden werden müssen? Das bedeutet für die Klausur regelmäßig, dass – trotz Erledigung – gleichwohl eine Prüfung in der Sache notwendig ist.

79 Diese Verweisung ist unproblematisch, da die Beteiligten in beiden Verfahren identisch sind; nur die Rollen (Kläger/Beigeladener) sind anders verteilt.

80 Ehlers DVBl. 2014, 1 (11); s. dazu unten → Rn. 27a genauer.

die für die Verpflichtungsklage aus einer möglichen Verletzung des Art. 3 I GG. Anfechtungs- und Verpflichtungsklage sind dabei nebeneinander erforderlich, weil nur durch die Anfechtungsklage die den Konkurrenten begünstigende Entscheidung beseitigt, ein „freies Kontingent" (Vergabe des Grundstücks FlNr. 256, Gemarkung Riem, zu den genannten Bedingungen) geschaffen und so der Behörde die Befugnis zu neuer Entscheidung eröffnet werden kann.[81] Insofern hat die Anfechtungsklage eine entscheidende Hilfsfunktion für die ebenfalls erhobene Verpflichtungsklage.[82] Darüber hinaus ist es nur durch die Verpflichtungsklage dem unterlegenen Konkurrenten möglich, eine für ihn in der Sache begünstigende Entscheidung (= Subvention) zu erhalten.[83] Damit lag auch das Rechtsschutzbedürfnis für beide Klagen vor.

2. Die Anfechtungsklage wäre begründet, die Verpflichtungsklage dagegen unbegründet gewesen.

Wie im Urteil vom heutigen Tag im Verfahren M 16 K 21.748 der Tele-Inside gegen den Freistaat Bayern ausgeführt, ist der Vergabebescheid vom 8.6.2020 wegen Verstoßes gegen das europäische Beihilferecht (Art. 107, 108 AEUV) rechtswidrig; hierauf wird verwiesen. Dadurch wird die Klägerin auch iSv § 113 I 1 VwGO in ihren Rechten verletzt. 27

Das Unionsrecht räumt Marktteilnehmern, die mit einem Beihilfeempfänger potenziell im Wettbewerb stehen, Ansprüche gegen den Subventionsgeber auf verzinste Rückforderung auch schon bei einem Verstoß gegen formelle Anforderungen des Unionsrechts ein, also ungeachtet der Frage, ob die Beihilfe später von der Europäischen Kommission als mit dem Binnenmarkt für vereinbar erklärt wird.[84] Das ergibt sich aus dem unmittelbare Wirkung entfaltenden Art. 108 III 1 und S. 3 AEUV, die ein subjektiv-öffentliches Recht iSv § 42 II VwGO gewähren.[85] Nach Art. 108 III 1 AEUV ist die Europäische Kommission von jeder beabsichtigten Einführung oder Umgestaltung von Beihilfen zu unterrichten, damit sie deren Vereinbarkeit mit dem Binnenmarkt prüfen kann. Solange die abschließende Entscheidung der Europäischen Kommission nicht vorliegt, darf die Beihilfe nicht ausgezahlt werden (Durchführungsverbot, Art. 108 III 3 AEUV).[86] Bei einer Verletzung dieses Verbots müssen die nationalen Gerichte zugunsten jener Einzelnen, die sich auf die Verletzung berufen können (das sind die zum Beihilfeempfänger potenziell im Wettbewerb stehenden Unternehmen), sämtliche Folgerungen sowohl bezüglich der Gültigkeit der gewährenden Rechtsakte als auch bezüglich der Beitreibung der unter Verletzung dieser Bestimmung gewährten finanziellen Unterstützungen oder eventueller vorläufiger Maßnahmen ziehen.[87] Zu diesen Folgerungen gehört, dass eine entgegen dem Durchführungsverbot ausgezahlte Beihilfe zurückgezahlt werden muss, und zwar ungeachtet ihrer Vereinbarkeit mit dem Binnenmarkt und unbeschadet des Rechts des Mitgliedstaats, die Beihilfe später erneut zu gewähren.[88] Ferner ist das nationale Gericht nach dem Unionsrecht verpflichtet, dem Beihilfeempfänger aufzugeben, für die Dauer der Rechtswidrigkeit Zinsen zu zahlen, und zwar auch dann, wenn die Beihilfe von der Europäischen Kommission später genehmigt wird.[89] Diese Folgerungen sind jedoch entsprechend dem nationalen Recht zu ziehen.[90] Hieraus folgt, da die Klägerin eine Konkurrentin der Tele-Inside bei der fraglichen Vergabe des Grundstücks in München Riem war, dass sich diese 27a

81 Geiger BayVBl. 2010, 517 (519); Korte JURA 2017, 656 (666); Kluckert JuS 2019, 536 (540) mwN.
82 Eyermann/Happ VwGO § 42 Rn. 54.
83 Geiger BayVBl. 2010, 517 (519).
84 S. BVerwG EuZW 2011, 269 = BayVBl. 2011, 703.
85 Ehlers EuZW 2011, 583.
86 Vgl. auch Ehlers DVBl. 2014, 1 (6).
87 EuGH Urt. v. 11.12.1973 – C-120/73, Slg. S. 1471 = BeckEuRS 1973, 33741 – Lorenz; EuGH Urt. v. 21.11.1991 – C-354/90, Slg. I-5505, 5523 = NJW 1993, 49 – FNCE; s. auch Calliess/Ruffert AEUV Art. 108 Rn. 14.
88 EuGH Urt. v. 21.11.1991 – C-354/90, Slg. I-5505, 5523 = NJW 1993, 49 – FNCE; EuGH Urt. v. 11.7.1996 – C-39/94, Slg. I-3547 = BeckRS 2004, 76964 Rn. 67 ff. – SFEI; EuGH Urt. v. 21.10.2003 – C-261/01, C-262/01, Slg. I-12272 = BeckRS 2004, 75786 Rn. 62 ff. – van Calster; EuGH Urt. v. 5.10.2006 – C-368/04, Slg. I-9957 = NVwZ 2007, 64 Rn. 47 – Transalpine Ölleitung; EuGH Urt. v. 12.2.2008 – C-199/06, Slg. I-469, 486 = EuZW 2008, 145 Rn. 35 ff., 45, 53 – CELF I.
89 EuGH Urt. v. 12.2.2008 – C-199/06, Slg. I-469, 486 = EuZW 2008, 145 Rn. 35 ff., 45, 53 – CELF I; EuGH Urt. v. 11.3.2010 – C-1/09, NVwZ 2010, 631 – CELF II.
90 Grundlegend BVerwG EuZW 2011, 269 = BayVBl. 2011, 703 mwN.

auf die Einhaltung der das Beihilfeprüfverfahren regelnden Vorschriften berufen kann. Da vorliegend nicht nur gegen Art. 108 III 1 und S. 3 AEUV verstoßen wurde, sondern nach der Entscheidung der Europäischen Kommission vom 17.12.2020 die Beihilfe auch mit dem Binnenmarkt nicht vereinbar ist, verletzte der verfahrensgegenständliche Vergabebescheid die Klägerin auch in ihren Rechten.

28 Dagegen wäre die Verpflichtungsklage unbegründet gewesen. Zwar ist nach wie vor die Frage umstritten, ob der Gesetzesvorbehalt auch für die Leistungsverwaltung gilt. Im Bereich des Subventionswesens wendet die hM den Grundsatz vom Vorbehalt des Gesetzes aber nicht an.[91] Vielmehr soll auch jede andere parlamentarische Willensäußerung, insbesondere die Bereitstellung entsprechender Mittel im Haushaltsplan, eine ausreichende – aber grundsätzlich auch notwendige – demokratische Legitimation darstellen.[92] Im vorliegenden Fall sind diese Voraussetzungen erfüllt. Bei der Vergabe des Grundstücks handelt es sich um eine freiwillige Aufgabe des Freistaates Bayern; eine entsprechende Verfügungsbefugnis ist – laut Sachverhalt – im Haushaltsplan für das Jahr 2020 vermerkt. Damit liegt eine ausreichende Grundlage für die Vergabe des Grundstücks vor, sodass die Vergabe an die Klägerin vom Grundsatz her möglich wäre.

28a Im Bereich des Subventionswesens besteht für die staatlichen Subventionsgeber grundsätzlich ein sehr weiter Gestaltungsspielraum, der verfassungsrechtlich nur von Art. 3 I GG, dem allgemeinen Willkürverbot, beschränkt wird.[93] Folglich ist die Entscheidung des Wirtschaftsministeriums, die Tele-Inside zu berücksichtigen und nicht die C-AG – infolge Fehlens etwaiger Vergaberichtlinien etc. – nur an Art. 3 I GG zu messen. Unter Berücksichtigung der vom Wirtschaftsministerium im Schreiben vom 8.6.2020 an die Tele-Inside genannten Beweggründe kann aber von einer willkürlichen Entscheidung keine Rede sein. Die angeführten Gründe sind allesamt sachgerecht. Unter Vermeidung des Verstoßes gegen das europäische Beihilferecht könnte daher der Beklagte das Grundstück FlNr. 256, Gemarkung Riem, zu den genannten Bedingungen wieder an die Beigeladene vergeben. Vor diesem Hintergrund ist daher noch nicht einmal Raum für einen Anspruch der Klägerin auf erneute Verbescheidung (§ 113 V 2 VwGO), geschweige denn auf Vergabe des Grundstücks an sie (§ 113 V 1 VwGO).[94]

29 Die Beigeladene hatte bis zur übereinstimmenden Erledigungserklärung der Parteien keinen Antrag gestellt. Dementsprechend ist es billig, dass sie ihre außergerichtlichen Kosten selbst trägt (Rechtsgedanke der §§ 154 III, 162 III VwGO).

Streitwertfestsetzung (erlassen).

Rechtsmittelbelehrung:

30 Nummern 1 und 2 des Beschlusses sind unanfechtbar (§ 158 II VwGO).

Streitwert (erlassen)

Unterschrift Unterschrift Unterschrift[95]

IV. Hilfsgutachten

31 Die Entscheidung der Europäischen Kommission vom 17.12.2020 ist rechtswidrig, denn sie ist nicht von Art. 107, 108 AEUV gedeckt.

a) Bei der kostenlosen bzw. verbilligten Überlassung des Grundstücks FlNr. 256, Gemarkung Riem, handelt es sich um eine staatliche Beihilfe iSv Art. 107 AEUV.

91 Vgl. zB Jarass/Pieroth GG Art. 20 Rn. 50, 52; s. auch Ehlers DVBl. 2014, 1 (3 f.); kritisch dagegen Korte JURA 2017, 656 (657 f.).
92 Vgl. Wolff/Decker/Wolff VwVfG § 35 Rn. 17.
93 S. hierzu etwa Kluckert JuS 2019, 536.
94 S. auch BVerwG EuZW 2013 274 Rn. 32; Ehlers DVBl. 2014, 1, 11.
95 Den Einstellungsbeschluss unterschreiben 3 Richter, da er nach mündlicher Verhandlung ergeht und damit kein Fall des § 87a I Nr. 3 VwGO gegeben ist.

Exkurs: Voraussetzungen für das Vorliegen einer Beihilfe iSv Art. 107 I AEUV:[96]

1. Begünstigung (= jeder wirtschaftliche Vorteil, den ein Unternehmer unter normalen Marktbedingungen, also ohne staatlichen Eingriff nicht erhalten hätte, sei es als Zuwendung oder Verschonung);
2. durch staatliche Mittel oder aus staatlichen Mitteln gewährt (= unmittelbar oder mittelbar aus staatlichen Mitteln gewährt [erfasst werden also sowohl unmittelbare vom Staat oder aus staatlichen Mitteln gewährte Beihilfen sowie solche, die von öffentlichen oder privaten Einrichtungen gewährt werden, die der Staat zur Verwaltung der Beihilfe errichtet oder benannt hat] und dem Staat zurechenbar [= ob öffentliche Stellen am Erlass der Maßnahme beteiligt waren]);
3. an bestimmte Unternehmen oder Produktionszweige erfolgt (selektiv an einzelne am Markt wirtschaftende Einheiten)[97];
4. den Wettbewerb verfälscht oder zu verfälschen droht;
5. den Handel zwischen den Mitgliedstaaten beeinträchtigt.

Nach Art. 107 AEUV sind, soweit in den Verträgen nichts anderes bestimmt ist, staatliche oder aus staatlichen Mitteln gewährte Beihilfen gleich welcher Art, die durch die Begünstigung bestimmter Unternehmen oder Produktionszweige den Wettbewerb verfälschen oder zu verfälschen drohen, mit dem Binnenmarkt unvereinbar, soweit sie den Handel zwischen den Mitgliedstaaten beeinträchtigen. Art. 107 AEUV soll verhindern, dass der Handel zwischen Mitgliedstaaten durch von staatlichen Stellen gewährte Vergünstigungen beeinträchtigt wird, die den Wettbewerb in verschiedenartiger Weise durch die Bevorzugung bestimmter Unternehmen oder Produktionszweige verfälschen oder zu verfälschen drohen.[98] Um eine nationale Maßnahme als staatliche Beihilfe einzustufen, bedarf es dabei keines Nachweises einer tatsächlichen Auswirkung der in Rede stehenden Beihilfe auf den Handel zwischen den Mitgliedstaaten und einer tatsächlichen Wettbewerbsverzerrung, sondern es ist nur zu prüfen, ob die Beihilfe geeignet ist, diesen Handel zu beeinträchtigen und den Wettbewerb zu verfälschen.[99] 32

Der Beihilfebegriff ist extensiv zu verstehen. Nach ständiger Rechtsprechung des EuGH und des EuG ist der Begriff der Beihilfe weiter als der Begriff der Subvention, da er nicht nur positive Leistungen wie etwa die Subventionen selbst umfasst, sondern auch staatliche Maßnahmen, die in verschiedener Form die von einem Unternehmen normalerweise zu tragenden Belastungen vermindern und die somit, obwohl sie keine Subventionen im strengen Sinne des Wortes darstellen, diesen nach Art und Wirkungen gleichstehen.[100] Um als staatliche Beihilfe im Sinne von Art. 107 Abs. 1 AEUV eingestuft zu werden, muss eine Maßnahme einen Vorteil mit sich bringen, der unterschiedlicher Art sein kann (Beihilfe „gleich welcher Art"), und dieser Vorteil muss sich unmittelbar oder mittelbar aus öffentlichen Mitteln ergeben („staatliche oder aus staatlichen Mitteln" gewährte Beihilfe). Folglich gelten als Beihilfen namentlich Maßnahmen, die in verschiedener Form die Belastungen vermindern, die ein Unternehmen normalerweise zu tragen hat, und die zwar keine Subvention im strengen Sinne des Wortes darstellen, diesen aber nach Art und Wirkung gleichstehen.[101] Dabei kommt es auf die Gründe und Zwecke der Gewährung der Subvention nicht an. Maßgebend ist allein die Wirkung;[102] es 32a

96 S. hierzu etwa Ehlers DVBl. 2014, 1 (2); Risch DVBl. 2014, 219 (221 f.); Korte JURA 2017, 656; instruktiv auch EuGH NVwZ 2019, 626 zur deutschen EEG-Förderung mit der die Entscheidung des EuG NVwZ 2016, 997 aufgehoben wurde; schon fast lehrbuchartig Schlussanträge des Generalanwalts beim EuGH Sánchez-Bardona BeckRS 2018, 1893 Rn. 75; ferner EuGH BB 2021, 731 Rn. 57 Kommission/Futbol Club Barcelona.

97 Siehe hierzu etwa EuGH BeckRS 2021, 29063 Rn. 31 f. Sigma Alimentos Exteroir/Kommission.

98 EuGHE 1974, 709 – Italien/Kommission; EuGH NJW 1987, 3072.

99 EuGH BeckRS 2015, 80402 Rn. 4 mwN.

100 EUG DVBl. 2016, 841 mwN – EEG 2012 mAnm Ehrmann DVBl. 2016, 997; EuGH BB 2021, 731 Rn. 59 Kommission/Futbol Club Barcelona mwN.

101 EuGH Urt. v. 10.1.2006 – C-222/04, EuZW 2006, 306 – Cassa di Risprimo di Firenze; EuGH ABl. EG 2002 Nr. C 109, 4.

102 Vgl. EuG Urt. v. 25.3.2015 – T 538/11, BeckEuRS 2015, 431423 Rn. 80.

ist insbesondere nicht Voraussetzung, dass staatliche Mittel an den Begünstigten transferiert werden.[103] Dem entsprechend gehört zB auch die unentgeltliche oder besonders preiswerte Überlassung von Grundstücken oder Gebäuden, wie dies im vorliegenden Fall an die Tele-Inside geschehen sollte, zu den Beihilfen iSv Art. 107 AEUV[104].

33 Die Begünstigung wurde auch „staatlicherseits" an ein einzelnes Unternehmen vergeben. Art. 107 AEUV betrifft Beihilfen, die unmittelbar von den Mitgliedstaaten gewährt werden. Vergabestellen können dabei der Bund, die Länder, aber auch Gemeinden[105] sein. Wenn Letzteres auch streitig ist, so entspricht es doch wohl hM. Vorliegend wurde die Subvention durch das Bayerische Staatsministerium für Wirtschaft, Landesentwicklung und Energie in Vertretung des Freistaates Bayern und damit staatlicherseits gewährt.[106]

34 **b)** Die Entscheidung der Europäischen Kommission ist aber deshalb rechtswidrig, weil sie ein Ermessen ausgeübt hat, das ihr gar nicht zustand.

Art. 107 III AEUV sieht fünf Fälle vor, in denen Beihilfen als mit dem Binnenmarkt vereinbar angesehen werden können. Die Entscheidung darüber liegt aber nur für Beihilfen iSv lit. a bis d im Ermessen der Europäischen Kommission.[107] Lit. e gibt dem Rat die Möglichkeit, für sonstige Arten von Beihilfen eine Ausnahme zu bestimmen. Der Rat kann also über Art. 107 III lit. a bis d AEUV hinausgehende sonstige Arten von Beihilfen durch Beschluss mit einfacher Mehrheit (vgl. Art. 238 I AEUV) auf Vorschlag der Europäischen Kommission als mit dem Binnenmarkt vereinbar erklären. Ist dies geschehen, so bleibt für eine Ermessensentscheidung der Europäischen Kommission iSv Art. 107 III AEUV kein Raum mehr.[108] Die Beihilfe ist mit dem Binnenmarkt vereinbar.

35 Die Tele-Inside hätte daher mit einer entsprechenden Nichtigkeitsklage zum EuGH nach Art. 263 IV iVm II AEUV durchaus Aussicht auf Erfolg gehabt. Eine solche Klage kann jedoch nicht mehr erhoben werden, da die 2-Monats-Frist des Art. 263 VI AEUV zwischenzeitlich abgelaufen ist.

Weiterführende Literatur:

1. Ehlers, Rechtsprobleme bei der Rückforderung von Subventionen, GewArch 1999, 305
2. Just, Zum Begriff der staatlichen Beihilfe i.S.v. Art. 87 EGV, EWiR 2001, 423
3. Pöcker/Barthelmann, Der missglückte § 114 S. 2 VwGO, DVBl. 2002, 668
4. Bleckmann, Der Gesetzesbegriff im GG; Zur Funktion des Haushaltsplanes im Subventionsrecht, DVBl. 2004, 333
5. Kraus, Die Ergänzung der Ermessenserwägungen im verwaltungsgerichtlichen und finanzgerichtlichen Verfahren, ThürVBl 2004, 205
6. Kühling/el-Barudi, Grundzüge des Rechts der Wirtschaftsförderung, JURA 2006, 672
7. Durner, Die behördliche Befugnis zur Nachbesserung fehlerhafter Verwaltungsakte, VerwArch 2006, 345
8. Goldmann, Rechtsfolgen des Verstoßes gegen EG-Beihilferecht für privatrechtliche Verträge und ihre Rückabwicklung, JURA 2008, 275
9. Gundel, Rückforderung gemeinschaftsrechtswidriger Beihilfen gegen die Rechtskraft eines nationalen Gerichtsurteils, JA 2008, 158
10. Lindner, Individualrechtsschutz im europäischen Gemeinschaftsrecht, JuS 2008, 1

103 EuGH NVwZ 2001, 310 = DVBl. 2000, 1269.

104 Nach ständiger Rechtsprechung des EuGH obliegt es der Europäischen Kommission, den Beweis für das Vorliegen einer „staatlichen Beihilfe" im Sinne von Art. 107 Abs. 1 AEUV zu erbringen; maßgeblich ist hierfür der Zeitpunkt des Erlasses der fraglichen Regelung, die im Wege einer ex-ante-Analyse beurteilt werden muss; vgl. EuGH BB 2021, 731 Rn. 62 und 86 Kommission/Futbol Club Barcelona.

105 S. Entscheidung der Kommission v. 22.6.1972 – Nr. 72/248/EWG, ABl. L 156/18.

106 Vgl. zu einem ähnlichen Fall (Befreiung von der Grundsteuer) EuGH Urt. v. 9.10.2014 – C-522/13, BeckRS 2014, 82062; EuGH EuZW 2014, 422 (Beihilfe in Form einer unbeschränkten Bürgschaft).

107 EuGH NJW 1987, 3072; s. auch Calliess/Ruffert AEUV Art. 107 Rn. 45, 46, 50.

108 S. aber zu Art. 108 II AEUV und den hieraus resultierenden Befugnissen des Rates auch EuGH BeckRS 2013, 82265.

11. Schwarze, Die europäische Beihilfekontrolle (Art. 87 ff. EG) in Zeiten der Finanz- und Wirtschaftskrise, DVBl. 2009, 1401
12. Vahle, Subventionsrecht, DVP 2010, 5
13. Geiger, Die Konkurrentenklage im Verwaltungsprozessrecht, BayVBl. 2010, 517
14. Kahl, 35 Jahre Verwaltungsverfahrensgesetz – 35 Jahre Europäisierung des Verwaltungsverfahrensrechts, NVwZ 2011, 449
15. Finck/Gurlit, Die Rückabwicklung formell unionsrechtswidriger Beihilfen, JURA 2011, 87
16. König/Hellstein, Der EU-beihilferechtliche Effektivitätsgrundsatz im nationalen Prozessrecht, EuZW 2011, 702
17. Ehlers, Drittschutz im Beihilferecht – Paradigmenwechsel in der deutschen Rechtsprechung, EuZW 2011, 583
18. Ehlers, Rechtsfragen des Subventionsrechts, DVBl. 2014, 1 (lesenswert!)
19. Fotnovic/Hellriegel, Der Widerruf im Zuwendungsrecht – eine Systematik, NVwZ 2016, 638
20. Korte, Grundlagen des Subventionsrechts, JURA 2017, 656
21. Martini, Die Aufhebung von Verwaltungsakten nach §§ 48 ff. VwVfG, JA 2017, 838
22. Rennert, Bedeutung von Kommissionsentscheidungen im Beihilfeprüfverfahren für die nationalen Gerichte, EuZW 2017, 567
23. Seegmüller, Neuere Rechtsprechung des Bundesverwaltungsgerichts zum Subventionsrecht, DVBl. 2018, 546
24. Kluckert, Selbstbindung der Verwaltung nach Art. 3 Abs. 1 GG – Am Beispiel der Vergabe von Subventionen und anderen Zuwendungen, JuS 2019, 536
25. Günther, Die Rückabwicklung unionsrechtswidriger Beihilfen, VR 2021, 262

9. Klausur: „Im Tal der Schwarzen Laaber"

Themenbereiche: Immissionsschutzrechtliche Genehmigung; Windenergieanlagen; Drittrechtsbehelfe; bauplanungsrechtliche Zulässigkeit; Umweltverträglichkeitsprüfung; anwaltl che Schriftsätze)

Sachverhalt

In der Kanzlei des Regensburger Rechtsanwaltes Kurt Klug erscheint am 15.11.2021 Dipl.Ing. Georg Grün, Geschäftsführer der Aufwind GmbH, der ein Schreiben sowie einen Beschluss des Bayerischen Verwaltungsgerichtshofs (Anlage 1 und 2) und weitere Unterlagen (Anlagen 3–8) übergibt sowie folgenden Sachverhalt schildert:

„Am 13.9.2021 habe ich vom Landratsamt Regensburg die immissionsschutzrechtliche Genehmigung für die Errichtung und den Betrieb von zwei Windkraftanlagen mit einer Gesamthöhe von jeweils 70 m auf meinem Grundstück FlNr. 100/2 Gemarkung Beratzhausen erhalten. Das Grundstück liegt in der Nähe des Weilers Unterlichtenberg, der aus drei landwirtschaftlichen Anwesen besteht aber weit ab von jeglicher Wohnbebauung. Das Grundstück hat eine Größe von 1,5 ha und ist bereits mit einer Windkraftanlage, die eine Gesamthöhe von 45 m hat, bebaut. Das Landratsamt erteilte mir dafür im August 2019 eine Baugenehmigung.

Gegen die immissionsschutzrechtliche Genehmigung für die beiden 70 m hohen Windkraftanlagen haben sowohl der Markt Beratzhausen wie auch der Landwirt Benno Bauer aus Unterlichtenberg sofort Klage zum Bayerischen Verwaltungsgerichtsgerichtshof in München erhoben. Gleichzeitig hat die Gemeinde mit einer Bebauungsplanung begonnen, nach der ich keine Möglichkeit mehr hätte, die Windenergieanlagen zu errichten, weil dieser künftige Bebauungsplan nur noch Vorhaben zulässt, die dem Fremdenverkehr dienen. Die bisherigen Verfahrensunterlagen samt Sitzungsniederschriften habe ich über die Gemeinde besorgt.

Ich bitte Sie bei Gericht den Klagen entgegenzutreten so dass ich trotz dieser Klagen die beiden Windkraftanlagen sofort errichten und in Betrieb nehmen kann. Meine Firma ist wegen der großen Nachfrage nach Öko-Strom, die ich aus der vorhandenen Anlage nicht mehr lange decken kann, darauf angewiesen. Andernfalls befürchte ich erhebliche betriebliche Probleme. Bitte stellen Sie bei Gericht klar, dass die beiden Windkraftanlagen zu Recht genehmigt worden sind und tun Sie etwas gegen die erhobenen Klagen".

Anlage 1

22 A 21.3570 und 22 A 21.3571

Bayerischer Verwaltungsgerichtshof

Ludwigstraße 23
80 539 München 25.10.2021

Herr
Geschäftsführer Dipl.-Ing. Georg Grün
Aufwind GmbH
...

Beiliegender Beiladungsbeschluss sowie beiliegende Klageschriften werden in Abdruck zur Kenntnisnahme übermittelt. Es wird Gelegenheit zur Stellungnahme bis 21.11.2008 eingeräumt.

i.A.
Die Geschäftsstelle

Anlage 2

22 A 21.3570 und 22 A 21.3571

Bayerischer Verwaltungsgerichtshof
...

In der Verwaltungsstreitsache

1. Markt Beratzhausen
   Marktstraße 33
   93 176 Beratzhausen
   vertreten durch den 1. Bürgermeister
   bevollmächtigt: Rechtsanwalt Prof. Dr. Dietmar Dorn

2. Benno Bauer
   Unterlichtenberg 3
   93 176 Beratzhausen
   bevollmächtigt: Rechtsanwältin Dr. Hannah Hartmann-Hilter

– Kläger –

gegen

Freistaat Bayern
vertreten durch das Landratsamt Regensburg
...

– Beklagter –

wegen immissionsschutzrechtlicher Genehmigung

erlässt der Bayerische Verwaltungsgerichtshof am 22.10.2021 ohne mündliche Verhandlung folgenden

Beschluss:

Zum Verfahren wird die Fa. Aufwind GmbH, vertreten durch den Geschäftsführer Dipl.-Ing. Georg Grün, nach § 65 II VwGO beigeladen, da durch die gerichtliche Entscheidung ihre rechtlichen Interessen als Anlagenbetreiberin betroffen sind.
...

Anlage 3

Rechtsanwalt Prof. Dr. Dietmar Dorn
Donauallee 12
93049 Regensburg

11.10.2021

Eingang VGH: 12.10.2021

An den
Bayerischen Verwaltungsgerichtshof
Ludwigstraße 23
80539 München

Namens und im Auftrag des Marktes Beratzhausen, vertreten durch den 1. Bürgermeister, erhebe ich

Klage

mit dem Antrag, die immissionsschutzrechtliche Genehmigung des Landratsamtes Regensburg vom 10.9.2021 (Az.: …) für die Errichtung und den Betrieb von zwei Windkraftanlagen auf dem Grundstück FlNr. 100/2 der Gemarkung Beratzhausen, aufzuheben.

Begründung

Die immissionsschutzrechtliche Genehmigung, der Gemeinde am 14.9.2021 zugestellt, ist rechtswidrig und verletzt sie in ihrer von Art. 28 II GG geschützten Planungshoheit.

Die zwei genehmigten Windenergieanlagen sind schon planungsrechtlich unzulässig, weil die Massierung von drei Anlagen auf einem Grundstück zu einer nicht hinnehmbaren Beeinträchtigung des Landschaftsbildes führt. Zwar befinden sich in der Nähe des Baugrundstücks auf dem Höhenrücken, der sich parallel zum Bachlauf der Schwarzen Laaber befindet und schließlich in das Tal der Schwarzen Laaber abfällt, bereits mehrere, insgesamt sechs Windenergieanlagen. Allerdings gibt es pro Grundstück nur eine Anlage, die jeweils auch nicht höher als 50 m ist. Deswegen ist auf dem Grundstück FlNr. 100/2 auch nicht mehr als eine Windenergieanlage zulässig. Darüber hinaus sieht der Flächennutzungsplan der Gemeinde im fraglichen Bereich eine Fläche für Landwirtschaft vor.

Um insoweit aber auf der rechtlich sicheren Seite zu sein, hat die Gemeinde eine Planung eingeleitet. Der Markt Beratzhausen, gelegen im Tal der Schwarzen Laaber, lebt vom Fremdenverkehr. Die landschaftlichen Schönheiten, das angenehme Klima sowie die Freizeitmöglichkeiten haben dazu geführt, dass nahezu die gesamte Bevölkerung des Marktes in der Tourismusbranche tätig ist und diese für das wirtschaftliche Überleben inzwischen unverzichtbar ist. Und genau die landschaftliche Schönheit des Gemeindegebiets soll mit Hilfe eines Bebauungsplans gewahrt werden. Es wäre für den Markt fatal, wenn, der zugegeben für Windenergieanlagen sehr geeignete Höhenrücken entlang der Schwarzen Laaber, der für den Markt markante Bedeutung hat oder wenn andere Flächen über die bereits vorhandenen Anlagen hinaus noch mehr mit Windenergieanlagen „zugebaut" würden. Dies würde dem Fremdenverkehrskonzept der Gemeinde zuwiderlaufen und das, womit die Gemeinde wirbt, die ursprüngliche Natur zu erleben, ins Absurde führen. Weil die Gemeinde auf den Fremdenverkehr überlebenswichtig angewiesen ist, soll diese Nutzung für den gesamten Außenbereich verbindlich festgelegt werden. Deshalb wird für den Außenbereich gebietsumfassend ein Bebauungsplan erlassen, der ein Sondergebiet für Fremdenverkehr auf Grundlage des § 9 I Nr. 1 BauGB iVm § 11 II BauNVO festsetzt. Gleichzeitig werden alle diese Planung störenden Nutzungen ausgeschlossen. Dies gilt insbesondere für Vorhaben nach § 35 I Nr. 3, Nr. 4, Nr. 5 BauGB. Deshalb hat der Marktgemeinderat in seiner Sitzung vom 10.9.2021 die Aufstellung eines entsprechenden Bebauungsplans und im Anschluss daran den Erlass einer Veränderungssperre beschlossen.

Der Aufstellungsbeschluss wurde am 13.9.2021 ortsüblich bekannt gemacht, der Beschluss über die Veränderungssperre am 14.9.2021. Die damit bewirkte Rechtsänderung ist vom Verwaltungsgericht auch zu berücksichtigen, zumal vor Klageerhebung eingetreten. Daher kommt es auch nicht darauf an, ob die Gemeinde eine Entscheidung über das Einvernehmen getroffen hat. Die Rechtswirkungen der Veränderungssperre sind jedenfalls im Rahmen des immissionsschutzrechtlichen Genehmigungsverfahrens zu beachten, sodass die streitgegenständlichen Windenergieanlagen dadurch planungsrechtlich unzulässig sind.

...

Prof. Dr. Dorn
Rechtsanwalt

Anlage 4

Rechtsanwältin
Dr. Hannah Hartmann-Hilter
Münchner Straße 5
... Schwandorf

13.10.2021

An das
Bayerischer Verwaltungsgerichtshof

Eingang VGH: 15.10.2021

...

Anlage. Vollmacht

Ausweislich beiliegender Vollmacht zeige ich die Vertretung von Herrn Benno Bauer, Unterlichtenberg 3, 93176 Beratzhausen an und beantrage in seinem Namen, die Aufhebung der immissionsschutzrechtlichen Genehmigung des Landratsamtes Regensburg (Az.: ...) vom 10.9.2021 für die Errichtung und den Betrieb von zwei Windkraftanlagen auf dem Grundstück FlNr. 100/2 der Gemarkung Beratzhausen.

Die am 15.9.2021 zugestellte Genehmigung ist zu Unrecht erteilt worden und verletzt meinen Mandanten in seinen Rechten.

Schon das Verfahren, das durchgeführt wurde, war fehlerhaft. Richtigerweise hätte ein vereinfachtes Verfahren nach § 19 BImSchG und kein förmliches Verfahren gem. § 10 BImSchG durchgeführt werden müssen. Allein daraus ergibt sich die Rechtswidrigkeit der Genehmigung und eine Rechtsverletzung meines Mandanten. Zudem sind aber auch im fälschlicherweise durchgeführten förmlichen Genehmigungsverfahren Fehler unterlaufen. Das förmliche Genehmigungsverfahren nach § 10 BImSchG vermittelt als solches schon Drittschutz, da es der Erfüllung grundrechtlich gebotener Schutzpflichten dient.

Infolge der Fehlerhaftigkeit des Verfahrens konnte gegenüber meinem Mandanten, der zugegebenerweise keine Einwände im Auslegungsverfahren erhoben hatte, aber keine Ausschlusswirkung eintreten. Die Durchführung eines falschen Verfahrens kann in keinem Fall zulasten meines Mandanten gehen.

Allein der Wunsch der Anlagenbetreiberin nach größtmöglicher Planungssicherheit kann natürlich nicht dazu führen, dass es ihrer Wahl überlassen ist, welches Verfahren die Behörde durchzuführen hat.

Zudem ist mein Mandant durch den Betrieb der Windenergieanlagen einer ihm nicht zumutbaren Lärmbeeinträchtigung ausgesetzt. Maßgeblich muss insoweit das Schutzniveau eines allgemeinen Wohngebiets sein, da die Landwirte in ihren Anwesen in Unterlichtenberg (Grundstück FlNr. 102) natürlich auch wohnen. Die Richtwerte der TA Lärm für ein allgemeines Wohngebiet werden aber – und davon geht auch die Genehmigungsbehörde aus – nicht eingehalten. Warum diese dann die Werte eines Dorf- bzw. Mischgebietes zugrunde legt, ist nicht nachvollziehbar und jedenfalls rechtswidrig.

Dr. Hannah Hartmann-Hilter
Rechtsanwältin

Anlage 5

Aufwind GmbH
Flussstrasse 12
93051 Regensburg 25.6.2021

Landratsamt Regensburg
…
… Regensburg

Betreff: Genehmigung von zwei Windkraftanlagen

Anlagen: Plan- und Antragsunterlagen

Sehr geehrte Damen und Herren,

Bezug nehmend auf das Beratungsgespräch Mitte Juni diesen Jahres bitte ich unter Vorlage der entsprechenden Antrags- und Planunterlagen um die Erteilung einer immissionsschutzrechtlichen Genehmigung für die Errichtung und den Betrieb der beiden dort beschriebenen Windenergieanlagen auf meinem Grundstück FlNr. 100/2 der Gemarkung Beratzhausen. Ich bitte auch darum, auf alle Fälle ein umfassendes Genehmigungsverfahren durchzuführen, da mir daran gelegen ist, für meine Anlagen so viel an Rechtssicherheit zu erlangen wie von Gesetzes wegen möglich und vorgesehen, selbst wenn das Verfahren deswegen länger dauern sollte.

Mit freundlichen Grüßen

Dipl.-Ing. Georg Grün
Geschäftsführer der Aufwind GmbH

Anlage 6

Landratsamt Regensburg 10.9.2021
– Abteilung Bau- und Immissionsschutzrecht –
… Gegen PZU
… Regensburg

Fa. Aufwind GmbH
Herrn
Geschäftsführer Georg Grün
Flussstraße 12
93051 Regensburg

Betreff: Immissionsschutzrechtliche Genehmigung für die Errichtung und den Betrieb zweier Windenergieanlagen (Az.: …)

Das Landratsamt Regensburg erlässt folgenden

Bescheid:

1. Die Errichtung und der Betrieb zweier Windkraftanlagen mit einer Narbenhöhe von jeweils 70 m auf dem Grundstück FlNr. 100/2 der Gemarkung Beratzhausen wird – gemäß den abgestempelten Plänen – genehmigt.
2. Nebenbestimmungen
   …

Begründung:

Entsprechend dem Antrag der Anlagenbetreiberin vom 25.6.2021 ist ein förmliches Genehmigungsverfahren nach § 10 BImSchG durchgeführt worden.

…

Die beantragten Windenergieanlagen sind nach § 4 I BImschG iVm §§ 1, 2 und Nr. 1.6.2 Buchst. V der 4. BImSchV genehmigungspflichtig. Um eine sog. Windfarm handelt es sich vorliegend nicht, sodass unter keinem Gesichtspunkt eine Umweltverträglichkeitsprüfung durchzuführen war.

Die Windenergieanlagen sind gem. § 6 BImSchG genehmigungsfähig.

Ihre Errichtung sowie ihr Betrieb führen zu keinen im Sinne von § 6 I Nr. 1 iVm §§ 5 I 1 Nr. 1, 3 I BImSchG schädlichen Umwelteinwirkungen, insbesondere nicht zu erheblichen Lärmbeeinträchtigungen. Nach sachverständiger Beurteilung wird im nächst gelegenen bebauten Bereich des Marktes Beratzhausen, im Weiler Unterlichtenberg, ein Lärmpegel von 44 dB(A) auch nachts wegen der Entfernung von 950 m – notwendig wäre nur ein Abstand von 750 m – zur nächsten landwirtschaftlichen Hofstelle nicht überschritten. Damit werden die maßgeblichen Richtwerte der TA Lärm von tags 60 dB(A) und nachts 45 dB(A) für ein Dorfgebiet eingehalten.

Auch gegen öffentlich-rechtliche Normen im Sinne von § 6 I Nr. 2 BImSchG wird nicht verstoßen.

Insbesondere sind die Anlagen planungsrechtlich im Außenbereich des § 35 BauGB zulässig. Windenergieanlagen sind gem. § 35 I Nr. 5 BauGB privilegierte Vorhaben. Öffentliche Belange nach § 35 III BauGB stehen den Anlagen nicht entgegen. Dies gilt vor allem für die Darstellungen des Flächennutzungsplans, der im fraglichen Bereich nur eine Fläche für Landwirtschaft vorsieht. Es werden auch keine schädlichen Umwelteinwirkungen nach § 35 III 1 Nr. 3 BauGB hervorgerufen. Insoweit besteht Kongruenz mit der Regelung des § 5 I 1 Nr. 1 BImSchG.

Die Versagung des gemeindlichen Einvernehmens ist im vorliegenden immissionsschutzrechtlichen Verfahren ohne Bedeutung.

i.A.

Feil
Regierungsrätin.
(ordnungsgemäße Rechtsbehelfsbelehrung)

Anlage 7

Auszug aus der Niederschrift über die Sitzung des Gemeinderats des Marktes Beratzhausen vom 10.9.2021:

TOP 3: Windenergieanlagen auf dem Grundstück FlNr. 100/2
anwesend: sämtliche Mitglieder des Gemeinderats

Der Gemeinderat beschließt einstimmig die Aufstellung eines Bebauungsplans Sondergebiet Fremdenverkehr und Sicherung durch eine Veränderungssperre. Der Geltungsbereich des Bebauungsplans umfasst alle Außenbereichsgrundstücke. Es gibt Übereinstimmung, dass der Fremdenverkehr, als Hauptbetriebszweig im Markt, des Schutzes bedarf und verhindert werden müsse, dass infolge einer Verschandelung der Natur, diese für die Gemeinde überlebenswichtige Nutzung gefährdet wird. Die Möglichkeit der Festsetzung eines Bebauungsplans mit dem Inhalt „Sondergebiet Fremdenverkehr“ ergibt sich aus § 11 II BauNVO.

Aus den Verfahrensakten des Landratsamtes Regensburg, die in Kopie vorliegen, ergibt sich folgendes:

Nach Antragstellung durch die Aufwind GmbH und der Vorlage sämtlicher Plan- und Antragsunterlagen wurde das Vorhaben unter Beifügung aller notwendigen Hinweise vom Landratsamt Regensburg ordnungsgemäß öffentlich bekannt gemacht. Im Anschluss daran wurden die Planunterlagen samt Antrag ordnungsgemäß ausgelegt. Einwendungen Privater gingen beim Landratsamt nicht ein. Die Stellungnahmen der Träger öffentlicher Belange wurden mit diesen ordnungsgemäß erörtert.

Mit Schreiben des Landratsamtes Regensburg vom 30.6.2021, eingegangen beim Markt Beratzhausen am 1.7.2021, wurde dieser unter Überlassung der vollständigen Antragsunterlagen aufgefordert zu dem Vorhaben Stellung zu nehmen und sich insbesondere über die planungsrechtliche Zulässigkeit und seine Zustimmung zu erklären. Mit Beschluss vom 31.8.2021 verweigerte der Marktgemeinderat sein Einvernehmen zu dem Vorhaben. Die Einvernehmensverweigerung ging dem Landratsamt am 3.9.2021 zu.

Das Bayerische Landesamt für Umwelt erklärte schriftlich, dass die immissionsschutzrechtliche und immissionsschutzfachliche Beurteilung der Anlagen durch das Landratsamt als unterer Immissionsschutzbehörde zutreffe und die Richtwerte der maßgeblichen und verbindlichen TA Lärm für ein Dorfgebiet, auf dessen Schutzniveau bei Außenbereichsvorhaben abzustellen sei, da dort schon nach der gesetzgeberischen Wertung des § 35 BauGB die Schutzwürdigkeit für Wohnen im Außenbereich herabgesetzt sei, eingehalten werden. Im Übrigen komme hinzu, dass der nächstgelegene Weiler Unterlichtenberg ohnehin durch Landwirtschaft geprägt und deshalb lärmmäßig wie ein Dorfgebiet zu behandeln sei.

Vermerk für die Bearbeiter:

Der Schriftsatz von Rechtsanwalt Klug an den Bayerischen Verwaltungsgerichtshof ist zu entwerfen. Die Sachverhaltsdarstellung ist erlassen. Der Schriftsatz hat die rechtlichen Ausführungen zu erhalten, die das Begehren der Mandantin stützen.

Soweit in dem zu fertigenden Schriftsatz ein Eingehen auf aufgeworfene Rechtsfragen nicht erforderlich erscheint, sind diese in einem Hilfsgutachten zu erörtern.

Auf Raumordnungs- und Naturschutzrecht ist nicht einzugehen. Auf das UVPG und das UmwRG ist nicht einzugehen.

Lösungshinweise:

A. Antrag auf vorläufigen Rechtsschutz

I. Vorüberlegung des Rechtsanwalts

Ausgehend vom Begehren des Mandanten, die genehmigten Windenergieanlagen sofort errichten und betreiben zu können, ist zu überlegen, ob ggf. ein Eilantrag veranlasst ist.

Dabei ist zu berücksichtigen, dass die erhobenen Anfechtungsklagen gegen die immissionsschutzrechtliche Genehmigung wegen § 80 II 1 Nr. 3 VwGO iVm § 63 BImSchG keine aufschiebende Wirkung haben. Von daher ist die immissionsschutzrechtliche Genehmigung sofort ausnutzbar und insoweit anwaltlich nicht veranlasst. Veranlasst ist aber eine Antragstellung samt Begründung für die Beigeladene in den rechtshängigen Klageverfahren, die – so der Wunsch der Mandantin – darlegen soll, dass die immissionsschutzrechtliche Genehmigung rechtmäßig erteilt worden ist. Diesem Wunsch der Mandantin folgend, wird sich die Begründung nicht ausschließlich darauf beschränken darzulegen, dass drittschützende Rechtspositionen nicht verletzt sind.

II. Schriftsatz an den Bayerischen Verwaltungsgerichtshof

1 Rechtsanwalt
Kurt Klug
…

An den
BayerischenVerwaltungsgerichtshof
Ludwigstraße 23
80539 München

In den Verwaltungsstreitsachen (22 A 21.3570 und 22 A 21.3571)

1. Markt Beratzhausen
   Vertreten durch den 1. Bürgermeister

…

2. Benno Bauer

…

– Kläger –

Gegen

Freistaat Bayern
vertreten durch die Landesanwalt Bayern
…

– Beklagter –

Beigeladen:

Fa. Aufwind GmbH
vertreten durch den Geschäftsführer
bevollmächtigt Rechtsanwalt Kurt Klug
…

wegen immissionsschutzrechtlicher Genehmigung

zeige ich unter Vorlage einer Vollmacht die Vertretung der Beigeladenen an und beantrage:

1. Die Klagen werden abgewiesen.

2. Die Kosten des Verfahrens tragen die Kläger.

Die Klagabweisungsanträge begründe ich wie folgt:

Die von den Klägern erhobenen Anfechtungsklagen sind unbegründet, da die streitgegenständliche immissionsschutzrechtliche Genehmigung vom Landratsamt in rechtmäßiger Weise erteilt wurde, so dass denknotwendigerweise drittschützende Rechtspositionen nicht verletzt sind.

a) Die Errichtung und der Betrieb der beiden Windenergieanlagen mit einer Höhe von jeweils 70 m bedürfen einer immissionsschutzrechtlichen Genehmigung. 2

Bei Windenergieanlagen mit einer Gesamthöhe von mehr als 50 m ist nach § 4 I BImSchG iVm Nr. 1.6.2 Buchst. V der 4. BImSchV zwar an sich ein vereinfachtes Genehmigungsverfahren gem. § 19 BImSchG durchzuführen.[1] Die streitgegenständlichen Anlagen sind aber zu Recht im Rahmen eines förmlichen Verfahrens nach § 10 BImSchG genehmigt worden. Die Antragstellerin hat von ihrem Wahlrecht aus § 19 III BImSchG Gebrauch gemacht und die Durchführung eines förmlichen Genehmigungsverfahrens ausdrücklich beantragt. Dem Wahlrecht des Anlagenbetreibers korrespondiert dann – wie hier – die Pflicht der Genehmigungsbehörde ein derartiges Verfahren durchzuführen.[2]

Das Schreiben der Antragstellerin vom 25.6.2021 ist von der Genehmigungsbehörde auch richtigerweise im Sinne eines Antrags nach § 19 III BImSchG ausgelegt worden, da klar erkennbar war, worauf es ihr ankam. Eine ausdrückliche Bezeichnung als förmliches Verfahren oder die Benennung des § 10 BImSchG waren hingegen nicht erforderlich.[3]

b) Das Genehmigungsverfahren nach § 10 BImSchG ist rechtsfehlerfrei durchgeführt worden. 3

c) Die Errichtung und der Betrieb der streitgegenständlichen Windenergieanlagen ist gem. § 6 I BImSchG genehmigungsfähig. 4

aa) Von den Anlagen gehen keine schädlichen Umwelteinwirkungen und sonstigen Gefahren, erhebliche Nachteile oder erhebliche Belästigungen für die Allgemeinheit oder die Nachbarschaft iSv § 6 I Nr. 1 iVm §§ 5 I Nr. 1, 3 I BImSchG aus. 5

Der Immissionsrichtwert der TA Lärm, die auf Windenergieanlagen Anwendung findet,[4] von nachts 45 dB(A) und tags 60 dB(A) für ein Dorf- bzw. Mischgebiet wird zur nächsten Wohnbebauung, insbesondere zum Anwesen des Klägers Bauer eingehalten. Dies steht fest aufgrund der fachlichen Beurteilung des Bayerischen Landesamtes für Umwelt, mit der die Bewertung des technischen Immissionsschutzes im Landratsamt bestätigt wurde und an der keinerlei fachliche Zweifel bestehen.[5]

Der danach erforderliche Abstand von 750 m zwischen den emittierenden Windenergieanlagen und dem Anwesen des Klägers Bauer, der in 950 m Abstand eine landwirtschaftliche Hofstelle betreibt, ist eingehalten. Einen weitergehenden Schutz kann dieser auch nicht verlangen, insbesondere ist nicht das Schutzniveau eines Wohngebietes zugrunde zu legen. Für im Außenbereich des § 35 BauGB gelegene Anwesen ist der Schutzgrad wie für Dorf- und Misch-

1 Vgl. etwa VGH Mannheim ZfBR 2006, 576.
2 Vgl. Jarass BImSchG § 19 Rn. 9.
3 Vgl. Kopp/Ramsauer/Ramsauer VwVfG § 22 Rn. 36.
4 Vgl. BVerwG NVwZ 2008, 76.
5 Soweit die Beurteilung der immissionsschutzrechtlichen Situation durch die Fachbehörden, auf Grundlage einer regelmäßig vom Anlagenbetreiber mit den Antragsunterlagen (in Form eines Gutachtens) vorzulegenden Immissionsprognose (vgl. § 4a II Nr. 1 der 9. BImSchV), klar, nachvollziehbar und zugunsten des Anlagenbetreibers ist, kann ohne Weiteres darauf Bezug genommen werden, zumal im Eilverfahren, in dem regelmäßig keine Beweisaufnahme erfolgt.

gebiete anzunehmen,[6] zumal der betroffene Weiler Unterlichtenberg durch Landwirtschaft geprägt ist.

Ist die immissionsschutzrechtliche Beurteilung durch die Genehmigungsbehörde auf Grundlage der TA Lärm ordnungsgemäß erfolgt, sind die Verwaltungsgerichte daran grundsätzlich gebunden. Für das immissionsschutzrechtliche Genehmigungsverfahren hat die TA Lärm die Bedeutung einer sog. normkonkretisierenden Verwaltungsvorschrift, die gem. §§ 48, 51 BImSchG unter Beteiligung sachverständiger Kreise in einem quasi-legislatorischen Verfahren erlassen wird und deshalb auch regelmäßig Bindungswirkung für die Verwaltungsgerichte bei der Frage hat, ob erhebliche Lärmbeeinträchtigungen vorliegen.[7] Dafür, dass die entsprechenden Werte wissenschaftlich überholt sind, spricht nichts.

6 **bb)** Die Windenergieanlagen verstoßen auch nicht gegen andere im immissionsschutzrechtlichen Genehmigungsverfahren nach § 6 I Nr. 2 BImSchG zu prüfenden öffentlich-rechtlichen Vorschriften.

Insbesondere sind die Anlagen gem. §§ 29 ff. BauGB planungsrechtlich zulässig. Sie stellen im Sinne von § 29 I BauGB bauliche Anlagen dar, da sie künstlich hergestellt werden, dauerhaft mit dem Erdboden verbunden und städtebaulich relevant sind. Letzteres deshalb, weil sie geeignet sind, eine ihre Zulassung regelnde Bauleitplanung hervorzurufen, da sie Planungsleitlinien nach § 1 VI BauGB – etwa die Gestaltung des Landschaftsbildes gem. § 1 VI Nr. 5 BauGB – berühren (können).[8]

Die Windenergieanlagen werden im planungsrechtlichen Außenbereich des § 35 BauGB errichtet und sind dort gem. § 35 I Nr. 5 BauGB iVm § 249 III BauGB, Art. 82 I, II BayBO privilegiert zulässig.[9]

Öffentliche Belange nach § 35 III BauGB stehen den Anlagen nicht entgegen.

Sie widersprechen gem. § 35 III 1 Nr. 1 BauGB insbesondere nicht den Darstellungen des gemeindlichen Flächennutzungsplans. Zwar stellt dieser im fraglichen Bereich eine Fläche für Landwirtschaft dar, mit der die streitgegenständlichen Anlagen nicht übereinstimmen. Allerdings setzt bei privilegierten Vorhaben, die dem Außenbereich von Gesetzes wegen „planartig" zugewiesen sind und unter Berücksichtigung dieser Wertung, ein entsprechender Widerspruch voraus, dass der Flächennutzungsplan dort eine konkrete und standortbezogene Aussage trifft. Nur, wenn der für das privilegierte Vorhaben vorgesehene Standort durch die Gemeinde bereits in anderer Weise qualifiziert verplant ist, kann dies zu einem Verstoß gegen § 35 III 1 Nr. 1 BauGB führen.[10] Keine in diesem Sinne konkrete und standortbezogene Darstellung ist regelmäßig[11] – und so auch hier – die Darstellung einer Fläche für Landwirtschaft, die Nutzungen zum Inhalt hat, die im Außenbereich ohnehin und generell zulässig sind.[12]

7 Gegen den öffentlichen Belang des § 35 III 1 Nr. 3 BauGB wird ebenfalls nicht verstoßen. Die Anlagen rufen keine unzumutbaren Lärmbeeinträchtigungen hervor, da die maßgeblichen Richtwerte der TA Lärm eingehalten sind. Bauplanungsrechtlich ist an Immissionen hinzunehmen, was immissionsschutzrechtlich im Rahmen des § 5 I Nr. 1 BImSchG nicht erheblich ist. Das Bauplanungsrecht vermittelt keinen andersartigen oder weitergehenden Schutz vor Immissionen als die Regelung des § 5 I 1 Nr. 1 BImSchG.[13]

6 Vgl. OVG Münster NVwZ 2003, 756.
7 Vgl. BVerwG NVwZ 2008, 76; BayVBl. 2002, 88; VGH München NVwZ-RR 2000, 691.
8 Vgl. BVerwG NVwZ 2001, 1046; UPR 1997, 327; NVwZ 1994, 1010; OVG Münster BauR 2005, 1363; OVG Koblenz DÖV 2000, 1058.
9 Vgl. BVerwG BauR 2003, 837; OVG Münster ZfBR 2007, 548; 2007, 689; Hinweis: Das landwirtschaftliche Anwesen des Bauer wäre auch, wenn die sog. 10-H-Regelung des Art. 82 I, II BayBO (iVm § 249 III BauGB) hier vom Abstand her nicht beachtet wäre, keine iSd Art. 82 I, II BayBO maßgebliche Wohnbebauung; es handelt sich um einen Siedlungssplitter im Außenbereich.
10 Vgl. BVerwG NVwZ 1998, 960; VGH Mannheim VBlBW 2004, 144.
11 Eine Ausnahme besteht im Falle von Konzentrationsflächen nach § 35 III 3 BauGB; vgl. Decker/Konrad BayBauR 292, 293.
12 Vgl. BVerwG NVwZ 1991, 161; VGH Mannheim NVwZ 1999, 984.
13 Vgl. BVerwG DVBl. 1993, 111; VGH Mannheim NVwZ 1999, 439; OVG Münster NVwZ 2001, 118.

Eine Verunstaltung des Orts- und Landschaftsbildes iSv § 35 III 1 Nr. 5 BauGB liegt nicht vor. Eine Verunstaltung des Landschaftsbildes ist nur dann gegeben, wenn das Vorhaben dem Landschaftsbild in ästhetischer Hinsicht grob unangemessen ist und auch von einem für ästhetische Eindrücke offenen Betrachter als belastend empfunden wird. Dies gilt zwar grundsätzlich auch gegenüber im Außenbereich privilegiert zulässigen Vorhaben. Die Privilegierung – wie hier nach § 35 I Nr. 5 BauGB – bewirkt aber ein erheblich stärkeres Durchsetzungsvermögen gegenüber den von dem Vorhaben berührten Belangen. Infolge dessen ist eine Verunstaltung des Landschaftsbildes durch ein privilegiertes Vorhaben nur ausnahmsweise dann anzunehmen, wenn es sich um eine wegen ihrer Schönheit und Funktion besonders schutzwürdige Umgebung handelt.[14] Dagegen können bloße nachteilige Veränderungen oder Beeinträchtigungen des Landschaftsbildes – und allenfalls darum kann es hier angesichts der Vorbelastung der Umgebung mit Windenergieanlagen gehen – ein privilegiertes Vorhaben nicht unzulässig machen.[15] 8

Sonstige öffentliche Belange des § 35 III BauGB stehen dem Vorhaben angesichts seiner Privilegierung, die besonderer Beachtung bedarf, erkennbar nicht entgegen. 9

Die Versagung des gemeindlichen Einvernehmens nach § 36 BauGB führt nicht zur planungsrechtlichen Unzulässigkeit der Windenergieanlagen. Zwar bedarf es gem. § 36 I 2 BauGB auch im Rahmen eines immissionsschutzrechtlichen Genehmigungsverfahrens des Einvernehmens der Gemeinde, da dort wegen der Konzentrationswirkung der immissionsschutzrechtlichen Genehmigung nach § 13 BImSchG auch über die planungsrechtliche Zulässigkeit der Anlagen entschieden wird.[16] 10

Das Einvernehmen des Marktes Beratzhausen gilt vorliegend aber als erteilt, weil es nicht innerhalb der Frist des § 36 II 2 BauGB verweigert worden ist. Der Markt Beratzhausen wurde ausweislich der Verfahrensakten vom Landratsamt als zuständiger Genehmigungsbehörde mit Schreiben vom 30.6.2021, bei der Gemeinde eingegangen am 1.7.2021, unter gleichzeitiger Überlassung der vollständigen Antragsunterlagen ausdrücklich aufgefordert, eine Entscheidung über das gemeindliche Einvernehmen herbeizuführen. Die Zwei-Monats-Frist des § 36 II 2 BauGB lief mithin gem. Art. 31 I BayVwVfG, § 187 I BGB am 2.7.2021 an und endete gem. § 188 II Alt. 1 BGB mit Ablauf des 1.9.2021. Zwar wurde die Zustimmung zu den Anlagen mit Beschluss des Gemeinderats vom 31.8.2021 verweigert. Da es sich bei der Erklärung über das gemeindliche Einvernehmen aber um eine empfangsbedürftige öffentlich-rechtliche Willenserklärung handelt, wird sie unter Heranziehung des Rechtsgedankens aus § 130 I, III BGB erst und dann wirksam, wenn sie der Genehmigungsbehörde zugeht. Der Zugang beim Landratsamt erfolgt hier erst am 3.9.2021 und damit außerhalb der Frist in § 36 II 2 BauGB mit der Folge, dass das gemeindliche Einvernehmen fingiert ist. Auf den Zeitpunkt der Beschlussfassung durch den Gemeinderat am 31.8.2021 kommt es mithin nicht an.[17] 11

Darüber hinaus ändert auch der Erlass der Veränderungssperre durch Beschluss des Gemeinderats vom 10.9.2021 nichts an der planungsrechtlichen Zulässigkeit der Windenergieanlagen. Zutreffend ist zwar, dass die Sperrwirkungen einer Veränderungssperre auch im immissionsschutzrechtlichen Genehmigungsverfahren zu beachten sind, weil dort – wie ausgeführt – wegen der Konzentrationswirkung des § 13 BImSchG iVm § 6 I Nr. 2 BImSchG auch über Bauplanungsrecht entschieden wird. Ohne, dass es auf die Wirksamkeit der Veränderungssperre ankommt, äußert sie jedenfalls für das zugrunde liegende Genehmigungsverfahren für die streitgegenständlichen Windenergieanlagen, keine Rechtswirkungen. In gleicher Weise wie die Verbotstatbestände der Veränderungssperre aus § 14 I BauGB für das immissionsschutzrechtliche Genehmigungsverfahren Geltung beanspruchen,[18] gilt dies auch für die Bestands- 12

14 Vgl. BVerwG BauR 2004, 295.
15 Vgl. OVG Weimar NuR 2007, 757; OVG Bautzen NuR 2002, 162.
16 Vgl. BVerwG BayVBl. 1991, 50; VGH München BayVBl. 2003, 661; OVG Koblenz UPR 2006, 463.
17 Vgl. VGH München BayVBl. 2001, 242; Decker/Konrad BayBauR 309.
18 Vgl. BVerwG NVwZ 1991, 62; VGH Mannheim NVwZ-RR 1990, 396; s. auch OVG Münster BauR 2007, 517.

schutzregelung des § 14 III BauGB,[19] auf die sich die Antragstellerin hier berufen kann. Im Sinne von § 14 III BauGB ist ein Vorhaben dann genehmigt, sobald die entsprechende – hier immissionsschutzrechtliche – Genehmigung dem Anlagenbetreiber gegenüber durch Bekanntgabe wirksam geworden ist. Auf die Unanfechtbarkeit der Genehmigung kommt es dagegen nicht an mit der Folge, dass es für die Bestandsschutzwirkung des § 14 III BauGB auch unerheblich ist, ob Dritte, auch eine Gemeinde, die Genehmigung anfechten.[20] Die immissionsschutzrechtliche Genehmigung wurde der Antragstellerin am 13.9.2021 zugestellt. Die Veränderungssperre ist zwar vom Gemeinderat in der Sitzung am 10.9.2021 beschlossen worden. Ihre ortsübliche Bekanntmachung nach § 16 II BauGB, Art. 26 II GO erfolgte jedoch erst am 14.9.2021 und damit zu einem Zeitpunkt, in dem die Antragstellerin die streitgegenständliche Genehmigung bereits erhalten hatte.

13 Darüber hinaus ist die Veränderungssperre auch inhaltlich fehlerhaft und deshalb unwirksam. Gemäß § 14 I BauGB wurde – insoweit als materiell-rechtliche Voraussetzungen nach Bundesrecht[21] – zwar ein Beschluss über die Aufstellung eines Bebauungsplans gefasst und seine ortsübliche Bekanntmachung nach § 2 I 2 BauGB, Art. 27 II, 26 II GO bewirkt. Der Veränderungssperre fehlt allerdings das Sicherungsbedürfnis. Dieses fehlt ausnahmsweise dann, wenn von vornherein eine völlig aussichtslose, nicht realisierbare oder offensichtlich rechtswidrige Planung verfolgt wird.[22] Nach § 9 I Nr. 1 BauGB iVm § 11 II BauNVO ließe sich in einem Bebauungsplan zwar ein Sondergebiet für Fremdenverkehr festsetzen. So, wie vorliegend erfolgt, widerspricht dies aber der gesetzgeberischen Wertung des § 35 I BauGB.

14 Die Überplanung des gesamten Gemeindegebietes mit einer Fläche für Fremdenverkehr würde hier dazu führen, dass in keinem Falle nach § 35 I Nr. 3, Nr. 4 und Nr. 5 BauGB im Außenbereich privilegierte Vorhaben auf dem Gebiet des Marktes mehr realisierbar wären. Genauso wenig, wie es mithilfe von Konzentrationszonen nach § 35 III § BauGB im Flächennutzungsplan einer Gemeinde möglich ist, privilegierte Vorhaben nach § 35 I Nr. 2–6 BauGB im Gemeindegebiet insgesamt auszuschließen,[23] ist dies durch einen entsprechenden gebietsumfassenden Bebauungsplan erlaubt. Ansonsten käme es zu einer sanktionslosen mit der gesetzlichen Zielsetzung in § 35 I BauGB nicht zu vereinbarenden Umgebung von § 35 III 3 BauGB. Eine die gesetzgeberische Privilegierungsentscheidung missachtende Planung stellt daher letztlich eine unzulässige Verhinderungsplanung dar, die gegen § 1 III BauGB verstößt und die Unwirksamkeit des Bebauungsplans zur Folge hat. Gleiches gilt für eine Veränderungssperre, die diesen Bebauungsplan sichern soll.

Kurt Klug
Rechtsanwalt

B. Hilfsgutachten

15 **I.** Der Verwaltungsrechtsweg nach § 40 I VwGO ist , da es um den Vollzug von Normen aus dem Immissionsschutzrecht sowie dem öffentlichen Baurecht, mithin um staatliches Sonderrecht geht.

16 **II.** Ein Vorverfahren nach § 68 I 1 VwGO ist in Bayern nach § 68 I 2 VwGO iVm Art. 15 II AGVwGO entbehrlich und damit unstatthaft.

17 **III.** Erstinstanzlich zuständig zur Entscheidung über die Anfechtungsklagen ist gemäß § 48 I Nr. 3a VwGO der Bayerische Verwaltungsgerichtshof .

18 **IV.** Die Klagefrist des § 74 I 2 VwGO wurde von den Klägern mit ihren am 12.10.2021 bzw. 15.10.2021 beim Verwaltungsgerichtsgerichtshof eingegangen Klagen gewahrt. Die immis-

19 Vgl. EZBK/Stock BauGB § 14 Rn. 109; VG Frankfurt (Oder) BeckRS 2015, 49177.
20 Vgl. BVerwG BRS 22 Nr. 184; VGH Mannheim VBlBW 2001, 242.
21 Vgl. BVerwG NVwZ 1993, 471; VGH München BayVBl. 2000, 722; BGH UPR 2004, 263.
22 Vgl. BVerwG NVwZ 2004, 858; 1994, 685; VGH München BayVBl. 2000, 722; OVG Brandenburg NVwZ-RR 2005, 386.
23 Vgl. BVerwG BayVBl. 2003, 664.

sionsschutzrechtliche Genehmigung wurde der Klägerin zu 1) am 14.9.2021 zugestellt, sodass gem. § 57 II VwGO, § 222 I ZPO, § 187 I BGB die Klagefrist am 15.9.2021 begann und gem. § 188 II Alt. 1 BGB mit Ablauf des 14.10.2021 endete. Die Zustellung an den Kläger zu 2) erfolgte am 15.9.2021, sodass die Klagefrist nach den vorgenannten Normen mit Ablauf des 15.10.2021 endete. Die förmliche Bekanntgabe, dh die Zustellung der immissionsschutzrechtlichen Genehmigung, war gem. § 10 VII BImSchG erforderlich.

V. Die Erteilung oder die Fiktion des gemeindlichen Einvernehmens hindert die Gemeinde regelmäßig nicht daran, dennoch planerisch tätig zu werden.[24] **19**

Die außergerichtlichen Kosten der Beigeladenen, dh die Anwaltskosten, müssen regelmäßig nur dann von den unterliegenden Beteiligten getragen werden – was in der jeweiligen gerichtlichen Kostenentscheidung seinen Niederschlag findet –, wenn Beigeladene durch eine Antragstellung zur Sache im gerichtlichen Verfahren ein Kostenrisiko eingegangen sind. Dann entspricht es iSv §§ 162 III, 154 III VwGO der Billigkeit im Falle des Obsiegens die außergerichtlichen Kosten durch die unterliegenden Beteiligten erstatten zu lassen.

Weiterführende Literaturhinweise:

1. Decker, Reichweite und Grenzen des baurechtlichen Bestandsschutzes, BayVBl. 2011, 517
2. Jäde, Die Veränderungssperre in der prinzipalen verwaltungsgerichtlichen Normenkontrolle, ZfBR 2011, 115
3. Jeromin, Gemeindliches Einvernehmen – Planungshoheit, Ersetzung und Haftungsfolgen, BauR 2011, 456
4. Konrad, Das gemeindliche Einvernehmen nach § 36 BauGB, JA 2001, 517
5. Scheidler, Rechtsfragen im Zusammenhang mit der Errichtung von Windkraftanlagen, BayVBl. 2011, 161
6. Schmidt-Eichstaedt, Zurückstellung von Baugesuchen und gemeindliches Einvernehmen, BauR 2011, 1754
7. Zeiler, Rechtsprobleme bei der Errichtung von Windkraftanlagen aus Sicht der Gemeinden, NuR 2009, 526

24 Vgl. BVerwG NVwZ 2004, 858.

Stichwortverzeichnis

Die fettgedruckten Zahlen bezeichnen die jeweilige Klausur, die mageren Zahlen die Randnummern (Ef = Einführung)

Abfallbeseitigungsanlage **7**, 31, 32
Abfallentsorgungsanlage **7**, 20, 31
Abgrabungskonzentration **5**, 63
Ablaufrenner **Ef**, 12
Abschleppen eines Kfz **3**, 13 ff.
– Rechtsgrundlage **3**, 13a
– Voraussetzungen für Kostenerhebung **3**, 13b
Abstandsfläche **4**, 7, 38, 39, 46
Abwägung **8**, 19, 20
Abwägungsfehler **4**, 20; **5**, 49, 51
Actus contrarius **8**, 6
Adressat **1**, 39, 46, 54; **3**, 10
Aktenauszug **Ef**, 7, 35
alternative Lösung **Ef**, 39
andere öffentlich-rechtliche Anforderungen **1**, 4
Anhörung **8**, 13
Anleinpflicht **6**, 47 ff.
Anordnung des Sofortvollzugs **1**, 44; **2**, 34, 64 ff.
Anscheinsgefahr **3**, 15, 17ff.; 67 f.
Antragsbefugnis **4**, 7; **7**, 6
Antragsrecht
– Gemeinderat **2**, 3
Anwaltszwang **4**, 51
Argumente **Ef**, 28
Aufbau **Ef**, 28, 41 ff.
Aufbauschema **Ef**, 42, 43
Aufgabe **3**, 14, 17, 37, 62, 71 f.
Aufgabenstellung **Ef**, 4
Aufsichtsmittel **2**, 4 ff.
Aufstellungsbeschluss **7**, 37, 38
Ausbau **5**, 23, 24, 45
Ausfertigung **4**, 19; **6**, 27, 28
Ausführung unmittelbar **3**, 70
Auslegungsfrist **5**, 36, 40, 43
Ausschluss eines Gemeinderates **6**, 71 ff.
Auswahlermessen **1**, 39
Auswendig lernen **Ef**, 49

bauaufsichtliches Einschreiten **1**, 42, 45; **4**, 22
Baueinstellung **4**, 4, 14, 22
bauplanungsrechtliche Relevanz **1**, 4, 9, 21, 29, 36
Beamter
– Entlassung **2**, 62 f.
Beanstandung **2**, 15 ff.
Bearbeitervermerk **Ef**, 9, 17, 18
Beauftragter **2**, 22
Bebauungsplanänderung **4**, 17, 20, 52
Befreiung **4**, 35, 40, 41, 43, 45
Befugnisnorm **Ef**, 25
Begründung **Ef**, 28
Begründung des Sofortvollzugs **1**, 45
begünstigender VA **8**, 18
Beihilfebegriff **8**, 31 ff.
Beihilfegewährung **8**, 16
Beiladung **2**, 17, 21, 26; **4**, 52; **7**, 48, 49
– Kosten bei Beiladung **8**, 23
Bekanntmachung **4**, 19
– Fehler **6**, 22
– Voraussetzungen **6**, 21
Benutzungstatbestand **5**, 23, 24, 27
Berufungsentscheidung **6**, 27 ff.
Bescheid **1**, 1, 35, 36, 50, 52, 56
– rechtsmittelfähig **2**, 71
Beschlussfähigkeit Gemeinderat **6**, 67
besondere Zweckbestimmung **1**, 13
besonderes öffentliches Interesse **1**, 44, 45
Betriebssicherheit **1**, 23
Betriebszeit **1**, 4
Bindungswirkung Kommission **8**, 16, 17
Bürgerbegehren 2, 60 f.
– Angelegenheit des eigenen Wirkungskreises **2**, 61
– Begründung **2**, 62
– Sperrwirkung **2**, 60
– Unzulässigkeit **2**, 61
– unzutreffende Tatsachen **2**, 62
Bürgerinitiative 7, 1

Datenblatt **Ef**, 14
Dauerhaftigkeit **5**, 23, 24
Doppelarbeit **Ef**, 43
Duldungsanordnung **1**, 42
Durchstreichungen **Ef**, 46

Eigentum **5**, 13, 55, 78
Eilentscheidung **7**, 46
einfache Änderung **4**, 17, 56
Einstellungsbeschluss **8**, 24
Einvernehmen **5**, 66, 72; **7**, 33; **9**, 10, 11
Entscheidung ohne mündliche Verhandlung **4**, 54
Entscheidungserhebliches **Ef**, 22, 23, 32, 35, 39

Erfolgsaussichten in der Hauptsache **7**, 13, 14
Erforderlichkeit **4**, 20
Ergebnisdenken **Ef**, 39
Erledigung **3**, 8, 22 f., 25, 28 f.; **8**, 25
Ermächtigungsnorm **Ef**, 25
Ermessen **1**, 30, 33, 34, 35, 37, 39; **4**, 7, 22; **8**, 22, 34
Ermessensfehler
– Nachschieben von Gründen **6**, 50; **8**, 22
Ermessensreduzierung **4**, 7, 22
Ersatzvornahme **2**, 18 ff., 29
– Akt der Aufsichtsbehörde **2**, 29
– Zuständigkeit **2**, 18, 19
Erschließung **5**, 61, 65
EU-Kommission
– Verhältnis zu nationalem Gericht **8**, 16
– Verhältnis zum nationalen Gerichtsverfahren **8**, 17

Fachplanung **5**, 50, 60; **7**, 31
Fallbearbeitung **Ef**, 10 ff.
Fehler
– Gesetz lesen **Ef**, 26
– Sachverhalt **Ef**, 15
Feststellungsinteresse **3**, 30 ff.
Feststellungsklage **3**, 23 ff., 26 Fn. 62
Feuerwehr **2**, 59
Fischereirecht **5**, 15, 55, 76
Flächennutzungsplan **1**, 18, 19, 32; **5**, 13, 61, 62
Folgenbeseitigung **3**, 8
formelle Illegalität **1**, 27, 30
formelle Präklusion **5**, 10
Fortsetzungsfeststellungsklage
– bei vorprozessual erledigtem VA **3**, 23 ff.
Fristsetzung **1**, 36, 37, 50

Gaststätte **1**, 1, 8, 10, 11, 12, 46, 54
Gebot der Rücksichtnahme **4**, 29, 30, 34, 37; **7**, 7, 29
Gefahr
– abstrakt **3**, 14, 37, 62, 72 f.; **6**, 84, 85
– konkret **3**, 39, 43, 57, 67; **6**, 48
Gefälligkeitsplanung **4**, 20
Gemeindeorganisationsakt **2**, 37
gemeinnützig **5**, 45, 47, 49
Gemeinschaft, örtlich **2**, 51, 59
Gemeinschaftsrecht **8**, 15 f., 20, 21, 31 ff., 34
Genehmigungsfreistellung **1**, 3; **4**, 15, 22
Genehmigungspflicht **1**, 3, 4, 5, 9; **2**, 55; **6**, 75
Geschäftsordnung
– Ladung **2**, 65 f.
Gesamtunwirksamkeit **6**, 18
– Teilunwirksamkeit **6**, 18
Gesetzgebungskompetenz **2**, 51
Gestaltungsspielraum **8**, 28
Gesundheitsschutz **1**, 23, 36
Gewichtung **Ef**, 20
Glaubhaftmachung **4**, 11, 14
Gleichbehandlung **1**, 35, 36
Grundpflichten **7**, 26
Grundsätze sicherheitsrechtlich **3**, 65
Grüngutkompostieranlage **7**, 20, 25
Gruppeninteresse **6**, 23
Gutachtenstil **Ef**, 47

Hallenbad **2**, **53**
Handlungsstörer **1**, 39
Handy **3**, 31, 57
Handynummer **3**, 69
Hauptsacheerledigungsbeschluss **8**, 24 ff.
Hilfsgutachten **Ef**, 32, 32a, 39
Hundehaltungsverordnung
– Bestimmtheit **6**, 89
– Gefahr **6**, 84 f.
– Schutzzweck **6**, 82
– Tierschutz **6**, 87
– Voraussetzungen **6**, 79 ff.

Identitätskontrolle **3**, 36 ff., 53 ff.
informationelle Selbstbestimmung (Recht auf . . .) **3**, 30, 32, 43 ff., 51 ff.
Informationsrecht **2**, 9, 14, 23
Inkrafttreten **6**, 31
Interessenabwägung **7**, 13, 14, 37

Jahresfrist **8**, 21
Juristische Person/Privatrecht **6**, 11

Kenntnisgabeverfahren **4**, 15
Klagebefugnis **5**, 6, 7, 8, 9, 11, 12, 13, 14, 15
Klausurtaktik **Ef**, 39 f.
Kommentare **Ef**, 27
Kommunalaufsichtsrecht **2**, 4 ff.
– Anspruch auf Einschreiten **2**, 28
– Prüfungsreihenfolge **2**, 5 f.
Konkurrentenklage **8**, 26 Fn. 37
Konsequenz **Ef**, 45
Korrekturen **Ef**, 33, 46
Kostenbescheid **3**, 6c, 13
Kostenentscheidung **1**, 60, 61; **8**, 25
Kostenerhebung
– Grundsatz **3**, 13 ff.
– unbillig **3**, 17c

Ladung
– E-Mail **2**, 63 ff.
Ladungsfehler
– bei verstorbenem Gemeinderat **6**, 68 ff.
Lesbarkeit **Ef**, 46
Lösungsskizze **Ef**, 19 ff.

materielle Illegalität **1**, 30
materielle Präklusion **5**, 10; **7**, 22
Maulkorbzwang **6**, 46
Meinungsstreit
– Darstellung **Ef**, 28, 29

Nachbarschutz **4**, 22, 26, 28, 32, 35
Nassauskiesung **5**, 23, 25, 28, 29, 55, 56, 59
Nichtigkeitsklage **8**, 17, 35
Normenkontrollantrag
– Antragsbefugnis **6**, 12
– erlassene Norm **6**, 9
– nachfolgende Kontrolle **6**, 8
– Prüfungsmaßstab **6**, 17
– Statthaftigkeit **6**, 7
– Tenorierung **6**, 3, 15
Normverwerfungsbefugnis **4**, 53
Notifizierungspflicht **8**, 16
Nutzungsänderung 1, 3, 4, 7, 9, 10, 15, 16, 18, 19, 21, 24, 25, 27, 29, 32, 33, 36, 38, 39, 41
Nutzungsuntersagung **1**, 1, 21, 24, 28, 30, 34, 36, 37, 38, 39, 41, 42, 44, 45, 54, 59

Obdachlose, Unterbringung **2**, 7
öffentliche Belange **1**, 16, 19, 21, 32, 33; **5**, 61, 64; **7**, 29, 31, 32
öffentliche Einrichtung **2**, 53
Ordnungswidrigkeitentatbestand
– Verwaltungsrechtsweg **6**, 6
örtliche Bauvorschrift **2**, 46, 51
Organkompetenz **2**, 43, 46, 62
ortsgebundener Betrieb **1**, 11, 12

Passivlegitimation **3**, 12, 35; **6**, 16; **8**, 13, 26
persönliche Beteiligung **6**, 71 ff.
– Folgen **6**, 72
– Voraussetzungen **6**, 71
Planungsermessen **4**, 20
Planungshoheit **5**, 13, 72, 78; **7**, 7, 33, 47
Präklusion **5**, 10
positive Planungskonzeption **7**, 36
privatnützig **5**, 45, 46, 47, 48, 55, 76
Privilegierung **1**, 12, 15; **5**, 61; **7**, 29, 31
Problemdiskussion **Ef**, 28, 29
Prüfung, praxisorientiert **Ef**, 4, 22
Prüfungsaufgabe **Ef**, 8, 9
Prüfungsschritte **Ef**, 10 f.
Putativgefahr **3**, 15, 16, 82

Radarwarngerät **3**, 63 ff., 70 ff.
Rechtmäßigkeitsprüfung **Ef**, 23
– formell **Ef**, 23, 24
– materiell **Ef**, 23, 25
Rechtsgrundverweisung **7**, 32
Rechtsmittelbelehrung **8**, 23
Rechtsschutz im Aufsichtsrecht **2**, 13 ff.
– Dritter **2**, 29 ff.
– eigener Wirkungskreis **2**, 12–22
– übertragener Wirkungskreis **2**, 23–27
Rechtsschutzbedürfnis **4**, 9; **7**, 8
Rechtsschutzziel **Ef**, 21
Rechtsweg, Polizei **3**, 6a ff.
rechtswidrige Nutzung **1**, 36
Regelungsanordnung **4**, 4
Regionalplan **5**, 59, 61, 62
Rehabilitierung **3**, 30
Reinschrift **Ef**, 13, 32 ff.
Rubrum **Ef**, 34
– Klageschrift **3**, 1
Rücknahme EU–rechtswidriger VAe **8**, 15
Rücknahmevoraussetzungen **8**, 15 ff.

Sachbericht **Ef**, 35, 36
Sachverhalt
– Bearbeitung **Ef**, 6
– Darstellung **Ef**, 5
– Erfassung **Ef**, 14 ff.
– Lücke **Ef**, 15
Schrift **Ef**, 46
schutzwürdiges Vertrauen **8**, 18
Sicherungsanordnung **4**, 4
Sicherungsbedürfnis **7**, 36, 37
Sofortvollzug **1**, 43, 45, 46, 49; **2**, 34, 64 ff.; **7**, 15, 17
sollen **1**, 14, 15
Sonderinteresse (individuelles) **6**, 71, 74
Sondersitzung, Gemeinderat **2**, 38, 48
sonstiges Vorhaben **1**, 16, 19
Sperrwirkung **8**, 16
Splittersiedlung **1**, 19, 20, 32
Sprache **Ef**, 48
Stil **Ef**, 47
städtebauliches Konzept **4**, 20
Standortprivileg **7**, 31, 46
Statthaftigkeit **4**, 7; **7**, 5
Störer **3**, 17a f., 40, 61, 77, 85
Subsidiarität **3**, 24
Subsumieren **Ef**, 26
Subventionierung
– VA **8**, 6
summarische Prüfung 4, 16, 20; 7, 20, 32, 39, 40

Tabakwerbeverbot **2**, 50, 52
TA–Lärm **7**, 27, 28
TA–Luft **7**, 27, 28
Tatbestand **Ef**, 35
Tenorierung **Ef** 37, 38
transitorische Wirkung **2**, 19
Trinkwasserverordnung **1**, 23

Überörtlichkeit **5**, 59
– überörtliche Angelegenheit **2**, 59
Untätigkeitsklage 2, 60; **5**, 4
Urteilsstil **Ef**, 47
UVP **5**, 20, 43; **7**, 21

Veränderungssperre **7**, 36, 37, 38, 39, 40, 41, 46, 47; **9**, 12–14
vereinfachtes Genehmigungsverfahren **7**, 20
Verfahrensfehler **5**, 39, 40, 72
Verhältnismäßigkeit **1**, 35, 36, 37; **3**, 17b, 17d, 48, 52, 62, 76, 84
Verordnung
– Badeverbot **2**, 61
– Prüfungsschema **6**, 19
– formelle Voraussetzungen **6**, 66 ff.
– übertragener Wirkungskreis **2**, 61
Vertrauensschutz **8**, 19, 20
Verwaltungsrechtsweg **Ef**, 22; **3**, 6, 20; **6**, 33; **8**, 4
Vollstreckungsvoraussetzungen **1**, 49
Vorbehaltsfläche **5**, 59, 61, 62
Vorprüfungsrecht des Bürgermeisters
– Ausnahmen **2**, 42
– formell **2**, 40
– materiell **2**, 41
Vorrangfläche **5**, 62
Vorverfahren **8**, 8
Vorwegbindung **4**, 55
Vorwegnahme der Hauptsache **4**, 48, 49

Wanderbaustelle **3**, 17d
– zeitlicher Vorlauf **3**, 17d
Wasserbeschaffungsverband **1**, 1, 22, 23, 27, 31, 36, 38
wasserrechtliche Erlaubnis **5**, 24, 27, 29, 66
wasserrechtliche Planfeststellung **5**, 36, 52, 56
wasserrechtliches Rücksichtnahmegebot **5**, 56, 76
Wasserversorgung **1**, 1, 22, 23, 27, 31, 33, 36
Weisung **2**, 24 f.
– Klagebefugnis **2**, 24 f.
Widerspruchsfrist **2**, 15 ff.
Wiedereinsetzung **6**, 90
Wiederholungsgefahr **3**, 30 f.
Wiederverfüllung **5**, 24, 25, 29
Windkraftanlage **9**, 2, 6
Wirkungskreis **2**, 9, 11
wirtschaftliches Risiko **1**, 38

Zeitlimit **Ef**, 39
Zeitmanagement **Ef**, 18, 40
Zitieren **Ef**, 25
Zuständigkeit **8**, 13
Zustandsstörer **1**, 39
Zwangsgeld **1**, 47, 48, 50, 55, 56, 57; **6**, 56 ff.
Zwangsmittelandrohung **1**, 51, 53
Zwei-Stufen-Theorie **8**, 4
zwingende Versagungsgründe **5**, 45, 48, 57, 59, 63, 65, 69